裁 判 规 则
与
法 律 适 用
丛 书

道路交通案件

裁判规则与法律适用

吴在存 主编

法律出版社
LAW PRESS·CHINA

编辑委员会

主　编：吴在存

副主编：马来客　赵明超　周　军　单国钧

委　员：王　燕　高　萍　董建铁　张家华　薛　峰
佟海东　王惠庆　郭燕枝　徐庆斌　赵　悦
陶　炜　张　军　伍　涛　高春乾

撰稿人：（按姓氏笔画排序）
丁少芃　朱龙臻　刘雅播　何　悦　张丽君
张　琦　陈大林　姜　斐　唐兴华　黄慧婧
詹　浩　鞠　伟

统稿人：张　军　丁宇翔　李晓龙

序

近年来，随着经济生活水平的不断提高，我国已然进入汽车时代，与之共生的道路交通事故损害赔偿案件已经成为民事案件中数量增长较快、纠纷类型多元、法律关系相对复杂、处理难度较大的案件类型。当前因交通事故引发的损害赔偿案件已趋于常见，虽然其只是众多侵权案件的类型之一，但该类纠纷往往涉及侵权责任法中的绝大部分问题，包括归责原则的采用、与保险制度的衔接、责任主体的类型、对损害的填补以及对权益保障与行为自由的权衡等，上述问题既关涉民事主体切身权益的保障，也是法律学者、法律从业人士关注的基本问题与核心问题。

北京市第一中级人民法院专业审理侵权类纠纷的专家型法官及调研骨干成立案例撰写专班，历经一年多的时间，最终完成了案例从选题、组稿、撰写到修改、校对等各项工作，内容涵盖了道路交通事故损害赔偿案件中的常见典型案件及典型法律问题。在案例选择及撰稿过程中，我们力求做到如下几点：一是由易到难，汇编中的各章从道路交通事故损害赔偿案件审理中的基本问题入手，到疑难问题的解析，循序渐进，环环相扣；二是由繁入简，高度提炼案例内容，控制案例篇幅，突出争议焦点，尽可能为读者展现有效、有益的信息；三是由浅入深，在立足案例裁判文书的基础之上，注重对案例法律观点的深度解读，撰写“法官评析”，高度提炼、总结案例的指导价值。我们坚持以司法审判实践为基础、以法律前沿理论为参考，以求真务实作风为前提，以专业审慎态度为指引，对汇编案例进行了精心的挑选和反复的论证，通过对案例的深入分析和专业解读，力求能解决部分该类型案件中的司法实务疑问，也希望能为深化理论研究提供思路和参考。

以案释法，是回应新时代背景下广大人民群众对司法新需求、新期待的最务实写照。加强和规范案例指导，对于总结审判经验，实现司法公正，统一裁判尺度，提升司法公信力，宣传和弘扬法治，建设公正高效权威的社会主义司法制度，让人民群众在每一个司法案件中感受到公平正义，具有非常重要的意义。北京市第一中级人民法院一直以来注重法律适用和司法实务研究工作。近年来，北京市第一中级人民法院坚持以习近平新时代中国特色社会主义思想为指导，深入学习贯彻习近平总书记关于调查研究的重要论述，进一步健全完善以重点课题为龙头、以案例研究为基础、以学术研讨为重点、以司法建议为延伸、以调研人才培养为保障的“五位一体”调研工作格局，将审判研究作为一项根本性、基础性、系统性工作统筹推进，坚持首善意识、首善标准，突出问题导向、需求导向，着力破解审判实践中的重点难点问题和制约法院长远发展的“瓶颈”问题，全力打造有力度、有厚度、有深度的首都法院审判研究高地，整体法律适用和司法实务研究工作取得了新进展、实现了新突破。

应当说明的是，案例分析的撰写过程是法律适用方法不断深化完善的过程，本书中围绕案例所撰写的评析意见，是执笔人对具体法律问题的理解与阐释，囿于能力水平，难免有商榷之处，还请批评指正。我们也期待更多的法律人关注道路交通事故损害赔偿案例研究，共同探求法律适用的真谛。

是为序。

法律法规及司法解释简称

法律法规全称	缩略语
《中华人民共和国道路交通安全法》	《道路交通安全法》
《中华人民共和国保险法》	《保险法》
《中华人民共和国侵权责任法》	《侵权责任法》
《中华人民共和国民事诉讼法》	《民事诉讼法》
《中华人民共和国合同法》	《合同法》
《中华人民共和国电子商务法》	《电子商务法》
《中华人民共和国社会保险法》	《社会保险法》
《中华人民共和国道路运输条例》	《道路运输条例》
《最高人民法院关于审理道路交通事故损害赔偿案件适用法律若干问题的解释》	《道路交通事故司法解释》
《最高人民法院关于适用〈中华人民共和国民事诉讼法〉的解释》	《民诉法解释》
《最高人民法院关于适用〈中华人民共和国刑事诉讼法〉的解释》	《刑诉法解释》
《最高人民法院关于贯彻执行〈中华人民共和国民法通则〉若干问题的意见》	《民法通则意见》
《最高人民法院关于确定民事侵权精神损害赔偿责任若干问题的解释》	《精神损害赔偿解释》

续表

法律法规全称	缩略语
《最高人民法院关于审理人身损害赔偿案件适用法律若干问题的解释》	《人身损害赔偿解释》
《最高人民法院关于适用〈中华人民共和国保险法〉若干问题的解释(二)》	《保险法解释(二)》
《机动车交通事故责任强制保险条例》	《交强险条例》
《机动车第三者责任强制保险》	《交强险》

目录

第二章 机动车交通事故责任纠纷的权利主体

第三章 机动车交通事故责任纠纷的责任主体

第四章 机动车交通事故责任的赔偿范围

第五章 机动车交通事故侵权责任的抗辩事由

第六章 特殊机动车的交通事故责任

第七章 交通事故责任纠纷中的其他问题

1

CHAPTER

第一章

机动车交通事故侵权责任法律关系的确定

01

公共停车场中车辆发生事故适用交通事故责任纠纷的有关规定

——信达财产保险股份有限公司与李某华、周某机动车交通事故责任纠纷案

裁判规则

《道路交通安全法》中所指的交通事故是指车辆在道路上因过错或者意外造成的人身伤亡或者财产损失的事件;道路是指公路、城市道路和虽在单位管辖范围但允许社会机动车通行的地方,包括广场、公共停车场等用于公众通行的场所。保险公司提出涉案车辆系在停车场停放期间而非使用过程中发生事故,不符合保险责任发生条件的主张,法院不予采纳。

案 情[1]

2015年4月25日22时40分许,黄某兵停放在重庆市渝中区大溪沟码头下河公路车牌号为渝BE19××号中型自卸货车自行下滑,在滑行过程中该车将吉某撞到,将正在钓鱼的周某明撞入江中,造成吉某受伤、周某明当场死亡的交通事故。事后吉某被送往重庆医科大学附属第二医院住院治疗,后于2015年4月29日出院,产生医疗费4915.43元。事故发生后,黄某兵支付吉某50,000元。

2015年4月25日,重庆市公安局水上分局牛角沱派出所委托重庆市公安局水上分局物证鉴定所对周某明作尸表检验,2015年5月4日,该所出具检验意

[1] 重庆市第五中级人民法院(2016)渝05民终81号。

见:周某明的损伤特征符合交通事故损伤所致。

2015年4月27日,重庆市公安局水上分局牛角沱派出所委托重庆市八益交通事故司法鉴定中心对渝BE19××号中型自卸货车车辆性能进行鉴定,2015年5月25日,该中心作出鉴定意见:事故发生前,未发现渝BE19××号货车有导致本次事故发生的机械方面原因。

2015年5月31日,重庆市公安局渝中区分局交通巡逻警察支队调查,因无法查清交通事故成因,故该局仅出具了《道路交通事故证明》一份。

2015年4月3日,甲方某公司与乙方黄某兵签订《车辆挂靠合同》,约定:乙方自愿将自购车辆挂靠于甲方,乙方提供的车辆及相关合法有效的证件给甲方代办上户手续,上户牌照为渝BE19××,车型EQ3072×××,发动机号J66D1700237,车架号LGHF7GAH074018339,货车一台挂靠甲方。挂靠经营期限自2015年4月3日至国家规定报废期为止,乙方在挂靠期间每年应向甲方交纳挂靠服务费3000元,作为甲方为乙方代办各种事项的劳务费用等。涉案车辆在信达财险某分公司投保有机动车交通事故责任强制保险(以下简称交强险)和商业第三者责任保险(以下简称商业三者险)(限额100万元,未购买不计免赔),且事故发生在投保期内。2014年6月17日,某公司签订投保提示事项确认书,载明:本人(本单位)就车牌号(或发动机号)为渝BE19××号的车辆,向信达财险某分公司投保机动车辆保险,特别确认以下事项(其他事项以投保单上本车对应的实际车辆类别和投保险别及约定为准):一、机动车辆投保基本信息厂牌车型:东风EQ3072×××,使用性质:货运……三、责任免除2.详见信达财产保险股份有限公司机动车商业保险条款相关规定,具体如下:(1)《机动车第三者责任保险条款》:第5条至第10条……《机动车第三者责任保险条款》第7条规定,下列损失和费用,保险人不负责赔偿:(七)仲裁或者诉讼费用以及其他相关费用。第9条规定:保险人在依据本保险合同约定计算赔款的基础上,在保险单载明的责任限额内,按下列免赔率免赔:(一)负次要事故责任的免赔率为5%,负同等事故责任的免赔率为10%,负主要事故责任的免赔率为15%,负全部事故责任的免赔率为20%。庭审中,信达财险某分公司与某公司、黄某兵达成一致意见,同意按照上述条款确定免赔率。

一审法院另查明,周某明与李某华系夫妻关系,于1989年6月5日生育一女周某。

上诉人信达财产保险股份有限公司某分公司不服一审判决向法院提起上诉,上诉请求:(1)依法撤销(2015)中区法民初字第07446号民事判决第一项,改判驳回原审原告对上诉人的上诉诉讼请求;(2)本案上诉费用由被上诉人承担。事实与理由:根据一审法院查明事实,涉案车辆溜坡导致将周某明撞入江中当场死亡的事故,当时属于停放期间,停放在重庆市渝中区大溪沟码头停车场即登记名称为三元桥码头停车场,停车场产权及管理单位均为重庆公路运输有限公司渝中分公司,该停车场系营利性停车场。本案中驾驶员与停车场系保管关系,事故发生时,涉事车辆属于由停车场保管期间;驾驶人在停车过程中顺坡停放,而停车场工作人员未予以阻止干涉,显著增加了车辆滑坡的危险程度,并且放任了这种危险的发生。根据该停车场的《车辆入场须知》《码头停车场工作人员岗位职责》等规定,停车场明显存在保管不当的情形,在保管期间因保管人保管不当致人损害的,应由保管人承担赔偿责任。故本案的侵权人应为停车场而非标的车驾驶员,故本案起诉被告不适格,应追加停车场为被告。一审法院认为停车场是否承担责任与本案非同一法律关系,明显存在事实认定和法律适用错误。另外,根据交强险与商业险保险责任规定,被保险人或其允许的合法驾驶人,在使用被保险机动车发生的意外属于保险责任,但该车辆已经停在停车场并且缴纳停车费,保管合同成立,且该车并未在使用,该事故在停车场停放期间发生意外,不符合机动车交强险及商业险保险责任的大前提,故不属于保险责任。

被上诉人李某华、周某答辩称:一审法院判决认定事实清楚,适用法律正确,上诉人的上诉请求不成立,二审应驳回上诉,维持原判。作为上诉人仅仅依据保险合同关系被列为被告,承担的仅仅是依据保险合同而承担的责任,不是直接的侵权人。被上诉人李某华、周某是依据侵权责任法等相关法律提起的侵权之诉,原一审被告主体资格适格。该肇事车辆与停车场是否具有保管合同关系属另一法律关系。事故车辆的使用不仅仅是行驶过程中,而是由被保险人掌握支配的过程当中,因此都属于保险责任承担的范围。然而,上诉人在一审中承认了其应当承担的责任,而其在二审中推翻了自己在一审中认可的意见,上诉人二审意见不成立。

被上诉人某公司、被上诉人黄某兵答辩称:一审法院判决认定事实清楚,适用法律正确,请求驳回上诉,维持原判。根据上诉人提供的商业保险条款第四条及交强险条款及条例的规定,本案中上诉人承担的责任是依法应当由被保险人承担的损害赔偿责任，因此，原审判决上诉人承担责任并无不当，并也符合交通事故司法解释第十六条的规定。被上诉人认为虽然车辆停放在停车场，但其系合同关系，本案系机动车交通事故纠纷，根据民法不告不理原则，本案被上诉人对其具有选择权，同时也不影响保险公司根据保险合同应当承担的保险责任，即保险公司可另行追偿。二审查明事实与一审审理查明事实相同。

【裁判结论】

一审法院认为，黄某兵应对周某明承担全部民事赔偿责任，保险公司在交强险和商业险范围内承担保险责任。二审法院对保险公司的上诉理由不予采信，二审驳回其上诉请求，维持一审判决结果。

【裁判观点】

一审法院认为，本案中，重庆市公安局渝中区分局交通巡逻警察支队出具的《道理交通事故证明》能够证明周某明与渝 BE19××号中型自卸货车之间发生事故的事实。关于事故的责任认定，黄某兵停放的渝 BE19××号中型自卸货车与周某明发生交通事故，致周某明当场死亡，本案也无证据证明周某明有过错，结合本案具体情况，黄某兵应对周某明承担全部民事赔偿责任。因黄某兵与某公司系挂靠关系，根据上述法律规定，某公司应与黄某兵承担连带责任。同时，因黄某兵承担事故的全部责任，故信达财险某分公司应在有责交强险范围内承担赔偿责任。根据某公司与信达财险某分公司关于免赔率的约定，因黄某兵承担全部责任，故商业三者险的免赔率为 20%。关于涉案车辆停放的停车场是否承担责任的问题，因与本案非同一法律关系，故本案不予评述。关于被告辩称周某明在禁渔期在非正规场所钓鱼应承担相应责任的问题，因该行为并不足以成为被告减轻其责任的理由，故一审法院对该辩称不予采信。李某华、周某均系死者周某明的近亲属，有权请求三被告承担侵权责任。

二审法院认为，道路交通安全法中所指的交通事故是指车辆在道路上因过错或者意外造成的人身伤亡或者财产损失的事件；道路是指公路、城市道路和虽在单位管辖范围但允许社会机动车通行的地方，包括广场、公共停车场等用于公众通行的场所。信达财险某分公司提出涉案车辆系在停车场停放期间而非使用过程中发生事故，不符合保险责任发生条件，上诉人不是本案适格被告，停车场才是本案侵权人的上诉理由，法院认为，本案事故符合道路交通安全法中关于道路交通事故认定的规定，属于机动车交通事故，一审法院根据重庆市公安局渝中区分局交通巡逻警察支队出具的《道理交通事故证明》，并结合在案证据综合认定黄某兵在本次交通事故中对周某明承担全部民事赔偿责任，并将涉案车辆投保的信达财险某分公司列为本案被告并依法裁决其承担相应的保险责任于法有据，上诉人的上诉理由不成立，法院不予采纳。

法官评析

一、机动车交通事故侵权案件的概述

交通事故是日常生活用语，在其类别上，可分为道路交通事故、水上交通事故、铁路运输交通事故、航空交通事故等不同类别。根据《道路交通安全法》第 119 条第 5 项的规定，交通事故是指车辆在道路上因过错或者意外造成的人身伤亡或者财产损失的事件。交通事故按照车辆性质可以分为机动车交通事故和非机动车交通事故。其中，非机动车交通事故系一般侵权行为，按照《侵权责任法》的一般条款予以认定即可。机动车交通事故责任才是《侵权责任法》第六章调整的范围。

所谓机动车交通事故，是指机动车在道路上造成他人人身、财产损害的事件。所以在本书中，如无特别标注，谈及车辆即指机动车。本案中，车辆系机动车并无争议，争议的焦点问题是何为交通事故，即机动车在公共停车场造成他人人身、财产损害，应否认定为交通事故，并适用《侵权责任法》第六章有关机动车交通事故责任的特别规定。

机动车之间发生交通事故的，适用过错责任原则。机动车与非机动车、行人之间发生交通事故的，适用无过错责任原则，如果有证据证明非机动车驾驶人、行人有过错的，可以根据过错程度适当减轻机动车一方的责任。

二、现行法中对交通道路范围的规定

车辆、人员等交通活动的主体，只有其行为发生在“道路”上，才称为交通事故，如果交通活动主体的行为并不在“道路”上，则即便发生事故，也不应称其为交通事故，在损害赔偿规则上只能适用《侵权责任法》的一般侵权规则，不能适用交通事故责任纠纷的有关规定。

何为法律规定的道路？法律的规范表述应为“交通道路”，《道路交通安全法》第 119 条第 1 项规定,“道路”,是指公路、城市道路和虽在单位管辖范围但允许社会机动车通行的地方,包括广场、公共停车场等用于公众通行的场所。根据该条规定,所谓“交通道路”包括以下几类:

首先是“公路”。根据交通运输部公路局、中交第一公路勘察设计研究院有限公司主编的《公路工程技术标准》(JTGB 01—2014),我国公路分级有不同体系,从运行速度角度考量,分为高速公路、快速公路、普通公路。按照行政级别可以分为国道、省道、县道、乡道、村道。按照《公路工程技术标准》建设的有关道路,可视为法律意义上的“公路”。

其次是“城市道路”。所谓“城市道路”即建设在城市中,供城市内交通运输及行人使用,便于居民生活、工作及文化娱乐活动,并与市外道路连接负担着对外交通的道路。该种情形下,一般不存在法律适用的疑难问题。

最后是视为“交通道路”的区域。即虽在单位管辖范围但允许社会机动车通行的地方,包括广场、公共停车场等用于公众通行的场所。社会经济生活异常复杂,交通活动发生的场域亦十分复杂,如果该条文仅采用列举式的规定,便无法涵盖现实中的所有情况,而在立法技术上采用列举加兜底式的条款进行规定,这样既明确了实践中常见的应该认定为“交通道路”的特殊场域,又对实践中可能发生的新情况留出了余地。

以上为我国现行法律体系中对“交通道路”涵盖范围的有关规定。

三、公共停车场中车辆发生事故适用机动车交通事故责任纠纷的有关规定

本案车辆发生事故时,并非在行进过程中,而是停放在停车场。根据法院查明的事实,车辆在停驶过程中,自行滑动造成交通事故,道路交通部门认定本案事故责任无法查清,但死者死亡原因与伤者受伤原因,均符合交通事故致损伤的特征。在交通事故责任无法查清的情况下,法院根据本案事实认定机动车驾驶人承担全部事故责任,该认定并不违反法律规定。

本案案发地为公共停车场,根据《道路交通安全法》第 119 条的规定,案发场所为公共停车场,并非由单位控制的仅允许特定人通行而不允许公众通行的场所,故尽管案发地为停车场,但仍因场所的特殊性而被法律确定为“交通道路”。而根据《道路交通安全法》第 119 条第 5 项的规定,交通事故是指车辆在道路上因过错或者意外造成人身伤亡或者财产损失的事件。

本案亦系因车辆造成的人身伤亡,符合交通事故的特征,故即便车辆并未处于行进状态,也因其交通事故的本质特征而应认定为交通事故。所以,法院按照交通事故的相关规则确认本案的法律适用,符合法律规定。

【裁判依据】

《侵权责任法》第 48 条

《道路交通安全法》第 119 条

02

加装动力装置的人力三轮车造成事故可认定为机动车交通事故

——陈某某、轩某某、程某某、轩某2、轩某3、轩某4与王某某、中华联合财产保险股份有限公司北京分公司机动车交通事故责任纠纷案

裁判规则

案涉三轮车本系人力三轮车，但加装了动力装置，经交通管理部门认定，该三轮车为摩托车，系机动车，本案属机动车交通事故责任纠纷。

案　情[1]

程某某与轩某某系夫妻，生育轩某1等兄妹五人。轩某1与陈某某系夫妻，生育二子一女即轩某2、轩某3、轩某4。2018年3月5日14时55分，在北京市海淀区后厂路T10044号路灯东侧，王某某驾驶无号牌三轮摩托车在东向西方向的非机动车道内由西向东逆行，适有轩某1驾驶加装动力装置的三轮车在非机动车道内由东向西行驶，两车前部相撞，造成轩某1受伤，两车损坏。轩某1经抢救无效于3月6日死亡。本次事故经北京市公安局公安交通管理局海淀交通支队认定，王某某负全部责任，轩某1无责任。事发后，魏某为轩某1垫付医疗费7862.43元。

事发时，王某某驾驶车辆系魏某提供，该车辆由北京定必心商贸中心在保险

[1] 北京市第一中级人民法院(2019)京01民终4171号。

公司投保非机动车第三者责任保险,每次事故赔偿限额 5 万元,其中每次财产损失赔偿限额 5 万元,每人人身意外伤害责任限额 5 万元。保险单特别约定处载明仅承保在保险期限内,被保险人或其允许的合格驾驶人员在使用被保险车辆过程中发生意外事故,致使第三者遭受人身伤亡损失。事发后,海淀交通支队事故科对王某某驾驶车辆进行鉴定,鉴定意见为该无号牌三轮车为摩托车,属于机动车,前轮未设置制动装置,不符合相关规定,后轮制动系工作状况正常,无号牌摩托车转向系工作状况正常。

就王某某与魏某的关系,2018 年 3 月 6 日,魏某在公安机关询问笔录中称其 2017 年 2 月雇佣王某某,没有签劳动合同,口头约定按照送水的数量提成,王某某驾驶的电动车系其委托定必心商贸中心购买的,该车辆由定必心商贸中心统一上了保险。后魏某又在 2018 年 3 月 7 日的询问笔录中称 2018 年 1 月其和王某某改为买卖关系,王某某从其处进水,然后自己销售。王某某在本案 2018 年 7 月 4 日庭审时称其 2017 年 2 月开始在魏某经营的水站工作,工作内容就是送水,每月工资 4000 元,事故发生时,其在送水。其没有和魏某签订劳务或劳动合同。后在本案 2018 年 10 月 26 日的庭审中,王某某又称其 2018 年春节后改为从魏某购买桶装水并自行销售。

一审庭审中,陈某某、轩某某、程某某、轩某 2、轩某 3、轩某 4 主张轩某 1 长期在北京工作生活,要求按照北京市城镇居民标准计算赔偿数额,但陈某某、轩某某、程某某、轩某 2、轩某 3、轩某 4 就上述主张,未提交充分证据证明,且王某某不予认可。魏某主张其为轩某 1 垫付了太平间的费用 5000 元,但未提交证据证明。王某某称其已接受刑事处罚,不同意赔偿精神损害抚慰金。

另查明,轩某 1 户别为农业家庭户。王某某因本案事故接受了刑事处罚。

一审法院认为,行为人因过错侵害他人民事权益,应当承担侵权责任。被侵权人死亡的,其近亲属有权请求侵权人承担侵权责任。当事人对自己提出的诉讼请求所依据的事实或者反驳对方诉讼请求所依据的事实,应当提供证据加以证明,当事人未能提供证据或者证据不足以证明其事实主张的,由负有举证证明责任的当事人承担不利的后果。根据我国《民事诉讼法》的规定,当事人有答辩并对对方当事人提交的证据进行质证的权利,保险公司经法院合法传唤,无正当理由拒不出庭应诉,视为其放弃了答辩和质证的权利。本案中,王某某驾驶三轮摩托车与轩某 1 发生交通事故,造成轩某 1 死亡,该事故经交警部门认定王某某承担全部责任,故王某某承担赔偿责任。王某某自认其与魏某为买卖关系,法院对此不持异议,但事发时王某某驾驶的三轮摩托车系魏某提供,该车辆前轮未设置制动装置,不符合相关规定,故魏某亦应就轩某1的死亡有过错,应承担相应赔偿责任,具体责任比例由法院酌定。肇事车辆虽在事发后被鉴定为机动车,但保险公司接受肇事车辆投保非机动车第三者责任保险,国家对非机动车的驾驶资格并无强制要求,故保险公司应在保险限额内先行赔偿。陈某某、轩某某、程某某、轩某2、轩某3、轩某4主张轩某1长期在北京工作生活,应按照北京市城镇居民标准计算赔偿数额,但陈某某、轩某某、程某某、轩某2、轩某3、轩某4就上述主张未提交证据证明,且王某某不予认可,故就陈某某、轩某某、程某某、轩某2、轩某3、轩某4的上述主张,法院不予采信。轩某1户别为农业家庭户,就轩某1死亡赔偿金,法院按照北京市2017年农村居民人均可支配收入计算。陈某某、轩某某、程某某、轩某2、轩某3、轩某4主张丧葬费、被扶养人生活费,具备事实及法律依据,数额合理,法院予以支持。王某某称其已接受刑事处罚,不同意赔偿精神损害抚慰金,该主张无法律依据,法院不予支持,就精神损害抚慰金数额,由法院酌定。魏某主张其为轩某1垫付太平间费用,但未提交证据证明,法院不予采信,就魏某垫付的医疗费,法院一并予以处理。

综上所述,依照《侵权责任法》第6条、第16条、第18条、第22条的规定,《民事诉讼法》第64条、第144条,《精神损害赔偿解释》第7条,最高人民法院《关于适用〈中华人民共和国民事诉讼法〉的解释》第90条,判决:(1)中华联合财产保险股份有限公司北京分公司于判决生效后七日内赔偿陈某某、轩某某、程某某、轩某2、轩某3、轩某4死亡赔偿金、丧葬费、精神损害抚慰金、被扶养人生活费人民币50,000元。(2)王某某于判决生效后七日内赔偿陈某某、轩某某、程某某、轩某2、轩某3、轩某4死亡赔偿金、丧葬费、精神损害抚慰金、被扶养人生活费人民币400,309.33元。(3)魏某于判决生效后七日内赔偿陈某某、轩某某、程某某、轩某2、轩某3、轩某4死亡赔偿金、丧葬费、精神损害抚慰金、被扶养人生活费人民币160,329.1元。(4)驳回陈某某、轩某某、程某某、轩某2、轩某3、轩某4的其他诉讼请求。如果中华联合财产保险股份有限公司北京分公司、王某某、魏某未按判决指定的期间履行给付金钱义务,应当依照《民事诉讼法》第253条之规定,加倍支付迟延履行期间的债务利息。

二审中,各方当事人均没有提交新证据。另查,在公安机关对王某某的询问笔录中，王某某于2018年3月5日（事故当日）陈述："我给怡宝公司打工送桶装纯净水"；3月6日陈述："是我老板魏某让我去的"；3月7日陈述："是水站老板魏某给我的车，用来送水。"其后多次询问中均供述为魏某系其老板。在公安机关2018年3月6日对魏某的询问笔录中，魏某陈述："我雇佣的工人王某某驾车发生交通事故，我来协助调查"；"我开了一个水站，王某某给我打工，负责给附近单位送桶装水"；"2017年2月雇的王某某，没有签订劳动合同，口头约定按照送水的数量提成。"在2018年7月4日的庭审笔录中，王某某亦陈述其系魏某的员工。2018年10月26日的开庭笔录中，王某某才改称其与魏某系买卖关系。一审法院查明的其他事实属实，法院予以确认。

【裁判结论】

案涉三轮车本系人力三轮车，但驾驶人在驾驶过程中加装了动力装置，经交通管理部门认定，该三轮车为摩托车，系机动车。虽车辆所有人投保了非机动车交通事故强制责任保险，但本案属机动车交通事故责任纠纷，应按照机动车交通事故责任纠纷有关法律规定处理。

【裁判观点】

一审法院认为，行为人因过错侵害他人民事权益，应当承担侵权责任。被侵权人死亡的，其近亲属有权请求侵权人承担侵权责任。当事人对自己提出的诉讼请求所依据的事实或者反驳对方诉讼请求所依据的事实，应当提供证据加以证明，当事人未能提供证据或者证据不足以证明其事实主张的，由负有举证证明责任的当事人承担不利的后果。根据我国《民事诉讼法》的规定，当事人有答辩并对对方当事人提交的证据进行质证的权利，保险公司经法院合法传唤，无正当理由拒不出庭应诉，视为其放弃了答辩和质证的权利。本案中，王某某驾驶三轮摩托车与轩某某发生交通事故，造成轩某某死亡，该事故经交警部门认定王某某承担全部责任，故王某某承担赔偿责任。王某某自认其与魏某为买卖关系，法院对此不持异议，但事发时王某某驾驶的三轮摩托车系魏某提供，该车辆前轮未设置制动装置，不符合相关规定，故魏某亦应就轩某某的死亡负有过错，应承担相应赔偿责任，具体责任比例由法院酌定。肇事车辆虽在事发后被鉴定为机动车，但保险公司接受肇事车辆投保非机动车第三者责任保险，国家对非机动车的驾驶资格并无强制要求,故保险公司应在保险限额内先行赔偿。二审法院对此亦予以确认。

法官评析

一、交通事故责任纠纷的分类

根据《道路交通安全法》第 119 条第 5 项的规定,交通事故是指车辆在道路上因过错或者意外造成的人身伤亡或者财产损失的事件。交通事故按照车辆性质可以分为机动车交通事故和非机动车交通事故。其中,非机动车交通事故系一般侵权行为。

二、机动车的概念

机动车的英文名称为“motor vehicle”,其含义为由动力装置驱动或牵引、在道路上行驶的、供乘用或(和)运送物品或进行专项作业的轮式车辆,以及部分游乐设施(如电动摄位车、电动滑板车、电动脚踏车等)。根据国家标准《机动车运行安全技术条件》的规定,机动车可分为汽车及汽车列车、摩托车及轻便摩托车、拖拉机运输机组、轮式专用机械车和电动车等不同类别。其认定标准有两点,其一是非依赖人力运行,其二是达到一定速度标准,两个条件必须兼备才能认定为法律意义上的机动车。

根据《道路交通安全法》第 119 条第 5 项的规定,交通事故是指车辆在道路上因过错或者意外造成的人身伤亡或者财产损失的事件。人力三轮车作为交通行为的参与主体,其在道路上因过错或者意外造成的人身伤亡或者财产损失应属于交通事故的范畴。但是是否属于机动车交通事故,则要看人力三轮车的动力来源与运行速度。

如果其动力来源为纯人力,则不属于机动车范畴,在此情形下发生的交通事故适用侵权责任的一般规定。如其动力来源并非纯人力,且运行速度达到一定限度,则可以通过司法鉴定明确其车辆属性。如经鉴定为非机动车,则适用一般侵权责任的规定,如经鉴定为机动车,则适用机动车交通事故责任的有关规定。

三、人力三轮车加装动力装置是否属于机动车

实务中,人力三轮车加装动力装置是否一概认定为机动车,存在不同做法,应通过鉴定予以明确。如在一起案件中,法院查明:被告李某某驾驶(后

座乘客谭某某)加装动力装置的人力三轮车,从罗东街开往青山方向。17时40分许,其在永中路由东往西行驶到建中街路口时,驾驶非机动车在道路上未遵守有关交通安全的规定,车前轮驾驶进窨井盖并陷入窨井,致使后座乘客谭某某摔出车斗,造成谭某某受伤及车辆损坏的道路交通事故。

一审法院认为本案为非机动车之间发生的交通事故,案由应定为健康权纠纷。二审法院认为本案系上诉人加装动力装置的人力三轮车发生事故造成三轮车乘客受伤的赔偿纠纷,被上诉人的健康权受到伤害,上诉人在人力三轮车上加装动力装置,存在不安全的隐患,同时驾驶过程中,不注意路况,其存在过错,本案系健康权侵权纠纷。[1] 本案中一审、二审法院之所以将加装动力装置的人力三轮车认定为非机动车,系因本案当事人并未举证证明车辆属机动车,亦未申请对车辆性质进行司法鉴定。故尽管加装了动力装置,亦因缺乏证据支持而没有被认定为非机动车。

鉴于在与行人之间发生交通事故的案件中,机动车与非机动车适用法规则原则不同,故对车辆性质进行明确在适用法律上有重要意义。故笔者认为,该类车辆是否属于机动车首先应通过当事人举证予以确认,根据相关国家标准予以确认,如果相关标准不明确,可以经过鉴定予以确认,故在未进行鉴定的情况下,人民法院可以对当事人进行释明。如果当事人放弃鉴定,且在现有证据不足以认定车辆系机动车的情况下,应认定为非机动车,根据双方的过错判定侵权责任。反之,则应适用机动车交通事故责任纠纷的有关规定。

【裁判依据】

《道路交通安全法》第119条

[1] 浙江省温州市中级人民法院(2018)浙03民终212号。

03

驾驶超标电动自行车发生交通事故可以认定驾驶人存在过错

——王某某与孟某某机动车交通事故责任纠纷案

裁判规则

交通事故责任纠纷中，当事人驾驶超标电动自行车行驶发生交通事故，其驾驶超标电动车的行为可以认定对损害后果存在过错。

案　情[1]

2014 年 11 月 20 日，上海市公安局青浦分局交通警察支队（以下简称青浦交警支队）出具的《道路交通事故证明》记载：2014 年 10 月 21 日 19 时许，王某某驾驶电动自行车沿本区白鹤镇赵江路由北向南行驶至赵江路×××号门口，适遇孟某某由赵江路西侧横穿至东侧，致使双方相撞，造成王某某受伤及孟某某车损的交通事故；经调查取证，无法确定孟某某的交通方式，故事故事实无法查证，根据《道路交通事故处理程序规定》第 50 条之规定，特此出具交通事故证明。因双方就赔偿事宜无法达成协议，王某某遂诉诸法院，请求判令孟某某赔偿医疗费人民币（币种下同）47,879.46 元、住院伙食补助费 340 元、伤残赔偿金 95,420 元、误工费 16,000 元、营养费 3150 元、护理费 6370 元、鉴定费 1800 元、交通费 100 元、精神损害抚慰金 5000 元。

原审法院另查明，王某某系非农业家庭户口。2015 年 3 月 25 日，司法鉴定

〔1〕 上海市第二中级人民法院(2015)沪二中民一(民)终字第 2221 号。

科学技术研究所司法鉴定中心对王某某的伤残程度及三期出具了鉴定意见，结论为：王某某构成×级伤残，损伤后休息90～120日、护理90日、营养90日；今后若行二期治疗，则休息30日、护理15日、营养15日。王某某为此支付鉴定费1800元。

原审法院再查明，2014年11月13日，复旦大学上海医学院司法鉴定中心出具检验报告书，内容为：悬挂"临时号牌×××××××"（超标）电动自行车的车辆安全技术状况检验如下：(1)制动系静态、动态检验符合通用技术条件；(2)转向系符合通用技术条件；(3)灯光照明信号和电气仪表装置符合通用技术条件；(4)车身车架不符合通用技术条件；(5)车轮轮胎不符合通用技术条件；该车不符合国家《电动自行车通用技术条件》（GB 17761—1999）的技术标准，属超标电动自行车。悬挂"昆山KS116431"号牌（超标）电动自行车的车辆安全技术状况检验如下：(1)制动系静态、动态检验符合通用技术条件；(2)转向系符合通用技术条件；(3)灯光照明信号和电器仪表装置电动机输出功率为500W，不符合通用技术条件；(4)车身车架不符合通用技术条件；(5)车辆轮胎不符合通用技术条件；该车不符合国家《电动自行车通用技术条件》（BG 17761—1999）的技术标准；属超标电动自行车。王某某确认悬挂"昆山KS116431"号牌（超标）电动自行车系其事发时驾驶的车辆。孟某某确认悬挂"临时号牌×××××××"（超标）电动自行车是其事发时使用的车辆。

原审法院经审理后认为，本案中，青浦交警支队作为公安机关交通管理部门，在其职权范围内就讼争事故作出的《道路交通事故证明》及委托有合法资质的鉴定机构所作的相关鉴定报告，经核，并无不妥，故依法均予采信。经综合辨晰、考量本案讼争各方的举证结果以及讼争纠纷发生的具体情节、行为与结果的因果关系程度、天气道路情况等因素，确认孟某某对王某某的损失承担50%赔偿责任。王某某的各项赔偿费用具体确定如下：(1)医疗费，系治疗因交通事故造成损伤的合理费用，结合王某某提供的病史材料及发票，计算为1741.80元，王某某未在法院规定的期限内提供出院小结及住院发票原件，故相应费用在本案中不予处理；(2)住院伙食补助费，根据王某某住院天数，按每天20元计算，合计320元；(3)营养费3150元、残疾赔偿金95,420元，王某某的主张符合法律规定，予以确认；(4)误工费，王某某提供的证据不足以证明其收入水平及实际误工损失，酌情按每月2020元计算4个月，合计8080元；(5)护理费，结合王某某伤情，酌情按每月1500元计算3.5个月，合计5250元；(6)精神损害抚慰金，本次交通事故给王某某带来了精神上的痛苦，孟某某应予以赔偿，酌情确定为5000元；(7)交通费，结合本案实际情况，确认100元；(8)鉴定费1800元，系王某某因本次事故造成的经济损失，且也提供了相应证据，予以确认。上述各赔偿项目总计120,861.80元，由孟某某赔偿50%即60,430.90元。据此，依照《民法通则》第84条、第98条、第106条第2款、第119条、第134条第1款第7项、《侵权责任法》第6条第1款、第16条、第22条、第26条、第48条、《人身损害赔偿解释》第17条第1款和第2款、第18条、第19条、第20条、第21条、第22条、第23条、第24条、第25条之规定，原审法院作出判决：孟某某应于本判决生效之日起十日内赔偿王某某60,430.90元。

原审判决后，孟某某不服，向法院提起上诉称：事发路段系没有红绿灯及车道横线的乡间小路，王某某的电动自行车经鉴定存在电动机输出功率超标的问题，速度较快，与推着车正常穿行的孟某某相撞后，被其自己的车辆压倒致伤，故原审判决孟某某承担50%的赔偿责任比例过高。要求撤销原判，改判孟某某在30%范围内赔偿王某某的损失。

被上诉人王某某答辩称：双方的电动自行车都构成超标，对事故产生的影响是一致的，孟某某骑着车突然横穿马路与王某某相撞，显然对事故发生也有过错，原审判决其承担50%的赔偿责任并无不当。要求维持原判。

法院经审理查明，原审查明事实属实，法院予以确认。法院认为，根据青浦交警支队出具的《道路交通事故证明》中的记载，无法确定孟某某事发时的交通方式，孟某某虽称事发时其系推着电动自行车，然而没有提供任何证据予以证明，故对其该主张，法院不予采信。事发时双方的电动自行车经司法鉴定中心对车辆安全技术状况进行检验，均属于超标电动自行车，孟某某称由于王某某的电动自行车电动机输出功率超标导致其自己受伤，王某某应当承担更大的责任，依据不足。原审认定孟某某对王某某的损失承担50%的赔偿责任并无不当，法院予以确认。综上，上诉人孟某某要求减轻其赔偿责任的上诉请求没有事实与法律依据，法院不予支持。

【裁判结论】

根据青浦交警支队出具的《道路交通事故证明》中的记载，无法确定孟某某事发时的交通方式，孟某某虽称事发时其系推着电动自行车，然而没有提供任何证据予以证明，故对其该主张，法院不予采信。事发时双方的电动自行车经司法鉴定中心对车辆安全技术状况进行检验，均属于超标电动自行车，孟某某称由于王某某的电动自行车电动机输出功率超标导致其自己受伤，王某某应当承担更大的责任，依据不足。原审认定孟某某对王某某的损失承担50%的赔偿责任并无不当，本院予以确认。

【裁判观点】

一审法院认为，本案中，青浦交警支队作为公安机关交通管理部门，在其职权范围内就讼争事故作出的《道路交通事故证明》及委托有合法资质的鉴定机构所作的相关鉴定报告，经核，并无不妥，故依法均予采信。经综合辨析、考量本案讼争各方的举证结果以及讼争纠纷发生的具体情节、行为与结果的因果关系程度、天气道路情况等因素，确认孟某某对王某某的损失承担50%赔偿责任。

二审法院认为，根据青浦交警支队出具的《道路交通事故证明》中的记载，无法确定孟某某事发时的交通方式，孟某某虽称事发时其系推着电动自行车，然没有提供任何证据予以证明，故对其该主张，法院不予采信。事发时双方的电动自行车经司法鉴定中心对车辆安全技术状况进行检验，均属于超标电动自行车，孟某某称由于王某某的电动自行车电动机输出功率超标导致其自己受伤，王某某应当承担更大的责任，依据不足。原审认定孟某某对王某某的损失承担50%的赔偿责任并无不当，法院予以确认。

法官评析

一、侵权法中过错的概念

过错是认定侵权行为的主观要件，更是一般侵权行为的必要构成要件。过错是针对损害后果的故意或过失。故意，是指行为人明知并能预见其行为的不良后果，而希望或者放纵其结果发生的心理状态。过失是行为人对自己的行为结果应当预见且能够预见，但未能预见，或者虽有预见却轻信能够避免而依然实施该行为的心理状态。我国台湾地区学者曾世雄将“过失”归纳为“能预见损害发生，能避免损害的发生，未避免损害的发生”。

过失的判定标准应以一般人的注意和注意程度来判定。所谓一般人指诚实、守信、善意的人，也称作善良管理人。注意义务的标准应以一般人所能注意的标准确认，即一般人在当时、当地、当下条件中应该注意的义务。

以一般人所能注意的最低限度的注意义务为区分，可以分为重大过失和轻过失。未尽到普通人应注意的最低限度的义务，为重大过失。违反了相对较高的注意义务，为轻过失。

二、违反法律法规的规定在实践中多可认定为过错

我国未将违反保护性法律的侵权行为作为单独的侵权行为，因此行为人的行为是否违反相关法律法规的规定，实践中通常作为过失予以认定。在道路交通事故中，公安机关道路交通管理部门在认定事故责任时，其直接依据《道路交通安全法》《道路交通安全法实施条例》的相关规则予以判定。行为人违反上述法律规定的行为，即可成为其判定事故责任的依据，如果当事人没有充分证据反驳事故责任认定的依据，则事故责任认定就成为认定侵权责任中当事人过错的主要依据。

行为人驾驶超标电动自行车，是违反《道路交通安全法》的规定的。根据国家标准《电动自行车通用技术条件》(GB 17761—1999)[1]电动自行车(electric bicycle)，以蓄电池作为辅助能源，具有两个车轮，能实现人力骑行、电动或电助动功能的特种自行车。

技术要求为：(1)最高车速：应不大于25km/h(《道路交通安全法》第58条规定，电动车最高时速不超过15公里)；(2)整车质量：不大于55kg(含电池)；(3)脚踏行驶能力：必须具有良好的脚踏骑行功能，30min的脚踏行驶距离应不小于7km；(4)续行里程：一次充电后的续行里程应不小于25km；(5)最大骑行噪声：最高车速作电动匀速骑行时(电助动的以15km/h至18km/h速度电助动骑行)的噪声应不大于62dB(A)；100km的电能消耗应不大于1.2KWH；(6)百公里电耗：以电动骑行(电动助力的以电助动骑行)，100km的电能消耗应不大于1.2KWH；(7)电动机功率：额定连续输出功率应不大于400W；(8)制动性能：以最高车速电动骑行时(电助动的以20km/h的速度电助动骑行)，其干态制动距离应不大于4m，湿态制动距离应不大于15m。

---

〔1〕已废止，新版为2018年版。

超出上述技术规范标准的电动自行车应视为“超标车”。鉴于超标电动自行车在车身长度、车体重量、运行速度等指标方面存在超过电动车国家标准的问题，已经超出了电动自行车的安全范围，从而增加了其发生交通事故的风险，也降低了发生交通事故时驾驶人对车辆的控制能力，驾驶人对此应该具有注意义务，但其在明知自己驾驶超标电动自行车可能造成危险的情况，应视为其存在过于自信的过失。该过失一般人都应该注意到，且法律规定和常识都是最低限度的注意义务，行为人违反该注意义务，应视为重大过失。

在超标电动自行车造成行人伤害的案件中，超标电动自行车如被鉴定为机动车，则适用无过错责任，只要行人不存在重大过失，就应该认定超标电动自行车为全部责任。如果在超标电动自行车经鉴定并非机动车，则该种情况下的侵权责任为过错责任，应认定超标电动自行车驾驶人有重大过错，对事故承担主要或全部责任，行为人如果存在过错，应适用过失相抵的处置原则。

在超标电动自行车与机动车发生交通事故时，如果超标电动自行车被判定为非机动车，则该种情形下，即便判定机动车为无过错责任，驾驶超标电动自行车亦可认定为受害人的重大过失而减轻机动车一方责任。如果超标电动自行车被判定为机动车，则按照过错责任原则，依据双方各自过错的大小，酌情确认双方的事故责任。

【裁判依据】

《侵权责任法》第 26 条

04

交通事故案件中交强险的适用范围

——陈某某与赵某机动车交通事故责任纠纷案

裁判规则

机动车发生交通事故造成人身伤亡、财产损失的，由保险公司在机动车第三者责任强制保险责任限额范围内予以赔偿；不足的部分，按照下列规定承担赔偿责任：机动车之间发生交通事故的，由有过错的一方承担赔偿责任；双方都有过错的，按照各自过错的比例分担责任。机动车与非机动车驾驶人、行人之间发生交通事故，非机动车驾驶人、行人没有过错的，由机动车一方承担赔偿责任；有证据证明非机动车驾驶人、行人有过错的，根据过错程度适当减轻机动车一方的赔偿责任；机动车一方没有过错的，承担不超过10%的赔偿责任。

案　情[1]

2017年6月29日13时55分，在北京市东城区东二环主路光明桥北主路出辅路出口处，张某某驾驶的车辆由北向南停放，赵某违法进入二环主路，适有陈某某驾驶车辆由北向南行驶中向右侧变更车道，与由北向南行驶的陈某驾驶车辆相撞，陈某某所驾车辆右侧与陈某所驾车辆左前部相接触，陈某某的车辆前部与张某某所驾的车辆左后部相接触，陈某某所驾车辆与赵某身体接触，造成其倒地受伤，三车损坏。事故经公安交通管理部门认定陈某某违反规定变更车道的违法过错行为致使事故发生，是事故发生的全部原因，负事故的全部责任；赵某虽然存在交通违法行为，但事故发生时其正在被民警纠正，与事故发生没有因果

[1] 北京市第二中级人民法院(2019)京02民终2947号。

关系,不是事故发生的原因,无责任;陈某和张某某亦无责任。

当日,赵某被送往北京朝阳急诊抢救中心住院治疗至2017年8月21日,共计53天。陈某某驾驶的车辆在人保廊坊分公司投保交强险和50万元限额的商业三者险(含不计免赔),事故发生在保险期限内。陈某驾驶的车辆在人保北分公司投保交强险,亦在保险期限内。

一审法院认为:公民的人身权受法律保护。侵害他人造成人身损害的,应当赔偿医疗费、护理费、交通费等为治疗和康复支出的合理费用,以及因误工减少的收入。造成残疾的,还应当赔偿残疾生活辅助器具费和残疾赔偿金。根据《道路交通安全法》的相关规定,机动车发生交通事故造成人身伤亡、财产损失的,由保险公司在商业三者险责任限额范围内予以赔偿;不足的部分,按照下列规定承担赔偿责任:机动车之间发生交通事故的,由有过错的一方承担赔偿责任;双方都有过错的,按照各自过错的比例分担责任。机动车与非机动车驾驶人、行人之间发生交通事故,非机动车驾驶人、行人没有过错的,根据过错程度适当减轻机动车一方的赔偿责任;机动车一方没有过错的,承担不超过10%的赔偿责任。此次事故,经公安交通管理部门认定系陈某某违反规定变更车道的违法过错行为所致,是事故发生的全部原因,负事故的全部责任;赵某虽然存在交通违法行为,但事故发生时其正在被民警纠正,与事故发生没有因果关系,不是事故发生的原因,无责任;陈某和张某某亦无责任。

陈某某驾驶的车辆在人保廊坊分公司投有交强险及50万元商业三者险(含不计免赔),陈某所驾驶的车辆在人保北分公司投保交强险,张某某所驾驶的车辆亦在人保北分公司投保交强险,故赵某的损失应由人保廊坊分公司在交强险限额内先行赔偿,超出部分在商业险限额内赔偿。不属于保险责任的赔偿项及超出保险限额的部分,由陈某某自行赔偿。陈某此次事故虽无责任,但根据机动车一方没有过错的,承担不超过10%的赔偿原则,故人保北分公司在交强险范围内应承担10%赔偿;虽张某某所驾驶的车辆亦在人保北分公司投有交强险,但因赵某未对张某某的车辆主张权利,故对于张某某车辆无责部分的10%赔偿,不予处理。

赵某为主张按城镇标准计算相关赔偿项,提交了劳务协议、工资流水、租房合同及证明材料,根据现有证据可证明其长期居住在城镇,故赔偿标准应适用城镇。关于残疾赔偿金,赵某按城镇主张于法有据,法院予以支持。关于被扶养人生活费，因其父赵某某未到退休年龄，且其提供的证据不足以证明其丧失劳动能力，又无其他生活来源，故法院综合考虑仅支持其母一人。关于医疗费，赵某提供的票据中有外购药三张，其中一张购于2016年12月24日先于此次事故，另两张虽购于事故发生后，但无法证明与此次事故有关，故对上述三张票据金额不予支持，支持医疗费17,743.52元。关于住院伙食费，赵某两次共住院71天，该费用主张数额合理，于法有据，法院予以支持。关于营养费，结合鉴定意见及给付标准，酌定3600元。关于精神损害抚慰金，赵某因伤导致九级伤残，其诉求于法有据，法院根据赵某的伤情酌情确定10,000元。关于鉴定费及残疾辅助器具费，赵某主张合理并有证据证明，陈某某认可，法院不持异议。关于护理费，赵某二次手术在鉴定之后，且根据其具体情况手术期间需要陪护，主张二次手术期间的护理费合理，法院将结合鉴定意见及第二次手术的具体情况，扣除已先期赔偿的部分，按照一人标准，酌定护理费支持6600元。关于交通费，结合赵某的就诊次数予以酌定1500元。关于误工费，因事故赵某受伤后，无法正常工作，结合鉴定意见及赵某主张，酌定误工费为19,066.2元。关于其他财产损失，赵某提供的部分票据不详实，不能证明与事故有关，故根据事故情况酌定500元。本院二审中，双方均未提交新证据，本院经审理查明的事实与一审法院查明的事实无异。

【裁判结论】

公民的人身权受法律保护。侵害他人造成人身损害的，应当赔偿医疗费、护理费、交通费等为治疗和康复支出的合理费用，以及因误工减少的收入。造成残疾的，还应当赔偿残疾生活辅助器具费和残疾赔偿金。根据《道路交通安全法》的相关规定，机动车发生交通事故造成人身伤亡、财产损失的，由保险公司在商业三者险责任限额范围内予以赔偿；不足的部分，按照下列规定承担赔偿责任：机动车之间发生交通事故的，由有过错的一方承担赔偿责任；双方都有过错的，按照各自过错的比例分担责任。机动车与非机动车驾驶人、行人之间发生交通事故，非机动车驾驶人、行人没有过错的，由机动车一方承担赔偿责任；有证据证明非机动车驾驶人、行人有过错的，根据过错程度适当减轻机动车一方的赔偿责任；机动车一方没有过错的，承担不超过10%的赔偿责任。

【裁判观点】

一审法院认为,公民的人身权受法律保护。侵害他人造成人身损害的,应当赔偿医疗费、护理费、交通费等为治疗和康复支出的合理费用,以及因误工减少的收入。造成残疾的,还应当赔偿残疾生活辅助器具费和残疾赔偿金。根据《道路交通安全法》的相关规定,机动车发生交通事故造成人身伤亡、财产损失的,由保险公司在机动车第三者责任强制保险责任限额范围内予以赔偿;不足的部分,按照下列规定承担赔偿责任:机动车之间发生交通事故的,由有过错的一方承担赔偿责任;双方都有过错的,按照各自过错的比例分担责任。机动车与非机动车驾驶人、行人之间发生交通事故,非机动车驾驶人、行人没有过错的,由机动车一方承担赔偿责任;有证据证明非机动车驾驶人、行人有过错的,根据过错程度适当减轻机动车一方的赔偿责任;机动车一方没有过错的,承担不超过10%的赔偿责任。此次事故,经公安交通管理部门认定系陈某某违反规定变更车道的违法过错行为所致,是事故发生的全部原因,负事故的全部责任;赵某虽然存在交通违法行为,但事故发生时其正在被民警纠正,与事故发生没有因果关系,不是事故发生的原因,无责任;陈某和张某某亦无责任。二审法院对此予以维持。

法官评析

一、交强险的概念与特征

《交强险条例》的规定:交强险是由保险公司对被保险机动车发生道路交通事故造成本车人员、被保险人以外的受害人的人身伤亡、财产损失,在责任限额内予以赔偿的强制性责任保险。

交强险属于责任保险。《保险法》第65条第4款规定,责任保险是指以被保险人对第三者依法应负的赔偿责任为保险标的的保险。其功能在于在保险事故发生后,保险公司代替责任人进行赔付。

交强险是法律强制险。《交强险条例》第2条第1款规定,中国境内道路上行驶的机动车的所有人或者管理人,都应依照《道路交通安全法》的规定投保机动车交通事故责任强制保险。根据《道路交通安全法实施条例》第5条第2款的规定,交强险属于申领机动车号牌、行驶证的必须条件。《交强险条例》第4条规定,国务院保险监督管理机构依法对保险公司的机动车交通事故责任强制保险业务实施监督管理。公安机关交通管理部门、农业（农业机械）主管部门（以下统称机动车管理部门）应当依法对机动车参加机动车交通事故责任强制保险的情况实施监督检查。对未参加机动车交通事故责任强制保险的机动车，机动车管理部门不得予以登记，机动车安全技术检验机构不得予以检验。公安机关交通管理部门及其交通警察在调查处理道路交通安全违法行为和道路交通事故时，应当依法检查机动车交通事故责任强制保险的保险标志。可见交强险的特征之一在于其强制性。

交强险具有社会管理与风险控制的功能。我国经过社会迅速发展，机动车保有量迅速攀升，由此引发的交通事故越来越多，加之我国现有人寿保险等制度并不发达，医疗保险水平也有待进一步提升，一旦发生交通事故，往往给普通公众造成巨大的经济压力，在此情形下我国设立交强险制度，并强制机动车驾驶人购买，既是基于管理层面的考量，更是基于防控社会风险的考量，通过交强险制度构建的资金池，对偶发的交通事故受害人给予必要的经济救济，降低普通公众的社会风险。

二、交强险的赔偿范围与分项赔偿额度

交强险的赔付范围分为有责任和无责任两种情形，在机动车有责任的情况下，不论责任比例大小，都应该由交强险限额内进行赔偿，不足的部分再由商业险赔付，仍有不足的，由责任人赔偿。在机动车无责的情况下，交强险也应承担法定限额的赔偿责任。

被保险人有责任时：死亡伤残赔偿限额为 110,000 元；医疗费用赔偿限额为 10,000 元；财产损失赔偿限额为 2000 元，总计 122,000 元。被保险人无责任时：无责任死亡伤残赔偿限额为 11,000 元；无责任医疗费用赔偿限额为 1000 元；无责任财产损失赔偿限额为 100 元，总计 12,100 元。

死亡、伤残类赔偿项目包括：（1）丧葬费；（2）死亡赔偿金；（3）受害人亲属办理丧葬事宜支出的交通、住宿费用；（4）残疾赔偿金；（5）残疾辅助器具费；（6）护理费；（7）康复费；（8）交通费；（9）被扶养人生活费；（10）住宿费；（11）误工费；（12）被保险人依照法院判决或者调解承担的精神损害抚慰金。

医疗费用赔偿限额项下负责赔偿：（1）医疗费（医药费、诊疗费、住院费）；（2）住院伙食补助费；（3）必要的、合理的后续治疗费、整容费、营养费。

三、交强险不予赔偿的范围

根据《交强险条例》第21条第2款的规定，道路交通事故的损失是由受害人故意造成的，保险公司不予赔偿。该种情形属于绝对不赔偿的范围。受害人故意造成交通事故，并造成自身人身、财产损害，该种情形下，损失系受害人主动追求的结果，并不属于交通活动的正常风险，故交强险不予赔付。

四、交强险限制赔偿的范围

《交强险条例》第22条规定，有下列情形之一的，保险公司在机动车交通事故责任强制保险责任限额范围内垫付抢救费用，并有权向致害人追偿：(1)驾驶人未取得驾驶资格或者醉酒的；(2)被保险机动车被盗抢期间肇事的；(3)被保险人故意制造道路交通事故的。有前款所列情形之一，发生道路交通事故的，造成受害人的财产损失，保险公司不承担赔偿责任。

上述情形属于交强险限制赔偿的范围，其一是保险赔付方式，保险公司仅仅是垫付，而不是直接赔付。保险公司在垫付后，有权向致害人追偿，仅仅在追偿不能时，保险公司才承担事实上的赔偿责任。该种情形类似于具有追偿权的替代责任。其二是限制赔偿范围，即只垫付抢救费用，不垫付其他费用，而抢救费只能计算在医药费项下，无法计算在伤残死亡类赔偿金额项下，故相应的赔偿金额最多为1万元。

五、要求保险公司承担交强险的保险责任无须证明保险公司的过错

从《道路交通安全法》第76条的规定看，机动车相撞，适用过错责任。但在机动车与非机动车、行人之间发生交通事故的责任为无过错责任。而保险公司的责任为法定责任，不需要证明被保险人在交通事故中的责任大小，即只要有责任，就应该在限额内承担赔偿责任。

【裁判依据】

《道路交通安全法》第76条

《交强险条例》第3条、第4条、第21条

05

交通事故案件中商业险的适用

——张某1、张某2、张某3、张某4与白某某、平安保险朝阳支公司机动车交通事故责任纠纷案

裁判规则

交通事故案件中承保商业险保险公司承担责任的依据是保险合同，在判定其责任时，应考察其合同约定，而不需要证明保险公司存在过错。

案　情[1]

一审法院认定事实：2018年3月5日4时10分许，张某某驾驶轻型厢式货车由南向北行驶至北京市密云区京承高速出京方向114公里处时，与在此路段同方向行驶的白某某驾驶的重型仓栅式货车接触，造成张某某死亡、两车及高速路中心护栏损坏。经北京市公安局密云分局交通大队认定：张某某驾驶机动车上道路行驶未与前车保持安全距离且未确保安全的违法行为，与本起交通事故的发生有因果关系，是事故发生的主要原因；白某某驾驶机件不合格且超载的机动车上道路行驶的违法行为与本起交通事故的发生有因果关系，是事故发生的次要原因；张某某为主要责任；白某某为次要责任。经北京盛唐司法鉴定所鉴定：张某某符合创伤性休克死亡。张某1、张某2、张某3、张某4为张某某做死因鉴定支付鉴定费2000元。在一审庭审过程中，张某1、张某2、张某3、张某4认为白某某、平安保险朝阳支公司应承担40%的赔偿责任，同时认为应按城镇居

[1] 北京市第三中级人民法院(2018)京03民终13204号。

民的赔偿标准赔偿其死亡赔偿金及被扶养人合理性生活支出,并当庭出示劳动合同书及北京市公安局密云分局交通大队对北京东方家家商贸有限公司配送中心车队队长王某某的询问笔录,证实张某某于 2017 年 6 月 16 日起到北京东方家家商贸有限公司务工,并在该公司配送中心车队从事司机工作。经查:张某 1 系张某某之妻;张某 2、张某 3 系张某某之女;张某 4 系张某某之父;张某 4 共有 5 名扶养人。在一审审理过程中,白某某认为其车辆投保商业三者险时,保险公司亦未告知其超载有免赔的条款,且其本人并未在保险单上签字,故保险公司应在商业三者险限额内承担 30% 的赔偿责任。平安保险朝阳支公司在审理过程中认为,商业三者险保险单投保人的签名虽不是白某某本人所写,但办理保险手续时有其家人,保险公司已就商业三者险的免赔事由及内容作出释明并已尽到告知义务,故因白某某的车辆超载,该公司免赔 10% 的经济损失且只承担 20% 的赔偿责任。白某某所驾肇事车辆已在平安保险朝阳支公司投保了交强险及责任限额为 50 万元不计免赔的商业三者险;事故发生在保险期内。

白某某驾驶机动车与被害人张某某驾驶的机动车发生交通事故并致张某某死亡。北京市公安局密云分局交通大队认定:张某某负事故的主要责任;白某某负事故的次要责任,法院予以确认,白某某应承担本次事故 30% 的赔偿责任。白某某驾驶的车辆已在平安保险朝阳支公司投保了交强险及商业三者险。应由该公司在交强险限额内予以赔偿;不足部分,由该公司在商业三者险限额内承担 30% 的赔偿责任;不足或不属保险理赔部分,由白某某按责予以赔偿。张某 1、张某 2、张某 3、张某 4 要求白某某、平安保险朝阳支公司承担 40% 赔偿责任的意见与事实不符,法院不予支持;被害人张某某虽系农民户籍,但其长期从事驾驶员的工作,且本次事故发生前已与北京东方家家商贸有限公司签订劳动合同,证实其经济来源于城镇即非农业生产所得,故应按城镇居民的赔偿标准赔偿其死亡赔偿金及被扶养人合理性生活支出。张某 1、张某 2、张某 3、张某 4 要求的死亡赔偿金、被扶养人合理性生活支出、尸体鉴定费、丧葬费合理,法院除交强险限额外按责予以支持;张某 1、张某 2、张某 3、张某 4 要求的精神损害抚慰金、处理丧事误工费、处理丧事交通费、财产损失费过高,法院根据本案的实际情况予以确定并除交强险限额外按责予以支持。平安保险朝阳支公司发表的同意在交强险限额内承担张某 1、张某 2、张某 3、张某 4 合理的经济损失,不同意承担案件受理费的答辩意见符合法律规定,法院予以采纳;该公司在审理过程中发表的商业三者险保险单投保人的签名虽不是白某某本人所写，但办理保险手续时有其家人，保险公司已就商业三者险的免赔事由及内容作出释明并已尽到告知义务，故因白某某的车辆超载，该公司免赔10%的经济损失且只承担20%的赔偿责任之答辩意见，法院认为，该公司为白某某事故车辆承保商业三者险的保险单上投保人签名非白某某本人所写，且该项事实双方均予以认可，故该公司所辩已对白某某释明商业三者险免赔事由及条款的答辩意见缺乏事实依据，故法院对该公司本项答辩意见不予采纳；该公司发表的应按农村居民的标准赔偿死亡赔偿金、被扶养人合理性生活支出的答辩意见与事实不符，法院不予采纳；该公司发表的尸体鉴定费不在保险理赔范围内，不同意赔偿的答辩意见，法院认为，张某1、张某2、张某3、张某4支付的尸体鉴定费系处理交通事故的必经程序，属本次交通事故给张某1、张某2、张某3、张某4造成的直接经济损失，由该公司在商业三者险限额内按责予以赔偿，该公司之答辩意见与事实不符，法院不予采纳。白某某发表的其车辆投保商业三者险时，保险公司并未告知其超载有免赔的条款，且其本人亦未在保险单上签字，故保险公司应在商业三者险限额内承担30%的赔偿责任；同意按责赔偿张某1、张某2、张某3、张某4合理经济损失的答辩意见符合法律规定，法院均予以采纳。

一审判决后，平安保险朝阳支公司上诉请求：(1)撤销一审判决第2项，依法改判；(2)上诉费由张某1、张某2、张某3、张某琴、张某玲、张某荣、张某利、白某某负担。事实和理由：交通事故发生时，白某某驾驶的重型仓式货车超载，违反安全装载规定，依据保险条款，平安保险朝阳支公司应实行10%的绝对免赔。白某某委托他人代办保险并在投保单上签字且交纳保费，表明其认可涉案保险合同包括保险条款的效力。张某4已经去世，不应支付相应的被扶养人生活费。

二审期间，各方当事人均未提交新的证据。法院补充查明以下事实：张某4于2018年9月10日去世。张某4与周某某(已去世)系夫妻，育有二子三女，即张某某(已去世)、张某利、张某琴、张某玲、张某荣。法院受理本案后，依法追加张某利、张某琴、张某玲、张某荣作为张某4的权利义务承受人参加诉讼。

【裁判结论】

白某某驾驶机动车与被害人张某某驾驶的机动车发生交通事故，并致张某某死亡，一审法院认定白某某承担30%的赔偿责任，并无不当，法院予以确认。

白某某驾驶的涉案车辆在平安保险朝阳支公司投保交强险及商业三者险，平安保险朝阳支公司应在交强险限额内予以赔偿；不足部分，由该公司在商业三者险限额内承担30%的赔偿责任；不足或不属保险理赔部分，由白某某按责予以赔偿。平安保险朝阳支公司虽上诉主张商业三者险的保险单有10%的绝对免赔条款，且已加黑加粗，但其亦认可保险单上的投保人签名并非白某某所写，故法院认为平安保险朝阳支公司并未就免赔条款尽到充分的提示义务，其主张10%的绝对免赔，缺乏事实和法律依据，法院不予支持。

【裁判观点】

白某某驾驶机动车与被害人白某某驾驶的机动车发生交通事故并致白某某死亡。北京市公安局密云分局交通大队认定：白某某负事故的主要责任；白某某负事故的次要责任，法院予以确认，白某某应承担本次事故30%的赔偿责任。白某某驾驶的车辆已在平安保险朝阳支公司投保了交强险及商业三者险。应由该公司在交强险限额内予以赔偿；不足部分，由该公司在商业三者险限额内承担30%的赔偿责任；不足或不属保险理赔部分，由白某某按责予以赔偿。张某某、张某1、张某2、张某3要求白某某、平安保险朝阳支公司承担40%赔偿责任的意见与事实不符，法院不予支持；被害人白某某虽系农民户籍，但其长期从事驾驶员的工作，且本次事故发生前已与北京东方家家商贸有限公司签订劳动合同，证实其经济来源于城镇即非农业生产所得，故应按城镇居民的赔偿标准赔偿其死亡赔偿金及被扶养人合理性生活支出。张某某、张某1、张某2、张某3要求的死亡赔偿金、被扶养人合理性生活支出、尸体鉴定费、丧葬费合理，法院除交强险限额外按责予以支持；张某某、张某1、张某2、张某3要求的精神损害抚慰金、处理丧事误工费、处理丧事交通费、财产损失费过高，法院根据本案的实际情况予以确定并除交强险限额外按责予以支持。平安保险朝阳支公司发表的同意在交强险限额内承担张某某、张某1、张某2、张某3合理的经济损失，不同意承担案件受理费的答辩意见符合法律规定，法院予以采纳；该公司在审理过程中发表的商业三者险保险单投保人的签名虽不是白某某本人所写，但办理保险手续时有其家人，保险公司已就商业三者险的免赔事由及内容作出释明并已尽到告知义务，故因白某某的车辆超载，该公司免赔10%的经济损失且只承担20%的赔偿责任之答辩意见，法院认为，该公司为白某某事故车辆承保商业三者险的保险单上投保人签名非白某某本人所写,且该项事实双方均予以认可,故该公司所辩已对白某某释明商业三者险免赔事由及条款的答辩意见缺乏事实依据,故法院对该公司本项答辩意见不予采纳;该公司发表的应按农村居民的标准赔偿死亡赔偿金、被扶养人合理性生活支出的答辩意见与事实不符,法院不予采纳;该公司发表的尸体鉴定费不在保险理赔范围内,不同意赔偿的答辩意见,法院认为,张某某、张某1、张某2、张某3支付的尸体鉴定费系处理交通事故的必经程序,属本次交通事故给张某某、张某1、张某2、张某3造成的直接经济损失,由该公司在商业三者险限额内按责予以赔偿,该公司之答辩意见与事实不符,法院不予采纳。白某某发表的其车辆投保商业三者险时,保险公司并未告知其超载有免赔的条款,且其本人亦未在保险单上签字,故保险公司应在商业三者险限额内承担30%的赔偿责任;同意按责赔偿张某某、张某1、张某2、张某3合理经济损失的答辩意见符合法律规定,法院均予以采纳。

二审法院认为,白某某驾驶机动车与被害人白某某驾驶的机动车发生交通事故,并致白某某死亡,一审法院认定白某某承担30%的赔偿责任,并无不当,本院予以确认。白某某驾驶的涉案车辆在平安保险朝阳支公司投保交强险及商业三者险,平安保险朝阳支公司应在交强险限额内予以赔偿;不足部分,由该公司在商业三者险限额内承担30%的赔偿责任;不足或不属保险理赔部分,由白某某按责予以赔偿。平安保险朝阳支公司虽上诉主张商业三者险的保险单有10%的绝对免赔条款,且已加黑加粗,但其亦认可保险单上的投保人签名并非白某某所写,故本院认为平安保险朝阳支公司并未就免赔条款尽到充分的提示义务,其主张10%的绝对免赔,缺乏事实和法律依据,本院不予支持。

法官评析

一、机动车商业险的概念

机动车商业险,又称第三者责任保险,是指机动车所有人向保险人支付一定数额的保险费,在被保险人或者其允许的持有驾驶执照的人使用被保险人的机动车过程中,致使第三者发生保险合同约定的人身、财产损失,在被保险人依法应承担赔偿责任的情况下,由保险人承担赔偿责任的保险。

二、商业险的责任属性

《侵权责任法》作为侵权责任的一般法律,其逻辑体系首先是按照原则进行分类，后将特殊侵权行为进行类型化，并规定在《侵权责任法》的分责当中。但是尚有大量的有关侵权责任的特别法存在，在侵权法体系中，对这类问题的处理原则，一种情形是在《侵权责任法》条文中明确指明适用特别法，另一种情形是针对同一问题，《侵权责任法》未规定，而特别法规定的，适用特别法。

关于机动车交通事故责任，《道路交通安全法》第 76 条规定，机动车发生交通事故造成人身伤亡、财产损失的，由保险公司在机动车第三者责任强制保险责任限额范围内予以赔偿；不足的部分，按照下列规定承担赔偿责任：(1) 机动车之间发生交通事故的，由有过错的一方承担赔偿责任；双方都有过错的，按照各自过错的比例分担责任。(2) 机动车与非机动车驾驶人、行人之间发生交通事故，非机动车驾驶人、行人没有过错的，由机动车一方承担赔偿责任；有证据证明非机动车驾驶人、行人有过错的，根据过错程度适当减轻机动车一方的赔偿责任；机动车一方没有过错的，承担不超过百分之十的赔偿责任。交通事故的损失是由非机动车驾驶人、行人故意碰撞机动车造成的，机动车一方不承担赔偿责任。

《道路交通事故司法解释》第 16 条规定，同时投保机动车第三者责任强制保险(以下简称交强险)和第三者责任商业保险(以下简称商业三者险)的机动车发生交通事故造成损害，当事人同时起诉侵权人和保险公司的，人民法院应当按照下列规则确定赔偿责任：(1) 先由承保交强险的保险公司在责任限额范围内予以赔偿；(2) 不足部分，由承保商业三者险的保险公司根据保险合同予以赔偿；(3) 仍有不足的，依照道路交通安全法和侵权责任法的相关规定由侵权人予以赔偿。被侵权人或者其近亲属请求承保交强险的保险公司优先赔偿精神损害的，人民法院应予支持。

根据上述法律规定，承保商业三者险的保险公司对事故责任是根据保险合同予以赔偿的，因此商业三者险系责任保险合同，由此产生的保险责任系合同责任。根据《保险法》的基本原理，所谓责任保险是指以被保险人依法对第三者应负的赔偿责任为保险标的的保险，因此，责任保险又称为第三者责任保险。

三、责任保险的概念与特征

依照责任保险合同，投保人依约定向保险人支付保险费，在被保险人应当向第三人承担赔偿责任时，保险人按照约定向被保险人给付保险金。责任保险可以保障被保险人免予因为履行损害赔偿责任所受到的利益减损，而且可以保护被保险人的侵权行为的直接受害者，使受害者可以获得及时赔偿。

责任保险有以下特征：

1. 保险人承担被保险人的赔偿责任。保险人对责任保险的被保险人造成第三人的损害，可以依照法律规定或者合同约定，直接向该第三人赔偿保险金。

2. 保险的标的为一定范围内的侵权赔偿责任，非损害赔偿责任不能作为责任保险的标的。

3. 保险责任不及于被保险人的人身或财产。责任保险的目的在于分担被保险人对第三者应当承担的赔偿责任，故被保险人自身的人身、财产损害，保险人不承担赔偿责任。

4. 保险赔偿存在限额。保险事故存在重大的不确定性，在事故发生前，双方不可能知晓事故发生的具体损害金额，因此投保人和保险人不可能约定具体的赔偿金额，而只能约定保险责任的最高限额，保险人赔偿范围以双方约定的最高限额为限度。

四、结论

鉴于商业险的保险责任系合同责任，而违反合同责任为违约责任，根据我国《合同法》第107条的规定，当事人一方不履行合同义务，或者履行合同不符合约定的，应当承担继续履行、采取补救措施或者赔偿损失等违约责任。这个条款中并没有出现“但当事人不能够证明自己没有过错的除外”这样的字样，因此被认为适用严格责任。

所谓严格责任又称“结果责任”。英国法院通过帕拉代恩诉简和阿利恩（Paradine v. Jane，Aleyn，1647年）一案，确立的违约责任就是严格责任。严格责任原则是指不论违约方主观上有无过错，只要其不履行合同债务给对方当事人造成了伤害，就应当承担合同责任。严格责任原则意味着在违约发生以后，非违约方只需证明违约方的行为已经构成违约，而不必证明违约方主观上出于故意或过失。

严格责任的成立以债务不履行以及该行为与违约后果之间具有因果关

系为要件,而并非以债务人的过错为要件,这是其区别于过错责任的最根本的特征。

严格责任原则作为一种区别于其他归责原则的归责形式,意味着其能够在《合同法》中独立地存在,《联合国国际货物销售合同公约》、《国际商事合同通则》以及《欧洲合同法规则》均采纳了该原则。

据此,机动车第三者责任保险作为合同性保险,只在合同约定的范围内予以赔偿,不要求保险公司存在侵权法上的过错。

【裁判依据】

《道路交通安全法》第 76 条

《道路交通司法解释》第 16 条

06

机动车之间发生交通事故，适用过错责任原则

——某科技有限公司与罗某等机动车交通事故责任纠纷案

裁判规则

机动车之间发生交通事故的，就第三者责任强制保险赔偿限额内的损失，由保险公司承担赔偿责任。就第三者责任强制保险赔偿限额范围外的损失，适用过错责任原则。即只有加害人对于损害的发生具有过错，才承担赔偿责任，而对于行为人过错的判断采取客观标准，即依据其是否违反道路交通安全法律、法规及相关规则对其有无过错、过错大小进行判断。司法实践中公安机关交通管理部门出具的交通事故认定书系判断当事人过错程度的重要证据之一。

案　情[1]

2015年5月15日12时40分，在北京市海淀区学清路与银泉路交叉口，张某驾驶轻型普通货车由南向北停放，莱某驾驶普通两轮摩托车由南向北行驶，张某开左侧车门与普通两轮摩托车乘车人身体接触，造成罗某及莱某受伤。公安机关交通管理部门出具的事故认定书认定，张某开关车门造成交通事故负主要责任，莱某无机动车驾驶证驾驶机动车负次要责任。轻型普通货车登记在某科技公司名下，事发时该车辆未在保险公司投保交强险。经法院询问，罗某称其不知道莱某有无机动车驾驶证。罗某于2015年5月15日至6月3日在北京市红

〔1〕 北京市第一中级人民法院(2016)京01民终7186号。

十字会急诊抢救中心住院治疗,并提交了北京市红十字会急诊抢救中心司法鉴定中心于2015年9月25日出具的鉴定意见书,鉴定意见:罗某伤残等级为×级,伤残赔偿指数为10%。建议误工期为120~270日,护理期为60~120日,营养期为30~90日。张某称车辆挂靠在某科技公司名下进行营运,每年向某科技公司支付1500元的挂靠服务费,提交了协议书,显示某科技公司向张某每年一次性收取乙方服务费1500元,并为张某办理(营运证、二级保养、等级评定)、车辆保险、道路运输协会会费等各项车务手续,并协助办理补牌证、过户等手续,费用由张某负担。张某对事故认定书认定的责任不认可,但未提交相反证据。罗某认为,事故经交通管理部门认定,张某开关车门造成交通事故负主要责任,莱某无机动车驾驶证驾驶机动车负次要责任。此次事故给其造成人身损害,张某、某科技公司承担赔偿责任。一审判决,对罗某超出交强险的损失,由张某承担65%的赔偿责任,某科技公司应与张某承担连带赔偿责任。

一审判决作出后,某科技公司不服提出上诉。某科技公司认为,一审法院未传唤其公司参与诉讼,剥夺其的诉讼权利。本案中罗某乘坐的摩托车驾驶人系无证驾驶应就本次交通事故承担主要责任,对交通事故认定书和一审判决确定的赔偿比例不予认可。另,本案张某车辆虽挂靠于其公司名下,但依据双方签订的《协议书》,车辆保险及交通事故责任均应由张某承担,其公司不承担赔偿责任。

【裁判结论】

对罗某超出交强险的损失,根据双方的过错程度,法院酌情判定由张某承担65%的赔偿责任。张某所驾车辆系挂靠于某科技公司名下从事道路运输经营活动的车辆,故某科技公司应与张某承担连带赔偿责任。

【裁判观点】

一审法院经审理后认为,根据我国《民事诉讼法》的规定,当事人有答辩并对对方当事人提交的证据进行质证的权利,本案某科技公司经法院合法传唤,无正当理由拒不出庭应诉,视为其放弃了答辩和质证的权利。投保交强险的机动车发生交通事故造成损害的,应当先由承保交强险的保险公司在责任限额范围内予以赔偿;不足部分,依照《道路交通安全法》和《侵权责任法》的相关规定予以赔偿。未依法投保交强险的机动车发生交通事故造成损害,当事人请求投保义务人或侵权人在交强险责任限额范围内予以赔偿的,人民法院应予支持。此次交通事故经认定张某负主要责任,莱某负次要责任。张某所驾车辆未依法在保险公司投保交强险。故对罗某的合理损失,应先由张某、某科技公司在交强险责任限额内承担赔偿责任。对罗某超出交强险的损失,根据双方的过错程度,法院酌情判定由张某承担65%的赔偿责任。张某所驾车辆系挂靠于某科技公司名下从事道路运输经营活动的车辆,故某科技公司应与张某承担连带赔偿责任。

二审法院经审理后认为,行为人因过错侵害他人民事权益,应当承担侵权责任。某科技公司上诉主张摩托车驾驶人莱某无机动车驾驶证应就本案交通事故承担主要责任,张某承担次要责任,本次事故经公安机关交通管理部门出具的事故认定书认定,张某开关车门造成交通事故负主要责任,莱某无机动车驾驶证驾驶机动车负次要责任。法院认为国家机关、社会团体依职权制作的公文书证的证明力一般大于其他书证,在某科技公司未提供充分证据推翻交通事故认定书认定的情况下,对事故责任认定提出异议,缺乏事实及法律依据;且张某在机动车行驶道上未保证安全的情况下,打开车门,妨碍了其他车辆通行,是造成此次事故的直接原因,莱某无机动车驾驶证驾驶机动车并不必然导致此次事故,张某过错程度明显大于莱某。原审法院根据交通事故认定书,并综合考虑双方的过错程度,酌情判定由张某就本次事故承担65%的赔偿责任,并无不当,予以维持。

《道路交通事故司法解释》第3条规定,以挂靠形式从事道路运输经营活动的机动车发生交通事故造成损害,属于该机动车一方责任,当事人请求由挂靠人和被挂靠人承担连带责任的,人民法院应予支持。虽某科技公司以其与张某约定交通事故责任由张某承担为由,主张其不应承担本次事故责任,但上述协议仅为某科技公司与张某就赔偿责任的内部分担,对合同外的第三人不具有约束力,不影响挂靠人和被挂靠人依法承担连带责任,故对某科技公司该上诉请求,不予采信。

法官评析

本案涉及机动车之间发生交通事故时对归责原则的认定,《侵权责任法》第48条规定,机动车发生交通事故造成损害的,依照道路交通安全法的有关规定承担赔偿责任。《道路交通安全法》第76条第1款规定,机动车发生交通事故造成人身伤亡、财产损失的，由保险公司在机动车第三者责任强制保险责任限额范围内予以赔偿；不足的部分，按照下列规定承担赔偿责任：(1)机动车之间发生交通事故的，由有过错的一方承担赔偿责任；双方都有过错的，按照各自过错的比例分担责任。(2)机动车与非机动车驾驶人、行人之间发生交通事故，非机动车驾驶人、行人没有过错的，由机动车一方承担赔偿责任；有证据证明非机动车驾驶人、行人有过错的，根据过错程度适当减轻机动车一方的赔偿责任；机动车一方没有过错的，承担不超过10%的赔偿责任。依据上述规定，机动车之间发生交通事故时，归责原则从以下几个角度认定：

1. 就第三者责任强制保险赔偿限额内的损失，无论是机动车之间还是机动车与非机动车驾驶人、行人之间发生交通事故，该范围内损失均由保险公司承担赔偿责任，这里保险人的赔偿责任与机动车驾驶人是否构成侵权、其侵权责任大小并无关联，即不需考虑被保险人过错问题。之所以如此规定系因强制责任保险制度的立法目的为保护受害人并迅速填补损害。《机动车交通事故责任强制保险条例》第1条规定："为了保障机动车道路交通事故受害人依法得到赔偿，促进道路交通安全，根据《中华人民共和国道路交通安全法》、《中华人民共和国保险法》，制定本条例"。故从《道路交通安全法》规定强制责任保险制度的立法目的看，保险公司与第三人的责任系一种法定责任。在强制责任保险限额内的损失不考虑被保险人过错问题，亦不区分发生事故的是机动车之间还是机动车与非机动车驾驶人、行人之间。但需注意依据《交强险条例》第21条第2款和第22条的规定，保险公司在法定情形下有免责事由或享有追偿权。

2. 就第三者责任强制保险赔偿限额范围外的损失，机动车之间发生交通事故的，适用过错责任。之所以对于机动车之间发生交通事故实行过错责任，主要考虑虽不同机动车性能、结构有所差异，却同属高速运输工具，而机动车驾驶人之间亦属于平等主体，具有相同法律地位，负有相同义务，在民事责任问题上应按照各自过错比例承担责任，即只有加害人对于损害的发生具有过错，才承担赔偿责任。而对于机动车之间发生交通事故，行为人"过错"的认定采取客观标准，即依据其是否违反道路交通安全法律、法规及相关规则对其有无过错、过错大小进行判断。具体在我国司法实践中，一般情形下发生交通事故时，公安机关道路交通管理部门会就事故情况及责任认定出具交通事故认定书，该责任认定书会成为法院判断机动车双方是否有无过错及各自过错大小的主要依据，但需要注意两点：(1)交通事故认定书只是法院审理该类案件的重要证据之一，而并不是民事侵权损害赔偿责任分配的唯一依据，交通事故认定书系行政机关主要依据《道路交通安全法》《道路交通安全法实施条例》等法律、行政法规作出，其对于事故责任的分析认定并不等同于司法实践中对侵权案件的分析判断，在机动车交通事故责任的侵权案件中，法院应当依据全部民事法律法规，并结合具体案情、全面分析全部证据，最终根据过错责任的归责原则对责任进行综合认定。(2)在一些机动车交通事故责任纠纷中，双方当事人在事故发生时并未报警，故事故并无公安机关的交通事故认定或在事故发生后，出于种种原因公安机关交通管理部门无法查明相关事实进而作出责任认定，此时法院对于双方过错的认定无法依靠交通事故认定书来判断，法院就需要通过双方的举证来查明事实，并综合考虑双方对道路交通注意义务的轻重、机动车危险性大小以及双方回避危险的能力优劣等因素，根据归责原则对各方当事人的责任作出认定。

具体到本案中，就本案交通事故公安机关交通管理部门出具了交通事故认定书，认定张某开关车门造成交通事故负主要责任，莱某无机动车驾驶证驾驶机动车负次要责任。某科技公司对交通事故认定书不服，但没有提供充分证据推翻交通事故认定书的认定，且本案中张某作为机动车驾驶人对其车辆行使状态、道路安全状况等具有相应注意义务，其在机动车行驶道上未保证安全的情况下，打开车门，妨碍了其他车辆通行，是造成此次事故的直接原因，莱某无机动车驾驶证驾驶机动车并不必然导致此次事故，故从双方过错程度衡量，张某过错程度明显大于莱某，法院在依据交通事故认定书的基础上综合考虑双方的过错程度，对责任比例作出了认定。

【裁判依据】

《侵权责任法》第 48 条

《道路交通安全法》第 76 条

《交强险条例》第 1 条、第 21 条第 2 款、第 22 条

07

机动车与非机动车、行人发生交通事故，适用无过错责任原则

——朱某与张某等机动车交通事故责任纠纷案

裁判规则

机动车与非机动车、行人发生交通事故的，就第三者责任强制保险赔偿限额内的损失，保险公司对第三人承担法定赔偿责任。就第三者责任强制保险赔偿限额范围外的损失，适用无过错责任原则。但在确定赔偿范围时存在减轻事由和免责事由。当有证据证明非机动车、行人具有重大过失以上的过错程度时，适用过失相抵，但机动车一方在没有过错的情形下，也要承担10%的赔偿责任。而对于免责事由，主要有两种情形：一是不可抗力；二是非机动车驾驶人、行人故意碰撞机动车造成交通事故。但需要注意的是，在机动车一方存在重大过失以上情形时，受害人故意不能作为免责事由而只能作为减轻责任的事由，这也是无过错责任利益衡量及立法目的的体现。

案　情[1]

2016年7月12日20时20分，在海淀区杏石口路巨山路交叉口，朱某驾驶车牌号为××××的重型自卸货车由南向北通过路口时，与道路北侧由西向南骑自行车的张某接触，造成张某受伤，自行车受损，北京市公安局公安交通管理局海淀交通支队黄庄大队出具道路交通事故证明：朱某驾驶重型自卸货车违反

[1] 北京市第一中级人民法院(2018)京01民终3147号。

禁令标志,其行为违反《道路交通安全法》第38条“车辆、行人应当按照交通信号通行”的规定;因无法查清事发时张某通过路口时的交通方式,致使该事故成因无法查清,故对事故未认定责任,张某在庭审中及在交通管理部门记录的笔录中均称其在进入事发路口前为逆向骑行,进入事发路口时为下车推行自朱某车头前经过,朱某以交通管理部门记载对张某的询问笔录认为张某为骑行进入事发路口,同时依据张某右腿受伤的情况推定,张某为逆向骑行经过路口。庭审中,朱某认可事故发生时,其车辆为车头向北停靠于交叉路口西侧并在北侧停止线南侧,非机动车辆通行的道路上,与张某及其车辆发生接触时为车辆起步,张某系从其车前自西向东经过。朱某认为张某逆向骑行通过路口存在一定的过错,系事故发生的原因。事故当日,张某在中国人民解放军总医院第一附属医院就诊,并诊断为双侧大腿皮肤脱套伤,右侧股骨干骨折,右侧耻骨骨折。另查,朱某所驾车辆,在保险公司投保机动车交通事故责任强制保险,并在某保险投保商业三者险,保险标的为100万元,此次交通事故发生在保险期限内。该车辆挂靠于某公司名下予以运营。张某认为,本次事故朱某应当承担全部责任,对其损失进行赔偿。一审判决,超出保险范围部分,由朱某与某公司承担连带赔偿责任。

一审判决作出后,朱某不服提出上诉。朱某认为,张某对事故发生应该承担主要责任,因张某在道路行驶过程中骑自行车逆行、闯红灯导致的事故。北京市海淀黄庄大队对事故的责任认定也说明张某通过路口的方式是本次事故的主要原因,一审并没有查明,希望二审详细考虑张某通行路口的方式。

【裁判结论】

朱某应承担事故的全部责任,故保险公司应在强制险限额内先行承担赔偿责任,不足部分,由某保险承担赔偿责任,仍有不足部分,由朱某与某公司承担连带赔偿责任。

【裁判观点】

一审法院经审理后认为,机动车发生交通事故造成人身伤亡、财产损失的,由保险公司在机动车第三者责任强制保险责任限额范围内予以赔偿;不足的部分,按照下列规定承担赔偿责任:(1)机动车之间发生交通事故的,由有过错的一方承担责任;双方都有过错的,按照各自过错的比例分担责任。(2)机动车与非机动车驾驶人、行人之间发生交通事故,非机动车驾驶人、行人没有过错的,由机动车一方承担赔偿责任;有证据证明非机动车驾驶人、行人有过错的,根据过错程度适当减轻机动车一方的赔偿责任;机动车一方没有过错的,承担不超过10%的赔偿责任。

此事故交通部门未确定事故责任,事故发生系朱某违反禁令停靠车辆,并在车辆起步时未注意导致的,朱某以张某逆向骑行进入路口作为减轻其赔偿责任的抗辩,法院认为,首先朱某将车停靠在道路中间,已对通过路口的车辆的通行产生了影响,使自西向东通过路口的车辆无法正常在安全的道路上顺利通过,须靠近并绕行其车辆,且其在此停靠并起步时未注意过往绕行其车辆情况,系事故发生的全部原因,而张某在通过时系骑行还是推行,并未影响朱某在启动车辆的主观过错,且朱某就张某过错未提供张某在进入路口时是否系骑行的充分证据,根据受伤情况推定张某的状态,证据亦不充分,故朱某应承担事故的全部责任,故保险公司应在强制险限额内先行承担赔偿责任,不足部分,由商业险承担赔偿责任,仍有不足部分,由朱某与某公司承担连带赔偿责任。

二审法院经审理后认为,《民诉法解释》第90条规定,当事人对自己提出的诉讼请求所依据的事实或者反驳对方诉讼请求所依据的事实,应当提供证据加以证明,但法律另有规定的除外。在作出判决前,当事人未能提供证据或者证据不足以证明其事实主张的,由负有举证责任的当事人承担不利的后果。交通事故证明虽显示无法查清事发时张某通过路口的交通方式,但这并不妨碍在民事案件中,依据举证责任的分配原则,对当事人所负赔偿责任作出认定。《道路交通安全法》第76条第1款第2项规定:"……有证据证明非机动车驾驶人、行人有过错的,根据过错程度适当减轻机动车一方的赔偿责任……"由此可见,朱某应提供证据证明张某存在过错,方可减轻己方的责任。朱某主张张某通过事发路口,闯红灯逆行是事故发生主要原因,就此,张某不予认可,朱某并未提交张某逆行闯红灯的有效证据,仅凭其分析意见,不能认定该事实主张成立。由于朱某就其诉讼主张无法提供有效证据证实,相应不利法律后果由其自行承担。

法官评析

本案例主要涉及在机动车与非机动车、行人发生交通事故时归责原则的认定。《道路交通安全法》第76条规定,机动车发生交通事故造成人身伤亡、财产损失的，由保险公司在机动车第三者责任强制保险责任限额范围内予以赔偿；不足的部分，按照下列规定承担赔偿责任：(1)机动车之间发生交通事故的，由有过错的一方承担赔偿责任；双方都有过错的，按照各自过错的比例分担责任。(2)机动车与非机动车驾驶人、行人之间发生交通事故，非机动车驾驶人、行人没有过错的，由机动车一方承担赔偿责任；有证据证明非机动车驾驶人、行人有过错的，根据过错程度适当减轻机动车一方的赔偿责任；机动车一方没有过错的，承担不超过10%的赔偿责任。交通事故的损失是由非机动车驾驶人、行人故意碰撞机动车造成的，机动车一方不承担赔偿责任。

上述条款就机动车与非机动车、行人发生交通事故时的责任认定进行了规定，但就归责原则是什么一直存在争议，主要有无过错责任说和过错推定责任说两种观点，过错推定责任说认为如果机动车一方不能证明自己就非机动车、行人的损害没有过错，就必须承担全部赔偿责任，如果能够证明非机动车、行人对损害发生有过错的，可依据受害人过错程度减轻赔偿责任。但是该说与上述法律规定中“机动车一方没有过错的，承担不超过百分之十的赔偿责任”的规定相悖，且从第76条第1款第2项关于减轻责任的规定看，应当解释为只有在非机动车驾驶人、行人为重大过失时，才能适当减轻责任，故依据《道路交通安全法》第76条的相关规定，我国就机动车与非机动车、行人之间发生的交通事故，适用无过错责任原则。而对该原则具体适用应从以下几个方面考虑：

1. 就第三者责任强制保险赔偿限额内的损失，保险公司对第三人承担的系法定责任，其赔偿责任大小不以机动车一方的过错或责任大小为依据，保险公司不能因非机动车驾驶人、行人的过错而主张减轻责任。但依据《交强险条例》第21条第2款和第22条的规定，在受害人故意制造事故或存在驾驶人无证、醉酒驾驶、被保险机动车被盗抢期间肇事、被保险人故意制造道路交通事故等法定情形时，保险公司可以免责或享有相应追偿权。

2. 无过错责任仅指在对侵权责任的成立进行判断时不考虑加害人过错，而并非对侵权赔偿范围的确定也完全不考虑过错，《道路交通安全法》第76条第1款第2项关于减轻责任的规定，就是关于过失相抵规则在交通事故责任纠纷中的具体适用。而对于非机动车驾驶人、行人的过错认定，首先，要明确对其过错减轻有一定的限制，即“适当”减轻，应当对机动车一方与非机动车、行人各自的过错程度进行综合考量，如果机动车一方的过错程度系重大过失，那么除非非机动车、行人的过错达到重大过失，否则不应减轻机动车一方的责任；如果机动车一方只是一般过失的程度，那在非机动车、行人一方具有重大过失的情形下，应减轻机动车一方的责任，即一般情形下，必须是非机动车驾驶人、行人为重大过失以上时，才适用过失相抵原则；其次，就“过错”的认定应重点从非机动车驾驶人、行人作为道路交通参与者是否尽到《道路交通安全法》等法律规定的相应的注意义务进行考察，还要结合不同场所下非机动车驾驶人、行人及机动车驾驶人注意义务的轻重及行为人行为能力进行综合判断，且就该过错的举证责任在机动车一方。最后，在机动车一方没有过错的情形下，也要承担10%的赔偿责任，体现无过错责任的特色。

3.《道路交通安全法》第76条第2款规定的“交通事故的损失是由非机动车驾驶人、行人故意碰撞机动车造成的，机动车一方不承担赔偿责任”，即免责事由的适用。该条规定对应于《侵权责任法》第27条“损害是因受害人故意造成的，行为人不承担责任”的规定。交通事故中非机动车驾驶人、行人故意主要指非机动车驾驶人、行人自杀、自残或“碰瓷”行为，虽然机动车一方承担无过错责任，但在非机动车驾驶人、行人故意碰撞机动车以实现自杀、自残或获取赔偿的目的时，机动车一方对于该种情形是无法预见、来不及反应或避让的，故机动车一方的行为不具有可非难性，不应承担赔偿责任。但这里需要注意的一点是，该条款在机动车一方存在重大过失以上情形时，不能适用，而只能作为减轻责任的事由，之所以如此规定是因为无过错责任本身就赋予机动车一方更严格的注意义务，其更注重对受害人利益的保护，且我国法律规定在机动车一方无责的情况下尚要承担赔偿责任，如果在机动车一方存在重大过失的情况下，还要免除其责任则与无过错责任的利益衡量相悖，故而该种情况下，受害人故意只构成减轻责任的事由。此外，《侵权责任法》第29条规定，因不可抗力造成他人损害的，不承担责任。法律另有规定的，依照其规定。《道路交通安全法》并未规定不可抗力不免责，故在机动车交通事故中，不可抗力也属于免责事由。

具体到本案例中，依据交通事故认定书的记载，朱某驾驶重型自卸货车由南向北通过路口时，违反禁令停靠车辆，并在车辆起步时与道路北侧由西向南骑自行车的张某接触，造成张某受伤，自行车受损。朱某作为机动车驾驶人主张非机动车一方张某逆向行驶存在过错，应减轻其责任，适用过失相抵原则，朱某对此负有举证责任并且应当证明张某具有重大过失以上的过错，但其在本案例中机动车一方并未能提供证据证明，且就本案中交通事故成因分析，机动车驾驶人朱某违反禁令停车并在启动时未尽注意义务造成张某损害是发生事故的全部原因，从双方过错程度考察，朱某作为机动车驾驶人本身就负有更为严格的注意义务，其违反《道路交通安全法》的规定在非机动车道路上违反禁令停车，并在车辆启动时未对周围车辆、行人环境尽到相应注意义务，主观上明显存在重大过错，在其无法证明非机动车一方张某具备重大过失以上的过错时，不应适用过失相抵原则减轻机动车一方的责任。

【裁判依据】

《侵权责任法》第 26 条、第 27 条、第 29 条

《道路交通安全法》第 76 条

《交强险条例》第 21 条第 2 款、第 22 条

08

同时投保交强险和商业三者险发生交通事故的，交强险责任限额内先行赔偿

——某保险公司与丁某等机动车交通事故责任纠纷案

裁判规则

同时投保机动车交强险和商业三者险且当事人同时起诉侵权人和保险公司的,由交强险在责任限额内先行承担赔偿责任,不足部分由商业三者险保险公司按照保险合同约定承担赔偿责任,仍有不足的由侵权人在其责任范围内赔偿。交强险赔偿责任与侵权人责任大小无关,但应遵循交强险分项限额的规定;商业三者险赔偿以侵权人责任范围为基础,并按照合同约定及保险法规定进行赔偿。

案　情[1]

2016年7月5日20时30分,在北京市昌平区安四路肖村村口,丁某驾驶大货车由南向北行驶,适有赵某驾驶小客车由东向西穿越道路,丁某所驾车辆前部与赵某所驾车辆左侧相撞,造成丁某所驾车辆侧翻,赵某所驾车辆与护栏相撞,丁某与赵某均受伤。事故经公安机关交通管理部门认定丁某负主要责任,赵某负次要责任。赵某所驾车辆在华安保险公司投保了交强险及责任限额为10万元的商业三者险(不计免赔),此次事故发生在保险期限内。丁某的伤情经鉴定为道路交通事故十级伤残;赔偿指数为10%;误工期为180日,护理期为60日,营养期为30日。丁某认为,事故经交通管理部门认定,赵某负事故次要责任。

〔1〕 北京市第一中级人民法院(2017)京01民终4738号。

此次事故给其造成人身损害，赵某、保险公司应承担赔偿责任。一审判决，超出交强险限额的合理损失，由赵某承担30%赔偿责任。

一审判决作出后，保险公司不服提出上诉。保险公司认为，精神抚慰金由商业三者险承担，违反保险合同的约定并就误工费提出异议，请求二审法院予以改判。

【裁判结论】

华安保险公司应在其承保的交强险责任限额范围内先行承担赔偿责任。对丁某超出交强险限额的合理损失，应由赵某按照30%比例承担赔偿责任。对赵某应承担的赔偿责任，华安保险公司应当根据其承保的商业三者险保险合同予以赔偿，赔偿后仍有不足的，由赵某实际承担。

【裁判观点】

一审法院经审理后认为，同时投保交强险和商业三者险的机动车发生交通事故造成损害，当事人同时起诉侵权人和保险公司的，应当先由承保交强险的保险公司在责任限额范围内予以赔偿；不足部分，由承保商业三者险的保险公司根据保险合同予以赔偿；仍有不足的，依照《道路交通安全法》和《侵权责任法》的相关规定由侵权人予以赔偿。本案中的交通事故经公安机关交通管理部门认定丁某负主要责任，赵某负次要责任，具体责任比例，法院酌情认定丁某负70%责任，赵某负30%责任。赵某所驾车辆在华安保险公司投保了交强险及责任限额为10万元的商业三者险，此次事故发生在保险期限内，故华安保险公司应在其承保的交强险责任限额范围内先行承担赔偿责任。对丁某超出交强险限额的合理损失，应由赵某按照其应当承担的责任比例承担赔偿责任。对赵某应承担的赔偿责任，华安保险公司应当根据其承保的商业三者险保险合同予以赔偿，赔偿后仍有不足的，由赵某实际承担。丁某主张的医疗费、残疾赔偿金，理由正当，法院予以支持；精神损害抚慰金法院根据实际情况酌情判定。

二审法院经审理后认为，华安保险公司上诉称精神损害抚慰金不属于商业三者险赔偿范围，但因未能提供进行免责告知的证据，证实合同中的免责事项成立，一审法院在商业三者险范围判决赔偿精神损害抚慰金，并无不当，法院予以维持。

法官评析

本案例需明确的问题是在车辆同时投保机动车第三者责任强制保险和第三者责任商业保险的情况下，交强险和商业险的赔偿次序。就该问题，《道路交通事故司法解释》第16条规定予以明确："同时投保机动车第三者责任强制保险（以下简称'交强险'）和第三者责任商业保险（以下简称'商业三者险'）的机动车发生交通事故造成损害，当事人同时起诉侵权人和保险公司的，人民法院应当按照下列规则确定赔偿责任：（一）先由承保交强险的保险公司在责任限额范围内予以赔偿；（二）不足部分，由承保商业三者险的保险公司根据保险合同予以赔偿；（三）仍有不足的，依照道路交通安全法和侵权责任法的相关规定由侵权人予以赔偿。被侵权人或者其近亲属请求承保交强险的保险公司优先赔偿精神损害的，人民法院应予支持"。该条规定系对赔偿顺序的总体性规定，即基本原则按照首先由交强险赔付，其次由商业三者险赔付，最后由侵权人赔付的顺序。具体可从以下几方面对上述规定加以理解：

1. 从该条规定的具体内容可以看出，该赔偿次序适用前提必须是当事人同时起诉侵权人、交强险保险公司和商业险保险公司，这体现了私法自治、对当事人选择权的尊重。《道路交通事故司法解释》第25条第1款规定，人民法院审理道路交通事故损害赔偿案件，应当将承保交强险的保险公司列为共同被告。但该保险公司已经在交强险责任限额范围内予以赔偿且当事人无异议的除外。故在机动车交通事故案件中，即使当事人没有起诉承保交强险的保险公司，法院也有职权追加保险公司进入诉讼，但是就商业险而言，我国现行法律并未赋予法院在当事人没有起诉承保商业险保险公司的情况下，主动追加商业险保险公司的权利，故对二者赔偿次序的适用应以当事人同时起诉为前提。

2. 交强险在责任限额内先行赔偿问题的理解。第一，对交强险先行赔偿顺序的设计需与交强险本身的性质及功能定位相结合予以理解。我国交强险制度建立的初衷就在于保障机动车交通事故中受害的第三人及时获得补偿，其本身即具有强制性、公益性、为第三人利益等特征，故我国现行法更加强调交强险的基本保障功能，重视的是其对受害人的损失填补功能，故在交强险责任限额内，保险公司的赔偿责任与被保险人的侵权责任并无关联，其与侵权责任相互脱钩。第二，就交强险责任限额范围内的理解和适用。《交强险条例》第 23 条第 1 款规定，机动车交通事故责任强制保险在全国范围内实行统一的责任限额。责任限额分为死亡伤残赔偿限额、医疗费用赔偿限额、财产损失赔偿限额以及被保险人在道路交通事故中无责任的赔偿限额。依据上述规定可以看出，该条例将交强险限额区分为有责限额和无责限额，并且在项下进行了具体类型划分：有责限额下，死亡伤残赔偿限额 110,000 元、医疗费用赔偿限额10,000元、财产损失赔偿限额 2000 元；无责限额下，死亡伤残赔偿限额 11,000 元、医疗费用赔偿限额 1000 元、财产损失赔偿限额 100 元。而就上述分项限额的规定，在理论界有观点认为该分类不合理，主要理由：首先，《道路交通安全法》作为上位法并未对交强险分项限额进行规定；其次，分项限额的规定对保护受害人权益不利，并且降低了分担投保人风险的功能；再次，交强险作为强制性保险不与侵权责任相关联，故其有责和无责的划分缺乏法律依据；最后，在司法实践中，已有部分法院突破分项限额规定，对不超出交强险赔偿总额的费用均认定由保险公司赔偿。[1] 针对上述观点，笔者认为首先需要认识到，对交强险责任限额范围的认定，需要综合考量事故率、费率水平、道路交通的具体状况等多方面问题，我国现行法律之所以如此规定正是结合我国国情在对上述诸多因素进行综合考量下的制度设计，故在现行法律规定情况下，分项限额的规定应当予以遵守。

3. 商业三者险赔偿规则的理解。首先，商业三者险的性质不同于交强险，其性质系商业保险，以营利为目的，故其在合同中会对赔付条件进行详细而明确的规定，只有在赔偿数额、责任比例等有明确结论的情况下才进行赔付，故商业险的赔付建立在侵权人责任成立及其具体范围明确的基础上，并在侵权人责任范围内承担赔偿责任。其次，商业险承担赔偿责任系履行保险合同的合同义务，故其赔偿条件、数额、种类等均严格按照合同约定进行，同时应当符合《保险法》的相关规定。

4. 就精神损害赔偿赋予当事人选择权，被侵权人或其近亲属要求在交强险中优先赔偿的，法院予以支持。这是考虑：(1) 精神损害赔偿同物质损

---

[1] 参见最高人民法院民事审判第一庭编：《最高人民法院关于道路交通事故损害赔偿司法解释理解与适用》，人民法院出版社 2012 年版，第 214 页。

害赔偿性质上同为因一个侵权行为而形成的债权的不同部分，受害人有权利选择优先就其中部分得到赔偿；(2)商业三者险作为营利为目的的商业保险为了最大化回避风险会在保险合同中将精神损害赔偿排除出赔偿范围，故为了更好地保护受害人的合法权益，作此规定。

本案例充分反映了上述规定的赔偿次序，法院依据交通事故认定书认定就本案纠纷丁某负70%责任，赵某负30%责任，故依据上述赔偿次序，应由交强险公司在责任限额内先行赔偿，且该部分赔偿不以赵某30%的责任为限。而就交强险赔偿不足的部分，应先明确赵某30%的责任范围，即丁某全部损失扣除交强险赔偿部分外的30%，商业三者险保险公司只在赵某30%的责任范围内承担赔偿责任，并且对于赔偿项目、数额等应当依据商业保险合同约定及《保险法》的规定进行认定。本案中，商业三者险公司以合同约定对精神损害不予赔偿为由拒绝赔偿精神损害抚慰金，但是该约定内容本身属于免除保险公司责任的条款，依据《保险法》第17条第2款的规定，对保险合同中免除保险人责任的条款，保险人在订立合同时应当在投保单、保险单或者其他保险凭证上作出足以引起投保人注意的提示，并对该条款的内容以书面或者口头形式向投保人作出明确说明；未作提示或者明确说明的，该条款不产生效力。本案中，商业三者险公司并未就其履行上述法定义务提供证据，故其应当就精神损害抚慰金承担赔偿责任。

【裁判依据】

《道路交通安全法》第76条

《交强险条例》第23条第1款

《道路交通事故司法解释》第16条、第25条第1款

09

无碰撞交通事故责任认定

——文某某与徐某某等机动车交通事故责任纠纷案

裁判规则

交通事故，是指车辆在道路上因过错或者意外造成的人身伤亡或者财产损失的事件。而机动车交通事故责任的要件一般包括机动车处于运行状态、造成他人损害、损害和机动车之间存在因果关系，无论是从定义还是从构成要件判断，“碰撞”不是构成机动车交通事故以及责任承担的前提条件，重点应当判断车辆驾驶行为与损害后果之间是否具备因果关系，只要是因机动车运行状态下形成的危险而造成了他人的损害，即因果关系要件成立，就应当认定构成交通事故责任。

案　情[1]

2015 年 4 月 1 日 × 时 × 分，在西城区百万庄大街 × × 院门前，被告文某某驾驶小客车，从非机动车道向机动车道驶入过程中，原告徐某某同向骑行电动自行车，从后方驶来，见状采取制动措施时摔倒在地。双方并无接触。西城交通支队认定被告文某某为事故全部责任。事故发生后，原告徐某某被送往丰盛中医骨伤专科医院治疗，诊断为：右股骨颈骨折。4 月 3 日，行闭合复位空心钉内固定术。4 月 23 日出院，共住院 21 天。原告支付治疗费 19,245.88 元。护理费部分，原告出具其妻王某某的误工证明，证明其在护理原告期间（2 个半月），未能从事家政工作（两份工作），误工 13,250 元。被告对该证据的效力有异议，对真

---

〔1〕 北京市西城区人民法院（2015）西民初字第 21733 号。

实性不认可。误工费部分,原告出具北京市环丽清扫保洁服务中心的收入证明、劳动合同以及医保折,证明原告每月工资收入4699元。被告认为上述证据不能证明扣发工资的实际情况。本院限期原告补充提交扣发工资的证明以及银行对账单,原告未在规定期限内提交。庭审后,原告补充提交了社保缴费证明以及住院费明细。经核算,自付部分为1127.62元。原告称因手术需要将衣服剪开,造成财产损失,但未就损失情况提供证据。诉讼中,原告申请伤残等级评定,法院委托法大法庭技术科学鉴定研究所进行鉴定,2015年10月8日,该鉴定机构作出鉴定意见,被鉴定人徐某某目前的伤残等级评定为×级,伤残赔偿指数为10%。需要指出的是,股骨颈骨折后,远期易发生股骨头缺血性坏死,而进一步影响肢体功能及可能影响伤残等级。建议必要时重新评残。原告支付鉴定费2250元。另查,事故发生后,被告给付原告1000元赔偿款。事故车辆由太平保险承保机动车交通事故责任强制保险以及保险限额为50万元的商业三者险,事故发生在保险期限内。原告认为,此次事故的发生,给原告的身体造成了难以弥补的损伤,依法判令二被告赔偿各项损失。

【裁判结论】

法院判决文某某就原告的损失承担全部赔偿责任,太平保险系事故车辆的保险公司,应首先在保险限额内承担赔偿责任,不属于保险公司赔偿的部分,由侵权人赔偿。

【裁判观点】

法院经审理后认为,机动车发生交通事故造成人身伤亡、财产损失的,由保险公司在商业三者险责任限额范围内予以赔偿;不足的部分,由当事人依法赔偿。太平保险系事故车辆的保险公司,应首先在保险限额内承担赔偿责任,不属于保险公司赔偿的部分,由侵权人赔偿。文某某在非机动车道内驾驶汽车向机动车道并线过程中,应尽到注意义务,并礼让非机动车。原告发现文某某的车辆后,进行制动过程中倒地受伤,虽然两车并未发生碰撞,但受伤的原因亦是与文某某不当驾驶行为有关,故西城交通支队认定文某某为事故全部责任的意见,符合法规规定,法院予以采纳。原告要求赔偿医疗费、营养费、住院伙食补助费、护理费、残疾赔偿金、交通费、精神损害抚慰金等诉讼请求,法院依据原告的伤情、住院治疗情况及其提交的证据予以认定。

法官评析

本案例主要明确"碰撞"是否构成认定道路交通事故责任的必要条件问题。对于该问题应当主要从道路交通事故的定义、责任构成要件等方面加以分析。

一、道路交通事故的定义

《道路交通安全法》第119条规定:"交通事故"是指车辆在道路上因过错或者意外造成的人身伤亡或者财产损失的事件。"道路"是指公路、城市道路和虽在单位管辖范围但允许社会机动车通行的地方,包括广场、公共停车场等用于公众通行的场所。"车辆",是指机动车和非机动车。从上述规定可以看出,"交通事故"并没有强调必须"碰撞","碰撞"不是构成交通事故以及责任承担的前提条件。实践中,对于是否构成道路交通事故责任应当根据责任构成要件加以认定。

二、道路交通事故责任的构成要件

从道路交通事故责任的构成要件上看,一般要求机动车处于运行状态、造成他人损害、损害和机动车之间存在因果关系,在机动车之间发生事故时,行为人过错是要件之一,而在机动车与非机动车、行人发生事故时,在一定责任比例范围内适用无过错责任,可不考虑行为人过错要件。需要注意的是道路交通事故责任的构成,要求机动车应处于运行中,因为只有机动车处于运行状态,才会对周围环境中的车辆和人员造成危险,这里的"运行中"不仅指机动车处于运动状态的各种情况,还包括虽然没有运动但是处于道路交通环境中,比如停靠于路边停车位或等待红灯暂时熄火。而从道路交通事故责任的构成要件看,并不以"碰撞"作为责任认定的前提条件,重点应当考察的是车辆驾驶行为与损害后果之间是否具备因果关系。实践中,未发生"碰撞"和"接触",并不意味着机动车行为与损害后果之间不存在因果关系。因为车辆行驶本身的高度危险性,实质上造成周围环境的车辆和人员处于一种高度危险的状态中。当车辆存在违章行驶,打破周围车辆和人员的正常预期时,可能出现因采取相应避险措施而产生损害,或者受到惊吓摔倒而产生损害,此种损害实质上系违章车辆的行为所造成,故即便是未发生“碰撞”和“接触”，只要是因机动车运行所形成的危险现实化而造成了他人伤害，行为与损害后果之间具有明显、直接的因果关系，就应当认定构成交通事故责任。

本案中被告文某某在非机动车道内驾驶汽车向机动车道并线过程中，未充分观察周围环境，未尽到合理注意义务，礼让后方同向驶来的非机动车。原告为避免与被告相撞，采取紧急制动措施摔倒在地，原告和被告车辆虽未发生碰撞，但被告摔倒实质上由于被告的不当驾驶行为所导致，具有因果关系，因此交通事故责任认定书认定原告负全部责任正确，被告应当承担交通事故损害赔偿责任。

【裁判依据】

《道路交通安全法》第 119 条

10

无交通事故行政责任认定时对民事责任的认定

——王某等与乔某、某保险公司机动车交通事故责任纠纷案

裁判规则

在无交通事故认定书或视听资料等证据能够相对直接反映事故成因的情况下，法官仍须结合在案其他证据并可以运用逻辑推理或常识经验，根据举证责任分配并依据民事诉讼证明标准的原理对基本事实予以认定。

案　情[1]

2013年3月1日23时，乔某驾驶轿车从停车位内起步行驶时，发现周某倒于车辆前部下方，经医生检查周某已死亡。公安交管部门查实：周边道路监控录像未能记录事故案发情况；乔某酒精检验合格，周某系醉酒；乔某驾驶条件合格。交通支队出具道路交通事故证明：因周某倒于车下的原因无法查清，此事故基本事实不清，无法查证事故成因。交通支队委托司法鉴定中心作出法医学鉴定意见书：根据周某尸体检验所见，认为其符合胸部及颈下部受较大外力挤压导致机械性窒息而死亡。

一审法院依职权调取了道路交通事故案卷，其中乔某认可其车辆底盘与周某有接触，但不认可有碾压，亦不认可周某的死与其有因果关系，并提交了其自行委托鉴定所作出的法医学文证审查论证意见书，论证意见为：通过现有送检材

---

[1] 北京市第一中级人民法院(2014)一中民终字第03797号。

料分析认为，不支持2013年3月1日23时许发现周某的死亡系由乔某所驾轿车碾压致死。

乔某所驾轿车在保险公司投保了交强险及商业三者险（限额10万元），本次事故发在保险期限内。周某为非农业家庭户口。

周某第一顺位继承人诉至法院请求：乔某、保险公司赔偿丧葬费109,715元、被扶养人生活费164,490元、死亡赔偿金729,380元、交通费32,624.6元、住宿费28,929元、餐费5945元、律师咨询费3000元、精神损害抚慰金100,000元，并承担本案诉讼费。

二审法院所查明事实与原审法院查明的事实一致。

二审法院另查，一审法院依职权调取了道路交通事故案卷，其中交通管理部门在2013年3月15日对当日出警消防员宋某的询问笔录里载明："问：讲一下你出现场的情况。答：……到现场我看到有民警和999急救车已经到了。我还看到路北侧停着一辆灰色帕萨特小轿车，该车前机盖下方躺着一名男子。……我们试着把人拉出来，民警说拉不出来，我们就把车左侧抬了起来，并把人拉了出来。"

又查，二审法院通知司法鉴定中心鉴定人任某出庭作证，任某称，该中心受交通支队委托对周某的尸体作了尸表检验和尸体解剖检验，该中心出具的司法鉴定意见书中在鉴定意见一栏中认定，周某的死亡原因是受到挤压导致机械性窒息死亡。周某所受伤为挤压伤。因死亡时间受客观因素影响很大且个体差异太大，该鉴定书没有给出死亡时间的结论只是在分析说明部分列明，不能作为证据使用只能作为线索使用。根据对周某尸体检验所见，其胃肠消化情况、胃内容物的总量和形态分析认为死亡发生在饭后一小时内。在分析死亡时间时，该中心依据的是死者的胃内容物，其他的都已经失去法医检验条件。在被问到如何处理尸体时，任某称死者被宣布死亡后，尸体就被拉到太平间去了，拉到太平间的意思就是将尸体送入太平间的冰柜里。在被问到周某的尸体被运回太平间进行冷冻的时间时，任某称这个不好说，该中心接到交通支队委托进行尸表检验的时间是3月2日13点16分，接到委托后即作检验。

经乔某申请，接受自行委托鉴定的机构派王某出庭就该机构出具的法医学文证审查论证意见书中有关问题向法庭作以说明。王某称，其公司出具的意见书论证意见主旨是针对周某死亡时间的确认，依据的是案件处理过程中所形成的文字性资料,未见过周某的尸体。其公司在意见书中认定死亡时间的主要依据是尸僵,还有尸体的征象,否定利用胃内容物来推定死亡时间,因为胃内容物具有不确定性。王某称,该公司在意见书中认定周某的死亡时间为3月2日1点之前的4小时,而之所以将1点钟作为时间节点系因为根据乔某的陈述,法医到场时间为12点5分,拉回尸检中心大约1小时。其认为尸体没有经过太平间冷冻即开始尸表检查。法官提示该公司出具的意见书中明确记载了从委托人发现死者到尸体冷冻时间推测应不超过2小时,从这句话理解意见书还是认为尸体经过冷冻。对此,王某称,上述描述是当事人的陈述,但其认为尸体未经冷冻法医即进行尸表检验。

【裁判结论】

一审法院判决:保险公司在机动车第三者责任强制保险限额内给付原告精神损害抚慰金、死亡赔偿金、丧葬费、交通费、餐费、住宿费11万元;在机动车第三者责任商业保险限额内给付原告死亡赔偿金、丧葬费、交通费、餐费、住宿费10万元,以上共计21万元;乔某赔偿原告死亡赔偿金、丧葬费、交通费、餐费、住宿费262,859.25元,扣除已给付的3万元,以上共计232,859.25元;驳回原告其他诉讼请求。乔某持原诉理由上诉,要求二审法院撤销原审判决,发回重审或者改判乔某不承担赔偿责任。二审法院裁判理由与一审裁判理由基本一致,判决驳回上诉,维持原判。

【裁判观点】

一审法院经审理后认为:本案存在以下争议焦点:(1)本案中是否存在交通事故。乔某的车辆与周某接触的行为,与周某死亡的损害结果之间是否存在因果关系。根据法医学鉴定意见,周某符合胸部及颈下部受较大外力挤压导致机械性窒息死亡。上述受伤部位与接触位置相符,且周某身体排除其他机械性损伤,全身各部之损伤均为生前伤,可以认定周某的死亡与乔某的行为之间存在因果关系。乔某单方委托作出的法医学文证审查论证意见书效力无法对抗尸检司法鉴定意见,法院不予采信,故法院确认乔某驾驶机动车造成周某死亡的事实,交通事故事实存在。(2)民事赔偿责任的分担。周某因醉酒而持续滞留在乔某的机动车前下方,丧失对车辆启动等危险的感知力,使自身置于危险境地,具有明显的过错,应承担一定责任。乔某未能尽到对车辆外观及安全状况进行全面检查的注意义务,亦有过错,应承担一定责任。由于从周某躺倒的位置及事发当时的周围环境来看,驾驶人站在车辆左前门处或者坐在驾驶室内均很难发现周某的身体,故周某自身的过错稍大一些,应当承担主要责任。但享受高速运输工具的行为人因其在道路运行中处于优势地位,应对因此而产生的危害承担更高的注意义务。故在本案中法院对乔某的注意义务和谨慎驾驶的义务适当加重,以体现对基本人权的尊重和对道路交通运行中弱势群体的保护。鉴于此,法院酌情判定乔某对周某的死亡承担50%的民事赔偿责任。

二审法院经审理后认为:本案的争议焦点是乔某的驾驶行为与周某的死亡之间是否存在因果关系。从法院庭审调查的事实来看,乔某将车辆起步后不到一米即发现车辆走不动,下车查看时发现周某处于其车下,头部在左前轮内侧,腿在右前轮后面,乔某认可其车辆底盘与周某的身体有接触。北京市红十字会急诊抢救中心司法鉴定中心鉴定意见书中对周某的死亡原因出具的鉴定意见为:根据周某尸体检验所见,认为其符合胸部及颈下部受较大外力挤压导致机械性窒息死亡。综合道路交通事故案卷中记载的交通管理部门查明的事实以及庭审查明的事实,周某胸部及颈下部等主要严重损伤部位与周某身体与乔某车辆的接触位置相符合,而周某全身各部之损伤均有明显的生活反应,说明系生前伤,再联系到周某身体除了接触乔某所驾车辆底盘外未检出其他方式的机械性损伤等情况,法院认定,周某的死亡与乔某的驾驶行为之间存在因果关系。

乔某否认其驾驶行为与周某的死亡之间存在因果关系,并提供了法医学文证审查论证意见书相佐证。但该法医学文证审查论证意见书是乔某单方委托作出的,依据的检材均为文字材料复印件,其效力无法对抗交通管理部门委托鉴定机关通过对周某进行尸体检验所作出的鉴定意见。另外,参与出具该法医学文证审查论证意见书的王某在二审出庭时指出,该意见书中主要涉及对周某死亡时间的论证,论证死亡时间的主要依据是尸僵,其认为3月2日凌晨1点多钟周某的尸体被运回司法鉴定中心后未经冷冻,法医即开始进行尸表检验。而司法鉴定中心法医任某出庭时指出,该中心是在3月2日下午13点16分接受委托后作的尸表检验,尸体经过冷冻,但何时冷冻无法确定。因此,法院对乔某提供的鉴定意见书中的论证意见不予采信。综合以上论述,法院确认乔某驾驶机动车造成周某死亡的事实,交通事故事实存在。

关于交通事故中民事责任的承担问题。本案中,乔某的车辆正常停放在道路旁的停车位内,通过庭审调查可知乔某驾驶车辆从停车位起步1米左右遇阻停止,周某的胸部与颈下部与乔某车辆的左前下部发生接触,即周某在乔某车辆启动前是躺倒于乔某车辆前下方的状态。在通常情形下,驾驶员进入车内、打开车灯、发动车辆进行热车然后起步是需要一段时间,在这段时间内,如果一个正常人躺在机动车前下方他可以感知到车灯的光线和车辆发动机的轰鸣声,从而采取措施避免身体受到伤害。但是周某醉酒后丧失了对上述外界刺激的感知能力,持续滞留在机动车前下方,导致乔某车辆起步后将其挤压致死。因此周某本人对于本案交通事故发生有明显过错。乔某从车辆左后方走到车辆左前门后进入驾驶室并将车辆正常启动行驶,其行为没有明显违反道路交通法律法规,且从周某躺倒的位置及事发当时的周围环境来看,驾驶人站在车辆左前门处或者坐在驾驶室内均很难发现周某的身体。但是作为机动车驾驶人,在取得驾驶资格证前的培训及资格考试中,均被要求开车前应绕车一周检查车辆外观及安全状况,这项要求应属机动车驾驶人应遵守的行为规范之一,也是机动车驾驶人安全保障义务的一部分。本案中乔某未能做到这一点,以致未能避免事故的发生,故其对事故的发生亦存在过错。

考虑周某系行人,乔某系机动车驾驶人,机动车作为高速运输工具,在道路运行中,车辆驾驶人相比行人处于优势地位,其行为的危险性更大,危害回避能力更强,因此机动车驾驶人对于道路交通安全应负担更重的注意义务。一审法院在判决时出于对基本人权的尊重和对道路交通运行中弱势群体的保护,加重了乔某的注意义务和谨慎驾驶义务,并酌情判定乔某对周某的死亡承担50%的民事赔偿责任,法院不持异议。乔某以其驾驶行为与周某的死亡之间不存在因果关系为由提出上诉,不同意承担赔偿责任,无事实及法律依据,法院不予支持。

法官评析

本案的指导意义在于:法院在认定民事责任时改变了对事故认定书高度依赖的惯常做法,在交警部门对交通事故成因及责任无法作出认定时,由民事法官通过对全部证据材料的分析,对事故事实成因直接在民事判决中予以认定,是民事法官展现缜密的逻辑推理能力、丰富的生活经验、独立而公正的审判精神,成功运用法官自由裁量权的典型范例。

一、本案的亮点在于对事实的推理认定

本案的核心事实以及争议焦点无事故认定书或视听资料等直接证据予以证明，而民事责任不能因行政责任认定的欠缺而不予认定，故承办法官仅能通过分析其他证据材料形成对案件事实的心证。

本案引发了二审法院承办庭内法官们的广泛讨论。关于本案争议的焦点，少数意见认为，本案应退回公安部门进一步侦查，明确事故成因；多数意见认为，可以通过现有证据材料对事实进行认定。部分参与讨论的法官还使用了私家车辆进行了模型试验以尝试还原事故过程。最终承办法官的意见与多数法官的意见一致。

承办法官在认定事实的过程中，结合了专业鉴定意见和交管部门提供的调查卷宗，但事实上，当现有证据材料均为辅助性的间接证据时，承办法官主要还是依靠尸检鉴定意见和尸体被碾压的物理状态形成心证，并运用逻辑推理排除了其他证据材料的干扰，认定了周某的死亡后果与乔某的驾驶行为存在因果关系。

二、对于民事责任的划分

承办法官在确定责任比例的论述部分充分利用了日常生活经验，也贯彻了实事求是的评判准则：既设想到了意识清醒的自然人的自救意识，又考虑到了死者周某醉酒状态对于自身安全受危险的放任；论述被告乔某的过错程度于法有据的同时，也不忘驾驶人通常忽略驾驶前环绕车身一周等安全驾驶行为规范的常情；能够在判决中果断地指出周某所负过错稍大，也能够将损害后果置于特殊的机动车运行这一特殊场所来考量，调整机动车驾驶人与行人根据其所处的风险程度来分担注意义务，出于对弱势群体保护的社会效果等方面的综合权衡，法院酌情加重了驾驶人乔某的责任比例，而非机械地适用公平原则，认定乔某对周某的死亡后果承担 50% 的责任比例。

【裁判依据】

《民法通则》第 119 条

《道路交通安全法》第 76 条

2

CHAPTER

第二章

机动车交通事故责任纠纷的权利主体

01

本车车上人员不属交强险赔偿范围

——王某、某公司与郭某等机动车交通事故责任纠纷案

裁判规则

《交强险条例》第 3 条规定，本条例所称机动车交通事故责任强制保险，是指由保险公司对被保险机动车发生道路交通事故造成本车人员、被保险人以外的受害人的人身伤亡、财产损失，在责任限额内予以赔偿的强制性责任保险。故本车人员并不在机动车交通事故责任强制保险的赔偿范围，其并非机动车交通事故责任强制保险中涉及的受害人范围。“本车人员”是指发生交通事故时身处保险车辆之上的人员，但需注意这里“本车人员”的身份并不是固定不变的，其与“第三人”的身份可能因为特定时空条件的变化而出现转化，判断因保险车辆发生意外事故而受害的人属于“第三人”还是属于“本车人员”，必须以该人在事故发生当时这一特定的时间是否身处保险车辆之上为依据，在车上为“车上人员”，在车下为“第三人”。

案　情[1]

2015 年 10 月 23 日，郭某参加某旅游公司组织的旅游团到黄山旅游。2015 年 10 月 25 日 13 时 58 分许，郭某乘坐某公司司机江某驾驶的大型普通客车（以下简称旅游客车）沿黄山市屯溪区梅林大道由南向北行驶至梅林大道徽光路路口时，与王某驾驶的小轿车相撞，旅游客车发生侧翻，车辆左侧着地向前滑行，滑行中郭某摔出车窗外，被车辆碾压受伤，经抢救无效后死亡。

---

〔1〕 北京市第三中级人民法院（2017）京 03 民终 14075 号。

黄山市公安局交通警察交通事故处理大队出具《道路交通事故认定书》，认定江某和王某负同等责任。旅游客车系某公司所有，江某系某公司司机，事故发生时江某的驾驶行为属于职务行为。旅游客车在人保九江公司投保交强险、商业三者险100万元（含不计免赔），旅游客车在人保九江公司另投保承运人责任险，每位乘客责任限额为60万元，事故发生在保险期间内。王某驾驶的小轿车在太平洋北分公司投保交强险、商业三者险10万元（含不计免赔），事故发生在保险期间内。

就第一顺位法定继承人问题，商某、商某1、郭某1、张某提交了户口本、结婚证、医学出生证明等主张郭某的第一顺位继承人包括郭某的父亲郭某1、母亲张某、配偶商某以及女儿商某1。某旅游公司、人保九江公司、王某、某公司均无异议，一审法院对此予以确认。一审诉讼中，依当事人申请，一审法院调取了事故调查笔录和事发路口的监控录像、死者的照片，商某、商某1、郭某1、张某认可上述材料的真实性，并认为其能够证明交通事故发生时的现状；某旅游公司、人保九江公司、王某、太平洋北分公司、某公司对上述材料均认可。商某、商某1、郭某1、张某认为，本次交通事故导致郭某死亡，依据交通管理部门出具的交通事故认定书，某旅游公司、人保九江公司、王某、太平洋北分公司、某公司应当承担赔偿责任，并主张赔偿死亡赔偿金等各项损失。一审判决，商某、商某1、郭某1、张某的合理合法损失应由太平洋北分公司首先在交强险分项限额内予以赔偿；超过交强险分项限额的部分，由王某、某公司分别按50%的责任比例赔偿，其中应由王某赔偿的部分，首先由太平洋北分公司在商业三者险限额内赔偿，不足部分由王某自担。

一审判决作出后，王某、某公司不服提出上诉。王某、某公司认为，一审判决将受害人郭某认定为在发生交通事故时仍属车上人员，排除某公司旅游客车机动车交通事故第三者责任强制保险及机动车辆第三者责任险的适用有误。郭某跌出旅游客车本身并未造成致命伤害，郭某是在跌出旅游客车后被旅游客车碾压才导致死亡结果。故，郭某不属于旅游客车的车上人员，属于旅游客车交强险及商业三者险赔付范围的第三人。

【裁判结论】

此次事故发生时，郭某已经处于保险车辆之外，应当由车上人员转化为第三人，人保九江公司应当承担交强险和商业三者险的赔偿责任。一审判决认定郭某仍属于车上人员，人保九江公司不承担交强险和商业三者险的赔偿责任，属于认定事实错误，法院予以纠正，改判商某、张某、商某1、郭某1的合理合法损失由太平洋北分公司、人保九江公司在交强险保险金额内予以赔偿；超过交强险保险金额的部分，由王某、某公司分别按50%的责任比例赔偿，其中应由王某赔偿的部分，首先由太平洋北分公司在商业三者险保险金额内赔偿，不足部分由王某承担；应由人保九江公司赔偿的部分，首先由人保九江公司在商业三者险保险金额内赔偿，不足部分由某公司承担。

【裁判观点】

一审法院经审理后认为，郭某参加某旅游公司黄山旅游团旅游中，乘坐某公司所有，由其公司司机江某驾驶的旅游客车与王某驾驶的小轿车发生交通事故致死，经交管部门认定，江某和王某负同等责任。事故发生时，江某属履行职务行为，故四原告因此次事故所生合理合法损失，应由某公司、王某在各自的责任比例范围内承担赔偿责任。因郭某系旅游客车被小轿车撞翻，车体左侧着地向前滑行期间从车窗中跌出并被本车碾压死亡，故郭某在发生交通事故时仍属车上成员，故旅游客车不应适用交强险和商业三者险条款；王某驾驶的小轿车在太平洋北分公司投保交强险和商业三者险，故商某、商某1、郭某1、张某的合理合法损失应由太平洋北分公司首先在交强险分项限额内予以赔偿；超过交强险分项限额的部分，由王某、某公司分别按50%的责任比例赔偿，其中应由王某赔偿的部分，首先由太平洋北分公司在商业三者险限额内赔偿，不足部分由王某自担。

二审法院经审理后认为，《交强险条例》第21条第1款规定："被保险机动车发生道路交通事故造成本车人员、被保险人以外的受害人人身伤亡、财产损失的，由保险公司依法在机动车交通事故责任强制保险责任限额范围内予以赔偿。"本案中，王某、某公司主张郭某在事故发生时为旅游客车的第三人而非本车人员，人保九江公司应当在某公司投保的交强险、商业三者险限额内承担赔偿责任。人保九江公司对此不予认可，其主张郭某为旅游客车的车上人员，属于交强险、商业三者险的免赔范围，其提交的《中国人民财产保险股份有限公司机动车第三者责任保险条款》第3条约定："本保险合同中的第三者是指因被保险机动车发生意外事故遭受人身伤亡或者财产损失的人,但不包括投保人、被保险人、保险人和保险事故发生时被保险机动车本车上的人员。”故,争议焦点在于在事故发生时,郭某是否属于“第三人”。一审认定郭某系旅游客车被小轿车撞翻,车体左侧着地向前滑行期间从车窗中跌出并被本车碾压死亡,结合事故发生时的视频影像,本院对一审认定该事实不持异议。因车辆撞击乘客被甩出车外被本车二次碾压受伤、死亡等情况,因为乘客在事故发生当时身处保险车辆之外,此时位于车下的乘客与其他普通的第三者对机动车危险的控制力并无实质差别,相较于机动车来说均处于弱势地位,对风险的发生几乎没有任何控制能力,而且乘客并非保险合同关系中的被保险人范畴,因此在特定情况下乘客位于保险车辆之外可以转化为第三人,可以获得交强险及商业三者险的赔偿。本案中,人保九江公司主张郭某的死亡非车辆碾压导致,但其未提交证据证明。故此次事故发生时,郭某已经处于保险车辆之外,应当由车上人员转化为第三人,人保九江公司应当承担交强险和商业三者险的赔偿责任。一审判决认定,郭某仍属于车上人员,人保九江公司不承担交强险和商业三者险的赔偿责任,属于认定事实错误,法院予以修正。王某和某公司主张郭某为第三人,人保九江公司应当承担赔偿责任,法院予以采信。

法官评析

本案例首先要明确的问题是本车车上人员因交通事故造成人身或财产损害的,能否请求本车的交强险予以赔偿。而这里的“本车人员”,指在机动车交通事故发生时,除本车驾驶员以外的被保险机动车上承载的人员。对该问题的理解需从机动车交通事故责任强制保险的立法目的、交强险的功能定位等角度并结合《交强险条例》的相关规定进行明确。

在《交强险条例》的起草过程中,对于交强险是否适用于本车人员的问题有很大争议。有观点认为,应当将本车人员纳入交强险赔偿范围,因为机动车交通事故责任强制保险制度的设计初衷就在于保障受害人因交通事故受损时能够及时地得到赔偿,且在实际的道路交通活动中,因交通事故受损害的伤亡人员,除驾驶员之外的本车人员占据相当一部分的比例,该部分人员的权益同样应当受到保护,如果将该部分人员排除在机动车交通事故责任强制保险认定的受害人范围之外,那么对于交通事故的受害人不能进行有效全面的保障，与交强险使受害人及时有效得到赔偿的功能定位不符。另外一种观点则主张本车人员因交通事故受损的，不应纳入本车机动车交通事故责任强制保险的受害人范围。其理由主要有：第一，我国《交强险条例》第 23 条第 1 款规定，机动车交通事故责任强制保险在全国范围内实行统一的责任限额。责任限额分为死亡伤残赔偿限额、医疗费用赔偿限额、财产损失赔偿限额以及被保险人在道路交通事故中无责任的赔偿限额。条例将交强险限额区分为有责限额和无责限额，并且在项下进行了具体类型及额度的划分。这种分项限额的规定再加之投保人的实际承受能力等因素影响，使得机动车交通事故责任强制保险的范围和作用受到局限，如果将其保护范围扩大为包括本车人员在内，将不利于机动车交通事故责任强制保险保障功能的发挥。第二，对于非营运性质的机动车来说，本车人员通常情形下是驾驶人的亲属或朋友，其搭乘车辆系二者之间存在的信任关系，在该种情况下，本车人员对于搭乘机动车可能出现的风险存在一定的预测和认知能力，其应在一定程度上承受此种风险，此外该种情形下可以通过投保机动车其他商业保险来实现对本车人员的保护，减轻机动车交通事故责任强制保险的负担。第三，对于营运性质的机动车，如果发生交通事故造成本车乘客受伤，我国有其他强制责任保险制度加以解决。如《道路运输条例》第 35 条规定，客运经营者、危险货物运输经营者应当分别为旅客或者危险货物投保承运人责任险。故而该种情形下本车人员因交通事故受损害的，其损失有其他保险制度予以保障。[1]

我国《交强险条例》第 3 条规定，本条例所称机动车交通事故责任强制保险，是指由保险公司对被保险机动车发生道路交通事故造成本车人员、被保险人以外的受害人的人身伤亡、财产损失，在责任限额内予以赔偿的强制性责任保险。第 21 条第 1 款规定，被保险机动车发生道路交通事故造成本车人员、被保险人以外的受害人人身伤亡、财产损失的，由保险公司依法在机动车交通事故责任强制保险责任限额范围内予以赔偿。从上述规定可以看出，该条例的起草采用了第二种观点，即将本车人员排除在第三人的范围之外。

---

〔1〕 参见国务院法制办、中国保监会产险部、中国保监会法规部：《机动车交通事故责任强制保险条例释义》，法律出版社 2006 年版，第 9 页。

明确赔偿对象的范围后，还需要注意的一个问题是对“本车人员”的判断。机动车交通事故责任强制保险中涉及的“第三人”和“本车人员”系在特定时间空间条件下的临时性身份，“第三人”和“本车人员”不是永久的、固定不变的身份，二者可能因为特定时空条件的变化而出现身份的转化。如前所述，“本车人员”是指发生交通事故时身处保险车辆之上的人员，故判断因保险车辆发生意外事故而受害的人属于“第三人”还是属于“本车人员”，必须以该人在事故发生当时这一特定的时间是否身处保险车辆之上为依据，在车上为“车上人员”，在车下为“第三人”。至于何种原因导致该人员在事故发生时置身于保险车辆之下，不影响其“第三人”的身份。[1]

具体到本案中，依据交通事故认定书、事故调查笔录和事发路口的监控录像，在交通事故发生前，郭某的确乘坐于旅游客车之上，属于旅游客车交强险对应的车上人员，但是在旅游客车与小轿车相撞后，旅游客车发生侧翻，车辆左侧着地向前滑行，滑行中郭某摔出车窗外，并被旅游客车碾压致死，故而在涉案交通事故发生时，郭某并不是在旅游客车之上，而是在该车辆之下，如果郭某在涉案交通事故发生时是旅游客车的车上人员，则根本不会发生被该车碾轧致死的后果，故此时郭某的身份已经发生了变化，相对旅游客车而言，郭某已经由本车人员转化为第三人，承保旅游客车交通事故责任强制保险的人保九江公司应当就郭某的死亡承担相应的赔偿责任。

【裁判依据】

《交强险条例》第 3 条、第 21 条

---

〔1〕 参见《郑克宝诉徐伟良、中国人民财产保险股份有限公司长兴支公司道路交通事故人身损害赔偿纠纷案》，载《中华人民共和国最高人民法院公报》2008 年第 7 期。

02

交强险保险公司在特殊条件下可以行使追偿权

——中华联合财产保险股份有限公司北京分公司与岳某某、侯某某机动车交通事故责任纠纷案

裁判规则

因驾驶人未取得驾驶资格或者未取得相应驾驶资格、醉酒、服用国家管制的精神药品或者麻醉药品后驾驶机动车发生交通事故、驾驶人故意制造交通事故导致第三人人身损害的，交强险保险公司在赔偿范围内向侵权人主张追偿权的，人民法院应予支持。保险公司须在已经实际向受害人支付保险金的前提下，才能行使追偿权。追偿权的范围不能超过其实际向受害人赔付的范围。

案 情[1]

2014年7月13日1时50分，武某乘坐代某驾驶的无号牌四轮全地形车由西向东行驶至北京市丰台区南三环外环主路赵公口桥西侧过桥天桥下时，适有岳某某驾驶京GPP××号雅阁牌轿车由后方驶来相撞，造成两车相撞，武某、代某受伤的交通事故。事发后岳某某拖武某逃逸，后将武某遗弃于京沪高速入口向南60米处，导致武某死亡。经交警部门认定，岳某某无证驾驶机动车并逃逸，负事故主要责任，代某为无证并醉酒驾驶机动车，负事故次要责任。京GPP××车在中华联合财产保险股份有限公司北京分公司（以下简称中华联合北分）处

[1] 北京市丰台区人民法院(2016)京0106民初3797号。

投保了交强险，被保险人为杨某，实际车主为侯某某。事发后，中华联合北分在交强险医疗限额内，向代某垫付医疗费 10,000 元，并依据（2014）丰民初字第 18000 号判决，向武某家属支付死亡赔偿金 55,000 元，共计赔付 65,000 元。现中华联合北分将岳某某、侯某某诉至法院，要求岳某返还其垫付的交强险保险金 65,000 元；被告侯某某、被告路安公司承担连带赔偿责任。

【裁判结论】

中华联合北分要求岳某某支付保险金 65,000 元的诉讼请求，具有事实与法律依据，法院予以支持；中华联合北分要求侯某某、路安公司承担连带责任的诉讼请求，缺乏事实与法律依据，法院不予支持。依照《道路交通事故司法解释》第 18 条之规定，判决：（1）岳某某于本判决生效之日起十日内支付中华联合财产保险股份有限公司北京分公司垫付的交强险保险金 65,000 元；（2）驳回中华联合财产保险股份有限公司北京分公司其他诉讼请求。

【裁判观点】

一审法院经审理后认为，根据《道路交通事故司法解释》第 18 条的规定，驾驶人导致第三人人身损害，其未取得驾驶资格，当事人请求保险公司在交强险责任限额范围内予以赔偿，人民法院应予支持；保险公司在赔偿范围内向侵权人主张追偿权的，人民法院应予支持，追偿权的诉讼时效期间自保险公司实际赔偿之日起计算。本案中，中华联合北分作为事故车辆的交强险保险人，其已经依据法院生效判决在交强险赔偿限额内向受害人及受害人家属支付了保险金；按照交管局的要求在赔偿范围内向受害人垫付了医疗费用，且侵权人岳某某存在法律规定的无证驾驶情形，故其具有向侵权人岳某某的追偿权。综上所述，中华联合北分要求岳某某支付保险金 65,000 元的诉讼请求，具有事实与法律依据，法院予以支持。

法官评析

本案涉及驾驶人存在违法驾车等严重过错的情况下发生交通事故后，交强险保险公司能否获得追偿权以及在能获得追偿权的前提下如何行使追偿权的问题。本案的侵权人岳某某存在法律规定的无证驾驶情形，保险公司在先行赔付之后起诉了侵权人，此时法院是否应当支持交强险保险公司的请求，有何理论基础，可以从以下几方面进行分析：

一、驾驶人违法情形下，交强险保险公司赔偿及追偿的法律依据及理论基础

从法律体系上来说，特殊条件下应当赋予交强险保险公司以追偿权。首先，我国《侵权责任法》第 52 条规定，盗窃、抢劫或者抢夺的机动车发生交通事故造成损害的，由盗窃人、抢劫人或者抢夺人承担赔偿责任。保险公司在机动车强制保险责任限额范围内垫付抢救费用的，有权向交通事故责任人追偿。其次，《道路交通安全法》第 76 条第 1 款规定，机动车发生交通事故造成人身伤亡及财产损失时，该机动车交强险的保险人应当在保险责任限额范围内予以赔偿。但该条第 2 款作了例外规定，即"交通事故的损失是由非机动车驾驶人、行人故意碰撞机动车造成的"。最后，《道路交通事故司法解释》第 18 条规定，有下列情形之一导致第三人人身损害，当事人请求保险公司在交强险责任限额范围内予以赔偿，人民法院应予支持：(1)驾驶人未取得驾驶资格或者未取得相应驾驶资格的；(2)醉酒、服用国家管制的精神药品或者麻醉药品后驾驶机动车发生交通事故的；(3)驾驶人故意制造交通事故的。保险公司在赔偿范围内向侵权人主张追偿权的，人民法院应予支持。追偿权的诉讼时效期间自保险公司实际赔偿之日起计算。

上述条款意味着驾驶人存在违法驾车等严重过错时，不能免除交强险保险人在保险责任限额内对受害人的赔偿责任。但保险公司赔付后，可以向侵权人主张追偿。追偿权的赋予既符合《侵权责任法》与《道路交通安全法》的相关规定，也与域外的立法例保持一致，[1]整体上体现了法律对于违法驾驶在先的驾驶人不予保护的态度。

从理论基础上来说，让保险公司先行赔付也是交强险保险制度基本功能的体现。交强险的赔付不同于一般侵权责任和合同责任，其突破一般保险赔偿责任的基础理论，对违法情形的损害仍然予以赔付，主要是基于其制度功能和救济目的的实现。相较于其他保险类型，交强险的突出特点在于其公益性和强制性，不以营利为目的，将具有严重损害的机动车交通事故风

〔1〕 从德国、日本及韩国等国家的立法来看，法律均对驾驶人违法驾驶情况下交通事故的损害赔偿，规定由保险公司先行赔偿再行追偿权的制度。

险社会化，从而实现更加便捷救济受害人的目的。《交强险条例》第1条亦明确规定该条例的立法目的是保障机动车道路交通事故受害人依法得到赔偿，促进道路交通安全。因此，即使违法在先的驾驶人(加害人)应当作为终局责任人承担赔偿责任，仍需交强险承担先行赔付的责任。保险公司自身的功能决定了相较于加害人，其在交通事故损害赔偿中的赔偿能力有明显的优势，同时其由于赔付的及时性能够迅速填补损害，这也是交强险责任制度设计的重要目标。如果将驾驶人违法情形下交通事故损害风险特别是侵权人无力赔偿的风险转嫁给受害人，则违背了交强险的设立目的，亦无法实现其制度功能。

二、交强险保险公司追偿权的行使

交强险保险公司代替受害人向侵权人求偿，符合现行法的精神，也有利于降低保险公司的运营成本，避免谨慎守法的机动车驾驶人为违法驾驶者分担违法成本。但是在实践操作中，保险公司行使追偿权也并非毫无限制，而是需要满足如下条件：

首先是驾驶人存在违法驾车的情形。具体而言，包括《道路交通事故司法解释》第18条第1款规定的三种情形：驾驶人未取得驾驶资格或者未取得相应驾驶资格的；醉酒、服用国家管制的精神药品或者麻醉药品后驾驶机动车发生交通事故的；驾驶人故意制造交通事故的。需要注意的是，上述三种情形的主体应限定为驾驶人，特别是故意制造交通事故的，由第三人故意制造的，应根据具体情形按照相关法律进行规制。在本案中，侵权人岳某某存在法律规定的无证驾驶情形，所以满足保险公司行使追偿权的条件之一。

其次是保险公司须在已经实际向受害人支付保险金的前提下，才能行使追偿权。基于上述分析可知，赋予保险公司特殊情形下的追偿权，是考虑交通事故风险分担的平衡，也是出于交强险制度的设计目的，因此，保险公司行使追偿权的前提必须是已经完成对受害人相应损失的先行赔付，否则追偿权便无从谈起。正如本案中，中华联合北分作为事故车辆的交强险保险人，其已经依据法院生效判决在交强险赔偿限额内向受害人及受害人家属支付了保险金并按照交管局的要求在赔偿范围内向受害人垫付了医疗费用，因此中华联合北分已经进行了赔付，满足了行使追偿权的该项条件。

最后是追偿权的范围不能超过其实际向受害人赔付的范围。由于追偿权是源于受害人的损害赔偿请求权，故追偿权的范围当然也应限于受害人对侵权人的损害赔偿范围。保险公司可以直接向侵权人主张追偿，也可以起诉至法院行使追偿权。本案中，保险公司在满足上述条件的同时，在赔付范围内主张追偿，请求合理合法，且有相关证据予以证明，因此法院支持其该项诉讼请求。另外仍需注意，如果受害人同时向侵权人和保险公司主张赔偿，应当区分具体情况进行处理。在侵权人已经将受害人损失全部赔偿时，本着侵权责任赔偿的填平原则，此时受害人无权再向保险公司求偿；当侵权人仅为部分赔偿时，保险公司应在赔付时做相应的扣减；当保险公司的赔偿不足以弥补受害人损失时，则就交强险限额之外的损失，受害人有权要求侵权人赔偿。

【裁判依据】

《侵权责任法》第 52 条

《道路交通安全法》第 76 条

《道路交通事故司法解释》第 18 条

《交强险条例》第 22 条

03

受害人因事故死亡，近亲属及支付被侵权人合理费用的人有权请求侵权人承担责任

——丁某某、李某与任某等机动车交通事故责任纠纷案

裁判规则

受害人因交通事故死亡的，其近亲属对侵权人享有赔偿请求权。近亲属包括配偶、父母、子女、兄弟姐妹、祖父母、外祖父母、孙子女、外孙子女，其中配偶、父母、子女系第一顺序请求权人。受害人因交通事故死亡，无近亲属或近亲属无法查明的情况下，支付被侵权人医疗费、丧葬费等合理费用的单位或者个人有权请求保险公司在交强险责任限额范围内予以赔偿。但就死亡赔偿金，未经法律授权的机关或者有关组织无权主张。

案　情[1]

2016年11月22日9时50分许，在北京市顺义区白马路王庄村路口处，任某（朱某雇佣的司机）驾驶挂靠在某某伟业公司名下的轻型厢式货车由东向西行驶时，适有李某驾驶的正三轮摩托车由南向北行驶，货车左前部与正三轮摩托车右侧相撞，造成李某死亡、两车损坏。北京市公安局顺义分局交通支队出具道路交通事故证明，载明：任某驾驶违反装载规定的轻型厢式货车，有称量结论和调查笔录为证；李某驾驶未按规定登记的正三轮摩托车，李某未取得机动车驾驶证驾驶正三轮摩托车，李某驾驶正三轮摩托车未戴安全头盔；无法查清事故车辆

〔1〕 北京市顺义区人民法院（2017）京0113民初4640号。

进入路口时交通信号灯的控制状况，道路交通事故成因无法查清。某某保险公司提交投保单、告知单、保险条款，证实事故发生时任某驾驶的涉诉车辆存在超载情形，应当增加10%的免赔率，其他当事人均无异议。一审法院依法调取了涉诉事故的交通事故卷宗，卷宗中相关资料载明：涉诉事故两车接触位置在任某驾驶车辆行驶的主路最外侧机动车道刚过路口东侧的停止线，尚未到人行横道的位置；任某驾车发生事故时视线良好，前方道路未有其他车辆；任某驾车时有点走神，脑子正在想家里的事，注意力不集中，导致事发前未发现李某；事发前任某没有采取任何措施，因任某未发现李某，发生事故后任某踩了一脚刹车；任某、朱某认可任某驾驶的车辆超载。李某于1954年11月19日出生，于2016年11月22日死亡。李某之父李某某已于2002年去世，丁某某系李某之母，丁某某共育有六名子女。李某之妻张某某已于1988年去世，李某与张某某生前共生育李某1一人。任某驾驶涉诉车辆在某某保险公司投保了交强险及三者险，三者险限额为50万元，含不计免赔。涉诉事故发生在保险期间内。丁某某、李某1认为，本次交通事故导致李某死亡，任某、朱某、某某伟业公司和某某保险公司应当承担赔偿责任，并主张赔偿死亡赔偿金等各项损失。

【裁判结论】

就丁某某、李某1的损失，首先由某某保险公司在交强险内不区分事故责任先行赔偿；不足部分，由某某保险公司根据保险合同予以赔偿；仍有不足的，由朱某、某某伟业公司按照70%的责任比例予以赔偿。

【裁判观点】

法院经审理后认为，综合双方当事人提交的证据、当庭陈述及法院调取的卷宗材料，法院认定任某系朱某雇佣的司机，任某驾驶的涉诉车辆挂靠在某某伟业公司名下，故朱某、某某伟业公司应当对原告的合理合法损失，承担连带赔偿责任，任某在本案中不承担赔偿责任。另，根据卷宗材料中任某本人陈述、两车撞击位置，法院认为任某并未尽到必要的注意义务，对于李某的死亡，应承担主要赔偿责任。对于丁某某、李某1因涉诉事故造成的合理损失，法院酌定由朱某、某某伟业公司按照70%的责任比例承担连带赔偿责任。应当指出，法院在本案中认定的赔偿责任比例，并不代表法院对涉诉交通事故当事人事故责任的划分。

对于丁某某、李某1因此事故造成的合理损失，首先应由某某保险公司在交强险范围内不区分事故责任先行赔偿；不足部分，由某某保险公司根据保险合同予以赔偿；仍有不足的，由朱某、某某伟业公司按照70%的责任比例予以赔偿。某某保险公司所述应增加10%免赔率的意见，证据充分，法院予以采纳。

法官评析

本案例主要明确的问题是在受害人因交通事故死亡的情况下，赔偿权利主体的确定。《侵权责任法》第18条规定，被侵权人死亡的，其近亲属有权请求侵权人承担侵权责任。被侵权人为单位，该单位分立、合并的，承继权利的单位有权请求侵权人承担侵权责任。被侵权人死亡的，支付被侵权人医疗费、丧葬费等合理费用的人有权请求侵权人赔偿费用，但侵权人已支付该费用的除外。《道路交通事故司法解释》第26条规定，被侵权人因道路交通事故死亡，无近亲属或者近亲属不明，未经法律授权的机关或者有关组织向人民法院起诉主张死亡赔偿金的，人民法院不予受理。侵权人以已向未经法律授权的机关或者有关组织支付死亡赔偿金为理由，请求保险公司在交强险责任限额范围内予以赔偿的，人民法院不予支持。被侵权人因道路交通事故死亡，无近亲属或者近亲属不明，支付被侵权人医疗费、丧葬费等合理费用的单位或者个人，请求保险公司在交强险责任限额范围内予以赔偿的，人民法院应予支持。依据上述法律规定，就受害人死亡后赔偿权利主体的认定，应从以下几个方面解析：

1. 被侵权人因交通事故死亡，有近亲属的，其近亲属对侵权人享有赔偿请求权。(1)什么是“近亲属”，《民法通则意见》第12条规定：“民法通则中规定的近亲属包括配偶、父母、子女、兄弟姐妹、祖父母、外祖父母、孙子女、外孙子女。”对“近亲属”范围的界定应按照上述规定进行认定。(2)请求权顺序的确定。《精神损害赔偿解释》第7条规定，自然人因侵权行为致死，或者自然人死亡后其人格或者遗体遭受侵害，死者的配偶、父母和子女向人民法院起诉请求赔偿精神损害的，列其配偶、父母和子女为原告；没有配偶、父母和子女的，可以由其他近亲属提起诉讼，列其他近亲属为原告。该条规定中的精神损害赔偿是指近亲属因受害人死亡而遭受精神上的痛苦，其实质是对近亲属的赔偿；而依据《侵权责任法》第16条的规定，侵害他人造成死亡的，还应当赔偿丧葬费和死亡赔偿金。这里的死亡赔偿金是因受害人死亡导致预期收入的减少而产生的损失，同样是对受害人近亲属作为间接受害人的赔偿。上述规定的精神损害赔偿和死亡赔偿金性质上相同，故就该角度而言，就近亲属的赔偿顺序应当遵循《精神损害赔偿解释》的顺位解释较为恰当，即配偶、父母和子女为第一顺序，没有第一顺序的，才能由第二顺序近亲属行使请求权。而这里近亲属的请求权的范围，依据《人身损害赔偿解释》第 17 条第 3 款及《侵权责任法》第 16 条的规定予以确认，近亲属对上述法律规定的所有赔偿项目均享有请求权。但需要注意一种情形，即受害人因交通事故死亡，有近亲属，但支出医疗费、丧葬费等合理费用的人并非近亲属而是第三人，该种情况下第三人可以无因管理为依据要求侵权人赔偿该部分费用，但应以实际支出额为限。

2. 被侵权人因交通事故死亡，无近亲属或近亲属无法查明的情况下，赔偿权利主体的确定。此种情况下应与侵权人在受害人死亡时应承担的具体赔偿项目相结合予以认定。《侵权责任法》第 16 条规定，侵害他人造成人身损害的，应当赔偿医疗费、护理费、交通费等为治疗和康复支出的合理费用，以及因误工减少的收入。造成残疾的，还应当赔偿残疾生活辅助具费和残疾赔偿金。造成死亡的，还应当赔偿丧葬费和死亡赔偿金。《人身损害赔偿解释》第 17 条第 1 款规定，受害人遭受人身损害，因就医治疗支出的各项费用以及因误工减少的收入，包括医疗费、误工费、护理费、交通费、住宿费、住院伙食补助费、必要的营养费，赔偿义务人应当予以赔偿。第 3 款规定，受害人死亡的，赔偿义务人除应当根据抢救治疗情况赔偿本条第 1 款规定的相关费用外，还应当赔偿丧葬费、被扶养人生活费、死亡补偿费以及受害人亲属办理丧葬事宜支出的交通费、住宿费和误工损失等其他合理费用。依据上述法律规定，赔偿项目大致可以分为医疗费、丧葬费等合理费用支出和死亡赔偿金（含被扶养人生活费）。

（1）对医疗费、丧葬费等合理费用，依据《道路交通事故司法解释》第 26 条第 3 款的规定，明确了支付上述合理费用的有关单位和个人可以请求保险公司在交强险责任限额范围内予以赔偿，其请求权依据同样是无因管理。

（2）对于死亡赔偿金（含被扶养人生活费），依据《道路交通事故司法解释》第 26 条第 1 款、第 2 款的规定，未经法律授权的机关或者有关组织不能向侵权人主张，这里“未经法律授权的机关或者有关组织”包括但不限于民政部门、道路交通事故社会救助基金管理机构，之所以如此规定系死亡赔偿金的性质及我国现行法律规定所致。首先，同上文所述，我国对死亡赔偿金的性质采取“继承丧失说”，即受害人因人身伤害死亡，导致家庭可以预期的未来收入减少或丧失，使家庭成员在财产上产生消极损失。[1] 其实质是对受害人近亲属作为间接受害人的赔偿，故该项费用的赔偿权利人应为死者的近亲属；其次，民政部门、道路交通事故社会救助基金管理机构作为履行行政职能的机关和组织，我国现行法律并未赋予其该项职权，其亦不符合民事诉讼中原告的主体资格。故从以上角度分析，未经法律授权的机关或有关组织不能成为死亡赔偿金的请求人，对侵权人已向未经法律授权机关支付死亡赔偿金的，因无相应法律依据，交强险公司对侵权人不负有支付死亡赔偿金的义务，如日后受害人近亲属出现，不能以此为由免除侵权人和交强险保险公司的赔偿义务。

在本案例中，受害人李某因交通事故死亡，其近亲属依法对侵权人即朱某、某某伟业公司享有赔偿请求权，按照法律规定，李某的父母、配偶、子女系第一顺序请求权人，依据法院查明事实，李某的父亲及配偶均已先于李某死亡，李某与其配偶育有一女，故现第一顺序的请求权人只有李某的母亲及其女儿，李某母亲丁某某及其女儿李某1依法享有赔偿请求权，可就李某因交通事故产生的医疗费、丧葬费及死亡赔偿金、精神损害抚慰金等要求侵权人予以赔偿。

【裁判依据】

《侵权责任法》第16条、第18条

《道路交通事故司法解释》第26条

《人身损害赔偿解释》第17条

---

〔1〕 最高人民法院民事审判第一庭编著：《最高人民法院关于道路交通损害赔偿司法解释理解与适用》，人民法院出版社2012年版，第346页。

04

受害人在交通事故责任纠纷中死亡的，由继承人继承相应诉讼权利义务

——苗某与李某1、李某2、中国平安财产保险股份有限公司石家庄中心支公司机动车交通事故责任纠纷案

裁判规则

上诉案件的当事人在诉讼过程中死亡或者终止的，人民法院依法通知其权利义务承继者参加诉讼。依照法律规定，在二审案件中当事人死亡的，启动诉讼承继的主体是人民法院，其负有依法通知权利义务承继者参加诉讼的义务，当事人的承继者向人民法院申请参加诉讼或另一方当事人申请人民法院通知权利义务承继者参加诉讼的，人民法院也应当在调查后予以准许。

案　情[1]

2018年5月31日8时15分，在北京市海淀区某村东口往西200米，李某1驾驶车牌号冀AD30××小客车由西向东行驶，与行人李某2发生碰撞，造成李某2受伤。事故经公安机关交通管理部门认定李某1负事故全部责任，李某2无责任。李某1驾驶车辆在平安保险石家庄中心支公司投保交强险和责任限额为50万元的商业三者险含不计免赔，此次事故发生在保险期限内。

事发当天李某2先至北京老年医院就诊后，当天至北京大学国际医院住院治疗，诊断为股骨骨折(右)、胫腓骨骨折(左)，于2018年6月14日行"右股骨

[1] 北京市第一中级人民法院(2019)京01民终7460号。

骨折切开复位内固定+左胫腓骨骨折切开复位内固定术”等相关治疗,2018年7月24日出院。出院医嘱:出院后继续积极康复治疗,目前患者手术切口基本愈合,每3~5天换药,继续观察伤口情况。定期复查,不适随诊。后李某2至该医院进行了复查。李某2支出的医疗费共计157,211.04元,其中6203.38元由李某1垫付,李某1要求一并处理。

庭审中,经李某2申请,法院委托北京中正司法鉴定所对李某2伤残程度及营养期、护理期进行鉴定,该鉴定机构出具鉴定意见为:(1)被鉴定人李某2右膝关节功能障碍的伤残程度属十级,左踝关节功能障碍的伤残程度属十级。(2)被鉴定人李某2的护理期限可考虑为60~120日。(3)被鉴定人李某2的营养期限可考虑为60~90日。李某2交纳鉴定费4350元。李某1、平安保险石家庄中心支公司对上述鉴定意见无异议。

庭审中,李某2主张护理费23,200元,因伤情较重,按照二人护理标准主张,其中一人费用为120天,每天100元,另住院期间支出护理费11,120元,就此提交护理协议及护理费发票一张;平安保险石家庄中心支公司、李某1认可护理期为75天,对护理费发票真实性认可,出院之后认可一人护理,标准为每天100元。李某2主张住院伙食补助费5400元,平安保险石家庄中心支公司、李某1对此无异议。李某2主张交通费2286元,为此提交了相关油票、停车费票、打车票,主张为复查及家属护理、探望产生的费用。平安保险石家庄中心支公司、李某1主张数额过高,仅认可李某2本人治疗产生的费用,其余费用不属于保险理赔范围。李某2主张营养费9000元,90天,每天100元,平安保险石家庄中心支公司、李某1主张数额过高,仅认可75天,每天30元。李某2主张辅助器具费330元,为此提交票据,平安保险石家庄中心支公司、李某1对此无异议。李某2主张精神损害抚慰金20,000元,平安保险石家庄中心支公司、李某1同意赔偿5000元。李某2主张伤残赔偿金149,774.4元,按照北京市城镇居民收入标准计算,赔偿系数20%,平安保险石家庄中心支公司、李某1要求按照农业户籍标准计算,赔偿系数12%。李某2主张复印费722元、鉴定费4350元,为此提交复印费收据和鉴定费发票,平安保险石家庄中心支公司不同意赔偿,主张不属于保险理赔范围。就双方责任比例,李某1、平安保险石家庄中心支公司主张李某2监护人未尽到监护职责,其方仅同意承担70%的责任比例。

【裁判结论】

一审法院判决:(1)中国平安财产保险股份有限公司石家庄中心支公司于判决生效后七日内在机动车交通事故责任强制保险限额内赔偿李某2各项损失共计12万元;(2)中国平安财产保险股份有限公司石家庄中心支公司于判决生效后七日内在机动车第三者责任商业保险限额内赔偿李某2各项损失共计164,265.04元(其中6203.38元直接支付给李某1);(3)李某1于判决生效后七日内赔偿李某2鉴定费4350元、复印费722元;(4)驳回李某2其他诉讼请求。平安保险石家庄中心支公司不服一审判决,向北京市第一中级人民法院提起上诉,二审期间,李某2去世,由其法定继承人苗某参加诉讼。二审法院判决:(1)撤销北京市海淀区人民法院(2018)京0108民初31607号民事判决;(2)中国平安财产保险股份有限公司石家庄中心支公司于本判决生效后七日内在机动车交通事故责任强制保险限额内赔偿苗某住院伙食补助费5400元、营养费3000元、医疗费1600元、护理费16,720元、交通费500元、残疾赔偿金3900元、辅助器具费330元、精神损害抚慰金7500元,共计38,950元;(3)中国平安财产保险股份有限公司石家庄中心支公司于本判决生效后七日内在机动车第三者责任商业保险限额内赔偿苗某医疗费155,606.04元(其中6203.38元直接支付给李某1);(4)李某1于本判决生效后七日内赔偿苗某鉴定费4350元、复印费722元;(5)驳回苗某的其他诉讼请求;(6)驳回中国平安财产保险股份有限公司石家庄中心支公司的其他上诉请求。

【裁判观点】

结合各方当事人的诉辩主张,本案二审争议的焦点是李某2伤残赔偿金的计算标准及赔偿数额问题。

(1)关于赔偿标准问题。虽然李某2生前为农村户口,但李某2生前生活居住的地区已城镇化,李某2生前的生活来源及消费支出均属于城镇标准,因而一审法院对其适用北京市城镇居民标准计算伤残赔偿金正确。李某2所受伤情经鉴定为两处十级伤残,因而一审法院依据相关规定,确定其赔偿系数为15%正确。(2)关于赔偿数额问题。在二审期间,经查明李某2已于2019年4月19日死亡,而伤残赔偿金的性质系对伤者丧失劳动能力的补偿,现李某2已死亡,故对其伤残赔偿金应予调整,计算至其死亡之日。经核算,李某2生前的伤残赔偿金应计算为五个月,数额为3900元。

对于其他各方当事人没有异议之数额,法院予以确认。

综上所述,平安保险石家庄中心支公司之上诉请求中的合理部分,法院予以支持;不合理部分,法院予以驳回。一审法院判决认定事实清楚,但因二审期间出现新的事实,故法院对一审判决予以改判。

法官评析

本案因受害人,也即一审原告在二审诉讼过程中死亡,所以更多的是涉及机动车交通事故责任中民事诉讼程序的相关问题。由于交通事故本身对人身财产会造成十分严重的损害,因此在机动车交通事故责任民事纠纷中,受害人在诉讼过程中死亡的情况并不少见,因此明确当事人死亡后相关人员的诉讼地位以及诉讼环节本身的程序问题具有重要意义。

一、诉讼承继制度及我国法律规定

诉讼承继,又称诉讼继承,是指在诉讼系属中,由于不能归责于当事人的事由或者是实体法律关系的变动导致当事人无法以自己的名义继续进行诉讼,丧失了纠纷主体的地位,该当事人继续进行诉讼无法实现最初的诉讼目的,有必要引入新的当事人作为诉讼主体进行诉讼,从而引起了当事人的变更。诉讼承继作为大陆法系民事诉讼法理论的一个组成部分,旨在解决诉讼中当事人、诉讼标的发生变化的情况。而因当事人死亡引发的诉讼案件如何衔接和继续的问题,是诉讼承继制度中的重要部分。在域外,各国对此程序均作了规定。例如,《德国民事诉讼法》第239条中规定了当事人死亡时,具体的诉讼程序及继承人相关诉讼权利义务的继承问题。[1] 日本,采纳诉讼承继主义即承认实体权利的受让人成为诉讼中新的当事人进行诉讼。[2] 英国和美国的诉讼制度也规定了类似的当事人承继制度。

在我国的现行法律规定当中,《民事诉讼法》第150条规定了两种有关继承案件中止诉讼的情形,具体而言:一方当事人死亡,需要等待继承人表

---

〔1〕 参见沈德咏主编:《最高人民法院民事诉讼法司法解释理解与适用》,人民法院出版社2015年版,第856页。

〔2〕 参见《日本民事诉讼法》,白绿铉译,中国法制出版社2001年版,第46~47页。

明是否参加诉讼的;作为一方当事人的法人或者其他组织终止,尚未确定权利义务承受人的。该法第151条同时明确了因当事人变动而终结诉讼的几种情形。《民诉法解释》第322条规定上诉案件的当事人死亡或者终止的,人民法院依法通知其权利义务承继者参加诉讼。需要终结诉讼的,适用《民事诉讼法》第151条规定。该条规定较为原则,具体内容包括诉讼承继的事由、如何确定承继诉讼的当事人、如何启动诉讼承继的程序等问题,仍有待详细探讨。

二、诉讼承继的事由和启动程序

所谓诉讼承继的启动事由,也可以称为诉讼承继的引发事由,是指在诉讼过程中出现了某些法律规定的事件或法律行为,导致诉讼不能继续进行,或者继续进行将有悖于诉讼的目的,从而引发诉讼承继。从现行法律规定以及学理上分析,经常出现的事由主要有:当事人一方死亡、宣告死亡或者下落不明的;当事人一方为法人或其他组织,该法人或其他组织分立、合并或终止等情形。

在机动车交通事故责任纠纷中,受害人必然为自然人,那么受害人的死亡是指作为当事人的自然人死亡或被宣告死亡。依照法律规定,在二审案件中当事人死亡的,启动诉讼承继的主体是人民法院,其负有依法通知权利义务承继者参加诉讼的义务,当然当事人的承继者向人民法院申请参加诉讼或另一方当事人申请人民法院通知权利义务承继者参加诉讼的,人民法院也应当在调查后予以准许。在诉讼系属正常开启的情况下,当事人若亲自参加诉讼,法院有明确当事人实在之义务,应当向当事人进行充分的阐明,若发生当事人死亡的情形,法院有权利依职权中止或终结诉讼程序;若为代理人诉讼,该代理人有义务知晓其当事人之情况,若当事人死亡,其代理人应当及时向法院告知。若法院在判决前知晓该事实,法院应当依职权开启诉讼承继,并针对代理人违反告知义务采取惩戒措施。当事人死亡的,其诉讼承继者可以是法定继承人、遗嘱继承人、受遗赠继承人或遗产管理人。法定继承人参加诉讼,不得以其已经实际取得遗产为由进行抗辩,但法定继承人可以申请撤回上诉或声明放弃诉讼权利。具体到本案,平安保险石家庄中心支公司提起上诉后,原审原告李某2于2019年4月19日去世。法院于2019年7月25日立案。二审期间,李某2之女苗某作为李某2第一顺位唯一继承人参加本案诉讼。法院依照《民诉法解释》第322条第1款规定，将本案被上诉人变更为苗某。

三、诉讼承继的法律效果

诉讼承继开始后，新当事人会承继原当事人在诉讼状态上的地位，继续进行诉讼。现存诉讼状态对新当事人有何种效力，即已经进行之程序如申请回避、举证、质证、证据调查、辩论等，有理由认为承继人的诉讼行为与被承继人具有一致性，因此在程序性诉讼行为（如请求回避）、辩论与证据调查、诉讼费用以及既判力的主观范围上都应当无保留的予以承继（排除涉及身份关系的承继如离婚诉讼的承继）。因为诉讼承继效果之取舍既要体现纠纷的一次解决性与当事人诉讼权利之保障，又要平衡程序的完整性与诉讼的效率性之间的关系。具体到本案中，受害人在上诉期间死亡的，其第一顺位唯一继承人参加本案诉讼的同时，也承继了原上诉人的诉讼地位、诉讼权利与义务。

【裁判依据】

《民事诉讼法》第150条、第151条

《民诉法解释》第322条

05

受害人对交通事故发生后双方私下达成的赔偿协议有异议的，可向人民法院申请撤销

——刘某某与中国平安财产保险股份有限公司北京分公司机动车交通事故责任纠纷案

裁判规则

事故发生后，双方当事人私下签订的和解协议相当于合同，符合合同生效要件的协议便有效。受害人认为协议存在重大误解、显失公平、欺诈的情形，可在知道或应当知道一年内行使撤销权。向法院主张协议可撤销或协议无效的，应当提交相应证据予以证明。协议双方经协商就交通事故签订的赔偿条款不属于法律规定的格式条款。

案　情[1]

2017年2月13日18时10分许，刘某某驾驶电动自行车由南向北行驶至北京市海淀区G6辅路上清桥时，胡某某由东向北驾驶小客车（辽P884××）将刘某某撞伤，事故中刘某某车辆、一部锤子手机受损。该事故经北京市公安局公安交通管理局海淀交通支队清河大队认定，胡某某负全部责任，刘某某无责任。平安保险公司为肇事车辆承保了交强险及保险限额为15万元的第三者商业责任险。事故发生后，刘某某被送往北京市红十字会急诊抢救中心，主要诊断为脑外伤后神经反应、全身多处软组织损伤。刘某某自2017年2月13日至20日在该

〔1〕 北京市第一中级人民法院（2018）京01民终1930号。

院住院治疗，共计7天，并发生医药费7172.87元。

2017年5月10日，胡某某和刘某某签订道路交通事故损害赔偿协议书，协议内容为，经双方友好协商胡某某一次性赔偿刘某某医疗费、误工费、护理费等一切人伤损失共计12,172.37元，事故关系了结，以后互不相扰。2017年6月，刘某某收到平安保险公司赔付人身伤害赔偿金12,172.37元。

庭审中，刘某某主张撤销赔偿协议，理由为：第一，双方签订的赔偿协议书系胡某某、平安保险公司趁其经济压力大，无力支付住院费用、乘人之危订立的合同；第二，胡某某假意配合签订协议，承诺其能尽快拿到钱，而后并未配合尽快理赔，该行为构成欺诈；第三，刘某某签字时，协议书被混入众多文件中，故并未看清协议书内容，并不知道该协议包括误工费的赔偿，不是其真实意思表示。故刘某某主张上述协议是在欺诈、乘人之危的情形下签订，不是其真实意思表示，主张撤销上述协议。庭审中，双方均认可刘某某在事故中手机、自行车损失定损为2200元。诉讼中，刘某某提出申请，鉴定事故与新增伤情之间存在因果关系，后申请撤回鉴定。

对有争议的证据和事实，法院认定如下：

刘某某主张其出现新伤情，导致医疗费用增加，并提交了北京按摩医院、北京中医药大学国医堂、西苑医院、北京丰盛中医骨伤专科医院等医疗票据予以证明，胡某某、平安保险公司对上述证据真实性认可、证明目的均不予认可，认为新增医药费用与事故伤情之间没有因果关系。法院经核实对上述证据真实性予以确认，并认定以下事实：刘某某于2017年4月11日在西苑医院诊断为踝关节扭伤，同日在北京丰盛中医骨伤专科医院诊断为踝挫伤，2017年5月在北京中医药大学国医堂诊断为韧带撕裂+踝管综合症，2017年7月28日在安徽医科大学诊断为右侧内踝韧带撕裂。

一审判决：(1)中国平安财产保险股份有限公司北京分公司于本判决生效后七日内在交强险范围内赔偿刘某某2000元；(2)中国平安财产保险股份有限公司北京分公司于本判决生效后七日内在商业险范围内赔偿刘某某200元；(3)驳回刘某某其他诉讼请求。

一审判决作出后，刘某某不服提出上诉。刘某某认为，一审法院认定事实错误，程序存在瑕疵。本案涉及的赔偿协议不真实，不合法，对协议真实性不认可，双方并未达成合意，协议中的免责条款是格式条款应属无效，且该协议书存在欺诈、胁迫及显示公平的情形,应属无效,应撤销协议。一审法院证据规则适用错误。请求维持一审法院判决第一项、第二项,撤销一审法院判决第三项,依法改判胡某某赔偿误工费10,000元,平安保险公司承担连带清偿责任。

【裁判结论】

二审法院认为刘某某作为一名具备完全民事行为能力的成年人,其在签订协议时应当尽到一定的注意义务,并对协议内容及后果具备一定预见能力,故赔偿协议系在刘某某能预见伤情及相应损失的情况下签订,并不存在重大误解、显失公平等情形,一审法院认定赔偿协议合法有效,具备事实和法律依据,判决:驳回上诉,维持原判。

【裁判观点】

一审法院经审理后认为,虽刘某某主张其与胡某某签订的道路交通事故损害赔偿协议书系被欺诈、在乘人之危形势下所签订,但胡某某对此不予认可,刘某某亦未就其主张提交相应证据予以证明,且刘某某主张其存在的经济压力大,无力支付住院费用等情形尚不能构成陷于危难被迫使作出意思表示的程度;刘某某主张胡某某存在未按承诺尽快办理理赔的行为亦不构成故意告知对方虚假情况的行为;刘某某作为成年人,对于其签字确认的文件应仔细阅读,其主张签字时未看清签字内容的意见法院不予采纳。故法院对刘某某主张协议系在乘人之危、欺诈形势下所签、并非其真实意思表示的意见不予采纳。同时,上述协议签订时刘某某已发现踝关节伤情,且伤情未完全治愈,在明知上述伤情尚需继续医治的情况下,仍与胡某某签订赔偿协议书,说明上述协议书系在刘某某能预见伤情及相应损失的情况下与对方达成的合意,并无重大误解、显失公平等情形。综上,法院认为上述协议系刘某某与胡某某自愿签署,系双方真实意思表示,且未违反法律相关规定,应属有效。民事法律行为从成立时起具有法律约束力。

二审法院经审理后认为,刘某某作为一名具备完全民事行为能力的成年人,其在签订协议时应当尽到一定的注意义务,并对协议内容及后果具备一定预见能力,刘某某在事故发生后三个月与胡某某达成赔偿协议,此时其对自己的伤情已有了全面、正确地认识,故赔偿协议系在刘某某能预见伤情及相应损失的情况下签订,并不存在重大误解、显失公平等情形,一审法院认定赔偿协议合法有效,具备事实和法律依据,法院予以维持。刘某某主张赔偿协议中的免责条款系格式条款应属无效,法院认为,依据法律规定,格式条款是当事人为了重复使用而预先拟定,并在订立合同时未与对方协商的条款。本案中协议关于"事故关系了结,以后互不相扰"的约定系双方当事人就事故赔偿的协商内容,非一方当事人重复使用亦非预先拟定,故并不属于法律规定的格式条款,刘某某该主张缺乏法律依据,法院不予采信。综上所述,刘某某的上诉请求缺乏事实和法律依据,应予驳回;一审判决认定事实清楚,适用法律正确,应予维持。

法官评析

本案是因交通事故引发的机动车交通事故责任纠纷,虽最终是解决人身财产赔偿的责任及相关费用,但本案的核心在于对双方私下达成协议效力的认定。实践中,交通事故发生后,为了高效便捷地解决纷争,很多人会选择私下签订和解协议。协议签订后,一旦出现反悔、不配合履行义务或其他异议,则很容易产生纠纷。受害人在对事故后双方私下协议有异议的情况下,应如何主张权利,应从以下几方面进行分析:

首先,关于双方私下和解协议的性质。和解协议相当于合同,符合合同生效要件的协议便有效,具体而言,要求签订的主体合格、协议内容合法并且经双方协商同意(自愿)的前提下,即具有法律效力。协议双方应受协议条款的约束,履行协议约定的各自义务并享有相应的协议权利。

其次,关于和解协议的效力。如果受害人对协议的效力有异议,可以依据我国《合同法》第52条、第54条主张合同无效或撤销合同。具体而言,《合同法》第52条规定了五种合同无效的法定情形,包括:一方以欺诈、胁迫的手段订立合同,损害国家利益;恶意串通,损害国家、集体或者第三人利益;以合法形式掩盖非法目的;损害社会公共利益以及违反法律、行政法规的强制性规定。在该法第54条第1款中还规定了当存在因重大误解或显失公平而订立合同时可向法院申请变更或撤销的条款。

需要注意的是,根据我国《民事诉讼法》的相关规定,当事人对自己提出的诉讼请求所依据的事实或者反驳对方诉讼请求所依据的事实,应当提供证据加以证明。在作出判决前,当事人未能提供证据或者证据不足以证明其事实主张的,由负有举证证明责任的当事人承担不利的后果。因此,受害人若以合同无效或因重大误解、显失公平主张撤销合同，需要向法院提供足以证明上述事实的相关证据，否则要承担举证不能的不利后果。例如，本案中，受害人刘某某主张协议系在乘人之危、欺诈形势下所签，但其未就其主张提交相应证据予以证明，且其主张经济压力大、签字时未看清签字内容等相关主张既无证据支持也不符合生活基本常理，因此法院对其意见未予采纳。

再次，关于撤销权的行使。当受害人知道或应当知道协议存在上述可撤销情形时，其撤销权的行使也并非毫无限制。根据《合同法》第 55 条之规定，有下列情形之一的，撤销权消灭：一是具有撤销权的当事人自知道或者应当知道撤销事由之日起一年内没有行使撤销权；二是具有撤销权的当事人知道撤销事由后明确表示或者以自己的行为放弃撤销权。法律之所以做出这样的限制，是因为可撤销合同往往只涉及合同当事人一方意思表示不真实的问题，如果当事人自愿接受此种合同后果，则法律会让此种合同维持有效的状态。由此，具有撤销权的当事人自知道或应当知道撤销事由之日起一年内没有行使撤销权的，其撤销权消灭。

最后，关于格式条款的解读。在本案中，刘某某主张赔偿协议中协议关于“事故关系了结，以后互不相扰”的约定免责条款系格式条款应属无效。格式条款是当事人为了重复使用而预先拟定，并在订立合同时未与对方协商的条款。其具备两个鲜明的特点，一是格式条款总是一方预先拟制的，二是不与合同相对方进行磋商的。格式条款在社会交易中被普遍使用，大多用于保险合同、航空货旅客运输合同、供电供热合同等。但是本案中的协议本身为本次交通事故所制定，协议本身也系双方共同协商一致的结果，其中关于“事故关系了结，以后互不相扰”的约定系双方当事人就事故赔偿的协商内容，既非一方当事人重复使用亦非预先拟定，故并不属于法律规定的格式条款，刘某某该项主张缺乏法律依据，法院未予以采信。

【裁判依据】

《合同法》第 8 条、第 54 条第 2 款

《侵权责任法》第 19 条、第 48 条

《道路交通安全法》第 76 条

3

CHAPTER

第三章

机动车交通事故责任纠纷的责任主体

01

出借车辆发生交通事故的责任承担

——卞某等与李某等机动车交通事故责任纠纷案

裁判规则

借用机动车发生交通事故造成损害的，若属于该机动车一方责任的，应先由保险公司在机动车强制保险责任限额范围内予以赔偿。不足部分，由机动车使用人承担赔偿责任。机动车的所有人如果对损害的发生存在过错，应当承担相应的赔偿责任，该责任是按份责任，并非连带责任。

案　情[1]

2011年7月18日，在北京市西城区枣林前街与南线阁街交叉路口，马某步行由西向东横过道路，适有闫某驾驶李某所有的小型客车由西向北左转弯行驶，闫某车前部与马某身体接触造成马某受伤后死亡。北京市公安局公安交通管理局西城交通支队出具《道路交通事故认定书》，其中经查证核实：闫某所驾小型客车前轮制动合格，后轮制动平衡力不合格，整车制动力不合格，驻车制动不合格，未按规定进行机动车安全技术检验。经调查：闫某驾驶机动车行经人行横道时，未避让横过道路的行人，违反《道路交通安全法实施条例》第51条第7项之规定，是此次事故发生的全部原因。后确定：闫某为事故全部责任，马某无责任。闫某不认可上述《道路交通事故认定书》，并向北京市公安局公安交通管理局提出复核申请。北京市公安局公安交通管理局出具《道路交通事故认定复核结论》，复核认为：原道路交通事故认定事实清楚、证据确实充分、适用法律正确、责

[1] 北京市第二中级人民法院(2015)二中民终字第10849号。

任划分公正、调查程序合法。根据《道路交通事故处理程序规定》第54条第2款之规定,[1]维持北京市公安局公安交通管理局西城交通支队作出的交通事故认定。马某继承人卞某等以交通管理部门作出的交通事故认定书为依据起诉要求肇事车辆使用人闫某承担全部责任,车辆所有人李某因未尽到车辆行驶安全的法定义务应承担连带责任,保险公司在保险责任范围内承担责任。车辆所有人李某辩称,马某的死亡系因放弃治疗所致,李某并非车辆实际使用控制人,已与闫某做了车辆买卖交接手续,车辆亦无任何故障。经查,北京市西城区人民检察院侦查监督处向北京市公安局西城分局法制处出具《释法说理文书》,写明嫌疑人闫某肇事与被害人马某死亡之间存在因果关系,但依据现有证据不足以判断家属主动放弃抢救措施能否阻断前行为与后结果之间的因果关系,要对本案的因果关系作出准确判断需进行补充侦查,故对犯罪嫌疑人闫某不予批准逮捕。一审法院认定,闫某负事故全部责任,保险公司应在机动车交通事故责任强制保险责任限额范围内先行承担赔偿责任,不足部分,保险公司根据承保商业三者险的保险合同予以赔偿。仍有不足的部分,由侵权责任人闫某承担保险限额外损失90%的赔偿责任。李某作为肇事车辆的登记车主,因借给闫某的车辆存在制动缺陷,承担保险限额外损失10%的赔偿责任。

一审判决作出后,李某不服提出上诉。李某认为,交通事故认定书不应采信,造成马某死亡的最直接原因是医院和卞某等拒绝治疗,一审法院判决李某承担连带责任缺乏依据,请求改判李某不承担赔偿责任。

【裁判结论】

根据经过交通管理部门作出并复核的道路交通事故认定书所载内容,闫某为事故全部责任,马某无责任。交通管理部门依据行政职权对事故查证核实的结论中认定闫某所驾车辆未按规定进行机动车安全技术检验,后轮制动平衡力不合格,整车制动力不合格,驻车制动力不合格。李某虽对上述认定书提出异议,但并未提供相反证据予以证明。机动车所有人负有对机动车是否具备上道路行驶的基本安全条件进行检查的义务,李某作为车辆所有人,并未证明其尽到了上述义务,应承担相应的赔偿责任。一审判决认定事实及适用法律正确,二审

---

[1] 本法已于2017年修订新版。

判决驳回上诉，维持原判。

【裁判观点】

一审法院经审理后认为，公安机关交通管理部门作出的事故责任认定适当，李某、人保财险北京市分公司营销部虽对上述事故责任认定不予认可，但未能提交证据予以证明，法院对公安机关交通管理部门已作出的事故责任认定予以确认。交通事故责任者应当按其所负事故责任赔偿受害者相应的经济损失。闫某驾驶车辆发生交通事故，公安机关交通管理部门认定闫某负事故的全部责任，闫某应承担相应的赔偿责任。因租赁、借用等情形机动车所有人与使用人不是同一人时，发生交通事故后属于机动车一方责任的，由保险公司在机动车强制保险责任限额范围内予以赔偿。不足部分，由机动车使用人承担赔偿责任；机动车所有人对损害的发生有过错的，承担相应的赔偿责任。本案中，肇事车辆经车辆技术检验，报告结论为：前轮制动合格，后轮制动平衡力不合格，整车制动力不合格，驻车制动不合格。李某作为肇事车辆的所有人，应承担相应的赔偿责任。同时投保机动车第三者责任强制保险和第三者责任商业保险的机动车发生交通事故造成损害，当事人同时起诉侵权人和保险公司的，应当按照下列规则确定赔偿责任：(1)先由承保交强险的保险公司在责任限额范围内予以赔偿；(2)不足部分，由承保商业三者险的保险公司根据保险合同予以赔偿；(3)仍有不足的，依照《道路交通安全法》和《侵权责任法》的相关规定由侵权人予以赔偿。闫某驾驶的车辆在保险公司投保机动车交通事故责任强制保险以及第三者责任保险，应当先由保险公司在机动车交通事故责任强制保险责任限额范围内先行承担赔偿责任，不足部分，由保险公司根据承保商业三者险的保险合同予以赔偿。仍有不足的部分，由侵权责任人闫某承担保险限额外损失90%的赔偿责任。李某系肇事车辆的登记车主，因其交付给闫某的车辆存在制动缺陷，故法院酌定李某应承担保险限额外损失10%的赔偿责任。

二审法院经审理后认为，根据本案中经过交通管理部门作出并复核的道路交通事故认定书所载内容，受害人马某在交叉路口横过马路时适有闫某驾车转弯行驶，其车前部与马某身体接触，造成马某受伤后死亡。关于证据及事故形成原因之分析，该认定书中就调查中询问证人、现场勘查及拍照、绘图，对车身痕迹进行勘验，抽血检验，车辆上线检测，车速鉴定，尸检，驾驶资格审核及调取监控录像等程序一一记录。其依据行政职权对事故查证核实的结论中确认马某符合颅脑损伤死亡,并认定闫某所驾车辆未按规定进行机动车安全技术检验,后轮制动平衡力不合格,整车制动力不合格,驻车制动力不合格。且在该认定书中已经载明,本案的现场图、现场照片、监控录像已向当事人出示,笔录已向当事人宣读;车辆证、照及年审情况,驾驶证及年检情况等已向当事人说明。最后一份鉴定结论复印件已送达双方。就事故定责的依据在该认定书中亦予说明。且在数页现场勘查笔录中均有闫某之签字。根据司法解释之规定,一方当事人提出的证据,另一方当事人认可或者提出的相反证据不足以反驳的,人民法院可以确认其证明力。国家机关、社会团体依职权制作的公文书证的证明力一般大于其他书证。现李某上诉对上述认定书仍提出异议,但未能提供足以反驳以上认定的有效证据,此前当事人闫某就上述认定书申请复核所持理由亦未被交通管理部门所认定,且其亦不能证明交通管理部门在处理本案所涉事故中存在违法情形,故其所申请调取的录像不属于二审中须由法院调取的新的证据,其此项上诉主张及申请之理由难以成立。关于侵权责任承担主体一节,根据《道路交通事故司法解释》第 1 条第 1 项之规定,机动车所有人或管理人知道或者应当知道机动车存在缺陷,且该缺陷是交通事故发生原因之一的,人民法院应当认定其对损害的发生有过错,并依法确定其相应的赔偿责任。而机动车所有人所负有的义务应当是对机动车是否具备上道路行驶的基本安全条件进行检查的义务,该义务应以机动车所有人自己作为驾驶人驾驶机动车上道路行驶时所负有的基本安全条件的注意义务为一般标准,对交付他人驾驶的机动车的安全技术性能应当认真检查,及时排除隐患,即使其已经通过买卖行为将车辆予以处分,亦应就上述情况明确告知实际驾驶人,且应就本案所存在的车辆的安全问题系实际驾驶人所造成而举证证明。本案中,在交通事故发生时李某确系该肇事车辆在国家机关备案登记的所有权人,故应在其上述举证责任未能完成的情况下依法承担相应的赔偿责任。一审判决认定事实清楚,适用法律正确,法院应予维持。

法官评析

本案涉及的核心问题是,借用他人机动车发生交通事故致他人损害时,责任赔偿主体如何认定的问题。在司法实践中,借用他人机动车发生交通事故,责任赔偿主体涉及实际使用人,肇事车辆所有人以及保险公司,各方的责任承担形式及归责原则为该类案件的审理难点。下面从上述三方责任承担主体的责任承担方式分别予以评析。

一、在借用情形下,保险公司仍需承担赔偿责任

在借用机动车发生交通事故的情形下,机动车所有人与使用人不一致的,强制责任保险的保险公司是否仍然对第三人承担赔偿责任,《道路交通安全法》和《交强险条例》并未明确,但根据《侵权责任法》第 49 条之规定,因租赁、借用等情形机动车所有人与使用人不是同一人时,发生交通事故后属于该机动车一方责任的,由保险公司在机动车强制保险责任限额范围内予以赔偿。不足部分,由机动车使用人承担赔偿责任;机动车所有人对损害的发生有过错的,承担相应的赔偿责任。该条对上述问题给予了明确,即在发生交通事故后,属于该机动车一方责任的,保险公司仍然对第三人承担赔偿责任。由此可见,保险公司对于第三人的赔偿责任属于一种法定责任,它并不局限于具体的被保险人的行为,只要是由于该机动车的驾驶行为给第三人造成损害的,无论具体的驾驶人是谁,保险公司都应当先行赔偿。设立强制险的立法初衷在于以社会保障的方式分解个人风险,优先保护受害人的合法权益。我们在实践中往往遇到车辆所有人未依法履行投保交强险的法定义务或是不提供车辆投保交强险的情况,使得受害人的损失不能及时得到交强险赔偿的,机动车所有人应比照交强险的相关规定,在交强险限额内先行承担赔偿责任。

二、车辆使用人及所有人的责任承担

根据《侵权责任法》第 49 条之规定可知,车辆使用人为机动车借用情形下发生交通事故主要的责任主体,车辆所有人仅在对损害的发生有过错的情形下,承担相应的赔偿责任。之所以如此规定的理由在于:第一,从危险控制的角度来看,能够最有效地控制机动车所造成的危险的只能是机动车的使用人;第二,从运行控制和运行利益的角度看,在发生交通事故时,能够控制机动车运行的是机动车的使用人而非所有人,运行利益一般是指因运行本身所产生的利益,主要体现为机动车的运行所带来的便利甚至享受,因此,该利益亦由机动车的使用人获取。车辆所有人仅在对损害的发生有过错的情形下承担相应的赔偿责任。机动车所有人虽然不是机动车运行的实际控制人,但是其仍然具有一般的注意义务。在司法实践中如何确定车

辆所有人的过错，根据《道路交通事故司法解释》第1条之规定，机动车发生交通事故造成损害，机动车所有人或者管理人有下列情形之一，人民法院应当认定其对损害的发生有过错，并适用《侵权责任法》第49条的规定确定其相应的赔偿责任：(1)知道或者应当知道机动车存在缺陷，且该缺陷是交通事故发生原因之一的；(2)知道或者应当知道驾驶人无驾驶资格或者未取得相应驾驶资格的；(3)知道或者应当知道驾驶人因饮酒、服用国家管制的精神药品或者麻醉药品，或者患有妨碍安全驾驶机动车的疾病等依法不能驾驶机动车的；(4)其他应当认定机动车所有人或者管理人有过错的。具体到本案而言，经鉴定，涉案车辆存在缺陷，车辆所有人李某对机动车是否具备道路行驶的基本安全条件负有义务，其并未对车辆的安全问题系实际驾驶人所造成的进行举证证明，法院因此认定车辆所有人李某存有过错，承担10%的责任。因此，车辆所有人在机动车借用情形下发生交通事故承担的是过错责任，该责任是按份责任而非连带责任。

【裁判依据】

《侵权责任法》第49条

《道路交通事故司法解释》第1条

02

出租车辆发生交通事故的责任承担

——马某与乔某等机动车交通事故责任纠纷案

裁判规则

出租机动车发生交通事故造成损害的，若属于该机动车一方责任的，应先由保险公司在机动车强制保险责任限额范围内予以赔偿。不足部分，由机动车使用人承担赔偿责任。机动车的所有人只有在对损害的发生存在过错时，承担相应的赔偿责任，该责任是按份责任，并非连带责任。

案　情〔1〕

2017 年 12 月 21 日 17 时，在北京市顺义区顺密路北小营中学路口，乔某驾驶车牌号为京 P××小型轿车由南向西左转，适遇马某驾驶车牌号为京 Q××车辆由北向南行驶，乔某所驾车辆前部与马某所驾车辆左侧相撞，造成两车损坏。本次事故经北京市公安局顺义分局交通支队处理，作出《简易程序处理交通事故认定书》，认定乔某为全部责任，马某为无责。京 Q××车辆登记所有人为张某，张某与马某系夫妻关系。张某出具说明，同意由马某主张该车辆的相关损失。京 P××小型轿车登记所有人为王某，事故发生时，乔某承租该车使用。京 P××小型轿车在平安北京分公司投保交强险和商业三者险 50 万元，含不计免赔，事故发生在保险期间。庭审中，王某提交了乔某与义鹏宏宇（北京）汽车商务咨询有限公司（以下简称义鹏宏宇公司）签订的《北京市汽车租赁合同》。乔某称，认可与王某的租赁关系。王某称，其未与乔某及义鹏宏宇公司签订租赁合

〔1〕 北京市第三中级人民法院（2018）京 03 民终 8321 号。

同，因与乔某系朋友关系，便将车辆出租给乔某使用当私家车使用，并没有改变车辆的使用性质，不认可保险公司拒赔的意见。义鹏宏宇公司出具情况说明："车辆京P××不属于我公司车辆，属于车主王某本人所有，车主车辆闲置同意将该车由乔某使用，为了车辆安全及风险，承租人到我公司签订了一份租赁合同，合同约定了车辆的租金以及押金，约定租金交付我公司由我公司转交车主，我公司不收取任何费用，但是承租人乔某某未交付车辆押金及租金。"平安北京分公司称，京P××小型汽车是乔某自称从王某处租赁而来，因该车辆为非营运车辆，王某也按照非营运车辆交纳保险，其改变车辆使用性质用于租赁，未通知我公司，违反了保险合同条款，故我公司在商业三者险范围内拒绝赔偿。一审法院认定，交通管理部门对事故责任的认定适当，乔某负事故全部责任。乔某从王某处承租了京P××小型轿车用于使用，该肇事车辆事发时在平安北京分公司投保了交强险和商业三者险。根据保险赔偿原则，马某的损失应首先由平安北京分公司在交强险限额内先行赔偿，不足部分由平安北京分公司在商业三者险限额内根据保险合同予以赔偿，仍有不足部分，由乔某承担赔偿责任。王某对于交通事故的发生不存在过错，不承担赔偿责任。

一审判决作出后，平安北京分公司不服提出上诉。平安北京分公司认为，王某将家庭自用的车辆用于租赁赚取租金，改变了车辆使用性质，且未及时通知平安北京分公司。鉴于王某委托义鹏宏宇公司将被保险车辆出租，故被保险车辆的危险性应当与汽车租赁行业从事营业性质的租赁车辆等同，被保险车辆发生事故的危险性提高，符合保险条款规定的拒赔条件。因此，请求改判平安北京分公司不承担赔偿责任。

【裁判结论】

王某将其所有的京Q××小型轿车出租给乔某个人使用，租赁后并不存在货物运输或者旅客运输等营运事实，平安北京分公司主张王某将车辆用作营运，改变车辆使用性质导致被保险车辆危险程度显著增加，缺乏事实和法律依据。一审判决认定事实及适用法律正确，二审判决驳回上诉，维持原判。

【裁判观点】

一审法院经审理后认为，交通管理部门对事故责任的认定适当，法院依法确认。同时投保交强险和商业三者险的机动车发生交通事故造成损害，当事人同时起诉侵权人和保险公司的，应当先由承保交强险的保险公司在责任限额范围内予以赔偿；不足部分，由承保商业三者险的保险公司根据保险合同予以赔偿；仍有不足的，依照《道路交通安全法》和《侵权责任法》的相关规定予以赔偿。本案中，乔某负事故全部责任，其所驾车辆事发时在平安北京分公司投保了交强险和商业三者险。根据上述赔偿原则，马某的损失应首先由平安北京分公司在交强险限额内先行赔偿，不足部分由平安北京分公司在商业三者险限额内根据保险合同予以赔偿，仍有不足部分，由乔某承担赔偿责任。乔某某承租京P××小型轿车用于使用，该车辆租赁后没有发生货物运输或者旅客运输等运营事实，平安北京分公司亦未提交证据证明该车辆改变使用性质或发生因改变车辆使用性质导致被保险车辆危险程度显著增加的情形，因而法院对于平安北京分公司主张"因改变车辆使用性质而商业三者险免赔"的答辩意见不予认可。王某对于交通事故的发生不存在过错，故马某要求王某承担赔偿责任的依据不足，法院不予支持。

二审法院经审理后认为，根据双方当事人的诉辩意见和审理查明的事实，本案二审的争议焦点是涉案车辆是否存在改变使用性质且危险程度显著增加的情形。本案中，王某名下的京P××小型轿车使用性质为非营运车辆，王某将车辆承租给乔某个人使用，租赁后并不存在货物运输或者旅客运输等营运事实，平安北京分公司上诉主张王某将车辆用作营运，改变车辆使用性质导致被保险车辆危险程度显著增加，缺乏事实和法律依据，法院不予支持。一审法院根据事故责任认定、车辆修理费用金额以及交强险和商业三者险投保情况确定的赔偿责任，并无不当，法院予以确认。一审判决认定事实清楚，适用法律正确，法院应予维持。

法官评析

本案涉及的核心问题有两点：第一，机动车在出租情形下发生交通事故致他人损害时，赔偿责任主体如何认定的问题。第二，出租机动车能否成为保险公司在商业三者险项下拒绝赔付的免责事由。因在租赁情形下，机动车的使用人和所有人不一致，发生交通事故致人损害时，赔偿责任主体涉及实际使用人（承租人），肇事车辆所有人（出租人）以及保险公司，在司法实践中,各方的责任承担形式及归责原则为该类案件的审理难点。下面我们从本案涉及的两个核心问题分别予以评析。

一、在租赁情形下,机动车实际使用人、机动车所有人以及保险公司之间的责任如何承担

现行法律中,《侵权责任法》第49条对租赁情形下发生机动车交通事故各方责任如何承担进行了明确规定,即因租赁、借用等情形机动车所有人与使用人不是同一人时,发生交通事故后属于该机动车一方责任的,由保险公司在机动车强制保险责任限额范围内予以赔偿。不足部分,由机动车使用人承担赔偿责任;机动车所有人对损害的发生有过错的,承担相应的赔偿责任。从该条规定可以看出,在租赁情形下发生交通事故致人损害与借用情形一致,即属于该机动车一方责任的,应先由保险公司在机动车强制保险责任限额范围内予以赔偿。《道路交通安全法》及《交强险条例》的立法目的是保障机动车道路交通事故受害人依法得到赔偿,促进道路交通安全,在此意义上亦可以得出为什么需要由保险公司在机动车强制保险责任限额范围内先予赔偿。机动车强制保险首要的立法目的在于对第三人的损害进行赔偿,即保险公司对于第三人的赔偿责任属于一种法定责任,它并不局限于具体的被保险人的行为或者说该事故是否系被保险人造成,只要是由于该机动车的驾驶行为给第三人造成损害的,无论具体的驾驶人是谁,保险公司都应当在机动车强制保险责任限额范围内先行赔偿。

保险公司在机动车强制保险责任限额范围内先予以赔偿后,不足部分,机动车实际使用人与所有人的责任承担,《侵权责任法》第49条亦明确进行了规定。可以看出,即使在租赁的情形下,机动车所有人亦仅在对损害后果有过错时,才承担相应的赔偿责任。即机动车所有人承担的是过错责任,且该种责任属于按份责任,并非连带责任。之所以规定保险赔偿后不足部分由机动车实际使用人承担赔偿责任,所有人仅在有过错时承担相应责任,理由在于:第一,从危险控制的角度来看,能够最有效地控制机动车所造成的危险的只能是机动车的使用人;第二,从运行控制和运行利益的角度看,在发生交通事故时,能够控制机动车运行的是机动车的使用人而非所有人,运行利益一般是指因运行本身所产生的利益,主要体现为机动车的运行所带来的便利甚至享受,因此,该利益亦由机动车的使用人获取。机动车的所

有人收取的租金是所有人所有权权益的体现，并非对于机动车的运行享有的利益。在租赁情形下，机动车所有人虽然不是机动车运行的实际控制人，但是其仍然具有一般的注意义务，在有证据证明机动车所有人对损害后果有过错时，所有人仍应承担相应的赔偿责任。在司法实践中如何确定车辆所有人的过错，根据，《道路交通事故司法解释》第 1 条之规定，机动车发生交通事故造成损害，机动车所有人或者管理人有下列情形之一，人民法院应当认定其对损害的发生有过错，并适用《侵权责任法》第 49 条的规定确定其相应的赔偿责任：(1) 知道或者应当知道机动车存在缺陷，且该缺陷是交通事故发生原因之一的；(2) 知道或者应当知道驾驶人无驾驶资格或者未取得相应驾驶资格的；(3) 知道或者应当知道驾驶人因饮酒、服用国家管制的精神药品或者麻醉药品，或者患有妨碍安全驾驶机动车的疾病等依法不能驾驶机动车的；(4) 其他应当认定机动车所有人或者管理人有过错的。

二、出租机动车能否成为保险公司在商业三者险项下拒绝赔付的免责事由

司法实践中，投保人在保险公司投保的商业第三者责任保险，合同中的免责事由往往会有如下条款："被保险机动车被转让、改装、加装或改变使用性质等，被保险人、受让人未及时通知保险人，且因转让、改装、假装或改变使用性质等导致被保险机动车危险程度增加导致的人身伤亡、财产损失和费用，保险人不负赔偿责任。"根据《保险法》第 17 条第 2 款的规定，"对保险合同中免除保险人责任的条款，保险人在订立合同时应当在投保单、保险单或者其他保险凭证上作出足以引起投保人注意的提示，并对该条款的内容以书面或者口头形式向投保人作出明确说明；未作提示或者明确说明的，该条款不产生效力"。根据上述法律规定及约定，上述免责条款是否产生法律效力，应满足以下实体和形式两方面的条件：在实体要件上，涉案车辆须满足三个要素即实际发生了使用性质的改变、未及时通知保险人、因改变使用性质导致危险程度显著增加；在形式要件上，保险公司须对该免责条款尽到了提示说明义务。具体到本案，涉案车辆使用性质虽为非营运车辆，王某将车辆出租给乔某个人使用，出租后该车辆并不存在货物运输或者旅客运输等营运事实，并非实际改变了车辆的使用性质，王某收取的租赁费，仅是所有人所有权权益的体现，实体上并不符合条款的要求。因此，笔者认为，

第三者责任险保险对象系车辆,保险标的实际系不特定第三者损失,只要保险合同约定的免责保险人责任情形之外,保险人对该车辆发生保险事故所致第三者损失均应承担赔偿责任。被保险人将车辆租给有合格驾驶资格的第三人使用,如不能证明被保险车辆的使用性质发生了改变,且因此增加了保险标的的危险程度,第三人在使用车辆过程中发生交通事故的,保险公司应予赔偿。

【裁判依据】

《侵权责任法》第 49 条

《保险法》第 17 条第 2 款

《道路交通事故司法解释》第 1 条

03

好意同乘发生交通事故致乘客受损应由驾驶人承担过错赔偿责任

——王某等与彭某等机动车交通事故责任纠纷案

裁判规则

好意同乘系基于友情或好意一方让另一方无偿搭乘机动车的情形，其本身是一种情谊行为。好意同乘发生交通事故致乘客受损的，被搭乘者（驾驶人）应该为其过错承担赔偿责任。被搭乘者可以因“好意”而减轻一定赔偿责任，如果搭乘者对损害的发生也有过错的，被搭乘者的赔偿责任也可以得以减轻。

案　情[1]

2018 年 8 月 15 日 11 时，在北京市怀柔区京加路青龙峡路口，李某驾驶车牌号为京 A1 车辆由北向东行驶时，与彭某驾驶的由南向北行驶的京 B1 车辆发生交通事故，造成李某及乘车人郝某、宋某，彭某受伤，彭某车内乘车人王某死亡，两车损坏。北京市公安局怀柔分局交通支队作出道路交通事故认定书，认为李某存在驾驶机动车未按规定让行的违法行为，该行为与本起交通事故发生有因果关系，彭某存在驾驶机动车超速行驶的违法行为，该行为与本次交通事故发生有因果关系；确定李某及彭某承担同等责任，乘车人郝某、宋某、王某无责任。庭审中，双方均认可事故责任认定。彭某车内乘车人王某的继承人以责任认定书为依据，起诉要求李某、彭某及保险公司承担赔偿责任。彭某表示事发时系无偿

[1] 北京市第二中级人民法院(2019)京 02 民终 4087 号。

搭乘王某由县城返家，并未从中获取利益，王某作为完全民事行为能力人，对于搭车风险应具有一定的预见性，自身应承担一定责任，请求按照一定比例适当减免赔偿金额。一审法院认定，李某与彭某在驾车过程中发生交通事故导致彭某车内乘客王某死亡，李某及彭某对本次交通事故均承担同等责任。现双方对于交通事故责任认定均无异议，法院认定保险公司作为李某车辆保险公司，应首先在交强险限额内赔偿王某各项合理损失；超出交强险限额部分，由李某及彭某按照50%的责任比例分担。

一审判决作出后，彭某不服提出上诉。彭某认为，交通事故发生之时彭某系无偿搭载王某从城区驾车回乡途中，以前两家关系较好，彭某系好意同乘，故应减免其赔偿责任。王某在事发时乘车未系扣安全带，自身存在过错，亦应因此减轻彭某的赔偿责任。请求法院依法改判减免彭某的赔偿责任。

【裁判结论】

彭某作为驾驶者亦应负有安全注意和谨慎驾驶并将搭乘人运送至目的地的义务。而彭某在驾驶中违反交通法规超速行驶，与未让行的来车相撞而导致王某死亡，其违法行为存在明显的过错。而该过错与王某死亡之间亦存在一定的因果关系，故彭某之行为构成侵权。根据已经认定的事实，彭某在事发时系无偿搭载王某，而彭某驾驶车辆又系自用而非商业运营，其搭载王某系以助人为初衷而并非以谋利为目的，符合好意同乘之情形。即使在无偿搭载的行程中，亦不能减轻驾驶者对他人生命安全的注意义务，故彭某不应因具有好意同乘之行为而免除赔偿责任。但彭某驾驶非营运机动车发生交通事故造成无偿搭乘人死亡，鉴于彭某无故意之主观过错，交通事故中亦不存在其单方的重大过失，故应当减轻彭某的赔偿责任。彭某的上诉请求，具有一定的事实和法律依据，对合理部分，二审法院予以支持。

【裁判观点】

一审法院经审理后认为，当事人对自己提出的主张，有责任提供证据，否则将承担举证不能的不利后果。机动车发生交通事故造成人身伤亡、财产损失的，由保险公司在机动车第三者责任保险限额内予以赔偿；不足的部分，由当事人依法赔偿。本案中，李某与彭某在驾车过程中发生交通事故导致彭某车内乘客王某死亡，李某及彭某对本次交通事故均承担同等责任。现双方对于交通事故责任认定均无异议，故法院认定太平洋财险北京分公司作为李某车辆保险公司，在交强险限额内赔偿王某各项合理损失；超出交强险限额部分，由李某及彭某按照50%的责任比例分担。

二审法院经审理后认为，根据《侵权责任法》第6条第1款之规定，行为人因过错侵害他人民事权益，应当承担侵权责任。在彭某搭载王某过程中，其作为驾驶者亦应负有安全注意和谨慎驾驶并将搭乘人运送至目的地的义务。而彭某在驾驶中违反交通法规超速行驶，与未让行的来车相撞而导致王某死亡，其违法行为存在明显的过错。而该过错与王某死亡之间亦存在一定的因果关系。彭某之行为构成侵权。根据《道路交通安全法》第76条之规定，其应就侵权行为依法承担本案中保险公司责任限额之外未弥补损失的相应赔偿责任。通说认为，好意同乘系指日常生活中基于友情或好意一方让另一方无偿搭乘机动车的情形，其本身是一种情谊行为。而情谊行为不以产生受法律拘束的意思表示为目的，故其通常可以排除给付义务以及违约责任。法院认为，对"好意同乘"之认定一般须满足系非营运车辆、无偿搭乘两个要件。本案中，根据已经认定的事实，彭某在事发时系无偿搭乘王某，而彭某驾驶车辆又系自用而非商业运营，其搭载王某系以助人为初衷而并非以谋利为目的，符合好意同乘之情形。彭某上诉提出王某在乘坐彭某驾驶的车辆时未系扣安全带，主张因此过错而亦应减轻彭某之赔偿责任，但在一审、二审中均未能举证证明其所称情节，故法院对其此项陈述不予采信。关于是否减轻责任一节，法院认为在本案中双方观点的重要分歧在于针对免费搭乘机动车发生交通事故造成搭乘人损害的，被搭乘人即驾驶者是否需要承担侵权责任的问题。本案情形与一般的机动车交通事故责任存在显著的不同。首先，好意同乘特指免费搭乘的情形，在该状态下被搭乘人仅负担义务而不享有权利。故好意同乘中被搭乘人即驾驶者不应承担无过错责任。其次，驾驶者应在其存在故意或重大过失的情况下承担相应赔偿责任，如系一般过错，应当减轻赔偿责任。彭某驾驶非营运机动车发生交通事故造成无偿搭乘人死亡，鉴于彭某无故意之主观过错，交通事故中亦不存在其单方的重大过失，故应当减轻彭某的赔偿责任。彭某的上诉请求，具有一定的事实和法律依据，对合理部分，二审法院予以支持。

法官评析

好意同乘系基于友情或好意,驾驶人让搭乘人无偿搭乘机动车的情形,是建立在双方情谊之上,共享资源的行为,其本身是一种情谊行为。在好意同乘情形下发生交通事故致乘车人损害时,责任如何认定是司法实践中常见的问题。目前,我国尚未对"好意同乘"具有明确的法律规定,形成相关案件统一的处理标准。鉴于此,我们结合本案例,对好意同乘的概念、构成要件、法律适用及责任认定进行简要分析。

一、好意同乘的概念、特征及构成要件

本案中对好意同乘的概念表述为,好意同乘系指日常生活中基于友情或好意,一方让另一方无偿搭乘机动车的情形,其本身是一种情谊行为。好意同乘的概念,在国内有多种不同的观点。如杨立新教授认为"好意同乘指乘车人搭乘他人车辆"。〔1〕 王泽鉴教授认为"好意同乘是无偿搭乘的行为,是好意施惠行为的一种"。〔2〕 虽然各方对好意同乘的概念不尽相同,但对好意同乘的主要特征是没有异议的,即好意同乘的无偿性。这是好意同乘最显著的特征,即供乘者邀请或允许搭乘者乘坐自己的机动车而不要求获得对价。但好意同乘情形下的无偿,并非指搭乘者一点好处都不支付,若搭乘者出于礼尚往来缘故象征性支付一点油费或反馈点小礼物的,仍然应该看作好意同乘。结合好意同乘概念、特征及本案的具体情况,我们将好意同乘的构成要件总结为两点:一是无偿搭乘;二是非营运车辆。只有满足上述两个构成要件,才可以认定搭载行为系以助人为初衷而并非以谋利为目的的行为,方能符合好意同乘之情形。

二、好意同乘的法律适用及归责原则

因我国尚未对"好意同乘"具有明确的法律规定,而好意同乘发生交通事故致人损害系对人身权的侵害,应属于侵权法调整的范畴,故好意同乘应适用《侵权责任法》第6条第1款之规定,行为人因过错侵害他人民事权益,应当承担侵权责任。认定是否构成侵权并进而判断侵权责任的条件之通说如下,即以是否满足过错、违法行为、损害事实、因果关系等法定要件为限予

〔1〕 杨立新:《好意同乘的侵权行为》,载《侵权法司法对策》,人民法院出版社2005年版,第322页。
〔2〕 王泽鉴:《侵权行为法》,中国政法大学出版社1999年版,第273页。

以审查。结合本案的情形，对彭某赔偿责任的认定亦应以此为基础。在彭某搭载王某过程中，其作为驾驶者亦应负有安全注意和谨慎驾驶并将搭乘人运送至目的地的义务。而彭某在驾驶中违反交通法规超速行驶，与未让行的来车相撞而导致王某死亡，其违法行为存在明显的过错，而该过错与王某死亡之间亦存在一定的因果关系，以上均符合民事法律中的侵权构成要件，故彭某的行为构成侵权。

关于好意同乘归责原则的适用问题，笔者认为，无过错责任原则不能随意适用，只有在一些法律特别规定的情形下才能适用这一原则。关于好意同乘的情形，《民法通则》《侵权责任法》等法律皆未作规定，因而当然不适用无过错责任原则。因好意同乘系被搭乘人在提供搭乘时出于情谊缘故而作出的无偿利他行为，要求其承担无过错责任，也有违公平原则。因此，好意同乘应适用过错责任原则。

三、好意同乘能否减轻侵权人的责任

我们要明确一点，好意同乘情形下，若驾驶人存在过错，侵权行为是成立的，作为驾驶者应负有安全注意和谨慎驾驶并将搭乘人运送至目的地的义务，好意同乘不能作为免责的理由。但好意同乘发生交通事故致乘客损害的情形与一般的机动车交通事故责任存在显著的不同，被搭乘人若系一般过错，可以减轻其责任。首先，好意同乘特指免费搭乘的情形，在该状态下被搭乘人仅负担义务而不享有权利。其次，好意同乘属于情谊行为的一种，如果将该种行为与一般的机动车交通事故责任同等苛责，会抑制救危济困、助人为乐的社会效果，不利于增进社会和谐人际关系的建立。因此有必要在考量责任承担之时对法益予以再平衡。最后，法律的价值判断的意义并不在于简单形成对行为人或被侵权人的过错的司法判断，亦在于就其行为所指向的民事责任予以提示和教育。诚如本案中的观点，情谊行为对于帮助人们解决困难、减轻痛苦、获得便利甚至促进人际间的和谐、增益社会良善风气能起到重要作用，对好意同乘在民事法律上的调整规范亦系对这一社会生活层面的关系和行为的介入，法院认为该规制亦应体现民法的谦抑与平衡，以更好地维系社会生活普遍适用的一般规则。因此，在驾驶者一方无故意或重大过失时，在好意同乘前提下应适当减轻驾驶者一方的责任。另外，根据《侵权责任法》第 26 条的规定，“被侵权人对损害的发生也有过错的，可以减轻侵权人的责任”。具体而言，如果同乘人对于损害的发生有过失的，法院应当依据一定的标准适用过失相抵原则，在双方当事人间分配损害。

【裁判依据】

《侵权责任法》第6条、第26条

04

无偿代驾发生交通事故应由车主承担赔偿责任

——汪某与贺某等机动车交通事故责任纠纷案

裁判规则

无偿代驾情形下，驾驶人与车辆所有人之间的关系应被认定为无偿帮工的法律关系，车辆所有人对肇事车辆享有运行支配权及运行利益，因此，无偿代驾发生交通事故应由车辆所有人承担赔偿责任，驾驶人存在故意或者重大过失时，应与车辆所有人承担连带责任。

案　情[1]

汪某系辽 M1 号轿车车主，2017 年 2 月与王某签订租车协议，约定将辽 M1 号轿车租给王某使用。唐某系辽 M2 号轿车车主。2017 年 6 月 30 日，贺某酒后在唐某授意下驾驶辽 M2 号轿车，在三区二道口向南左转时与王某驾驶的辽 M1 号轿车相撞，造成王某驾驶的辽 M1 号轿车损坏的后果。此事故经调兵山市交警部门认定，贺某承担此事故的全部责任。本案系法院对各方责任认定生效判决后，汪某再次主张停运损失费。经查，法院生效判决(2017)辽 1281 民初 1825 号确认贺某、唐某对事故负连带责任。(2017)辽 1281 民初 1825 号生效判决及本案一审法院认定，贺某驾驶辽 M2 号轿车将汪某所有的辽 M1 号轿车撞损，经公安机关责任认定，贺某承担此事故的全部责任。唐某为车辆所有人，因喝酒未

〔1〕 辽宁省铁岭市中级人民法院(2018)辽 12 民终 1193 号。

驾驶车辆,贺某在其授意下进行代驾,从运营利益角度,唐某享有贺某进行代驾的利益。贺某不计报酬的代驾行为符合《人身损害赔偿解释》第13条规定的义务帮工性质,因此在从事帮工活动中贺某致人损害,被帮工人唐某应承担赔偿责任,由于帮工人贺某酒后驾驶且负事故全部责任存在重大过失,因此贺某承担连带责任。从事经营性活动的车辆,因无法从事相应的经营活动所产生的合理停运损失,属于机动车发生交通事故造成的直接财产损失。本案中,汪某车辆系从事经营性活动的车辆,因本案交通事故无法从事相应的经营活动所产生的合理停运损失,属于机动车发生交通事故造成的直接财产损失。贺某、唐某应连带赔偿汪某因事故所致的停运损失。

一审判决作出后,唐某不服提出上诉。唐某对责任承担未提出异议,仅认为一审认定的停运时间过长,请求法院依法改判。

【裁判结论】

贺某驾驶辽M2号轿车将汪某所有的辽M1号轿车撞损,经公安机关责任认定,贺某承担此事故的全部责任。唐某为车辆所有人,因喝酒未驾驶车辆,贺某在其授意下进行代驾,从运营利益角度,唐某享有贺某进行代驾的利益。贺某不计报酬的代驾行为符合《人身损害赔偿解释》第13条规定的义务帮工性质,因此在从事帮工活动中贺某致人损害,被帮工人唐某应承担赔偿责任,由于帮工人贺某酒后驾驶且负事故全部责任存在重大过失,因此贺某承担连带责任。一审判决认定事实及适用法律正确,二审判决驳回上诉,维持原判。

【裁判观点】

一审法院经审理后认为,公民、法人由于过错侵害国家、集体财产,侵害他人财产、人身的,应当承担民事责任。机动车发生交通事故造成人身伤亡、财产损失的,由保险公司在机动车第三者责任强制保险责任限额范围内予以赔偿;不足的部分,机动车之间发生交通事故的,由有过错的一方承担赔偿责任;双方都有过错的,按照各自过错的比例分担责任。从事经营性活动的车辆,因无法从事相应的经营活动所产生的合理停运损失,属于机动车发生交通事故造成的直接财产损失。本案中贺某驾驶辽M2号轿车与汪某所有的辽M1号轿车相撞,造成辽M1号轿车损坏停运。汪某车辆系从事经营性活动的车辆,因本案交通事故无法从事相应的经营活动所产生的合理停运损失，属于机动车发生交通事故造成的直接财产损失，而贺某在事故中被交警部门认定为全责，法院生效判决(2017)辽1281民初1825号确认唐某、贺某为朋友关系，贺某不计报酬代驾行为符合《人身损害赔偿解释》第13条规定的义务帮工性质，因此在从事帮工活动中贺某致人损害的，被帮工人唐某应承担赔偿责任，由于帮工人贺某酒后驾驶且负事故全部责任存在重大过失，因此贺某承担连带责任。因此汪某主张的贺某、唐某赔偿因事故所致的停运损失应当予以支持。

二审法院经审理后认为，对(2017)辽1281民初1825号生效判决及一审法院认定的贺某无偿为唐某代驾，属于义务帮工性质的法律关系予以肯定。对于本案主张的停运损失，二审法院认为在本案交通事故发生后，汪某为了确定出租车的维修费用，向人民法院申请进行鉴定。鉴定机构接受委托后，以2017年8月31日作为评估基准日，出具鉴定结论，确定了维修费用。在此之前，事故出租车应当是处于待修停运状态、否则无法认定损失情况及维修费用。同时，结合调兵山市瑞隆车辆综合服务处出具的证明等相关证据，可以表明本案事故出租车在2017年9月3日入厂维修，同年10月14日修好后出厂。从上述情况可以看出，一审判决对本案停运时间的认定合理有据，唐某的上诉请求不应予以支持。一审判决认定事实清楚，适用法律正确，法院应予维持。

法官评析

本案涉及无偿代驾的性质认定问题。在审判实践中对于无偿代驾的性质认定主要有两种意见。第一种意见认为，车辆所有人对车辆享有运行支配力及运行利益，符合《人身损害赔偿解释》第13条规定的义务帮工的性质；第二种意见认为，车辆所有人将其处于适驾状态的车辆交给具有驾驶资格的驾驶人，车辆的管理、控制和使用事实上都由驾驶人自行掌控，符合《侵权责任法》第49条因租赁、借用等情形下发生交通事故的情形，车辆所有人对损害后果的发生无过错时，无须承担责任。本案的观点属于第一种，即认为无偿驾驶人和车辆所有人之间构成义务帮工的法律关系，车辆所有人对车辆既具有运行支配权，也享有运行利益，应承担赔偿责任。我们亦认同本案的观点，从以下几个方面来评析。

一、无偿代驾的性质认定

无偿代驾情形下发生交通事故致人损害，责任如何承担，首先要解决的是无偿代驾的性质，即代驾人和车辆所有人（使用人）之间的关系到底如何定性。《人身损害赔偿解释》第13条规定，为他人无偿提供劳务的帮工人，在从事帮工活动中致人损害的，被帮工人应当承担赔偿责任。被帮工人明确拒绝帮工的，不承担赔偿责任。帮工人存在故意或者重大过失，赔偿权利人请求帮工人和被帮工人承担连带责任的，人民法院应予支持。帮工是指为了满足被帮工人生产或生活等方面的需要，没有义务的帮工人不以追求报酬为目的，为被帮工人无偿提供劳务进行帮工。由此可见，帮工人出于亲朋好友的情分提供帮助，帮工活动的结果是被帮工人获得利益。相较无偿代驾的行为，驾驶人代为驾驶车辆的行为亦非为其个人利益考量，而是受车辆所有人的指示，将车辆运行至目的地，车辆的运行利益亦归车辆所有人享有。因此，无偿代驾的行为符合义务帮工的性质，无偿驾驶人和车辆所有人之间构成义务帮工的法律关系。

二、车辆所有人、驾驶人及保险公司的责任承担

根据《道路交通事故司法解释》第16条第1款的规定，同时投保机动车第三者责任强制保险和第三者责任商业保险的机动车发生交通事故造成损害，当事人同时起诉侵权人和保险公司的，人民法院应当按照下列规则确定赔偿责任：(1)先由承保交强险的保险公司在责任限额范围内予以赔偿；(2)不足部分，由承保商业三者险的保险公司根据保险合同予以赔偿；(3)仍有不足的，依照道路交通安全法的相关规定由侵权人予以赔偿。因此，即便是无偿代驾情形下发生交通事故致人损害的案件，亦应先由保险公司予以赔偿。具体到本案，本案对各方责任认定的生效判决（2017）辽1281民初1825号生效判决，仅判决保险公司在交强险限额内予以赔付，原因是驾驶人贺某存在酒后驾驶并逃逸的行为，符合商业三者险的免责事由，保险公司可以免予在商业三者险项下赔付。保险公司赔付后，仍有不足的，应该有实际侵权人予以赔偿。无偿代驾的性质为义务帮工，驾驶人与车辆所有人之间的赔偿责任如何认定，应适用《人身损害赔偿解释》第13条规定，即在无偿代驾的情形下，应由被帮工人（车辆所有人）承担赔偿责任。被帮工人（车辆所有人）明确拒绝帮工的，不承担赔偿责任。帮工人（驾驶人）存在

故意或者重大过失，赔偿权利人请求帮工人（驾驶人）和被帮工人（车辆所有人）承担连带责任的，人民法院应予支持。如此规定的原因是，帮工人是为被帮工人无偿提供劳务的人，帮工人不收取报酬，而被帮工人享有帮工活动所产生的利益，帮工活动的结果是被帮工人获得利益。根据利益与风险相一致的原则，帮工人在帮工活动中致人损害的，应当由被帮工人承担赔偿责任。无偿代驾的利益与风险与无偿帮工是一致的，无偿代驾从车辆运行支配上看，驾驶人是应车辆所有人要求代驾的，目的地也是车辆所有人指定的。从运行利益看，驾驶人未收取任何报酬，车辆是为了送车辆所有人去往指定地点，所有人享有运行利益。因此车辆所有人并非单纯的所有人，也是使用人，即所有人和使用人并非分离，理应作为责任主体。此时车辆所有人承担的是一种无过错责任，且是不可追偿的。若车辆所有人明确拒绝了驾驶人无偿代驾，驾驶人仍坚持代为驾驶，那么车辆所有人可以免除赔偿责任。驾驶人仅在存在故意或者重大过失的情形下，权利人才可以请求驾驶人和车辆所有人承担连带责任。具体到本案，车辆所有人唐某与驾驶人贺某对权利人承担连带赔偿责任，原因系贺某存在酒后驾车逃逸，且被交通管理部门认定为全部责任的情形，故法院认定驾驶人贺某存在重大过失。驾驶人如果存在故意或重大过失，表明其主观过错十分严重，让其承担连带责任与其过错程度是相适应的，且可以使受害人处于较为优越的地位，保障其赔偿权利的实现。

三、无偿代驾的情形并不适用《侵权责任法》第 49 条对于租赁、借用等情形的规定

《侵权责任法》第 49 条规定的是在机动车租赁或借用等情形下发生交通事故，所有人、使用人之间的责任如何承担，该情形下所有人与使用人是分离的。机动车所有人与使用人分离的情况下，从车辆的运行支配来看，所有人对机动车的运行不再具有直接的、绝对的支配力；从车辆运行利益来看，虽然所有人可能会从使用人处收取租金等费用，但这是所有人所有权权益的体现，并非对于机动车的运行享有的利益。租赁或借用情形下，从机动车运行中获取的利益主体是使用人。在无偿代驾中，典型的情况是车辆所有人本身就是使用人，不存在所有人和使用人分离的情形。结合本案，无偿代驾从车辆运行支配上看，驾驶人贺某是应车辆所有人唐某要求代驾的，目

的地也是唐某指定的。从运行利益看,驾驶人未收取任何报酬,车辆是为了送车辆所有人去往指定地点,所有人享有运行利益。因此,无偿代驾的情形并不适用《侵权责任法》第49条对于租赁、借用等情形的规定。

【裁判依据】

《人身损害赔偿解释》第13条

《侵权责任法》第49条

《道路交通事故司法解释》第16条

05

快递员派送过程中发生交通事故应由成立雇佣关系的快递公司承担赔偿责任

——陈某与贾某等机动车交通事故责任纠纷案

裁判规则

快递员在派送快件途中发生交通事故致他人损害时，应适用雇主责任原则，由雇佣快递员的快递公司承担赔偿责任，快递员仅在有故意或重大过失致人损害时，方与雇主承担连带赔偿责任。在司法实践中，如何厘清各方之间的雇佣关系、承包关系，从而明确赔偿责任主体是该类案件的难点。

案　情[1]

2017 年 6 月 1 日 12 时 20 分许，在北京市通州区北苑路口，贾某驾驶电动三轮车由东向西逆行，适有陈某由南向北步行，事故车辆左侧与陈某剐撞，致陈某倒地受伤。事故发生后，潞河大队认定贾某有“当事人驾驶车辆在人行道或行人通行范围内刮撞行人的”过错行为，陈某无与事故相关的过错行为，故贾某负此次事故的全部责任。经查，贾某系天顺韵达公司所雇用的快递员，事发当时，贾某正驾驶快递车辆运送快递。2015 年 7 月 31 日，金韵达公司作为甲方与汇丰韵达公司作为乙方签订《北京市金韵达速递区域经营合作协议书》，约定由汇丰韵达公司作为金韵达公司在北京市局部区域的经营合作伙伴，金韵达公司有偿提供网络帮助汇丰韵达公司操作，运转汇丰韵达公司的所有快件。2016 年 12 月 8

[1] 北京市第三中级人民法院(2018)京 03 民终 12781 号。

日，汇丰韵达公司作为甲方与天顺韵达公司作为乙方签订《北京市通州区杨庄公司区域经营合作协议书》，约定天顺韵达公司自愿为汇丰韵达公司在北京市局部区域的经营合作伙伴，汇丰韵达公司有偿提供网络帮助天顺韵达公司操作，运转天顺韵达公司的所有快件，天顺韵达公司应每年向汇丰韵达公司交纳管理费3000元。法院另查明，金韵达公司、汇丰韵达公司均取得了快递业务经营许可证，但天顺韵达公司未取得快递业务经营许可证。陈某以贾某为天顺韵达公司的员工，汇丰韵达公司、金韵达公司与天顺韵达公司有利害关系为由，要求四被告共同承担赔偿责任。贾某认为涉案交通事故发生时其受雇于天顺韵达公司，且是在送快递的过程中发生的，应由天顺韵达公司承担责任。金韵达公司称该公司不是涉案交通事故的直接侵权方，贾某亦不是该公司雇佣人员。金韵达公司与汇丰韵达公司签订了加盟协议，双方是独立法人，应该自主经营，各自独立承担责任；汇丰韵达公司称，天顺韵达公司与金韵达公司之间签订了加盟协议，天顺韵达公司是独立的法人，因此涉案交通事故与汇丰韵达公司无关。天顺韵达公司承认贾某是其公司员工，但主张涉案交通事故是由于贾某的重大过失造成的，应由贾某承担责任。天顺韵达公司与汇丰韵达公司签订了加盟协议，受汇丰韵达公司管理，每月需向汇丰韵达公司交纳管理费3000元，如果法院判定其对陈某承担赔偿责任，汇丰韵达公司应承担连带责任。一审法院认定，贾某在履行职务过程中与陈某发生交通事故致陈某受伤，天顺韵达公司作为贾某的雇主应当承担赔偿责任；贾某有"驾驶车辆在人行道或行人通行范围内刮撞行人的"重大过失，应与雇主承担连带赔偿责任。金韵达公司无责任。汇丰韵达公司将部分快递业务发包给未取得快递业务经营许可证的天顺韵达公司经营，违反了我国关于快递业务经营许可的相关规定，汇丰韵达公司应与天顺韵达公司共同承担赔偿责任。

一审判决作出后，汇丰韵达公司不服，提出上诉。汇丰韵达公司认为，本案事故发生时，汇丰韵达公司与天顺韵达公司已不存在管理关系。天顺韵达公司是独立法人，不应由汇丰韵达公司为其承担责任，且汇丰韵达公司与天顺韵达公司签订的合作协议约定一旦发生相应事故应由天顺韵达公司承担责任，汇丰韵达公司不承担责任，请求改判汇丰韵达公司不承担赔偿责任。

【裁判结论】

贾某在履行职务过程中与陈某发生交通事故致陈某受伤，对本次事故存在重大过失，天顺韵达公司作为贾某的雇主应当承担赔偿责任，贾某承担连带责任。汇丰韵达公司将部分快递业务发包给未取得快递业务经营许可证的天顺韵达公司经营，违反了我国关于快递业务经营许可的相关规定，汇丰韵达公司应与天顺韵达公司共同承担赔偿责任。一审判决认定事实及适用法律正确，二审判决驳回上诉，维持原判。

【裁判观点】

一审法院经审理后认为，雇员在从事雇佣活动中致人损害的，雇主应当承担赔偿责任；雇员因故意或者重大过失致人损害的，应当与雇主承担连带赔偿责任。贾某在履行职务过程中与陈某发生交通事故，致陈某受伤，故天顺韵达公司作为贾某的雇主应当承担赔偿责任；经事故认定，贾某有"驾驶车辆在人行道或行人通行范围内刮撞行人的"重大过失，故应与雇主承担连带赔偿责任。金韵达公司将涉案区域的快递业务发包给汇丰韵达公司负责，汇丰韵达公司具备快递业务经营许可证，故金韵达公司的选任并无过错，其无须就从事快递业务过程中对第三人造成的损害承担赔偿责任。但汇丰韵达公司又将部分快递业务发包给未取得快递业务经营许可证的天顺韵达公司经营，违反了我国关于快递业务经营许可的相关规定，故汇丰韵达公司应与天顺韵达公司共同承担赔偿责任，故法院判定天顺韵达公司、汇丰韵达公司及贾某对陈某的损失承担连带赔偿责任。

二审法院经审理后认为，贾某在履行职务的过程中与陈某发生交通事故致使陈某受伤，且经交警部门认定贾某负此次事故的全部责任，故天顺韵达公司作为贾某的雇主应当就陈某因此次事故产生的损失承担赔偿责任，贾某应当就陈某因此次事故产生的损失承担连带赔偿责任。金韵达公司将涉案区域的快递业务发包给汇丰韵达公司负责，汇丰韵达公司又将部分快递业务发包给未取得快递业务经营许可证的天顺韵达公司经营，该行为违反了国家关于快递行业经营许可的相关规定，汇丰韵达公司在天顺韵达公司并未取得快递业务经营许可的情况下允许天顺韵达公司以韵达快递的名义对外实际经营快递业务，该行为虽为名义上的加盟，但实质意义上为挂靠，系违反国家行政许可、规避国家快递行业准入制度的行为，且汇丰韵达公司对天顺韵达公司的经营活动进行管理、支配,并获取利益,故汇丰韵达公司亦应对此行为承担风险,故在此情形下,一审法院判决汇丰韵达公司与天顺韵达公司共同承担赔偿责任并无不妥。汇丰韵达公司主张其于本案事故发生前即与天顺韵达公司结束业务合作关系,并在二审期间提交了公证书、网页打印件及转账记录查询予以证明其相应主张。经法院审查,其二审提交证据均未能体现事故发生时汇丰韵达公司已与天顺韵达公司结束业务合作的相关内容,对其证明目的本院不予采信。故在金韵达公司、天顺韵达公司对汇丰韵达公司相应主张不予认可,且汇丰韵达公司提供的现有证据亦不足以证明其主张成立的情形下,法院对其相应主张不予采信。一审判决认定事实清楚,适用法律正确,法院应予维持。

法官评析

本案涉及快递员在派送快件的过程中,发生交通事故致他人损害时,责任赔偿主体如何认定的问题。在司法实践中,快递员与快递公司之间的雇佣关系及快递公司之间的加盟承包关系是该类案件的难点,如何分配各主体之间的法律责任,是解决问题的关键。

一、快递员在派送快件途中发生交通事故致他人损害时,应适用雇主责任原则

雇主责任,又称用人者责任,指雇员因执行工作任务或劳务造成他人损害时,雇主承担的侵权责任。雇主责任有两个特征:第一,适用的是无过错责任;第二,属于替代责任。《人身损害赔偿解释》第9条规定:“雇员在从事雇佣活动中致人损害的,雇主应当承担赔偿责任;雇员因故意或者重大过失致人损害的,应当与雇主承担连带赔偿责任。雇主承担连带赔偿责任的,可以向雇员追偿。前款所称‘从事雇佣活动’,是指从事雇主授权或者指示范围内的生产经营活动或者其他劳务活动。雇员的行为超出授权范围,但其表现形式是履行职务或者与履行职务有内在联系的,应当认定为‘从事雇佣活动’。”对雇佣关系是否存在的认定,一般有下列标准:(1)双方有无雇佣合同(口头的或书面的);(2)雇员有无报酬;(3)雇员是否提供劳务;(4)雇员是否受雇主的监督。总之,对此认定以事实上雇佣关系的存在为标准,与当事人间是否成立书面约定无关,而且雇员也并非仅限于雇佣合同所称之雇员,凡客观上被他人使用并为之服劳务而受其监督者均为雇员。

具体到快递员派送快件的情形，快递员按照快递公司的安排及要求，负责特定区域快件的送达，按时将收寄投递的快件收取或送至指定客户，以件计或者时间计算报酬，实质上是接受快递公司的管理为其提供劳务，并接受快递公司的监督，故快递员与快递公司之间的关系，实质上为雇佣关系。在快递运输过程中，快递员致人损害的，快递公司作为雇主应当承担赔偿责任。

二、快递公司之间的商业特许经营关系及承包关系的认定

现阶段我国绝大部分快递企业采用的经营模式是特许加盟经营模式，特许经营指拥有注册商标、企业标志、专利、专有技术等经营资源的企业，以合同形式将其拥有的经营资源许可其他经营者使用，被特许人按照合同约定在统一的经营模式下开展经营，并向特许人支付特许经营费用的经营活动。我国快递业有着严格的市场准入制度，根据《邮政法》第51条第1款的规定，“经营快递业务，应当取得快递业务经营许可；未经许可，任何单位和个人不得经营快递业务”。本案中，金韵达公司将涉案区域的快递业务发包给汇丰韵达公司负责，汇丰韵达公司具备快递业务经营许可证，双方之间成立特许经营关系。而汇丰韵达公司又将部分快递业务发包给未取得快递业务经营许可证的天顺韵达公司经营，该行为违反了国家关于快递行业经营许可的相关规定，规避国家快递行业准入制度，不能成立特许经营关系，名义上为加盟，实则为发包承包关系，汇丰韵达公司明知或应当知道接受发包业务的天顺韵达公司没有相应资质，应对此行为承担风险，在本案情形下应与天顺韵达公司连带承担赔偿责任。

三、快递员自身责任的认定

雇主责任为无过错责任，即无论用人单位或接受劳务的一方有无过错，均应承担侵权责任。但根据《人身损害赔偿解释》第9条第1款的规定，雇员因故意或者重大过失致人损害的，应当与雇主承担连带赔偿责任。雇主承担连带赔偿责任的，可以向雇员追偿。也就是说，如果法院在查明事实的基础上认定快递员存在故意或重大过失的情形下，快递员也应当与快递公司承担连带责任。司法实践中，如何认定快递员自身是否存在故意或重大过失，也是法院审理案件的难点。在本案中，法院结合各方陈述及交通队出具的事故认定书中记载贾某有“驾驶车辆在人行道或行人通行范围内刮撞行人”的行为，认定贾某存在重大过失，从而判定了贾某与快递公司

承担连带赔偿的责任。当然,交通事故认定书的责任划分并不能等同于全责方存在故意或重大过失,在认定故意或重大过失上还要结合具体的情形综合考量。

【裁判依据】

《侵权责任法》第 34 条

《邮政法》第 51 条

《人身损害赔偿解释》第 9 条

06

共享出行交通事故中共享平台的责任认定

——金某与王某等机动车交通事故责任纠纷案

裁判规则

共享出行中发生交通事故时，共享平台的责任认定应根据其利用资源属性的不同而有所区分。利用自有资源的交易主体型平台应就其提供的产品承担无过错产品责任，就其所雇驾驶员产生的机动车交通事故损害承担用人单位或雇主的替代责任。利用其他不特定主体资源的交易组织型平台的责任应依据其业务模式而有所差别。“顺风车”模式中共享平台通常仅应承担安全保障义务；而“快车”“专车”模式中共享平台则应基于其用人单位或雇主身份承担驾驶员所致的机动车交通事故损害赔偿责任。

案　情〔1〕

2016年6月15日，王某驾驶小型客车由东向西逆行至北京市昌平区南百路孟祖村北路口迤东处，适有林某驾驶大型货车由西向东行驶，大型货车前部与小型客车前部相接触，造成王某及乘车人金某受伤，两车受损。经北京市公安局公安交通管理局昌平交通支队马池口大队认定，王某负事故全部责任，林某无责任。金某受伤后住院治疗159天。金某的伤情经诊断为腰椎压缩骨折、脊椎棘突骨折、多发软组织损伤等。经鉴定，金某腰1椎体损伤伤残等级为×级，右侧多发肋骨骨折评定为十级伤残，伤残赔偿指数为15%。王某驾驶的车辆使用性质为非运营，其于事发前将上述车辆在滴滴出行平台注册为顺风车。2016年6

〔1〕　北京市第一中级人民法院(2018)京01民终3399号。

月14日,王某通过滴滴出行平台与乘客金某达成合乘协议,约定出行时间为2016年6月15日,合乘行驶路线为自七天连锁酒店首都二店至安平酒店南口店,乘车人金某应支付费用为53.50元。在上述行程中,发生本次交通事故。北京小桔科技有限公司系滴滴出行平台的运营商。保险公司为林某驾驶的车辆承保交强险及商业三者险100万元,含不计免赔,事故发生在保险期间内。一审法院判决中华联合财产保险股份有限公司北京分公司在机动车交通事故责任强制保险限额内给付金某医疗费用类赔偿金500元,死亡伤残类赔偿金5500元,共计6000元;王某给付金某各项经济损失共计301,785.35元。

一审判决作出后,王某不服,提出上诉,要求撤销一审判决第2项,依法改判不承担向金某给付经济损失的责任。事实和理由:本案事发时,金某乘坐了王某驾驶的车辆,后发生交通事故,导致二人不同程度受伤住院。期间所发生的住院医疗费及残疾赔偿金,均由小桔公司所投保的保险公司进行了赔付。金某已经从相关保险公司获得了伤残赔偿,故不应就此项费用再次向王某主张。

【裁判结论】

二审法院认为王某对金某所应负担的赔偿责任,并不因金某获得自身的意外伤害险的保险赔偿而减轻或免除,因而判决:驳回上诉,维持原判。

【裁判观点】

一审法院经审理后认为,根据《道路交通安全法》第76条第1款的规定,机动车发生交通事故造成人身伤亡、财产损失的,由保险公司在机动车第三者责任强制保险责任限额范围内予以赔偿;不足的部分,按照下列规定承担赔偿责任:机动车之间发生交通事故的,由有过错的一方承担赔偿责任;双方都有过错的,按照各自过错的比例分担责任。机动车与非机动车驾驶人、行人之间发生交通事故,非机动车驾驶人、行人没有过错的,由机动车一方承担赔偿责任;有证据证明非机动车驾驶人、行人有过错的,根据过错程度适当减轻机动车一方的赔偿责任;机动车一方没有过错的,承担不超过10%的赔偿责任。交通事故的损失是由非机动车驾驶人、行人故意碰撞机动车造成的,机动车一方不承担赔偿责任。本次交通事故中,林某驾驶的车辆依法参加了机动车交通事故责任强制保险,且对事故发生没有责任,故保险公司应在交强险限额无责赔付范围内承担赔付义务,不足部分由王某承担全部赔偿责任。关于金某起诉小桔公司承担责任一节,在顺风车订单形成过程中,滴滴平台只负责发布信息而不主动对车主进行派单,由车主自行匹配路线并接单,滴滴平台就匹配成功的订单收取5%的信息服务费,由此可见,小桔公司提供的仅为居间服务,金某要求小桔公司承担赔偿责任缺乏依据,法院不予支持。

二审法院经审理后认为,本案涉案事故发生后,金某通过小桔公司为顺风车驾乘人员投保的意外伤害保险,获得了部分保险赔偿金,其中包括医疗费和伤残赔偿金。本案二审争议的焦点问题是金某已经获得的保险赔偿金应否从王某所应负担的损失赔偿额中扣减。根据已经查明的事实,王某因驾车逆行导致发生交通事故,并对交通事故负全部责任。因为该侵权行为的发生,王某作为侵权人应该向被侵权人金某所承担的侵权损害赔偿之债也已经实际发生,王某负有就此向金某承担损害赔偿的责任。该责任若要通过保险而被减轻或免除,只能通过责任保险的方式进行。根据《保险法》第65条第4款之规定,责任保险是指以被保险人对第三者依法应负的赔偿责任为保险标的的保险。本案中,王某如果是责任保险的被保险人,则其对第三者金某依法应负的赔偿责任可以获得保险赔偿,从而减轻或免除其自身的赔偿责任。但实际情况是,本案中王某并非责任保险的被保险人,而是意外伤害保险的被保险人。在意外伤害保险之下,王某作为被保险人仅仅有权在其自身遭受意外伤害身故或残疾时,获得保险金的给付;而不是在其需要向第三者承担赔偿责任时,获得保险金的给付。因此,本案中,王某对金某应负的赔偿责任并不是小桔公司为其投保的意外伤害险的保险标的,其对金某所应负担的赔偿责任,并不因金某获得自身的意外伤害险的保险赔偿而减轻或免除。一审判决王某向金某给付经济损失的赔偿责任并无不当。

法官评析

随着共享经济的扩展兴盛,诸多行业领域均与共享经济融合,实现了经营模式与业态的新突破,这其中最具代表性的当属共享出行。当前以摩拜、滴滴出行、首汽约车等为代表的共享出行平台发展日臻成熟,相应地,司法实践中机动车交通事故纠纷责任的认定也遭遇了随之而来的新问题。最为核心的是,在驾驶员一方被认定承担机动车交通事故责任的情况下,共享出行平台是否应担负责任及其应担负何种责任?

不难看出,虽然摩拜、滴滴出行、首汽约车等平台均打着“共享经济”的旗号,但其实质上存在差异,因而对共享出行平台责任的认定应建立在类型化分析的基础上。根据平台利用资源属性的不同,平台承担的角色及其法律责任亦有所区分。在平台所利用的为自有资源的情况下,如摩拜、滴滴专车等,平台成为实质交易主体参与到交易当中;如果平台利用的是其他不特定主体的资源,典型如滴滴顺风车、滴滴快车,则其主要扮演的是交易组织者的角色,具体的交易关系在提供车辆的不特定主体与乘客之间建立。

一、共享平台作为交易主体

在共享平台作为交易主体时,其实质是向消费者提供共享产品或附加在共享产品基础上的服务(如滴滴专车、首汽约车)。按照《电子商务法》第37条第2款的规定,电子商务平台经营者对其标记为自营的业务依法承担商品销售者或者服务提供者的民事责任。在共享平台提供的共享产品导致消费者人身损害时,其应承担无过错的产品责任。如果消费者骑行摩拜单车时因车辆损坏而遭受人身伤害,此时应由共享平台承担无过错的赔偿责任。在共享平台提供的是附加在共享产品基础上的服务时(如首汽约车、滴滴专车),如因车辆故障遭致他人损害,则由共享平台承担责任,应无异议;如系因驾驶员之原因导致他人受损,则共享平台的责任认定应基于驾驶员与共享平台以及共享平台与消费者(乘客)之间的关系。此时驾驶员系受共享平台雇佣,二者之间建立劳动或劳务关系,故而共享平台应依据《侵权责任法》第34条就驾驶员执行职务行为造成的损失对外承担赔偿责任。在受害人系消费者以外的第三人的情况下,因消费者与共享平台之间成立运输合同关系,消费者不应就驾驶人造成的损害承担责任,除非其消费者存在过错(如强制指令导致第三人损害)。

二、共享平台作为交易组织者

在共享平台作为交易组织者时,其责任的承担依据共享出行的具体模式有所差异。2016年颁布的《网络预约出租汽车经营服务管理暂行办法》(以下简称《暂行办法》)第16条规定:网约车平台公司承担承运人责任,应当保证运营安全,保障乘客合法权益。该办法并没有对顺风车业务作出明确规定,而是在第38条中规定“私人小客车合乘,也称为拼车、顺风车,按城市人民政府有关规定执行”。但是2016年7月26日发布的《国务院办公厅关于深化改革推进出租汽车行业健康发展的指导意见》(以下简称《指导意见》)第4点提及:私人小客车合乘业务,也称为拼车、顺风车,是由合乘服务提供者事先发布出行信息,出行线路相同的人选择乘坐合乘服务提供者的小客车、分摊部分出行成本或免费互助的共享出行方式。该意见将顺风车车主定位为"合乘服务提供者",有别于《暂行办法》中将网约车平台公司归为承运人的定位。目前立法在这两种情形下规定了不同的承运人主体,主要的原因在于在这两种情形下共享平台对于车主(司机)的控制程度存在较为明显的差异。[1] 以下以滴滴出行开展的顺风车业务与快车、专车业务为代表进行分析。

(一)"顺风车"情形

"顺风车"情形中,乘客与顺风车车主各自通过共享平台发布乘车需求与出行信息,共享平台经过复杂的算法安排二者达成合乘合意,而后顺风车车主利用自己的车辆运载乘客至目的地。"顺风车"情形下双方出于互帮互助、分摊成本之考量共享出行,而共享平台对于顺风车车主及整个交易的控制程度较其他情形而言更弱,故而将顺风车车主认定为共享平台对雇员并不合适。

《电子商务法》第38条规定,电子商务平台经营者知道或者应当知道平台内经营者销售的商品或者提供的服务不符合保障人身、财产安全的要求,或者有其他侵害消费者合法权益行为,未采取必要措施的,依法与该平台内经营者承担连带责任。对关系消费者生命健康的商品或者服务,电子商务平台经营者对平台内经营者的资质资格未尽到审核义务,或者对消费者未尽到安全保障义务,造成消费者损害的,依法承担相应的责任。依据安全保障义务规范适用该条认定顺风车情形下共享平台的责任应属合理。在顺风车情形下,共享平台作为交易组织者开启了危险源,但其并非直接侵权人,而是以未尽到审核义务等过失行为间接参与到损害发生的因果关系链条中,故而适用安全保障义务认定其责任符合其对整个交易的控制能力及程度。安全保障义务是一种过错责任,在审核共享平台是否存在违反安全保障义务的过错时,应从事前、事中、事后的不同阶段展开分析。事前义务

[1] 参见张新宝:《顺风车网络平台的安全保障义务与侵权责任》,载《法律适用(司法案例)》2018年第12期。

包括审核驾驶员资质、车辆情况、历史订单完成与评价情况等；事中义务包括审核人车一致、线路合理性、车速合理性以及建立异常情形快速发现、处置机制；[1]事后义务包括数据采集与保存等。在违反安全保障义务的情形下，共享平台承担的是与其过错相应的、第二顺位的补充责任。

特定情形下，共享平台也可能与顺风车车主承担连带赔偿责任。除了《侵权责任法》第8条至第11条所规定的情形之外，依据《电子商务法》第38条第1款之规定，如果共享平台知道或应当知道侵权行为却未采取必要措施，则应与驾驶员承担连带责任。由于交通事故的发生往往在一瞬间，在判断共享平台是否知道或应当知道侵权时，应着重从事前、事中角度分析其是否能够预见事故之发生或能够及时采取处置机制但未采取行动。

本案中，顺风车车主驾驶车辆致乘客人身伤害，在缺乏充分证据证明共享平台存在违反安全保障义务的过错或存在知道或应当知道侵权未采取必要措施的情况下，不应认定共享平台承担责任。

（二）"快车""专车"情形

相较于顺风车，滴滴"快车""专车"情形中共享平台对于驾驶员及交易的控制程度明显更强，体现在驾驶员审核、派单安排、驾驶控制、费用计算、报酬提取、意见反馈等诸多方面。因而，《暂行办法》所规定的承运人责任与此种情形下共享平台的责任更为契合。即使网约车平台与司机之间不成立稳定的劳动关系，但至少可以成立雇佣关系。[2]"快车"驾驶员因执行派单任务造成机动车交通事故时，作为用人单位的共享平台应承担无过错的替代责任。

【裁判依据】

《电子商务法》第37条、第38条

《道路交通事故司法解释》第16条

---

〔1〕参见张新宝：《顺风车网络平台的安全保障义务与侵权责任》，载《法律适用（司法案例）》2018年第12期。

〔2〕参见丁宇翔：《跨越责任鸿沟——共享经营模式下平台侵权责任的体系化展开》，载《清华法学》2019年第4期。

07

以挂靠形式从事运输经营活动的机动车发生交通事故，由挂靠人与被挂靠人承担连带责任

——邵某等与某运输公司等机动车交通事故责任纠纷案

裁判规则

以挂靠形式从事道路运输经营活动的机动车发生交通事故造成损害，属于该机动车一方责任，应由挂靠人和被挂靠人承担连带责任。在实践中认定是否构成挂靠关系时，应注意从与运输合同关系、雇佣/劳动关系以及委托代理关系的区分角度把握挂靠性质的认定。即便挂靠人与被挂靠人之间签订了其他名义的合同，法院亦应在查明事实的基础上确认二者之间的挂靠关系，进而认定被挂靠人就从事运输经营活动的挂靠人承担的机动车交通事故责任承担连带责任。

案　情[1]

2010年10月4日，邵某驾驶无号牌二轮摩托车由南向北行驶转弯时，与闫某驾驶的货车相撞，该事故致邵某死亡，两车不同程度受损。经认定：邵某驾驶未经登记的二轮摩托车上路行驶，未戴安全头盔，通过没有交通信号灯控制也没有交通警察指挥的交叉路口时，转弯未让直行的车辆先行；闫某驾驶载物超过核定载质量且悬挂伪造号牌的东风牌货车上路行驶，通过路口时未减速慢行，且判断操作失误；邵某、闫某的违法行为对本起事故的形成所起的作用基本相当，应

[1] 江苏省盐城市中级人民法院(2014)盐民终字第01643号。

负本起事故的同等责任。2010 年 6 月，某盐业公司与某运输公司签订了《原盐运输合同》，约定由某运输公司为某盐业公司承揽散装原盐的运输，某运输公司运输车辆装货应组织有序、合理安排，服从某盐业公司现场工作人员的统一安排、调度。而后，某运输公司与闫某签订《原盐运输合同》，由某运输公司委托闫某运输原盐，如装运不符合要求，闫某必须绝对服从某运输公司的调配及装运。运输方式为汽车公路运输；闫某车辆进入车队，必须缴纳保证金 800 元，合同终止时退还；严禁酒后驾车，发现一次罚款 100 元，第二次开除等。同日，某运输公司又与闫某签订了《车辆驾驶人员安全合同》，其中约定，车辆驾驶人员必须遵守相关安全制度，未经公司调度，不得私自出车；驾驶人员在一年内模范遵守制度，未发生任何交通事故，奖励 200 元等。闫某于 2010 年 10 月 4 日在运输某盐业公司原盐过程中发生本起交通事故。一审判决，闫某应在交强险责任限额范围内赔偿邵某之父等的合理损失，对于超出交强险限额的部分，由肇事货车一方和邵某各自承担 50% 的责任。肇事货车一方具体责任比例由闫某承担 25%，某运输公司承担 15%，某盐业公司承担 10%。

一审判决作出后，邵某之父等、某运输公司及某盐业公司均不服一审判决，向盐城市中级人民法院提起上诉。邵某之父等上诉称：闫某应承担全部损失 50% 的赔偿责任，某运输公司、某盐业公司应与闫某承担连带赔偿责任；赔偿数额认定有误。某运输公司上诉称：超载系闫某的个人责任；我公司对运输车辆的选任不存在过错，即使存在过错，也不是交通事故发生的原因；闫某车辆超载对事故发生的影响力大约为 20%，我方即使承担责任也只承担 20% 责任中的部分。某盐业公司上诉称：我公司与交通事故的发生没有直接因果关系，不应当承担赔偿责任；我公司是与某运输公司签订的运输合同，我方没有义务监管闫某超载的行为，且超载本身与交通事故的发生没有因果关系。

【裁判结论】

闫某与某运输公司之间构成挂靠关系，对于超出交强险责任限额的损失，改判由闫某承担 40% 的赔偿责任，某运输公司对闫某的上述赔偿义务负连带赔偿责任。

【裁判观点】

一审法院经审理后认为，闫某驾驶其所有的货车与邵某驾驶的摩托车发生交通事故,致邵某死亡。本案肇事车辆货车未投保交强险,故车主闫某应在交强险责任限额范围内赔偿相应损失。经交通部门认定,闫某、邵某的违法行为对本起事故的形成所起的作用基本相当,应对本起事故负同等责任,因此对于超出交强险限额的部分,由肇事货车一方和邵某各自承担50%的责任。某运输公司作为运输合同委托方存在选任上的过错;某运输公司在装载原盐数量及整个装载过程中处于绝对支配的地位,应该认定其对车辆超载负有直接的责任,某运输公司应对本起事故的损害后果承担相应的赔偿责任。某盐业公司对车辆的车货总重量在装运现场负有监管指挥的职责,实际上车辆装载后的过磅也由某盐业公司负责,其在明知车辆严重超载的情形下,未尽到合理注意义务,放任该车辆驶离盐场,致该车辆因超载发生事故,亦应对事故的损害后果承担相应的赔偿责任。闫某与某运输公司之间为运输合同关系,某运输公司与某盐业公司之间亦为运输合同关系,闫某、某运输公司、某盐业公司之间不存在连带赔偿责任的基础,故对邵某之父该项诉请不予支持。对于由肇事货车一方应承担的50%责任,根据各自在事故发生中的原因力比例及过错程度,由闫某承担25%,某运输公司承担15%,某盐业公司承担10%。

二审法院经审理后认为,一审法院认定邵某之父等的损失总额合理,予以确认。关于闫某是否应当承担赔偿责任的问题。经查,发生交通事故时,闫某驾驶的货车未投保交强险,应先在交强险责任赔偿限额内承担赔偿责任。超出交强险限额部分,应根据各方对事故发生的过错大小按责承担。闫某对事故的发生具有重大过错,应当承担相应的赔偿责任。关于某盐业公司是否应当承担赔偿责任的问题。经查,某盐业公司与某运输公司签订的《原盐运输合同》中明确约定,某运输公司从事营运的车辆不得超载、车货总重不得超过20吨。原盐的装运现场由某盐业公司安排人员负责指挥、调度,故某盐业公司对从事运输车辆是否超载负有一定监管义务。其放任该具有高度危险性的车辆驶离盐场,对于交通事故的发生存在一定的过错,应当承担相应的责任。关于某运输公司是否应当承担赔偿责任的问题。经查,某运输公司作为具有道路运输经营许可证的运输企业,承接某盐业公司的原盐运输业务后,与闫某签订《原盐运输合同》,在对闫某所有的承运车辆运营资质疏于审查的情况下,委托闫某以某运输公司名义从事原盐运输,并提留闫某的部分运输费用,收取一定的保证金,要求闫某遵守公司的相关管理制度,接受调度、管理。由此可知,闫某是以某运输公司的经营许可证及名义从事运输经营，而某运输公司从闫某的运输活动中获取一定的利益，两者之间实质上构成挂靠关系。某运输公司作为被挂靠人，应当与挂靠人闫某承担连带赔偿责任。根据本案的实际情况及各主体的原因力比例及过错程度，对于超出交强险责任限额的损失，酌情确定由闫某承担40%的赔偿责任，某运输公司对闫某的上述赔偿义务负连带赔偿责任；某盐业公司承担10%的赔偿责任；邵某对于该部分损失自负50%责任。

法官评析

针对以挂靠形式从事运输经营活动的机动车发生交通事故时的责任认定，《道路交通事故司法解释》第3条规定，以挂靠形式从事道路运输经营活动的机动车发生交通事故造成损害，属于该机动车一方责任，当事人请求由挂靠人和被挂靠人承担连带责任的，人民法院应予支持。虽然该条款对于挂靠情形下责任的认定规定得十分清晰，但实践中对于应否适用该条仍会出现如本案一审、二审判决一般的分歧，症结在于挂靠关系的认定模糊不清。

机动车挂靠经营，一般是指个人或合伙出资购买机动车，经具有运输经营资质的运输企业同意将车辆登记在该企业名下，以该运输企业名义从事运输经营的行为。其中，出资人被称为挂靠人，运输企业被称为被挂靠人。挂靠人一般是不具有运输业经营资格的个人或企业，[1]挂靠行为实质目的在于规避行业准入规定。即便法律及行政法规已明文禁止挂靠，实践中挂靠行为仍大量存在。在部分案件中，挂靠行为的性质显而易见，易于认定；而在其他案件中，挂靠行为可能披上其他形式的外衣，给法院认定挂靠性质造成障碍。

关于如何判断挂靠车辆，交通部《关于征求〈清理整顿道路客运挂靠经营工作安排〉意见的函》曾确定了如下原则：(1)从车辆产权关系上，非挂靠车辆的全部或大部分产权应属运输企业所有，车辆有关证照注明运输企业所有；(2)从客运线路经营权的所有上，非挂靠车辆客运线路经营权应为运

〔1〕 参见张新宝、解娜娜：《"机动车一方"：道路交通事故赔偿义务人解析》，载《法学家》2008年第6期。

输企业所有;(3)从司乘人员与运输企业的人事关系上,司乘人员应是企业的职工;(4)从运输组织上,非挂靠车辆须由企业统一调度指挥,统筹安排;(5)从财务关系、利益分配上,非挂靠车辆单车营运收入全部上交企业,企业向司乘人员定期发放工资,司乘人员不参与单车利润分配;(6)从管理责任上,运输企业应对非挂靠车辆负全部管理和安全责任。同时,该函还提及应通过相关文件、发票、协议、《行驶证》等文件确定的线路经营者、产权所有者,台账,现金流量表,聘任协议,挂靠协议等确认是否为挂靠车辆。

但是,值得注意的是,实践中存在实质挂靠与形式挂靠两种情况。前者是典型的挂靠经营方式,是指挂靠方自行出资购置运输工具,以被挂靠单位的名义从事运输服务活动,并向被挂靠单位支付一定的管理费用。被挂靠单位负责代办代缴各种税费,代办经营线路审验等手续,并且管理规范的被挂靠单位会对挂靠车辆统一调度、统一管理、统一结算。同时,实践中形式挂靠模式亦属常见,即挂靠方以被挂靠单位的名义从事运输服务活动,挂靠方向被挂靠单位支付一定的管理费用,被挂靠单位不为挂靠方提供任何服务和管理。[1] 因此,前述文件确定的原则及因素认定挂靠关系可能不足以涵盖实践中挂靠的所有情形,具体在审判实践中认定是否构成挂靠,可从挂靠与其他相关法律关系的区别的角度进行甄别。

关于挂靠关系与雇佣、劳动关系。虽然挂靠人及受雇驾驶员均是对外以运输企业的名义开展业务,车辆所有权名义上均属被挂靠的运输企业,且两种情形下均存在不同程度的管理关系,但受雇驾驶员在人格、组织及经济上的从属性相较挂靠人而言更强。总体而言,挂靠人与被挂靠人之间的关系趋向平等,挂靠人独立核算、自负盈亏,并享有占有、使用、收益、处分的权能;而受雇驾驶员与运输企业之间的从属性与依附性更强,故而在后者情况下,受雇驾驶员在履行职务时产生的交通事故责任应由雇主运输企业承担,而非适用挂靠情形下的连带责任。

关于挂靠关系与委托代理关系。虽然委托代理人关系中代理人亦以被代理人名义开展活动,但就代理行为产生的法律效果而言,代理人在实施代理行为时所追求的及实际上归属的均为被代理人;而在挂靠关系中,挂靠人

〔1〕 参见刘荔:《挂靠经营中机动车交通事故的责任承担》,吉林大学法学院 2012 年硕士学位论文,第 4 页。

行为(如签订运输合同)产生的名义上的权利义务关系归属于被挂靠人,但实质上,挂靠人与被挂靠人均意图将挂靠人行为产生的法律效果归属于挂靠人。就发生机动车交通事故责任的法律后果而言,除在构成共同侵权的情况下,应由机动车的控制及使用人即受托人承担相应责任;而在挂靠关系情形下,挂靠人与被挂靠人之间应连带承担赔偿责任。

关于挂靠关系与运输合同关系。虽然运输合同关系中托运人与承运人系平等主体,但二者之间通常并不存在管理关系,最为重要的是,承运人应为具有道路运输经营资质的主体,不存在以托运人名义从事运输的情况。此外,承运人无须向托运人缴纳费用,但挂靠人一般向被挂靠人支付管理费或保证金。

本案中,承接某盐业公司的原盐运输业务的某运输公司系具有道路运输经营许可证的运输企业,显然其二者之间并非挂靠关系。但在某运输公司与闫某之间,虽然二者签订了货物运输服务合同,但闫某以某运输公司名义从事原盐运输,某运输公司提留闫某的部分运输费用并收取一定的保证金,并要求闫某遵守公司的相关管理制度,接受调度、管理。上述形态符合挂靠关系的特点,非属二者约定的名义上的运输合同关系,亦非属雇佣或委托代理关系,因而二审法院改判某运输公司与闫某之间基于挂靠关系承担连带赔偿责任应属合理。

需要注意的是,虽然常见的情形是挂靠人需支付一定的管理费,但挂靠的有偿或无偿不应对挂靠性质的认定及连带责任的承担产生影响。在审判实践中,法院还应注意审查实际运输人是否具有相应资质,以判定名义合同掩盖之下是否存在实质挂靠的情形。

【裁判依据】

《道路交通事故司法解释》第3条

08

用人单位应赔偿履职员工驾驶机动车造成的损害，并可向存在故意或重大过失的员工追偿

——万某与某科技公司等机动车交通事故责任纠纷案

裁判规则

履行职务行为的员工驾驶机动车造成他人损害时，应适用《侵权责任法》第34条之规定，由用人单位向受害人承担无过错的替代责任。即便员工就损害的发生存在故意或重大过失，亦无须对外与用人单位承担连带赔偿责任。用人单位在实际履行完赔偿责任后，可向存在故意或重大过失的员工行使追偿权。

案　情[1]

2017年12月30日，程某驾驶无牌二轮摩托车在清镇市三角花园路段撞到行人万某，造成万某受伤及无牌二轮摩托车受损的交通事故。交通管理部门作出道路交通事故证明，内容为:2017年12月30日，在某路段，程某驾驶的无牌二轮摩托车撞到行人万某，造成万某受伤及无牌二轮摩托车受损的交通事故。经鉴定，万某因交通事故致腰椎体压缩性骨折，予非手术治疗，其误工期评定为150日，护理期评定为60日，营养期评定为60日。万某为本次鉴定支付鉴定费600元。审理中，因程某下落不明，一审法院依法向其公告送达起诉状副本、应诉通知书、举证通知书、合议庭成员告知书及开庭传票。某科技公司认可程某系

[1] 贵州省贵阳市中级人民法院(2019)黔01民终2676号。

在工作过程中撞伤万某。某科技公司系美团外卖的代理商,程某系某科技公司雇佣的专属骑手,程某每月在某科技公司领取基本工资、全勤奖励、电话补助及送餐提成。程某驾驶的无牌二轮摩托车未缴纳交强险和商业险。交通管理部门出具情况说明,证实事故发生后系万某家属报警,民警多次通知程某到案,程某以各种理由拒绝,民警又多次到清镇市美团外卖公司传唤程某,程某从美团辞职后,电话一直无法联系上,至今没有核实清楚程某驾驶的无牌二轮摩托车车主。一审法院认为,针对万某的合理损失,因程某系在从事雇佣活动中致人损害,故应由雇主某科技公司承担赔偿责任;程某在本次道路交通事故中具有重大过失,应当与雇主某科技公司承担连带赔偿责任。

一审判决作出后,某科技公司不服,提出上诉,其主张根据法律规定,雇员因故意或者重大过失致人损害的,应当与雇主承担连带赔偿责任,故程某在本案中应当与某科技公司承担连带赔偿责任。因程某在本次事故中存在重大过失,应当承担主要责任,请求法院对某科技公司及程某各自承担的责任比例进行划分。

【裁判结论】

二审法院认为某科技公司作为用人单位应承担无过错责任,程某作为雇员在本案中不应承担赔偿责任,但因其未提起上诉,故对一审法院判决程某与某科技公司承担连带赔偿责任予以维持。基于连带责任的相关规法律规定,法院对某科技公司要求划分责任比例的诉请不予支持。某科技公司可在实际履行后另案主张权利。

【裁判观点】

一审法院经审理后认为,本案程某驾驶无牌二轮摩托车在道路上行驶,违反了《道路交通安全法》第8条"国家对机动车实行登记制度,机动车经公安机关交通管理部门登记后,方可上道路行驶。尚未登记的机动车,需要临时上道路行驶的,应当取得临时通行牌证"的规定,且在交通事故发生后拒绝配合交通管理部门调查,导致无法查明无牌二轮摩托车车主和事故真相,故一审法院依法确认程某承担本次道路交通事故的全部责任。因程某系某科技公司的雇员,程某系在从事雇佣活动中致人损害,故应由雇主某科技公司承担赔偿责任。程某在本次道路交通事故中具有重大过失,应当与雇主某科技公司承担连带赔偿责任。

经认定,万某因本次交通事故受伤造成的合理损失共计21,743.44元,由某科技公司、程某连带赔偿。

二审法院经审理后认为,程某系某科技公司雇佣的专属骑手,程某每月在某科技公司领取基本工资、全勤奖励、电话补助及送餐提成,故程某与某科技公司之间构成雇佣关系。根据《侵权责任法》第34条第1款"用人单位的工作人员因执行工作任务造成他人损害的,由用人单位承担侵权责任"之规定,某科技公司作为用人单位,应承担无过错责任,程某作为雇员在本案中不应承担赔偿责任,但因其未提起上诉,视为其服从一审判决,故本院对一审法院判决程某与某科技公司承担连带赔偿责任予以维持。某科技公司上诉要求本院对程某与某科技公司之间的责任比例作出划分,根据《侵权责任法》第13条"法律规定承担连带责任的,被侵权人有权请求部分或者全部责任人承担责任"以及第14条"连带责任人根据各自责任大小确定相应的赔偿数额。难以确定责任大小的,平均承担赔偿责任。支付超出自己数额的赔偿责任人,有权向其他责任人追偿"之规定,为维护被侵权人万某的合法权益,本院对某科技公司的该项上诉请求不予支持。某科技公司待其向万某实际履行赔偿责任后,可另案主张权利。审理中,各方当事人对一审判决计算的各项损失金额均无异议,本院依法予以确认。

法官评析

本案所涉为履行职务的员工驾驶机动车导致他人损害时的责任承担问题。《侵权责任法》第34条规定,用人单位的工作人员因执行工作任务造成他人损害的,由用人单位承担侵权责任。劳务派遣期间,被派遣的工作人员因执行工作任务造成他人损害的,由接受劳务派遣的用工单位承担侵权责任;劳务派遣单位有过错的,承担相应的补充责任。按照该条的规定,执行工作任务的工作人员驾驶机动车导致他人损害的,应由用人单位承担赔偿责任。该条并未规定用人单位可以其不存在选任、监督、指示等过错主张免责,即其承担的是无过错的替代责任。该条规定的基础既在于保护受害人利益,使其免于遭受向财力有限、行踪不定的个人求偿失败的风险,又在于督促用人单位尽到选任、监督和管理职责,以尽力避免工作人员在履职过程中造成他人损害;此外,用人单位还可通过提高产品或服务价格或责任保险等方式将其短时可能因此遭受的风险分担给社会。

用人单位承担赔偿责任并无疑问，但履职的工作人员在存在故意或重大过失时，是否应对外承担赔偿责任？《人身损害赔偿解释》第 9 条第 1 款规定，雇员在从事雇佣活动中致人损害的，雇主应当承担赔偿责任；雇员因故意或者重大过失致人损害的，应当与雇主承担连带赔偿责任。雇主承担连带赔偿责任的，可以向雇员追偿。是否应依据该条规定，认定存在故意或重大过失的履职工作人员对外与雇主承担连带赔偿责任？该问题涉及《侵权责任法》第 34 条与《人身损害赔偿解释》第 9 条之间关系的分析认定。

从《侵权责任法》第 34 条的文义解释、立法目的以及该法的条款体系来看，应认为《侵权责任法》第 34 条在工作人员执行职务致人损害时的对外责任承担方面已经取代了《人身损害赔偿解释》第 9 条的规定。从《侵权责任法》关于用工者责任的体系安排上看，该法第 34 条第 1 款及第 2 款所涉为用人单位责任与劳务派遣单位责任，第 35 条所涉为个人劳务关系中的责任分配，以上条款共同构成了用工者责任认定规范。可以看出，基于当前我国社会经济的发展变化，上述条款不再采用《人身损害赔偿解释》中按照用工者所有制性质即基于用工者是法人或者其他组织、国家机关抑或是企业、个体经济组织、民办非企业单位等这种不合时宜的方式来区分不同的用工者责任。学者在《侵权责任法》出台之前也曾提出过将不同形式的用工者责任予以合并的意见。[1] 并且，全国人大常委会法制工作委员会在侵权责任法释义中亦提及，本条中的“用人单位”，包括企业、事业单位、国家机关、社会团体等，也包括个体经济组织等。“工作人员”既包括用人单位的正式员工，也应当包括临时在单位工作的员工。[2] 综上，在《侵权责任法》出台后，应认为《侵权责任法》第 34 条规定的用人单位责任应适用于除劳务派遣及个人劳务关系之外的其他所有情形。《侵权责任法》第 34 条第 1 款取消先前特定情形下工作人员与用人单位对外承担连带责任的内容，有相应的理论依据：在行为人与其所属单位或组织之间，从第三人的角度观察，行为人的人格已经为单位或组织等使用人的人格所吸收，其独立性不复存在，不再是独立的主体，进而执行使用人职务之际，该行为并不具有独立

---

[1] 参见杨立新：《侵权责任合并规定的利弊分析》，载《法制日报》2009 年 11 月 11 日，第 12 版。

[2] 王胜明主编：《中华人民共和国侵权责任法释义》（第 2 版），法律出版社 2013 年版，第 188 页。

的意思,无论是法律行为、事实行为还是侵权行为,逻辑上均为使用人的行为,行为人当然也就不能享有权利、负担义务、承担责任。[1]

综上,履职的机动车驾驶人即便就损害的发生存在故意或重大过失,亦无须对外与用人单位承担连带赔偿责任。本案中,二审法院关于某科技公司作为用人单位应承担无过错责任、程某在本案中不应向万某承担赔偿责任的认定应属合理。

值得探讨的是,用人单位在自身的赔偿责任履行完毕后,能否向存在故意或重大过失的工作人员或雇员追偿?考虑到当前我国的经济发展情况及追偿权的适用情况不一,《侵权责任法》未对追偿权问题作出统一规定,但这不影响法院在个案中应对用人单位在特定情形下的追偿权予以肯定。首先,《侵权责任法》第34条仅取代了《人身损害赔偿解释》第9条第1款中关于对外赔偿的雇主责任的内容,但并未就用人单位承担责任后的追偿权问题作出规定,故该条中关于雇主追偿权的规定仍属有效。其次,赋予用人单位向存在故意或重大过失的工作人员追偿的权利,符合公平的价值考量。需注意,用人单位进行追偿须以工作人员存在故意或重大过失为前提。此种故意或重大过失是就员工在侵权责任法意义上对损害发生的主观状态而言,不应单纯依据机动车交通事故认定书中对事故责任的认定。此外,用人单位不应将其过失及经营风险转嫁给工作人员承担。在认定用人单位与工作人员内部责任比例时,应根据二者的过错程度及原因力进行划分。据以考虑的因素包括用人单位选人、监督、管理过失,工作人员是否超出法律或单位授权范围及二者合同约定内容等。

【裁判依据】

《侵权责任法》第13条、第14条、第34条

《人身损害赔偿解释》第9条

---

[1] 参见蔡立东:《个体主义方法论与使用人侵权责任的重构》,载《烟台大学学报》(哲学社会科学版)2009年第3期。

09

非履行职务的擅自驾驶人应自行赔偿事故损失，用人单位有过错时承担相应责任

——伊某等与某食品公司等机动车交通事故责任纠纷案

裁判规则

在擅自驾驶人与机动车所有人或管理人存在雇佣关系情形下，针对超出交强险部分的赔偿责任认定，应依据擅自驾驶人是否系执行职务行为而有所区分。在驾驶人擅自驾驶机动车系执行职务行为的情况下，应由用人单位直接承担替代责任，就擅自驾驶人在交强险外应承担的责任范围予以赔偿。当擅自驾驶行为非属执行职务行为时，应由擅自驾驶人自行承担超出交强险的赔偿责任，用人单位存在过错时应承担相应的赔偿责任。在后一情形中，擅自驾驶人与用人单位应按照无意思联络的数人侵权情形，依据各自的过错及原因力承担按份赔偿责任。

案　情[1]

2018 年 6 月 13 日，汪某驾驶小型轿车与前方掉头同向行驶的伊某驾驶的另一小型轿车(搭乘李某)尾部相撞，造成伊某、李某受伤、两车及道路中间波形护栏损坏的道路交通事故。事故后，汪某为逃避酒后驾驶违法行为弃车逃逸。次日下午主动投案。经《交通事故认定书》认定：汪某承担此次事故的全部责任，伊某、李某无责任。事故发生后，伊某经诊断为胸椎或骶椎腰化，李某经诊断为

〔1〕 湖南省湘潭市中级人民法院(2018)湘 03 民终 1821 号。

左侧额部头皮软组织稍肿胀。汪某驾驶的小型轿车系某食品公司所有，汪某系某食品公司聘请的专职驾驶员，发生交通事故时并非执行工作任务，系汪某擅自驾车外出为妻子的朋友庆贺生日，且属酒后驾车并事后逃逸。该小型轿车在平安保险公司购买了交强险和 100 万元商业三者险且不计免赔，事故发生在保险期限内。一审法院认为，由平安保险公司在交强险限额内对伊某、李某予以赔偿，由汪某、小龙王食品有限公司对伊某、李某超出交强险部分的损失进行共同赔偿。

一审判决作出后，某食品公司不服，提出上诉，请求理由为，本案汪某未经某食品公司许可，在非工作时间，也不是基于执行公务，发生交通事故，即使按照一审判决查明和认定的事实，也应按照汪某和某食品公司之间的过错程度来承担分配交强险之外的赔偿责任，而不是由某食品公司和汪某承担共同赔偿责任；一审判决认定平安保险公司不承担商业三责险的赔偿责任有误，平安保险公司的保险合同系格式条款，其未就合同内的免责条款采取合理的方式提请某食品公司注意，也未予以详细说明；对一审判决认定的损失数额有异议。

【裁判结论】

平安保险公司在交强险范围内承担赔偿责任，并有权依据保险条款的约定免除商业三者险范围内的赔偿责任。超出交强险范围的损失部分，根据汪某与某食品公司在本案中的过错程度，酌情认定由汪某承担 70% 的赔偿责任，由某食品公司承担 30% 的赔偿责任。

【裁判观点】

一审法院经审理后认为，交通管理部门作出的《交通事故认定书》责任划分准确，符合客观事实，可以作为认定本案事实的依据。汪某非执行工作任务擅自驾车外出为妻子的朋友庆贺生日，且属酒后驾车并事后逃逸，负此次事故的全部责任，应对伊某、李某因交通事故造成的损失承担全部责任；某食品公司系汪某所驾小型轿车的所有人，对车辆负有管理责任，因为疏于管理致使汪某能擅自驾车外出，在本案中具有过错，二者的共同过错造成了伊某、李某的损失，应该对伊某、李某的损失承担共同赔偿责任。涉案肇事小型轿车在平安保险公司购买了交强险和 100 万元商业三者险且不计免赔。平安保险公司提供证据已尽明确的告知义务，汪某酒后驾车发生交通事故，平安保险公司有权根据商业保险条款的约定，在商业三者险范围内拒赔。综上，法院认定由平安保险公司在交强险限额内对伊某、李某予以赔偿，由汪某、小龙王食品有限公司对伊某、李某超出交强险部分的损失进行共同赔偿。

二审法院经审理后认为，经审查，某食品公司提出的关于损失数额的上诉理由缺乏依据。关于平安保险公司可否在商业保险责任范围内免除赔偿责任。某食品公司在平安保险公司出具的机动车辆交通事故责任强制保险/机动车辆保险投保单上投保人声明栏盖章，即说明某食品公司已知晓免责条款的内容，平安保险公司就免责条款的内容向某食品公司尽到了说明义务。汪某饮酒后驾车，且在事故发生后弃车逃逸，符合保险条款中保险公司在商业保险责任范围内不予赔偿的情形。因此，平安保险公司在商业保险责任范围内免除赔偿责任。关于一审判决某食品公司与汪某承担共同赔偿责任是否正确。本案中，汪某非执行公务擅自驾车外出并有饮酒驾车、弃车逃逸的情形。根据《侵权责任法》第49条“因租赁、借用等情形机动车所有人与使用人不是同一人时，发生交通事故后属于该机动车一方责任的，由保险公司在机动车强制保险责任限额范围内予以赔偿。不足部分，由机动车使用人承担赔偿责任；机动车所有人对损害的发生有过错的，承担相应的赔偿责任”和《道路交通事故司法解释》第2条“未经允许驾驶他人机动车发生交通事故造成损害，当事人依照侵权责任法第四十九条的规定请求由机动车驾驶人承担赔偿责任的，人民法院应予支持。机动车所有人或者管理人有过错的，承担相应的赔偿责任，但具有侵权责任法第五十二条规定情形的除外”的规定，某食品公司因管理不善致使驾驶员汪某能擅自驾车外出，在本案中存在一定过错，应承担相应的赔偿责任。一审判决某食品公司与汪某承担共同赔偿责任不当，本院予以纠正。根据二者在本案中的过错程度，本案酌情认定由汪某承担70%的赔偿责任，由某食品公司承担30%的赔偿责任。

法官评析

本案涉及未经允许的机动车驾驶人与所有人之间存在雇佣关系时的机动车交通事故责任认定问题。《侵权责任法》第49条规定：“因租赁、借用等情形机动车所有人与使用人不是同一人时，发生交通事故后属于该机动车一方责任的，由保险公司在机动车强制保险责任限额范围内予以赔偿。

不足部分，由机动车使用人承担赔偿责任；机动车所有人对损害的发生有过错的，承担相应的赔偿责任。”《道路交通事故司法解释》第 2 条规定：“未经允许驾驶他人机动车发生交通事故造成损害，当事人依照《侵权责任法》第四十九条的规定请求由机动车驾驶人承担赔偿责任的，人民法院应予支持。机动车所有人或者管理人有过错的，承担相应的赔偿责任，但具有《侵权责任法》第五十二条规定情形的除外。”从上述条款来看，未经允许的机动车驾驶人发生交通事故时，针对交强险范围之外的损失数额，由擅自驾驶的驾驶人承担赔偿责任，机动车所有人或管理人在对损害的发生有过错时承担相应的赔偿责任。但是，在擅自驾驶人与机动车所有人或管理人之间存在雇佣关系时，能否直接适用上述规定？此问题涉及上述责任划分与雇主责任或是用人单位责任交织情况下的具体责任认定。

第一种情形，在擅自驾驶人系在执行职务的情况下，按照《侵权责任法》第 34 条第 1 款的规定，应由用人单位直接承担替代责任，赔偿超出交强险之外的损失余额。因《侵权责任法》第 34 条在工作人员执行职务致人损害时的对外责任承担方面已经取代了《人身损害赔偿解释》第 9 条的规定，故擅自驾驶车辆的工作人员即便存在故意或重大过失，也无须与用人单位对外承担连带责任。

在此种情形下，认定擅自驾驶人是否属于执行职务是关键。关于职务行为的认定标准，《侵权责任法》没有明确规定，对此理论上存在若干不同的标准：一是雇主（《侵权责任法》中的用人单位可适用“雇主”一词）的意思；二是执行职务外表；三是雇员的意思，即雇员主观上系为雇主之利益而行事。有关我国立法对此的态度，《人身损害赔偿解释》第 9 条第 2 款的规定可资借鉴。该条规定“从事雇佣活动”是指从事雇主授权或者指示范围内的生产经营活动或者其他劳务活动。雇员的行为超出授权范围，但其表现形式是履行职务或者与履行职务有内在联系的，应当认定为“从事雇佣活动”。单纯采用雇主意思标准，即以雇主的明确指示或授权范围认定是否构成职务行为，将导致雇主的责任范围被不适当地限缩，因而上述条款在采用雇主意思标准的基础上进行了适当拓宽。在实践中，判定擅自驾驶人是否系履行职务不应拘泥于其是否获得明确授权，而应以一般人的认识判断其行为是否与履行职务有内在关联，具体考量因素包括行为的内容、时间、地点、场合、名义、受益人，以及是否与用人单位意志有关联等。[1] 即便擅自驾驶人未获得用人单位的授权，但在其驾驶机动车的行为与正常获得授权的行为相似或可能使得用人单位获益时，仍应将其擅自驾驶的行为归属于职务行为。例如，未取得用人单位授权的员工因担心雨天积水而将存放低洼区的车辆行驶至高地，在此过程中致人损害，用人单位应就其擅自驾驶行为导致的损失予以赔偿。

第二种情形，擅自驾驶人驾驶机动车并非为执行职务，其行为与执行职务并无关联，则应将用人单位认定为《侵权责任法》第 49 条中的"机动车所有人"及《道路交通事故司法解释》第 2 条中的"机动车所有人或者管理人"。即由擅自驾驶人对交强险之外的损失予以赔偿，用人单位在有过错的情况下承担相应的赔偿责任。用人单位的过错可体现在对"人"与"车"两个方面。在"人"方面，如放任工作人员随意使用车辆，未对工作人员的驾驶资格予以审核；在"车"方面，如未对车辆的使用采取有效控制措施。在具体责任划分时，应综合用人单位的过错及与损害发生的原因力认定用人单位应承担的相应责任。此时，直接侵权人即擅自驾驶人与用人单位之间实属《侵权责任法》第 12 条规定的无意思联络数人侵权，二者应就超出交强险的损失承担按份赔偿责任。

本案属第二种情形。汪某系本案的擅自驾驶人，其擅自驾车外出为妻子的朋友庆贺生日，且存在酒后驾车、事后逃逸的情形，负此次事故的全部责任。汪某擅自驾驶机动车未获得用人单位授权，其行为在一般人看来与履行职务亦不存在关联，故其应自行就超出交强险部分的损失承担赔偿责任。同时，作为用人单位及肇事车辆所有人的某食品公司管理不善，致使驾驶员汪某得以擅自驾车外出，对受害人损失的发生亦存在一定过错，二审法院根据二者在本案中的过错程度，针对超出交强险部分的损失酌情认定由汪某承担 70% 的赔偿责任，由某食品公司承担 30% 的赔偿责任，应属适当。

---

[1] 参见最高人民法院民事审判第一庭编著：《最高人民法院关于道路交通损害赔偿司法解释理解与适用》，人民法院出版社 2012 年版，第 47 页。

【裁判依据】

《侵权责任法》第 34 条、第 49 条

《道路交通事故司法解释》第 2 条

《人身损害赔偿解释》第 9 条

10

被盗机动车肇事，被盗机动车所有人不应承担垫付责任

——万某与沈某等机动车交通事故责任纠纷案

裁判规则

被盗机动车发生交通事故造成的他人损害，应由盗窃人承担赔偿责任。在盗窃人逃逸的情况下，保险公司应在交强险限额范围内垫付抢救费用，并有权向盗窃人追偿。鉴于被盗机动车所有人在盗窃情形下既未对机动车进行运行支配亦不享有运行利益，且其并不存在被盗机动车交通事故发生的过错，故其不应承担垫付责任。在无保险公司承保交强险的情况下，可适用《道路交通安全法》第75条之规定，由道路交通事故社会救助基金先行垫付抢救费用，而后向盗窃人追偿。

案　情[1]

2012年12月16日，在北京市昌平区某路口，沈某驾驶车辆由西向东行驶，万某骑自行车由西向东行驶，沈某的车辆在并线过程中，车辆的前部及两个前轮与马路牙子相撞后，车辆的前部又与万某所骑的自行车后部相撞，造成两车受损，万某受伤。经交通管理部门认定，沈某负事故全部责任，万某无责任。事故发生后，万某被诊断为腰骶横突骨折等。2013年6月4日，北京中衡司法鉴定所出具鉴定意见：万某的伤残等级为×级，伤残赔偿指数为10%。肇事车辆在

[1] 北京市第一中级人民法院(2014)一中民终字第5014号。

保险公司投保机动车交通事故责任强制保险,本次交通事故发生在保险期间内。该车未投保商业三者险。另查,经(2013)昌刑初字第303号刑事判决书认定,事发时沈某驾驶的车辆为盗窃车辆,并判处沈某犯盗窃罪,判处有期徒刑三年三个月。一审法院在认定万某合理损失数额的基础上,判决华安保险公司在机动车交通事故责任强制保险限额范围内向万某垫付医疗费用类赔偿金8746.74元,沈某赔偿万某经济损失6万余元。

一审判决作出后,万某、沈某均不服,提起上诉。万某上诉请求:改判由保险公司承担赔偿责任及伤残赔偿金标准适用北京市的城镇标准。上诉理由是:(1)本案虽为盗窃车辆导致的损害,也应由保险公司承担赔偿责任;(2)我虽为农村户口,但是在北京居住一年以上,也在北京工作,收入来源地也是北京,故应该按照北京市城镇标准赔偿我的残疾赔偿金。沈某上诉请求:改判依据万某的实际损失赔偿其各项费用。上诉理由是:原审判决认定的各项费用过高,不认可对盗窃车辆的事实的认定,本案的车主杨某也应承担赔偿责任。

【裁判结论】

被盗车辆的保险公司只在机动车交通事故责任强制保险责任限额范围内垫付抢救费用。二审判决:驳回上诉,维持原判。

【裁判观点】

一审法院经审理后认为,本次交通事故中,沈某负事故全部责任,经(2013)昌刑初字第303号刑事判决书认定,事发时沈某驾驶的车辆系盗窃车辆,该车在保险公司投保交强险,事故发生在保险期间内,故对于万某的合理损失,其中,医疗费由华安保险公司进行垫付后另行向沈某追偿,其他各项合理损失由沈某承担赔偿责任。沈某辩称其给付车主闫某的经济损失中含有赔偿万某的费用,但未提供证据证明自己的主张,法院对该项辩解意见不予采信。万某主张的医疗费、住院伙食补助费,理由正当,法院予以支持。万某主张的营养费、护理费、误工费、精神损害抚慰金、交通费,法院根据相关证据及本案实际情况酌情予以认定。万某主张残疾赔偿金和被扶养人生活费按照城镇居民标准计算,依据不足,法院按照农村居民标准依法予以计算。万某主张的财产损失,未提供证据证明其主张,法院不予支持。

二审法院经审理后认为,关于是否应适用北京市城镇标准计算万某的残疾赔偿金的问题。最高人民法院民一庭《关于经常居住地在城镇的农村居民因交通事故伤亡如何计算赔偿费用的复函》中说明:人身损害赔偿案件中,残疾赔偿金、死亡赔偿金和被扶养人生活费的计算,应当根据案件的实际情况,结合受害人住所地、经常居住地等因素,确定适用城镇居民人均可支配收入(人均消费性支出)或者农村居民人均纯收入(人均年生活消费支出)的标准。根据该答复的原则,确定赔偿标准要考虑经常居住地和主要收入来源地等因素综合予以判断,万某在原审中提交的证据并不能证明其经常居住地和主要收入来源地为北京的城镇地区,故其主张应适用北京市城镇标准赔偿其残疾赔偿金的主张,法院不予支持。关于本案的事实认定问题,因生效的刑事判决书已经确定系沈某盗窃他人车辆,且公安机关交通管理部门认定沈某承担事故的全部责任,故沈某理应承担对万某的赔偿责任,原审判决依据现有证据核定的万某各项损失正确,对沈某要求降低赔偿数额的主张,法院不予支持。关于本案中保险公司的赔偿范围问题。《侵权责任法》第52条规定,盗窃、抢劫或者抢夺的机动车发生交通事故造成损害的,由盗窃人、抢劫人或者抢夺人承担赔偿责任。保险公司在机动车强制保险责任限额范围内垫付抢救费用的,有权向交通事故责任人追偿。《交强险条例》第22条规定,有下列情形之一的,保险公司在机动车交通事故责任强制保险责任限额范围内垫付抢救费用,并有权向致害人追偿:(1)驾驶人未取得驾驶资格或者醉酒的;(2)被保险机动车被盗抢期间肇事的;(3)被保险人故意制造道路交通事故的。有前款所列情形之一,发生道路交通事故的,造成受害人的财产损失,保险公司不承担赔偿责任。根据上述法律法规的规定,盗窃的机动车发生交通事故造成他人损害的,应该由盗窃人承担赔偿责任,保险公司只在机动车交通事故责任强制保险责任限额范围内垫付抢救费用。故对于万某要求保险公司承担赔偿责任的主张,法院不予支持。

法官评析

本案涉及车辆被盗情形下,机动车交通事故赔偿责任的认定问题。关于被盗车辆引发的机动车交通事故责任的承担,有相应的法律规定。于1999年7月3日施行的最高人民法院《关于被盗机动车辆肇事后由谁承担损害赔偿责任问题的批复》规定:使用盗窃的机动车辆肇事,造成被害人物质损失的，肇事人应当依法承担损害赔偿责任，被盗机动车辆的所有人不承担损害赔偿责任。该批复明确了被盗车辆机动车交通事故的责任主体为使用盗窃车辆的肇事人。此后，出于保护受害人以使其获得及时救助之目的，《侵权责任法》第 52 条在此基础上进一步明确了保险公司在交强险范围内的垫付责任：盗窃、抢劫或者抢夺的机动车发生交通事故造成损害的，由盗窃人、抢劫人或者抢夺人承担赔偿责任。保险公司在机动车强制保险责任限额范围内垫付抢救费用的，有权向交通事故责任人追偿。同时，结合《交强险条例》第 22 条之规定，即“有下列情形之一的，保险公司在机动车交通事故责任强制保险责任限额范围内垫付抢救费用，并有权向致害人追偿：（一）驾驶人未取得驾驶资格或者醉酒的；（二）被保险机动车被盗抢期间肇事的；（三）被保险人故意制造道路交通事故的。有前款所列情形之一，发生道路交通事故的，造成受害人的财产损失，保险公司不承担赔偿责任”，保险公司在交强险范围内的垫付对象仅限于抢救费用，不包括受害人的财产损失。综合上述法律法规的规定，被盗机动车发生交通事故造成的损害应由盗窃人承担赔偿责任，保险公司在交强险限额范围内垫付抢救费用，并有权向盗窃人追偿。

然而，上述法律法规并未明确在抢救费用超出交强险范围，以及被盗车辆未投保交强险或交强险过期的情况下，所有人是否应承担垫付责任。垫付人虽然不是最终的责任主体，享有追偿权，但盗窃人由于害怕盗窃败露往往逃之夭夭，垫付人追偿成功的几率难以保障，因此一旦认定机动车所有人承担垫付责任，其在很大程度上会成为实质的赔偿主体。笔者认为，从以下方面分析，不应认定被盗车辆所有人承担垫付责任。首先，从立法的价值导向上来看，不应由被盗车辆所有人承担责任。虽然盗窃车辆后肇事在广义上也属于未经允许驾驶机动车的情况，存在适用《侵权责任法》第 49 条，即机动车所有人在对损害的发生有过错的情况下承担相应的赔偿责任的可能，但《道路交通事故司法解释》第 2 条明确将《侵权责任法》第 52 条规定的盗抢机动车情形排除在《侵权责任法》第 49 条的适用范围之外，由此可以看出，立法并无让被盗车辆所有人承担责任的意图。其次，从机动车交通事故责任依据的危险责任法理来看，在机动车被盗窃的情形下，“运行支配”和“运行利益”均不归属于机动车所有人，车辆由盗窃人实际控制并享有使用利益,故而被盗机动车所有人并无承担责任的法理基础。再次,从侵权责任构成所需的要件来说,被盗车辆所有人无法预见也无法控制车辆被盗后交通事故的发生,故其不存在导致交通事故发生的过错;即便其存在未及时投保交强险的过错,其亦无法预见其此种过错会导致车辆被盗进而发生交通事故。因盗窃人驾驶车辆系基于违法行为,应认为违法行为切断了被盗车辆所有人与交通事故发生的因果关系链条,因而被盗车辆所有人不应就交通事故的损害承担责任。最后,被盗车辆所有人本身也是受害人,要求其就被盗车辆交通事故承担垫付责任有违公平。综上,被盗机动车所有人不应承担垫付责任,在其未投保交强险或者交强险过期的情况下,可适用《道路交通安全法》第75条之规定,由道路交通事故社会救助基金先行垫付抢救费用,而后向盗窃人追偿。

鉴于未经允许驾驶车辆与车辆被盗情形下的机动车交通事故责任认定完全不同,因而在实践中应注意对二者予以区分。二者的主观目的及行为表现有所不同,前者的主观目的在于非法占有车辆的使用权,其通常是利用车辆没有锁车、熄火、拔车钥匙的便利在附近驾驶车辆,且使用完车辆后有将车辆归还的主观意思;而后者的主观目的在于非法占有车辆的所有权,盗窃人会尽快将车开走并远离所有人控制。[1] 同时,还可结合下述因素进行综合判断:首先,行为人是否使用了实施盗窃的工具和技术;其次,行为人与机动车所有人之间是否存在特定关系,如雇佣关系或劳动关系,以及行为人是否曾获得驾驶机动车的授权;最后,为避免机动车所有人谎称车辆被盗而逃避责任,还应审查其是否采取了报案等机动车被盗后的合理措施。

【裁判依据】

《侵权责任法》第52条

《道路交通事故司法解释》第2条

《交强险条例》第22条

---

〔1〕 参见最高人民法院民事审判第一庭编著:《最高人民法院关于道路交通损害赔偿司法解释理解与适用》,人民法院出版社2012年版,第42页。

11

被套牌车所有权人或管理人同意套牌的，应就交通事故责任与套牌车一方承担连带责任

——闵某与某运输公司等机动车交通事故责任纠纷案

裁判规则

套牌机动车发生交通事故时，被套牌机动车所有人或者管理人同意套牌的，应当与套牌机动车的所有人或者管理人承担连带责任。在认定被套牌机动车所有人或管理人是否同意套牌时，不应对受害人施加过重的举证责任，苛求其提供完整全面的证据证明被套牌机动车所有人或管理人的“同意”，应适当缓和受害人证明此项内容的举证责任。同时，还应区分有偿及无偿的情形，针对被套牌机动车所有人或管理人是否“同意”套牌作出认定。

案　情[1]

2015年8月16日，马某驾驶重型普通货车与他人驾驶的无牌号两轮摩托车迎面碰撞，造成该摩托车驾驶人及乘车人闵某受伤，车辆受损。该事故经福海县公安局交通警察大队认定，马某承担事故的主要责任，摩托车驾驶人承担事故的次要责任，闵某无责任。经鉴定，闵某伤残等级属9级伤残，附一项10级伤残。

严某雇佣马某驾驶严某所有的肇事货车为其拉运水泥和沙子。该车已达到报废标准，所挂号牌为A号牌，但与挂靠在某运输公司的A号牌重型普通货车不是同一辆车，挂靠在某运输公司的A号牌重型普通货车已于2013年10月21

〔1〕 新疆维吾尔自治区阿勒泰地区中级人民法院(2019)新43民再1号。

日在福海县公安局交通警察大队车辆管理所办理了注销登记。某运输公司名下重型普通货车的机动车注销证明书中写明机动车所有人因故未能交回:机动车前号牌及后号牌、机动车行驶证、机动车登记证书。一审判决严某赔偿闵某医疗费、精神损害抚慰金等各项损失合计 113,258.18 元。

一审判决作出后,闵某及严某不服提出上诉。闵某上诉要求就伤残赔偿金、被扶养人生活费、护理费、医疗费、交通费进行重新核算;某运输公司应承担连带赔偿责任。严某上诉请求撤销责令严某承担给付责任的一审判决,理由为严某与马某之间形成合同关系,而非雇佣关系;肇事车辆原车主是某运输公司,挂靠人另有他人,不能认定严某是车主。新疆维吾尔自治区阿勒泰地区中级人民法院改判严某赔偿闵某各项损失 152,176 元、精神抚慰金 2000 元;某运输公司承担连带给付责任。

二审判决作出后,某运输公司不服,向新疆维吾尔自治区高级人民法院伊犁哈萨克自治州分院申请再审,该院指令二审法院再审。某运输公司再审请求发回重审或改判驳回对其的赔偿请求,理由为本案未认定肇事车辆套牌,没有证据证明某运输公司同意肇事车辆使用报废车牌;二审判决某运输公司在交强险范围内承担责任错误,肇事车辆是无法投保的"黑车",不属于司法解释中"应投保而未投保"的情形。

【裁判结论】

新疆维吾尔自治区阿勒泰地区中级人民法院再审认为某运输公司承担连带赔偿责任,判决维持该案二审民事判决。

【裁判观点】

一审法院经审理后认为,本次事故发生的事实及过错责任的分担,已由交警部门调查认定,马某承担主要责任,摩托车驾驶人承担次要责任,闵某没有责任。本案肇事车辆车主为严某,马某作为提供劳务一方因劳务造成闵某损害,严某作为接受劳务一方应当承担侵权责任。严某的肇事车辆已达到报废标准,与挂靠在某运输公司的 A 号牌重型普通货车不是同一辆车,挂靠在某运输公司的 A 号牌重型普通货车已于 2013 年 10 月 21 日在福海县公安局交通警察大队车辆管理所办理了注销登记,故某运输公司不应承担责任。

二审法院经审理后认为,马某受雇于严某拉运水泥等货物,双方形成劳务关系,且马某驾驶的肇事车辆为严某所有,接受劳务的严某应承担因马某造成他人损害的侵权责任。某运输公司作为A号牌重型普通货车的机动车所有人虽办理了注销登记,但未交回机动车号牌,未将A号牌牌照经合法程序予以销毁,且某运输公司向法庭提交的车辆灭失承诺书无主管部门和承诺部门(个人)的签章,未尽到注意管理义务,导致肇事车辆挂A号牌牌照营运,并发生道路交通事故,某运输公司应承担过错责任。某运输公司抗辩肇事车辆所挂A号牌牌照可能是假牌照,没有提供证据予以证明,不予采信。综上,某运输公司应与严某承担连带赔偿责任。一审对误工费、护理费、残疾赔偿金、交通费、被扶养人生活费的判决有误,应予纠正;对其他费用的认定正确,予以维持。严某未购买交强险,应在交强险的赔偿范围内承担赔偿责任,仍有不足的按照侵权责任的比例承担。经核算,严某在交强险范围内承担55,000元,剩余损失由严某承担70%的赔偿责任。

再审法院经审理后认为,马某驾驶的肇事车辆为严某所有,车辆已达到报废标准。某运输公司在办理A号牌重型普通货车注销登记时,未将机动车号牌、行驶证等交公安机关交通管理部门注销,未交回期间,某运输公司负有管理责任。严某所有的肇事车辆已达到报废标准,挂着A号牌上路行驶,违反了《机动车强制报废标准规定》;在庭审中,严某否认肇事车辆是自己的车辆,称不知道A号牌怎么挂在肇事车辆上的,某运输公司也称不知道A号牌怎么挂在肇事车辆上的。严某所有的肇事车辆套用A号牌,系套牌机动车。某运输公司既不能对未将注销机动车号牌及行驶证等交回公安机关交通管理部门的行为予以合理说明,又不能举证证明严某系未经某运输公司同意套用A号牌,且,某运输公司在再审申请中自述肇事车辆借用了A号牌。根据《道路交通事故司法解释》第5条的规定,二审判决某运输公司承担连带赔偿责任处理适当。虽然二审判决在引用法条时存有疏漏,但处理结果并无不当。另,严某所有的肇事车辆已达到报废标准,是无法办理证照也不能上路行驶的车辆,严某和某运输公司无视国家法律规定,套用A号牌上路行驶,理应承担赔偿责任。

法官评析

本案涉及机动车交通事故中套牌情形下被套牌机动车所有人或管理人

与套牌机动车所有人或管理人的责任认定问题。按照《道路交通事故司法解释》第5条的规定，套牌机动车发生交通事故造成损害，属于该机动车一方责任，当事人请求由套牌机动车的所有人或者管理人承担赔偿责任的，人民法院应予支持；被套牌机动车所有人或者管理人同意套牌的，应当与套牌机动车的所有人或者管理人承担连带责任。据此可以看出，以被套牌机动车所有人或者管理人是否同意套牌为区分，存在不同的责任认定方式。

套牌车之所以为法律及行政法规所禁止，原因在于如下方面：其一，就社会利益而言，其逃避交通管理部门的监管，放大了交通事故发生的概率，给社会公众的生命财产安全带来隐患；其二，就被套牌车所有权人利益而言，套牌车冒用被套牌车车牌上路行驶发生交通事故时，被套牌车所有权人或管理人往往难以证明存在套牌的情况，故而被套牌车所有权人的利益易受侵害；其三，就机动车交通事故受害人利益而言，受害人难以追溯到实际侵权人主张机动车交通事故责任，故其获得赔偿的概率将被大大降低。据此，法律给予套牌行为以否定性评价。故而在被套牌机动车所有人或管理人并未同意套牌的情况下，套牌车所有人或管理人应承担机动车交通事故责任。而在被套牌机动车所有人或管理人同意套牌的情况下，鉴于其违反了法律及行政法规的强制性规定，扰乱了公共管理秩序，且出于保护受害人之目的，其应与套牌机动车所有人或管理人一同承担连带责任。

在审判实务中，具体到如何认定被套牌机动车所有人或管理人同意套牌，可从以下两个方面予以明确：

1. 证明责任的缓和。鉴于《侵权责任法》及相关法律并未就此种情形下的举证责任作出特别规定，故按照一般的举证原则，应由原告即机动车交通事故中的受害人举证证明被套牌机动车所有人或管理人“同意”套牌，但完成此种举证责任对受害人而言并非易事。通常情况下，受害人无从知晓被套牌机动车与套牌机动车的所有人或管理人之间是否存在关系及存在何种关系，对其施加过重的举证责任，苛求其提供完整全面的证据证明被套牌机动车所有人或管理人的“同意”并不合理。因而，在实践中，应对受害人关于此项内容的举证责任予以适当缓和。如机动车所有人或管理人将机动车号牌出借他人使用,或者明知他人套牌使用机动车号牌而不予制止,应认定其“同意”套牌。[1] 又如,在受害人能够证明或法院已查明被套牌机动车所有人或管理人与套牌机动车所有人或管理人之间存在一定关联的情况下,法院应认定由其二人说明或举证证明其二人之间不存在同意套牌的事实。在其二人无法就套牌一事予以合理说明的情况下,法院可以基于高度可能性的原则,综合案情认定被套牌机动车所有人或管理人存在“同意”。

本案中,某运输公司不能对未将注销机动车号牌及行驶证等交回公安机关交通管理部门的行为予以合理说明,且某运输公司在再审申请中自述肇事车辆借用了 A 号牌,此时某运输公司仅仅辩称不知道为什么号牌挂在肇事车辆上,显然不足以推翻基于前述事实形成的其同意进行套牌的高度可能性。据此,二审及再审法院认定某运输公司同意套牌是合理的。一审法院在受害人同时起诉了套牌车及被套牌车所有人的情况下,未查明二者之间可能影响责任承担的事实,存在不当。

2. 区分有偿与无偿。实践中的套牌情形大体可区分为有偿与无偿两种情形。鉴于二者的行为目的并不相同,法律给予的相应评价亦应有所区别,故而在认定是否构成同意套牌时也应有所区分。

在有偿套牌的情况下,被套牌车所有人或管理人基于营利之目的,以收取费用为前提,准许套牌车所有人或管理人套用其号牌。在被套牌车所有人或管理人已成功收取费用的情况下,可以直接认定其同意套牌;但在其未成功收取费用的情况下,不能径行认定其不构成同意。即便未成功收费,在双方已达成合意或被套牌车所有人或管理人实施了相关帮助行为的情况下,亦应认定其构成同意。

相较于有偿套牌,实践中基于情谊行为同意无偿套牌的情况更为多见。鉴于无偿套牌不存在收取费用的情形,而且被套牌车所有人或管理人可能对套牌行为不置可否,故而在判断被套牌车所有人或管理人是否构成同意时,较之有偿套牌,更为困难。在此种情况下,一般而言,只要受害人提供的证据能够证明被套牌机动车所有人或管理人知道或应当知道套牌行为实施人的真实身份而未及时采取救济措施即可。在认定是否及时采取救

---

[1] 参见最高人民法院指导案例第 19 号,赵春明等诉烟台市福山区汽车运输公司卫德平等机动车交通事故责任纠纷案。

济措施时,应考虑需限定在交通事故发生之前,以及向有关部门举报或反映情况为准。[1] 在认定是否属于“应当知道”套牌行为实施人的真实身份时,可综合考虑被套牌机动车与套牌机动车所有人或管理人之间是否相识或存在其他关系、本次事故前是否发生过能够发现套牌行为的其他事故、有无明确反证等具体因素。

【裁判依据】

《道路交通事故司法解释》第5条

〔1〕 参见最高人民法院民事审判第一庭编著:《最高人民法院关于道路交通损害赔偿司法解释理解与适用》,人民法院出版社2012年版,第75页。

12

已交付但未办理所有权登记的机动车发生交通事故应当由最终受让人承担侵权责任

——华兴服装公司与王某等机动车交通事故责任纠纷案

裁判规则

就当事人角度而言,在发生交通事故并引发纠纷时,其所能通过自我救济往往是通过各种手段寻找到与肇事车辆相关的人,并将这些相关人作为被告诉至法院。而机动车交通事故责任纠纷案件的处理,本身是通过法律适用找准侵权责任主体并划分责任份额的过程。在我国,商品经济的发展促进了物的流通,并加速了物权的更替。在物的种类中,动产的物权一般采取的是物权交付主义,即一旦交付随即就发生物权的转移。而机动车作为一种特殊种类的动产,当然适用物权交付主义,但特殊之处体现在机动车的注册、变更、抵押、注销等都需要在法定机构履行特定的登记程序。在交付与登记相分离的情形下,公众往往不能第一时间辨别机动车的所有人,也会对找准交通事故的责任主体产生影响。这就需要法院根据案件的事实,准确适用法律对侵权责任予以认定。

案　情[1]

2013年6月13日,在北京市大兴区京开高速进京六环桥南处,谭某驾驶车牌号为冀×的车辆与王某驾驶的辽×车辆相撞,两车损坏,谭某驾驶车辆的乘车人高某某受伤。北京市公安局大兴分局交通支队出具事故认定书,认定此次事

〔1〕 北京市第二中级人民法院(2015)二中民终字第00763号。

故中王某承担事故全部责任，谭某无责任。经审查，车牌号码为辽×车辆登记车主为盘锦市市政工程管理处（以下简称盘锦管理处），冀×车辆登记在阜城县华兴服装有限公司名下（以下简称华兴服装公司）。在审理过程中，盘锦管理处向法院提交汽车顶债协议显示，2006 年 11 月 7 日，盘锦市市政工程建设总公司（时为盘锦管理处所属国有企业）与周某签订协议，约定将辽×机动车，定价 10 万元抵减盘锦市市政工程建设总公司欠周某款项，自协议签订日起，该车所有权归乙方所有。王某称，虽然该车行驶证上登记为盘锦管理处，但是实际车主为其本人，王某系从他人处购买该车，卖家并不是周某，其提交一份机动车交强险保单及保险发票显示，王某于 2010 年 7 月 14 日，曾为辽×购买交强险。经法院询问，王某表示，因其对车辆进行了改装，所以没有办法上商业险，事故发生时，车辆的交强险也已经过期。因涉及赔偿问题，华兴服装公司将盘锦管理处与王某共同诉至法院，请求法院判决盘锦管理处与王某对其损失承担连带责任。法院经审理后认为因涉案辽×车辆未投保交强险及商业三者险，故判决王某赔偿谭某因本次交通事故所造成的全部损失。

【裁判结论】

一审判决生效后，华兴服装公司不服，上诉至北京市第二中级人民法院。二审法院认为，华兴服装公司认为盘锦管理处与王某之间可能故意串通以逃避法院的判决，肇事车辆登记在盘锦管理处名下，其应当与王某对事故造成的损失承担连带赔偿责任，无事实和法律依据，不予支持。

【裁判观点】

一审法院认为，公民合法的财产权利受法律保护。北京市公安局大兴分局交通支队对此次交通事故责任作出认定，王某承担本次事故的全部责任。本案中，盘锦管理处提供一份汽车顶债协议表明其已于 2006 年将车辆转让给案外人周某，王某也承认其系从另一案外人处购买辽×车辆且曾为辽×车辆购买过交强险，法院认为辽×车辆目前属于连环购车。盘锦管理处虽是辽×车辆的原车主，因车辆早在 2006 年就抵债转出并已交付，其既不能支配车辆的运营，也不能从该车的运营中获得利益，故原车主即盘锦管理处不应对辽×车辆发生交通事故致损承担责任。华兴服装公司认为车辆已达报废期限，且经拼装，盘锦管理处与王某之间存在互相串通的关系,应二者承担连带责任,但是其并未提交证据证明故对该主张,法院不予认可。

二审法院认为,关于盘锦管理处是否应当承担连带赔偿责任的问题。在本案中,王某驾驶车牌号为辽×车辆与华兴服装公司司机谭某驾驶的冀×牌小客车相撞,导致冀×牌小客车损坏。根据盘锦管理处提交的《汽车顶债协议》,辽×牌车辆已于2006年转让给案外人周某,后王某从另一案外人处购买该车并实际管理和使用该车,其于2010年7月14日作为被保险人为该车购买了交强险,但因车辆未办理过户登记手续,现仍登记于盘锦管理处名下。华兴服装公司上诉称上述《汽车顶债协议》因违反法律规定应属无效但未提供充分的事实和法律依据,其认为车辆已达报废期限且车辆未投保交强险,盘锦管理处作为转让人及投保义务人应与受让人王某承担连带赔偿责任,但其既未举证证明盘锦管理处转让车辆时该车已经报废的事实,亦未能证明盘锦管理处仍然支配管理该车并从其营运中获利,且盘锦管理处转让车辆并非导致本案所涉交通事故发生的原因,故对于其上述上诉主张,本院不予采信。原判认定本案属于连环购车且盘锦管理处无须对辽×车辆发生交通事故致损承担责任并无不当。

法官评析

本案涉及机动车转让并交付但未办理所有权转移登记,发生交通事故以后责任承担的问题。《道路交通安全法》第12条第1项规定,机动车所有权发生转移的,应当办理登记。而现实生活中,机动车买卖之后为节省税费不办理转移登记的现象时有发生,甚至少数买卖双方串通故意不办理转移登记,以谋求某些非法利益。在登记人与所有权人分离的情形下,若发生交通事故,相关责任划分应当采取如下思路:

第一,一般情况下,机动车转让并交付之后,发生交通事故应当认定受让人为责任人。根据《物权法》的相关规定,[1]登记制度根据物的种类的不同,其所产生的效力也不同,分为登记要件主义与登记对抗主义。登记要件

[1] 《物权法》第9条:不动产物权的设立、变更、转让和消灭,经依法登记,发生效力;未经登记,不发生效力,但法律另有规定的除外。依法属于国家所有的自然资源,所有权可以不登记。第24条:船舶、航空器和机动车等物权的设立、变更、转让和消灭,未经登记,不得对抗善意第三人。

主义指在不动产的转让过程中，当事人除了必须具备物权变动的意思表示外，还必须在权力机关将意思表示予以登记，如不登记则不发生物权变动的效力。登记对抗主义指在车辆、船舶、航空器等特殊物的转让过程中，当事人做出了物权转让的意思表示并将标的物交付以后，该物的所有权就发生了转移。如不登记，并不能对所有权的变更造成影响，只是不能对抗善意第三人。当然，这里的善意第三人指的是希望获得动产所有权的第三人，而不包括侵权责任在法律关系中的被侵害人。因此，机动车登记与否并不影响所有权的变更，一旦转让并交付，受让人就成为新的所有权人。从目前司法实践与法理上说均认为，交通事故的责任主体的认定应当从“运行利益”和“运行支配”两个角度予以把握。[1] 从这个理论出发，在不考虑其他特殊情况前提下，机动车受让人作为所有权人，购买机动车是为了占有、使用及收益。虽未将机动车登记在自己名下，但是较之登记人更为直接、便利的支配了机动车的运行且可以从机动车的运行中获得利益，那么作为开启风险源的主体，其在发生交通事故后，应当对风险所导致的损害后果承担责任。正因如此，《侵权责任法》第 50 条规定，当事人之间已经以买卖等方式转让并交付机动车但未办理所有权转移登记，发生交通事故后属于该机动车一方责任的，由保险公司在机动车强制保险责任限额范围内予以赔偿。不足部分，由受让人承担赔偿责任。

第二，在司法实践中，有些机动车肇事者在案件产生后，采用虚假的合同将机动车转让给无赔偿能力的他人，造成受害者最终不能得到救济的局面。此外，在机动车牌照采取指标制的北京、上海等大城市，将自己所有的机动车登记在他人名下与连环买卖现象屡见不鲜。2011 年，最高人民法院《关于连环购车未办理过户手续，原车主是否对机动车发生交通事故致人损害承担责任的请示的批复》中明确表示：连环购车未办理过户手续，因车辆已经交付，原车主既不能支配该车的营运，也不能从该车的营运中获得利益，故原车主不应对机动车发生交通事故致人损害承担责任。但是，连环购车未办理过户手续的行为，违反有关行政管理法规的，应受其规定的调整。该批复实质上是采纳了交付生效、运行支配、运行利益理论，对连环购车后

[1] “运行支配”是指可以在事实上支配管理机动车的运行。“运行利益”是指机动车运行所产生的利益。

产生交通事故责任主体进行了规定。基于此条批复与《侵权责任法》第 50 条的理论脉络,2012 年出台的《道路交通事故司法解释》第 4 条规定,被多次转让但未办理转移登记的机动车发生交通事故造成损害,属于该机动车一方责任,当事人请求由最后一次转让并交付的受让人承担赔偿责任的,人民法院应予支持。本条法律作为最新、最具体调整此类交通事故责任纠纷的规范,其适用则更具有可操作性。首先,对于肇事者有可能出现逃避法律责任的情形,本条所称的"最后一次"应当是交通事故发生前的最后一次因转让而交付,这样才能是在事故所引起的诉讼产生时,将责任人纳入诉讼中来。其次,本条中的"转让"应扩张解释为所有权的转让,而不应以有偿为代价。因为很多机动车所有人变更的原因有可能是因赠与、遗赠、继承等无偿的方式。机动车所有权的获得方式的有偿与否与交通事故的发生之间并无法律上的因果关系。因此,本条中"转让"的方式亦不能影响受让人对交通事故的承担。最后,基于运行支配与运行利益的理论,本条所称"交付"一定是指实际控制,而非《物权法》中的观念交付。[1] 只有事实上控制机动车,才能真正支配机动车的运行并从机动车的运行中获得利益,故本条中的"交付"应当指的是交付标的物,而不只是交付所有权。本案中,涉案肇事车辆辽 × 的登记车主为盘锦管理处,但通过盘锦管理处向法院提交的《汽车顶债协议》来看,涉案机动车已于 2006 年转让给案外人周某,而王某是从另一案外人处购得涉案车辆。从现有证据上看,涉案车辆应被连环买卖多次,在没有相反证据予以推翻的情况下,法院应当对这种事实予以确认,并认定王某承担赔偿责任。

第三,虽然根据现行法律规定,机动车转让但未变更登记应当由最后一位受让人承担交通事故责任,但在起诉时应当允许事故受害人一并起诉前手所有人。一方面,法律虽然规定了所有人与登记人不一致以及连环买卖下交通事故责任的承担。但是,出于事故受害者而言,在其对法律规定与机动车转让事实不明的情形下,法院在未经审理不应刻意地对其诉权予以影响。此外,事故受害者起诉之前的所有人也可以使法院可以更清晰地查明机动车转让的过程,对是否属于连环购车进行判断,并最终选择合适法律予

[1] 详见《物权法》第 25 ~ 27 条。

以适用。另一方面，虽然法律对最后一位受让人应当承担事故责任进行了规定，但是并不表示之前的受让人必然可以免予承担事故责任。根据《道路交通事故司法解释》第6条的规定，拼装车、已达到报废标准的机动车或者依法禁止行驶的其他机动车被多次转让，并发生交通事故造成损害，当事人请求由所有的转让人和受让人承担连带责任的，人民法院应予支持。除此以外，《侵权责任法》第51条对此也有规定。[1] 在案件未经审理，具体事实不明时，最终责任的承担方式仍可能存在特殊情形。本案中，华兴服装公司在起诉时认为本案可能存在上述情形，于是将王某及登记人盘锦管理处共同诉至法院。经过法院审理将连带责任情形排除后，遂判决王某承担本案的赔偿责任。

【裁判依据】

《侵权责任法》第50条、第51条

《道路交通事故司法解释》第4条、第6条

最高人民法院《关于连环购车未办理过户手续，原车主是否对机动车发生交通事故致人损害承担责任的请示的批复》

---

〔1〕《侵权责任法》第51条：以买卖等方式转让拼装或者已达到报废标准的机动车，发生交通事故造成损害的，由转让人和受让人承担连带责任。

13

机动车驾驶人发生交通事故逃逸不影响保险公司在交强险限额内理赔，但保险公司可主张商业三者险免赔

——张某与解某等机动车交通事故责任纠纷案

裁判规则

依照《道路交通安全法》第70条第1款的规定，在道路上发生交通事故，车辆驾驶人应当立即停车，保护现场；造成人身伤亡的，车辆驾驶人应当立即抢救受伤人员，并迅速报告执勤的交通警察或者公安机关交通管理部门。因抢救受伤人员变动现场的，应当标明位置。该条法律设立的目的是在事故发生后对肇事司机苛以一定的作为义务，对伤者、现场及后续抢救进行必要的处理，以防止损失的进一步扩大。但在现实生活中，许多肇事司机存在逃避法律规制的侥幸心理，在交通事故发生后选择逃逸。在此种情况下，面对业已存在的损失，保险公司仍应当在交强险的责任限额内承担赔偿责任，未投保交强险及不能查明机动车信息的，可以由道路交通事故社会救助基金垫付。但对于商业三者险，保险公司可以肇事司机逃逸为由拒赔。

案　情[1]

2018年3月1日21时许，在北京市朝阳区东三环中路北向南方向双井桥北出口处，解某驾驶1号车辆左后部和张某驾驶的2号车辆右前部接触，两车损

---

〔1〕 北京市第三中级人民法院(2018)京03民终15117号。

坏,2018年5月31日北京市公安局公安交通管理局朝阳交通支队呼家楼大队作出交通事故认定书,证明解某驾驶机动车发生交通事故后逃逸,负事故全部责任,交通事故认定书记载解某于2018年3月5日到交管部门接受调查。张某称双方车辆发生剐蹭后,其按喇叭示意解某停车,但解某未停车,其就开车去追。后因车辆很多,张某没有追上,其记下车牌号后立即报警,次日张某联系上解某,解某表示人在外地,要求等其回京后处理。2018年3月5日张某和解某在交通队协商赔偿事宜,双方未能达成一致意见,之后交通队启动调查程序,扣留了双方车辆和驾驶证、行驶证。经查,解某所驾驶的肇事车辆在保险公司投保交强险及商业三者险。因张某与解某最终对于赔偿事项未达成一致意见,张某将解某与保险公司共同诉至北京市朝阳区人民法院。诉讼中,保险公司主张因解某有逃逸的行为,符合商业三者险保险合同中免赔条款,主张商业三者险免赔。解某在诉讼中表示知悉逃逸符合商业三者险免赔的情形,但否认曾与张某车辆发生刮蹭的事实,亦否认自己有逃逸的行为。最终,北京市朝阳区人民法院支持了保险公司商业三者险免赔的主张,判决保险公司在交强险的限额内赔偿张某损失,超出部分由解某承担赔偿责任。

一审判决作出后,解某不服上诉至北京市第三中级人民法院,认为逃逸行为的成立不仅在客观上存在逃离现场、潜逃藏匿的行为,主观上更应该具有明知发生交通事故而企图逃避法律追究的主观动机。现有证据不能证明其知悉与张某发生了交通事故,而事发后解某积极努力解决问题,证明了解某解决问题的积极性,并不存在逃避法律追究的行为。

【裁判结论】

北京市第三中级人民法院经审理后认为,现有证据不能证明解某对与张某之间的事故不知情,遂判决:驳回上诉,维持原判。

【裁判观点】

一审法院经审理后认为,肇事车辆在人保北京分公司投保了交强险,人保北京分公司同意在交强险范围内赔偿,一审法院不持异议。解某认可肇事逃逸三者险保险公司不负赔偿责任,但否认自己是肇事逃逸,但交通队通过鉴定已认定解某驾驶的车辆和张某驾驶的车辆有接触,双方发生交通事故后应立即停车处理,解某在未停车、未处理的情况下驾车离开现场,交通队认定其逃逸并无不当,解某称其未发现两车发生交通事故,但没发现不代表事故没发生,并不能因此免除其法定义务,解某肇事逃逸,人保北京分公司作为三者险保险公司不负赔偿责任,应由解某自行赔偿。

二审法院经审理后认为,本案二审争议的焦点主要在于解某主张其不应承担赔偿责任是否成立。保险公司提供的保险条款载明,事故发生后,被保险人或者其允许的驾驶人在未依法采取措施的情况下驾驶被保险机动车或者遗弃被保险机动车逃离事故现场,或故意破坏、伪造现场、毁灭证据的,保险公司对被保险机动车造成人身伤亡或财产损失,均不负赔偿责任。解某认可其若驾驶车辆逃离事故现场三者险保险公司不负赔偿责任,但主张自己并未驾驶车辆逃离事故现场,不应当承担赔偿责任。对此,法院认为,首先,交通队通过鉴定确认张某驾驶的车辆与解某驾驶的车辆发生过接触,现有证据对于解某与张某驾驶车辆在张某所称事故现场发生碰撞能够相互印证,故解某关于两车并未发生过交通事故的主张缺乏事实依据,法院不予采信。其次,解某上诉主张其事后接到通知积极联系并协商沟通可以证明当时并不知晓发生事故,对此,法院认为其事后积极联系并协商处理与事故发生时其是否知晓发生事故并无必然联系。同时,根据解某所述当晚案涉事故发生路段交通严重拥堵,行车缓慢,且张某主张事故发生时已多次鸣笛但解某车辆没有停车,综合案涉路段交通状况以及两车碰撞情况,双方发生交通事故后应立即停车处理,解某在未采取措施情况下驾车离开现场,现保险公司根据保险条款主张免除三者险赔偿责任,法院予以支持,故一审法院判决保险公司作为商业三者险公司不负赔偿责任,由解某自行赔偿并无不当,解某关于其不应承担本案赔偿责任的主张缺乏事实依据,法院不予采信。

法官评析

本案涉及交通事故发生后出现肇事者逃逸情形下,受损方的求偿问题。在机动车成为每个人必备出行交通工具的今天,机动车数量的高速增长必然导致因交通事故受害者的急剧上升,为分散转移损失及风险的承担,与机动车有关的各类保险相继出台。从现实情形来看,机动车普遍的会投保交强险及商业三者险,亦因为个人与保险公司赔付能力及可预期的差异,受害者大多希望由保险公司代替肇事者履行赔偿义务。但是,如果出现特别情形时，比如肇事逃逸，赔偿责任的承担是否会发生变化是大多数人关心的问题。本文将从法律条文及法理依据出发，对交通事故发生后肇事者逃逸时赔偿责任的划分及界限进行分析，具体如下：

第一，作为司法实践中处理机动车交通事故责任纠纷可适用性较强的司法解释，《道路交通事故司法解释》对很多问题都有明确规定。根据《道路交通事故司法解释》第16条第1款的规定：同时投保机动车交强险和商业三者险的机动车发生交通事故造成损害，当事人同时起诉侵权人和保险公司的，人民法院应当按照下列规则确定赔偿责任：(1)先由承保交强险的保险公司在责任限额范围内予以赔偿；(2)不足部分，由承保商业三者险的保险公司根据保险合同予以赔偿；(3)仍有不足的，依照《道路交通安全法》和《侵权责任法》的相关规定由侵权人予以赔偿。本条解释是关于交通事故责任赔偿顺序的总结性规定，确立了一般交通事故发生后求偿顺序的基本原则，即先由交强险保险公司赔付，再由商业三者险保险公司赔付，不足部分最终由侵权责任人赔偿。如此规定赔偿的先后顺序，源于交强险及商业三者险功能定位的不同。在我国，交强险更多的是体现基本保障功能，即更加重视交强险对受害人损失的填补功能。学界中将我国交强险的模式定义为基本保障模式，即在交强险责任限额内，保险公司的赔偿责任与被保险人的侵权责任相互脱钩。《交强险条例》第1条[1]规定就将交强险的首要功能定位于“保障机动车道路交通事故受害人依法得到赔偿”。可以说，使受害人的损失得到及时赔偿是交强险制度的首要目的，体现了其社会公益性。《交强险条例》第2条亦明确规定，中华人民共和国境内道路上行驶的机动车的所有人或者管理人，应当投保交强险。因此，在交强险理赔及司法实践中，无论机动车一方是否应当承担侵权责任，保险公司都应当在交强险的责任限额内承担赔付责任。与交强险不同的是，商业三者险则系合同当事人自愿订立，数额及范围均由当事人与保险公司约定，更多是体现投保人希望将自身风险转嫁于保险公司的原则。因此，在交通事故发生后，受害者有权直接向承保交强险的保险公司主张权利，当受害者只起诉侵权人时，法院有权将承保交强险的保险公司列为第三人。对应的，受害者可自由选择

---

〔1〕《交强险条例》第1条规定：“为了保障机动车道路交通事故受害人依法得到赔偿，促进道路交通安全，根据《中华人民共和国道路交通安全法》、《中华人民共和国保险法》，制定本条例。”

是否起诉承保商业三者险的保险公司,法院无权自由添加。

第二,根据《侵权责任法》第53条的规定,机动车驾驶人发生交通事故后逃逸,该机动车参加强制保险的,由保险公司在交强险责任限额范围内予以赔偿;机动车不明或者该机动车未参加强制保险,需要支付被侵权人人身伤亡的抢救、丧葬等费用的,由道路交通事故社会救助基金垫付。[1] 道路交通事故社会救助基金垫付后,其管理机构有权向交通事故责任人追偿。本条法律不仅体现了上文所述交强险基本保障功能,更体现了保险公司根据法律承担法定责任的法理基础。对于肇事车辆参加了机动车第三者责任强制保险的,一旦发生交通事故导致他人人身伤害或者是财产损失时,保险公司应当首先予以赔偿,而不问机动车一方是否有过错以及其责任大小,只有超出责任限额的部分,才由交通事故当事人按照所确定的归责原则进行分担。具体到本案中,解某在与张某发生交通事故后逃逸。在不考虑最终责任承担的情形下,张某必然享有将解某及肇事车辆交强险承保的保险公司诉至法院的权利,保险公司必然会承担最终的赔偿责任且不享有拒赔的权利。此外,为了弥补交强险可能存在的盲区,本条还规定了由道路交通社会救助基金制度。《交强险条例》第24条规定:有下列情形之一时,道路交通事故中受害人人身伤亡的丧葬费用、部分或全部抢救费用,由救助基金先行垫付,救助基金管理机构有权向道路交通事故责任人追偿:(1)抢救费用超过机动车交通事故责任强制保险责任限额的;(2)肇事机动车未参加机动车交通事故责任强制保险的;(3)机动车肇事后逃逸的。设立道路交通事故社会救助基金,目的是保障交通事故中的受伤者的医疗抢救费用,从而使伤者得到及时救治。实践中,虽然购买交强险是国家赋予每位机动车所有人及管理人的义务,具有强制性,但是仍有人为了眼前利益不购买,或者到期后不续保,或者交强险数额不足以支付对交通事故受害人的抢救费用。实践中还可能会出现机动车肇事后逃逸的情况。道路交通事故社会救助基金作为机动车交强险制度的组成部分,主要用于支付尚未参保的机动车造成的交通事故和肇事逃逸机动车造成的交通事故受害人的抢救费用。此外,《道路交通安全法》第75条规定,医疗机构对交通事故中的受伤人员应

[1] 《道路交通安全法》第17条规定:国家实行机动车第三者责任强制保险制度,设立道路交通事故社会救助基金。具体办法由国务院规定。

当及时抢救，不得因抢救费用未及时支付而拖延救治。肇事车辆参加机动车第三者责任强制保险的，由保险公司在责任限额范围内支付抢救费用；抢救费用超过责任限额的，未参加机动车第三者责任强制保险或者肇事后逃逸的，由道路交通事故社会救助基金先行垫付部分或者全部抢救费用，道路交通事故社会救助基金管理机构有权向交通事故责任人追偿。

第三，逃逸行为对商业三者险的影响。根据第一部分所确定的求偿顺序，在保险公司已将交强险赔付义务履行完毕之后，正常情况下应当由承保商业三者险的保险公司在商业三者险的责任范围内承担赔偿责任。但《保险法解释（二）》第10条规定：保险人将法律、行政法规中的禁止性规定情形作为保险合同免责条款的免责事由，保险人对该条款作出提示后，投保人、被保险人或者受益人以保险人未履行明确说明义务为由主张该条款不生效的，人民法院不予支持。[1] 因商业三者险更多的是一种商业行为，赔付的依据是投保人与保险公司之间的保险合同，即意思自治。实践中，保险公司对商业三者险的保险合同多使用的是保监会制定的格式合同，将很多法律禁止性的行为列入了商业三者险合同中的免责条款中。因此，在免责条款所载明的情形出现后，保险公司享有拒赔的权利。但值得注意的是，正因商业三者险的合同为格式合同，免责条款作为对保险公司自身责任负担的免除，其触发的条件应是“保险人对免责条款作出提示、说明的义务”。传统做法中最常见的提示行为是保险公司将免责条款注黑体并加粗，投保人在免责条款下签字。在当前出现电话投保、网络投保兴起的大环境下，保险公司仍然会使用录音、录像、网络后台留痕等方式将自己已经明确将免责条款对投保人履行了提示、说明义务予以记录。在审判实务中，掌握保险公司履行了提示说明义务的原则应注意：首先，免责条款的内容应当使投保人能清楚的知晓并了解法律后果；其次，订立合同时，保险公司应当在保险合同中使当事人知悉有免责条款；最后，保险公司应当对免责条款进行特别的说明。无论投保人采取何种方式投保，保险公司都应当按上述原则对投保

---

〔1〕《保险法》第17条：订立保险合同，采用保险人提供的格式条款的，保险人向投保人提供的投保单应当附格式条款，保险人应当向投保人说明合同的内容。对保险合同中免除保险人责任的条款，保险人在订立合同时应当在投保单、保险单或者其他保险凭证上作出足以引起投保人注意的提示，并对该条款的内容以书面或者口头形式向投保人作出明确说明；未作提示或者明确说明的，该条款不产生效力。

人履行提示说明的义务并在纠纷产生后予以举证,举证不能将承担不利的后果,即商业三者险不得免赔。

【裁判依据】

《侵权责任法》第 53 条
《交强险条例》第 24 条
《道路交通安全法》第 76 条
《道路交通事故司法解释》第 16 条

14

交通事故发生后，机动车所有人、管理人具有过错是其承担责任的前提

——诸某与王某等机动车交通事故责任纠纷案

裁判规则

在机动车交通事故责任纠纷中,确定责任主体是首先要解决的问题。正确的确认责任主体,不仅可以体现法律对责任者的规制功能,还可以通过判决对全体社会成员发挥警示功能。从《侵权责任法》的归责原则来看,我国法律对侵权行为一般是以过错原则为基础,无过错原则为例外。机动车交通事故作为侵权的一种,在法律没有对其进行特殊规定的情形下,认定侵权责任及责任主体一般以过错作为归责原则。在所发生的机动车交通事故中,很多情形下机动车的所有人、管理人均不是实际的驾驶人。但是,机动车所有人、管理人仍然可能根据其过错承担相应的侵权责任。

案　情〔1〕

王某系北京英诺格林科技有限公司(以下简称英诺格林公司)的销售员,2011 年 12 月 28 日 20 时其在吃完晚饭的途中遇见同事韩某,韩某系公司司机。王某自行开动肇事车辆,在北京市大兴区瀛海开发区内由西向东行驶时驶入逆行,与行人董某、诸某相撞,造成董某、诸某受伤,车辆损坏。北京市公安局大兴分局交通支队出具道路交通事故认定书,道路交通事故认定书载明:王某未取得

〔1〕 北京市第二中级人民法院(2015)二中民终字第 03325 号。

机动车驾驶证饮酒后驾驶机动车违反右侧通行规定发生交通事故，确定王某为全部责任，董某、诸某无责任。事发时，同事韩某、高某某均在现场。二人均知道王某已经喝酒，且二人在事发时均在肇事车辆上。肇事车俩上贴有英诺格林公司标识。事故后经查，徐某系肇事车辆所有人，该车辆由其签订合同交给英诺格林公司作为该公司业务用车。诸某认为，王某系英诺格林公司的职员，其驾驶单位车辆系职务行为，徐某作为车辆所有人未尽到管理义务，故英诺格林公司与徐某应承担连带赔偿责任。现因赔偿问题达不成一致意见，故诉至法院，请求判决徐某与英诺格林公司对其损失承担连带责任。法院在审理中以职权将王某列为本案被告，最终判决王某与英诺格林公司在保险不足的范围内各自承担50%的责任。

【裁判结论】

一审判决生效后，英诺格林公司不服，上诉至北京市第二中级人民法院。二审法院认为，英诺格林公司认为，该公司虽然是肇事车俩的实际利用人，但损失应由肇事司机个人承担，一审判决以未尽到管理职责判决该公司承担责任亦是错误的，无事实和法律依据，不予支持。

【裁判观点】

一审法院认为，王某虽为英诺格林公司的员工，但其不担任司机一职，且事故发生在下班以后，因此王某驾驶车辆的行为不是职务行为；徐某系车辆的登记车主，但不是车辆的实际使用人，关于车辆实际由谁使用，亦是本案当事人争议的问题之一。法院结合双方提供的证据，认定车辆实际由英诺格林公司使用，理由如下：英诺格林公司员工高某某在交通队询问笔录中称只知道车是公司的，做售后服务使用，另外，事故车辆上贴有英诺格林公司的标识，因此法院认定车辆实际由英诺格林公司使用。关于诸某主张由徐某与英诺格林公司承担连带责任的问题，根据《侵权责任法》的规定，机动车所有人与使用人不是同一人时，发生交通事故后属于该机动车一方责任的，保险不足赔偿的部分，由机动车使用人承担赔偿责任，机动车所有人有过错的，承担相应的赔偿责任，故法院对诸某要求徐某与英诺格林公司承担连带责任的主张不予支持。徐某与英诺格林公司是否应当承担责任的问题，徐某在借用车辆过程中不存在过错，因此不应承担责任，英诺格林公司作为实际使用人，其在使用期间未尽到应尽的管理义务，其雇佣的司机韩某知道王某饮酒的情况下没有及时阻止其驾驶车辆,故英诺格林公司应承担与其过错相对应的责任。

二审法院认为,根据现有证据显示英诺格林公司应当为肇事车辆的使用人,关于根据责任认定书,损失应由肇事司机个人承担。发生交通事故后,公安交通管理部门认定了王某负交通事故的全部责任,故英诺格林公司应依责赔偿诸某一方的合理经济损失,故最终判决驳回上诉,维持原判。

法官评析

本案涉及机动车发生交通事故以后责任主体认定的问题,而责任主体的认定应当以与事故发生的相关主体是否具有过错为前提。在一般情形下,如果机动车的驾驶人就是机动车的所有人及管理人,那么我们可以按一般机动车交通事故责任纠纷来处理。但是,在一些特殊情形下,机动车的驾驶人与所有人、管理人不是同一主体时,就要以机动车所有人、管理人是否具有过错来判断其是否应当承担责任。在厘清驾驶人与机动车所有人、管理人之间关系以及认定各方过错时应当按照以下思路:

第一,一般情况下,机动车发生交通事故后侵权责任的承担应当以过错责任为原则。作为处理机动车交通事故责任纠纷的基础性法律,《道路交通安全法》第76条对事故中"机动车一方"与外界机动车、非机动车、行人之间的责任如何划分以及交强险的责任承担,进行了原则性的规定。既然是原则性规定,本条没有对"机动车一方"应当如何界定作过多的解释。根据前司法实践与理论通说均认为,"机动车一方"本质上作为交通事故的责任主体,对其认定应当从"运行利益"和"运行支配"两个角度予以把握。[1]这个理论不难理解,当一个主体事实地支配了机动车的运行且可以从机动车的运行中获得利益,那么作为开启风险源的主体,其在发生交通事故后,应当对风险所导致的损害后果承担责任。在本案中,如果是韩某在工作期间驾驶汽车造成了交通事故,韩某作为受英诺格林公司雇佣并直接控制肇事汽车的司机,根据"运行支配"和"运行利益"理论,其应当认定为侵权责

〔1〕"运行支配"是指可以在事实上支配管理机动车的运行。"运行利益"是指机动车运行所产生的利益。

任主体。而英诺格林公司作为韩某的雇主，在雇员从事雇佣工作期间所导致损害承担的是“雇主替代责任”，即代替直接责任人承担最终的赔偿责任。但本案并非如此，王某在英诺格林公司从事的是销售工作，并代替该公司驾驶车辆的司机且事故发生时亦非工作时间。因此，英诺格林公司在本件事故中与王某的主体地位并不具有同等性，亦无法对王某应当承担的责任予以吸收。

第二，当机动车的所有人、管理人与实际使用人出现分离时，应当以过错原则对交通事故责任进行划分。机动车交通事故责任作为应当以过错原则认定侵权责任的侵权类型，肇事车辆的直接驾驶人如果具有过错，其应当对自己行为所造成的后果承担责任。但是，当机动车所有人、管理人与驾驶人不是同一人时，各方之间划分责任的标准应当如何认定是此类纠纷的难点之所在。《侵权责任法》第 49 条规定，因租赁、借用等情形机动车所有人与使用人不是同一人时，发生交通事故后属于该机动车一方责任的，由保险公司在机动车强制保险责任限额范围内予以赔偿。不足部分，由机动车使用人承担赔偿责任；机动车所有人对损害的发生有过错的，承担相应的赔偿责任。鉴于交强险社会保障的特点，在交通事故发生后，保险公司处于赔偿的第一顺序已经成为常识。在“发生交通事故后属于该机动车一方责任的”奠定机动车使用人存在过错的前提下，本条法律在肯定了使用人作为机动车直接支配者应当根据其过错承担侵权责任的同时，亦肯定了机动车所有人如有过错，也应承担侵权责任的观点。但是，本条法律只规定了机动车所有人应承担过错责任，那么机动车管理人是否应当承担过错责任呢？应当明确，在所有人与管理人相分离的情形下，机动车管理人才是事实上对机动车享有占有、使用、收益的主体。从法律目的解释的角度来看，机动车管理人当然可以将机动车租赁、借用给他人，可以成为《侵权责任法》第 49 条规定的责任主体。从法理上看，虽然机动车所有人、管理人并非机动车的实际控制人，但是使其负担必要的注意义务，若违反，则认定其具有过错。正因如此，《道路交通事故司法解释》第 1 条规定，人民法院应当认定其对损害的发生有过错，并适用《侵权责任法》第 49 条的规定确定其相应的赔偿责任：(1) 知道或者应当知道机动车存在缺陷，且该缺陷是交通事故发生原因之一的；(2) 知道或者应当知道驾驶人无驾驶资格或者未取得相应驾驶资格的;(3)知道或者应当知道驾驶人因饮酒、服用国家管制的精神药品或者麻醉药品,或者患有妨碍安全驾驶机动车的疾病等依法不能驾驶机动车的;(4)其他应当认定机动车所有人或者管理人有过错的。综合以上分析,在发生交通事故的机动车的驾驶人、所有人、管理人出现分离,而交强险不足以赔偿的部分,驾驶人如有过错应当对损害后果承担起赔偿责任,机动车所有人、管理人亦应当根据其过错承担赔偿责任。在此应当明确的是,在法律没有特殊规定的情形下,机动车所有人、管理人在此情形下以过错为原则承担的责任属于按份责任,[1]而不应是连带责任。综上所述,王某是本次交通事故肇事车辆的驾驶人,即使用人。肇事车辆登记在徐某名下,徐某应认定为所有人。徐某与英诺格林公司以签订合同的方式,将肇事汽车交由英诺格林公司日常使用,虽法院为表述方便将英诺格林公司称为使用人,但英诺格林公司身份应当是管理人。在本案的驾驶人、所有人、管理人均出现分离的情形下,责任主体的认定已经转化为各方是否具有过错的认定。

第三,《道路交通事故司法解释》第1条采用列举和兜底的形式,对机动车所有人及管理人过错认定进行了明确。实践中,驾驶人对交通事故的发生是否具有过错,应当以事发后交管部门的责任认定并结合驾驶人的行为进行综合判断。事发当日,王某酒后在明知自己没有驾驶资格的情况下,违反交通法规在公共道路中驾驶机动车,再结合交管部门最终认定其为全责,其必然对交通事故的发生具有过错。徐某虽作为所有人将肇事车辆交由英诺格林公司管理与使用,转移占有是为了英诺格林公司的业务使用。出于一般人规则,徐某并不能预见肇事车辆会由王某驾驶并造成事故,故其本身不能认为存在过错。而英诺格林公司作为肇事车辆的管理人,其应当对肇事车辆的日常保管与使用负有谨慎的义务。根据本案查明的事实,事故发生时英诺格林公司雇佣的司机韩某与王某同在肇事车辆之中,可以认为韩某对王某开车的行为予以默许。因此,鉴于韩某与英诺格林公司部分身份的重合性,应当认为英诺格林公司怠于履行管理义务,将肇事车辆交由王某驾驶。因此,根据《道路交通安全法》第1条之规定,应认定英诺格林公司对于交通事故的发生亦具有过错,该公司应当与王某按法院认定的过

---

〔1〕 参见最高人民法院民事审判第一庭编著:《最高人民法院关于道路交通损害赔偿司法解释理解与适用》,人民法院出版社2012年版,第44页。

错比例承担按份责任。

【裁判依据】

《侵权责任法》第 48 条、第 49 条

《道路交通安全法》第 76 条

《道路交通事故司法解释》第 1 条

15
出借人对借用人是否在进京证有效期内使用车辆不负有注意义务
——程某与李某等机动车交通事故责任纠纷案

裁判规则

因租赁、借用等使得机动车所有权与使用权相分离，机动车与非机动车驾驶人、行人之间发生交通事故、交强险限额又不足以赔偿受害人损失时，对超出交强险限额的部分，此时机动车的“运行支配”和“运行利益”归属于机动车使用人，故应将机动车使用人认定为机动车一方。机动车所有人、管理人在租赁、借用车辆时负有必要的注意义务，承担的是过错责任。机动车使用人未在进京证有效期内驾驶车辆不属于机动车所有人、管理人的过错，车辆出借人对借用人是否在进京证有效期内使用车辆不负有注意义务。

案　情〔1〕

2015年4月19日9时，张某驾驶小型轿车与程某发生交通事故，造成程某受伤，轿车损坏。交通事故认定书载明，张某驾车未按照交通信号通行且未确保安全的违法行为，是事故发生的主要原因，为主要责任。程某违反分道通行的违法行为，是事故发生的次要原因，为次要责任。张某称，车的进京证过期了，她不知道周末也限制行驶，车是李某之前借给她的。李某称，肇事车辆车主是其老婆林某，林某一直在老家生活，车一直是他在北京使用。2015年4月16日，他回家

〔1〕 北京市第一中级人民法院(2018)京01民终9889号。

之前把车留给了张某，让张某帮他保管并且可以使用。经查明，李某和林某系夫妻，肇事车辆的登记所有人系林某，车辆投保了交强险和商业三者险。后程某将张某、李某、林某诉至法院，要求其对超出交强险范围的损失按照 80% 的比例承担赔偿责任。一审判决，对程某超出交强险的损失，林某、李某承担 10% 的赔偿责任。

一审判决作出后，程某、林某、李某均不服提出上诉。林某认为，车辆虽登记在其名下，但是出借车辆的是李某而非林某，由此产生的损害赔偿债务不属于夫妻共同债务，请求改判林某不承担赔偿责任。李某认为，其与林某系夫妻，作为车主把自己的车辆出借给张某使用，出借时车辆状况良好并不存在缺陷，李某对损害的发生并无过错，程某斜穿马路的违法行为是导致事故发生的唯一原因，请求改判李某不承担赔偿责任。

【裁判结论】

林某、李某对本次交通事故的发生不存在过错，一审法院认定其二人存在过错，并对程某的损害承担 10% 的赔偿责任错误，法院予以纠正，改判林某、李某不承担赔偿责任。

【裁判观点】

一审法院经审理后认为，从事故发生的经过看，程某作为行人未走人行横道等行人过街设施而是准备穿越设有中心护栏的机动车道，张某驾驶机动车未确保安全并在遇到紧急情况时采取措施不利，双方存在同等过错。林某作为肇事车辆的所有人，李某作为肇事车辆的实际管理人、使用人，二人未尽到作为车辆所有人和管理人的义务，导致将进京证过期的车辆交给张某使用，林某、李某的行为亦存在一定过错。同时考虑到机动车作为高速运输工具，在道路运行中处于优势地位，享受高速运输工具的行为人应该对因此而产生的危害承担更高的注意义务，故对程某超出交强险的损失，法院酌情认定林某、李某承担 10% 的赔偿责任。

二审法院经审理后认为，根据《侵权责任法》第 49 条和《道路交通事故司法解释》第 1 条的规定，车辆所有人或出借人对损害的发生有过错的，承担相应的赔偿责任。本案中，根据公安机关交通管理部门对本次交通事故的认定，林某、李某作为车辆所有人和出借人，不存在《道路交通事故司法解释》第1条第1项至第4项规定的情形。其次，根据公安机关交通管理部门笔录记载，李某出借车辆给张某的时间是2015年4月16日，张某发生交通事故的时间为2015年4月19日。现无证据证明李某出借时该车辆进京证已过期。而且，李某系无偿将车辆出借给张某，林某、李某作为所有人和管理人在出借车辆后不实际控制车辆，其二人在事实上不支配车辆的管理和运行，也并未从车辆的运行中获得营运利益，故在林某、李某不存在"运行支配"和"运行利益"的情况下，不应苛责其二人对借用人张某是否在进京证有效期内使用车辆负有注意义务。综上，法院认为林某、李某对本次交通事故的发生不存在过错。一审法院认定其二人存在过错，并对程某的损害承担10%的赔偿责任错误，法院予以纠正。

法官评析

本案涉及因租赁、借用等使机动车所有权与使用权相分离时，机动车损害赔偿责任主体如何认定的问题。审理机动车与非机动车驾驶人、行人之间发生交通事故、交强险限额又不足以赔偿受害人损失这一类纠纷时，可以依次按照如下思路来厘清事实、适用法律：

第一，根据《侵权责任法》第48条和《道路交通安全法》第76条的规定，由"机动车一方"承担赔偿责任。"机动车一方"的认定，应通过"运行支配"和"运行利益"两项标准加以判断。《道路交通安全法》第76条第1款第2项规定，机动车与非机动车驾驶人、行人之间发生交通事故，非机动车驾驶人、行人没有过错的，由机动车一方承担赔偿责任；有证据证明非机动车驾驶人、行人有过错的，根据过错程度适当减轻机动车一方的赔偿责任；机动车一方没有过错的，承担不超过10%的赔偿责任。关于何为"机动车一方"，虽然法律规范本身表述并不明确，但理论界和实务界也已形成了较为一致的共识。所谓机动车一方，应当理解为机动车的保有人，即对机动车的运行享有支配权，并享受机动车运行所产生的利益之人。[1] 具体判断"保有人"的标准，则根据危险责任思想和报偿责任理论，通过"运行支配"和"运行利益"两项标准把握。所谓运行支配，通常是指可以在事实上支配

〔1〕 参见程啸：《侵权责任法》(第2版)，法律出版社2015年版，第526页。

管领机动车之运行的地位。而所谓运行利益，一般认为是指因机动车运行而生的利益。[1] 至此，我们可以得出这样的结论：通常情况下，机动车所有人就是机动车保有人，因为，所有权权能的充分行使本身是“运行支配”和“运行利益”归属于特定民事主体的明证。但是，因租赁、借用等使得机动车所有权与使用权分离时，机动车所有人对机动车的支配管理地位发生了改变，机动车因运行而生的经济利益甚至是方便出行的体验本身已不归属于机动车所有人所有。因此，按照“运行支配”和“运行利益”的标准来判断，机动车使用人应为“机动车一方”并承担相应的赔偿责任。

第二，根据《侵权责任法》第 49 条和《道路交通事故司法解释》第 1 条的规定，机动车所有人、管理人对损害的发生存在过错的，承担与其过错相适应的责任。需要注意的是，机动车所有人、管理人与机动车使用人的归责事由不同，前者的归责事由是过错，后者的归责事由是危险和控制力。《侵权责任法》第 49 条规定，因租赁、借用等情形机动车所有人与使用人不是同一人时，发生交通事故后属于该机动车一方责任的，由保险公司在机动车强制保险责任限额范围内予以赔偿。不足部分，由机动车使用人承担赔偿责任；机动车所有人对损害的发生有过错的，承担相应的赔偿责任。《道路交通事故司法解释》第 1 条规定，机动车发生交通事故造成损害，机动车所有人或者管理人有下列情形之一，人民法院应当认定其对损害的发生有过错，并适用《侵权责任法》第 49 条的规定确定其相应的赔偿责任：(1) 知道或者应当知道机动车存在缺陷，且该缺陷是交通事故发生原因之一的；(2) 知道或者应当知道驾驶人无驾驶资格或者未取得相应驾驶资格的；(3) 知道或者应当知道驾驶人因饮酒、服用国家管制的精神药品或者麻醉药品，或者患有妨碍安全驾驶机动车的疾病等依法不能驾驶机动车的；(4) 其他应当认定机动车所有人或者管理人有过错的。

之所以作如此规定，是因为机动车所有人、管理人在租赁、出借车辆时，是可以对使用人加以选择的，其负有必要的注意义务。因此，上述法律和司法解释规定的机动车所有人、管理人存在的所谓过错，是指机动车所有人、管理人对注意义务的违反，包括故意和过失两个方面，并且，具体程度因有

---

[1] 参见杨永清：《解读〈关于连环购车未办理过户手续原车主是否对机动车交通事故致人损害承担责任的复函〉》，载《解读最高人民法院请示与答复》，人民法院出版社 2004 年版，第 119 页。

偿与否而有所不同。注意义务包括两个方面的内容，一是对机动车本身的注意义务，如车况如何、有无缺陷、是否适于驾驶等，类似于对物的安全保障义务；二是对机动车使用人的注意义务，如驾驶资格、精神状态等。司法实践中，过错判断标准问题是难点所在，尤其是在类似于本案中所涉及的进京证有效期这类法律和司法解释没有明确规定的问题。一方面，进京证具有地方性和政策性；另一方面，出借人是否对借用人在进京证有效期内使用车辆负有注意义务，不属于司法解释明确规定的三种情形，需结合具体的案情，判断其是否属于上述司法解释中的兜底条款的内容，这都加大了此类情形的判断难度。因此，本案所涉及的最后一个问题，就是机动车所有人、管理人过错认定问题。

第三，因租赁、借用等使得机动车所有权与使用权相分离时，机动车所有人、管理人对机动车使用人是否在进京证有效期内使用车辆不负有注意义务。机动车使用人未在进京证有效期内驾驶车辆，发生交通事故的，机动车所有人、管理人不存在过错，不承担相应的赔偿责任。类似本案中进京证有效期的问题，因无明确规定，所以对这一问题的判断须回归到侵权责任法中过错认定的标准问题上来。具体而言，《侵权责任法》中的过错包括故意和过失，前者通常采主观标准，即判断行为人的主观心态来确定其有无过错，后者通常采客观标准，即以某种客观的行为标准来衡量行为人的行为，从而认定其有无过错。[1] 机动车使用人未在进京证有效期内驾驶车辆，不是机动车所有人、管理人主观上追求的结果，不存在故意与否的问题。那么，就要判断其是否存在过失。具体到本案而言，林某、李某无偿出借车辆时，进京证尚在有效期内，使用人张某的驾驶资格、精神状态并无问题，车辆本身没有缺陷，由此可见，林某、李某已经尽到了一个合理的、谨慎的人应当负有的注意义务。退一步讲，即使林某、李某出借车辆时车辆的进京证有效期已过，这一事项也不能构成林某、李某的过错，更不能据此认定林某、李某的侵权责任成立。一方面，进京证本身是北京地区基于对机动车秩序的规范和调整所作出的一种行政管理事项；另一方面，也是最重要的，既然机动车所有人、管理人承担的是过错责任，那么侵权责任成立便须同时满足四个

〔1〕 参见最高人民法院民事审判第一庭编著：《最高人民法院关于道路交通损害赔偿司法解释理解与适用》，人民法院出版社 2012 年版，第 36～37 页。

要件。就出借人林某、李某的角度而言，其不负有对借用人是否在进京证有效期内驾驶车辆的注意义务，就借用人张某的角度而言，其过错体现在对交通规则的违反上，张某未在进京证有效期内驾驶车辆，也不是造成本次交通事故的原因，因果关系亦不成立。因此，无论是对机动车所有人、管理人，还是在机动车之间发生交通事故时过错的判断上，均应遵循过错的判断标准，并在侵权责任构成要件均满足的前提下，才能认定侵权责任成立。

【裁判依据】

《侵权责任法》第 48 条、第 49 条
《道路交通安全法》第 76 条
《道路交通事故司法解释》第 1 条

16

驾驶培训过程中发生交通事故应由培训单位承担赔偿责任

——徐某与刘某、A公司等机动车交通事故责任纠纷案

裁判规则

目前,驾驶培训机构的增多引发了大量接受驾驶培训的人员与驾驶培训机构之间的纠纷,司法实践中较为突出的是驾驶培训过程中发生交通事故的责任主体认定的问题。《道路交通安全法》第76条作为认定机动车损害赔偿责任的一条重要的规范,确定损害赔偿责任主体时使用的是“机动车一方”,较为宽泛及原则。因接受培训的学员属于特殊意义上的“司机”,在法律上地位较为模糊,而机动车交通事故行为主体与损害赔偿责任主体又属于两个概念。在驾驶培训过程中与非机动车、行人发生事故,交强险限额又不足以赔偿受害人损失时,对超出交强险限额的部分,应当以“运行支配”和“运行利益”为理论基础,将培训机构认定为“机动车一方”,承担赔偿责任。

案　情〔1〕

海扬公司为方便企业职工学车,向其公司职工下达通知,工厂区内将开设练车场地,凡是需要学车的职工,在不影响工作的前提下,均可以报名参加练车,金飞公司将在工厂内负责安排教练负责教学。2017年2月6日11时许,金飞公司的学员刘某在学习驾驶机动车(车牌号鲁D21××学)的过程中,因操作不当,

〔1〕 山东省枣庄市中级人民法院(2018)鲁04民终2945号。

导致车辆失控冲进海扬公司车间,造成徐某受伤。涉案车辆登记所有人为山运公司,并在中华财保公司投保机动车交强险,该车辆在案发时由金飞公司管理使用。金飞公司在海扬公司厂区内设立汽车驾驶员培训场地,并未采取安全防护措施将训练场地与生产车间隔离,亦未安排汽车教练员现场随车指导。后徐某将金飞公司与海洋公司诉至法院,法院将刘某列为第三人后,判决中华财保公司在交强险的份额内赔偿徐某损失,金飞公司对于超出交强险份额外的损失承担赔偿责任。

一审判决作出后,金飞公司不服提出上诉。金飞公司认为,海扬公司组织职工在厂区内练车,是为了不耽误工厂的生产,其本身也是受益者。加之,海扬公司提供的练车场地,不符合驾驶员训练场地要求的安全标准,不具备安全防护措施车辆,故其准许金飞公司在其厂区设立练车场地也存在过错。海扬公司与金飞公司二者的行为,造成他人损失,应当共同承担连带责任。中华财保公司虽未上诉,但是认为,涉案肇事车辆登记在山运公司名下,故山运公司应当与金飞公司共同承担连带责任。

【裁判结论】

刘某作为机动车驾驶培训学员在学习驾驶中有道路交通安全违法行为或者造成交通事故,应由驾驶培训单位金飞公司承担赔偿责任。海扬公司提供场地的行为与事故发生没有因果关系不应当承担赔偿责任。

【裁判观点】

一审法院经审理后认为,根据《道路交通事故司法解释》第7条之规定,接受机动车驾驶培训的人员,在培训活动中驾驶机动车发生交通事故造成损害,属于该机动车一方责任,当事人请求驾驶培训单位承担赔偿责任的,人民法院应予支持。本案中,金飞公司的教练未在车内进行指导以致发生交通事故,造成徐某受伤,且徐某无任何过错,因此金飞公司应对徐某受伤后的合理经济损失承担赔偿责任。刘某在学习驾驶中有道路交通安全违法行为或者造成交通事故的,应当由驾驶培训单位即金飞公司承担责任,故金飞公司请求刘某承担责任的主张,不予支持。综上,徐某主张的各项赔偿数额,应由中华财保公司在机动车强制责任保险范围内予以赔偿,不足的部分由金飞公司予以赔偿。

二审法院经审理后认为，驾驶培训学校应当严格按照相关规定，对学员进行道路交通安全法律、法规、驾驶技能的培训，确保培训安全与质量。本案金飞公司系机动车驾驶员培训的注册机构，具有场地、道路驾驶技能培训专业资质，对其培训场地、道路应选定在特定的区域、线路进行。金飞公司应当知道机动车驾驶员培训的危险性，对其培训负有安全注意义务。《道路交通事故司法解释》第7条规定，“接受机动车驾驶培训人员，在培训活动中驾驶机动车发生交通事故造成损害，属于机动车一方责任，当事人请求驾驶培训单位承担赔偿责任的，人民法院应予支持。”刘某作为机动车驾驶培训学员在学习驾驶中有道路交通安全违法行为或者造成交通事故，应由驾驶培训单位金飞公司承担赔偿责任。本案，造成徐某人身损害是因为金飞公司的教练人员未依规进行教学的失职行为，与在海扬公司场地进行培训没有法律上的因果关系，金飞公司应就徐某的人身损害承担赔偿责任。故判决：驳回上诉，维持原判。

法官评析

本案涉及驾驶培训过程中出现交通事故，机动车损害赔偿责任主体如何认定的问题。本案中，肇事机动车的所有人、管理人、驾驶人、控制人等均不是同一主体，在与行人之间发生交通事故、交强险限额又不足以赔偿受害人损失这一类纠纷时，如何适用法律、厘清法律关系可参考如下思路：

第一，在机动车发生交通事故之后，处理机动车交通事故责任纠纷可适用的法律主要有以下三类：《侵权责任法》《道路交通安全法》《道路交通事故司法解释》。在法律的效力及层级中，《侵权责任法》与《道路交通安全法》属于普通法，二者效力相同。而《道路交通事故司法解释》属于最高人民法院针对道路交通损害专门出台的司法解释，在适用顺序上应当位于二者之后。《侵权责任法》中，设第六章专门对机动车交通事故责任纠纷进行了规定，第48条对机动车交通事故赔偿责任的法律适用进行了明确规定，即依照《道路交通安全法》的有关规定承担赔偿责任。从内容及使用频率上看，《道路交通安全法》中关于机动车交通事故责任纠纷的规定，主要集中在第76条关于交通事故赔偿责任中：机动车发生交通事故造成人身伤亡、财产损失的，由保险公司在机动车第三者责任强制保险责任限额范围内予以赔偿；不足的部分，按照下列规定承担赔偿责任：(1)机动车之间发生交通事故的，由有过错的一方承担赔偿责任；双方都有过错的，按照各自过错的比例分担责任。(2)机动车与非机动车驾驶人、行人之间发生交通事故，非机动车驾驶人、行人没有过错的，由机动车一方承担赔偿责任；有证据证明非机动车驾驶人、行人有过错的，根据过错程度适当减轻机动车一方的赔偿责任；机动车一方没有过错的，承担不超过10%的赔偿责任。交通事故的损失是由非机动车驾驶人、行人故意碰撞机动车造成的，机动车一方不承担赔偿责任。《道路交通安全法》第76条实质上是确立了机动车交通事故发生后赔偿责任的一般性原则，即机动车之间发生事故后，应当适用过错责任原则，按照双方的责任比例确定赔偿责任。但机动车与非机动车、行人之间发生事故后，除非机动车、行人故意之外，原则上机动车方均要承担赔偿责任，但非机动车、行人也有过错的可以减轻机动车一方的责任，有学者将其视为无过错责任。[1] 因此，在机动车交通事故责任纠纷产生后，在适用法律的顺序上，应当将《侵权责任法》《道路交通安全法》中的相关规定作为普遍应当适用的原则，再在《道路交通事故司法解释》中适用关于与涉案纠纷相关的特别规定。

第二，虽然《道路交通安全法》第76条在表述中使用"机动车一方"，但没有对其进行严格界定，这就导致了当机动车的所有人、管理人、使用人为不同主体时无法清楚地辨别哪一主体属于"机动车一方"。目前我国法律界确定机动车交通事故损害赔偿责任的法理依据主要在于"运行支配"和"运行利益"的二元标准。"运行支配"是指可以在事实上支配管理机动车的运行。"运行利益"是指机动车运行所产生的利益。因此，判断一个自然人或组织是否属于机动车损害赔偿责任的主体，就要从其是否对该机动车的运行事实上享有支配管理的地位和是否从运行中获得了利益两个方面加以判断。根据《道路交通事故司法解释》第7条的规定，接受机动车驾驶培训的人员，在培训活动中驾驶机动车发生交通事故造成损害，属于该机动车一方责任，当事人请求驾驶培训单位承担赔偿责任的，人民法院应予支持。根据"运行支配"和"运行利益"理论，在驾驶培训中，培训内容、培训教练的选用、培训场地的选择均由培训机构决定，培训机构事实上对驾驶培训所使

---

〔1〕 参见汤璇：《关于机动车无过错责任与第三者责任险的思考》，载《科技信息》（学术研究）2008年第21期。

用的机动车运行享有管理、支配的地位。加之,驾驶培训机构设立的目的为收取培训费用,则培训机构事实上也从培训所使用的机动车中收益,故当培训过程中发生交通事故后,培训机构应当对事故造成的损害承担赔偿责任,受害者向驾驶培训机构请求赔偿的,人民法院应当予以支持。而对于驾驶培训过程中的学员来说,虽然其享有驾驶员的地位,但是其尚未取得驾驶资格,无法对所驾驶的机动车进行有效的支配与控制,甚至学员的整个驾驶过程都是在培训机构的指令下完成,因此事故发生后其不应当对损害后果承担赔偿责任。很多学者对于《道路交通事故司法解释》第 7 条有不同的见解,认为事实上对运营机动车享有"运行支配"和"运行利益"主体实际上应当是培训教练,并由此提出"双重替代责任"理论。〔1〕笔者认为,此种理论当然有其道理,但是此种划分大可不必。在现实中,培训教练较之培训机构可能更直接地对培训所使用的机动车享有实际支配的地位并可以培训获得酬劳,但培训教练与培训机构在法律中属于雇佣关系。根据我国法律规定,雇员在从事工作过程中造成他人损害的,应当由雇主承担赔偿责任。因此,在排除培训教练存在故意或重大过失的情况下,按照"双重替代理论"最终确定的赔偿责任人仍是驾校,但是确实增加了实务操作及受害者求偿的难度。此外,即便培训教练真的存在故意或重大过失的情形,培训机构也可以在承担赔偿责任后继续向培训教练追偿,这样更利于受害者的保护。

第三,具体到本案中,刘某在接受金飞公司培训的过程中,因操作不当及培训教练未依规教学的情况下将徐某撞伤。因徐某本身并无过错,根据《道路交通安全法》第 76 条的规定,应当由"机动车一方"承担事故的赔偿责任。根据《道路交通事故司法解释》第 7 条的规定,刘某虽为肇事车辆的驾驶员并作为第三人参加至本案诉讼中,但因其本身属于参加培训的学员,对于培训车辆不具有"运行支配"及"运行利益",故其不属于"机动车一方",不应承担本次事故损失的赔偿责任。根据前文论述,金山公司作为本案的驾驶培训机构应当对涉案事故承担赔偿责任。但值得注意的是,《道路交通事故司法解释》第 7 条的表述为"当事人请求培训机构承担赔偿责任的,人民法院应当予以准许"。由于本案还涉及其他主体,当然地会引起当

〔1〕参见王竹、孟琪:《驾驶培训中学员造成交通事故的"双重替代责任"———兼论"指教型"替代责任的确立》,载《甘肃政法学院学报》2018 年第 3 期。

事人如果请求其他主体承担赔偿责任时，是否会得到支持的猜想，通过金飞公司与中华财保公司在诉讼中的表述即能看出：(1)山运公司作为本案肇事车辆登记的所有人是否应当承担赔偿责任。根据《道路交通事故司法解释》第1条的规定，机动车发生交通事故造成损害，机动车所有人或者管理人有下列情形之一，人民法院应当认定其对损害的发生有过错，并适用《侵权责任法》第49条的规定确定其相应的赔偿责任：①知道或者应当知道机动车存在缺陷，且该缺陷是交通事故发生原因之一的；②知道或者应当知道驾驶人无驾驶资格或者未取得相应驾驶资格的；③知道或者应当知道驾驶人因饮酒、服用国家管制的精神药品或者麻醉药品，或者患有妨碍安全驾驶机动车的疾病等依法不能驾驶机动车的；④其他应当认定机动车所有人或者管理人有过错的。本条是在车辆被租赁、借用的情况下，对机动车所有人、管理人过错如何认定的规定，在实践中我们认定过错应当以"理性人"的标准来判断是否尽到了合理、谨慎的注意义务。本案中，山运公司作为所有权人，将涉案车辆交由金飞公司使用。即便山运公司知道涉案车辆是要作为驾驶培训车辆使用，在本案没有其他证据的情形下，山运公司已经将管理支配的权利交由金飞公司。按常理来说，驾驶培训车辆应当由专门教练员负责监督与维护，在适当的场地中运行，但从本案来看金飞公司在培训的过程本身就有失职的过错并与事故造成的损害后果存在因果关系，且金飞公司的过错已经超出了山运公司注意义务的范围，具有不可预见性，故山运公司在本案中不应当认定具有过错，亦不应对损害后果承担赔偿责任。(2)涉案交通事故发生在海扬公司的场地内，海扬公司是否应当承担责任。本案中，海扬公司与涉案肇事车辆并无关系，其主要是提供了驾驶培训的场地。提供场地的单位是否应承担赔偿责任，属于《侵权责任法》中多数人侵权的问题，应依据《侵权责任法》的规定加以衡量。本案中，金飞公司作为培训机构，对于培训的项目、培训的监督、培训场地的选择享有最终决定的权利。虽然将训练场地设在厂区内需要海扬公司的准许，但是厂区是否可以进行驾驶培训的判断义务是在金飞公司，海扬公司允许在厂区内对职工进行驾驶培训或许会受益，但其对于培训的过程并不享有支配控制的权利，亦不能认定海扬公司驾驶车辆出现交通事故具有过错，因此海扬公司对本案并不承担赔偿责任。综上，本案的赔偿责任应当由培训机构金飞公司承担。

【裁判依据】

《侵权责任法》第 48 条

《道路交通安全法》第 76 条

《道路交通事故司法解释》第 1 条、第 7 条

17

试乘试驾过程中造成试乘人人身损害应当以过错为原则确定各方责任

——冯某与吴某、斯巴鲁公司等机动车交通事故责任纠纷案

裁判规则

随着机动车成为必需的出行交通工具,机动车消费的增加加大了汽车销售行业的竞争。各个品牌的销售商为了加深消费者对自己品牌汽车的购买欲望和认可,纷纷在消费者决定购买汽车前推出试乘试驾服务,消费者可以自由报名参加。但是,试乘与试驾必然要求机动车上路运转,在发生交通事故造成车上人员损害时,应当如何确定责任承担主体一直是司法实务中的难点,各地法院的处理原则亦不统一。加上汽车销售商作为试乘试驾活动的组织者,在自身存在对活动管理义务的时候,有时会将试驾与试程的消费者同时加入到一次驾驶活动中。此时,如发生交通事故,则应当结合案件整体事实,对各方的过错进行严格的划分。

案　情[1]

天津空港斯巴鲁汽车销售有限公司(以下简称斯巴鲁公司)组织试乘试驾活动期间,北京五方中冀汽车销售有限公司(以下简称五方中冀公司)将牌号为京×的小轿车出借给斯巴鲁公司供试乘试驾使用。冯某、吴某均报名参加本次试乘试驾活动,并签订《试乘试驾保证书》。斯巴鲁公司预先设定的试驾路线的

[1] 天津市第二中级人民法院(2013)二中保民终字第37号。

起点和终点为“┏”形口，无交通信号灯控制，无相关交通标识，无交通警察指挥。2009年10月24日，冯某、吴某及案外人李某被安排试乘试驾京×号小轿车，斯巴鲁公司工作人员彭某随行。当日11时18分许，吴某驾驶该车辆在行使中由于车速过快且操作不当，造成该车失控驶出路面，与施工场地水泥管相撞，车辆起火燃烧，车上4人不同程度受伤。事发后，公安交管部门认定吴某负事故全部责任；彭某、李光、冯某无责任。据查，事故当日试驾路段路况良好，车辆较少，路面上无影响视线之障碍物。另查，五方中冀公司并未参与试乘试驾活动的组织和管理。冯某将吴某、斯巴鲁公司、五方中冀公司诉至天津市滨海新区人民法院，请求上述三方对其损失承担连带赔偿责任。天津市滨海新区人民法院于2010年12月15日作出(2010)滨功民初字第554号民事判决，判决吴某对冯某因本次事故所造成的损失承担赔偿责任。

【裁判结论】

一审判决生效后，冯某以吴某、斯巴鲁公司、五方中冀公司均具有过错为由，向天津市第二中级人民法院申请再审，请求法院撤销原审判决，改判由斯巴鲁公司、五方中冀公司与吴某对各项损失承担连带赔偿责任。天津市第二中级人民法院于2012年5月29日作出(2012)二中民再字第1号民事裁定：撤销(2010)滨功民初字第554号民事判决，将本案发回天津市滨海新区人民法院重审。天津市滨海新区人民法院于2012年11月21日作出(2012)滨功民再字第2号民事判决：吴某赔偿冯某各项损失，斯巴鲁公司在吴某应当承担的赔偿数额40%的范围内承担补充赔偿责任。判决后，冯某和斯巴鲁公司均不服，分别向天津市第二中级人民法院提出上诉。天津市第二中级人民法院于2013年3月29日作出(2013)二中保民终字第37号民事判决：驳回上诉，维持原判。

【裁判观点】

一审、再审法院认为，本案的争议焦点有两方面：一是斯巴鲁公司是否应当承担未尽到安全保障义务的补充赔偿责任；二是五方中冀公司是否应当在出借车辆价值范围内承担赔偿责任。首先，斯巴鲁公司作为试乘试驾活动的组织者，对试乘试驾活动具有事实上的控制力，是负有安全保障义务的主体。鉴于试乘试驾活动本身具有较高的人身危险性，不同于一般的住宿、餐饮、娱乐等经营活动。斯巴鲁公司对试驾车辆的提供和对试驾人驾驶资格的审查只是达到了普通人驾驶车辆上路行驶的基本法定要求,与开展试乘试驾这种高风险活动所应具备的合理限度范围内的安全保障义务显然不匹配。其在试驾线路的规划,试驾场地的选择,驾乘人员的安排,试驾途中的警示等此类与试乘试驾人员安全密切相关的环节上存在多处疏漏,显然未尽到合理限度内的安全保障义务,存有过错,斯巴鲁公司的上诉理由不能成立,不予采纳。原审法院在判决中酌定斯巴鲁公司在本案全部人身损害赔偿数额40%的范围内承担补充赔偿责任,并无不当,应予维持。五方中冀公司不是本案试乘试驾活动的组织者,与斯巴鲁公司就试驾车辆的出借履行了相关的法律手续,行为没有过错。其次,本案试驾车辆的借用人是斯巴鲁公司,五方中冀公司作为试驾车辆的所有人与直接侵权人吴某之间并不产生直接的借用关系。据此,原审法院判决认定事实清楚,适用法律正确,应予维持。

法官评析

本案涉及试乘试驾过程中出现交通事故并造成试乘人人身损害后,对侵权责任主体进行认定的问题。结合案件事实,本案试乘试驾活动的组织者为斯巴鲁公司,虽斯巴鲁公司所使用的涉案试乘试驾车辆是从五方中冀公司处借得,但五方中冀公司本身并无过错,与整个试乘试驾活动的组织与管理并无关联,故其不应对事故造成的损失承担赔偿责任,本文对此节不再赘述。此外,斯巴鲁公司虽为本次试乘试驾活动的组织者,但涉案车辆的驾驶人并不是与其有隶属关系的员工,而是与本案受损方一同参加活动的吴某。因此,本案侵权责任则应当在驾驶人吴某与组织者斯巴鲁公司二者中考虑,在适用法律及分析认定最终责任人时应采用如下思路:

第一,一般情况下,试乘过程中发生交通事故后试乘责任服务提供者对试乘者承担责任应当以过错责任为原则。《侵权责任法》的构造是以过错责任为原则,无过错责任原则为例外。在区分上,除非法律有特别规定的前提下,一般侵权行为应当以过错责任原则为基础,机动车交通事故责任亦是如此。因此,试乘过程中发生的交通事故虽然属于比较特殊的机动车交通事故的类型,但在现行法律下并没有对试乘过程中,造成试乘人人身损害使用何种规则原则作出特别规定的情形下,当然地应当适用过错原则。虽然学界一直有人认为《道路交通安全法》第76条中,机动车与非机动车一方、行人发生交通事故时承担的是无过错责任的争论,[1]但是本案试乘过程中我们讨论的是机动车内部驾驶人与乘车人之间的责任分配,因此并不涉及争论的内容。在一般情形下,汽车销售商作为试乘活动的组织者,会事先规划好试乘路线并选任工作人员作为试乘车辆的司机。如果发生交通事故,在对外责任上应当首先适用《道路交通安全法》《侵权责任法》关于交通事故责任的一般规定。试乘服务提供者承担责任的前提条件是交通事故己方车辆负有责任,如果是机动车之间发生碰撞,对方机动车负全责,则试乘服务提供者无须承担赔偿责任。如果是对方车辆的责任,首先由对方机动车所投保的保险公司在交强险责任限额范围内予以赔偿;保险赔付不足的部分,才涉及试乘服务者的赔偿责任问题。根据《道路交通事故司法解释》第8条的规定,机动车试乘过程中发生交通事故造成试乘人损害,当事人请求提供试乘服务者承担赔偿责任的,人民法院应予支持。试乘人有过错的,应当减轻提供试乘服务者的赔偿责任。在处理外部责任之后,根据过错责任原则,如果驾驶人在驾驶过程中存在驾驶不当的过错,按照我国在确定交通事故责任主体普遍使用的"运行支配"和"运行利益"[2]二元理论,应当由驾驶人承担对损害后果的赔偿责任。但因试乘车辆的驾驶人是汽车销售公司(试乘服务提供者)所提供,与试乘服务者属于雇佣关系,所以应当由试乘服务者对试乘过程中造成试乘人人身损害承担赔偿责任。根据上文论述,试乘过程中所造成的交通事故采用的仍是过错责任原则,因此《道路交通事故司法解释》第8条中仍然是以此为基础,对试乘人的责任进行了规定。如果在试乘过程中,试乘人如存在干扰驾驶、跳车、损毁可能影响驾驶

〔1〕《道路交通安全法》第76条:机动车发生交通事故造成人身伤亡、财产损失的,由保险公司在机动车第三者责任强制保险责任限额范围内予以赔偿;不足的部分,按照下列规定承担赔偿责任:(一)机动车之间发生交通事故的,由有过错的一方承担赔偿责任;双方都有过错的,按照各自过错的比例分担责任。(二)机动车与非机动车驾驶人、行人之间发生交通事故,非机动车驾驶人、行人没有过错的,由机动车一方承担赔偿责任;有证据证明非机动车驾驶人、行人有过错的,根据过错程度适当减轻机动车一方的赔偿责任;机动车一方没有过错的,承担不超过百分之十的赔偿责任。交通事故的损失是由非机动车驾驶人、行人故意碰撞机动车造成的,机动车一方不承担赔偿责任。

〔2〕"运行支配"是指可以在事实上支配管理机动车的运行。"运行利益"是指机动车运行所产生的利益。因此,判断一个自然人或组织是否属于机动车损害赔偿责任的主体,就要从其是否对该机动车的运行事实上享有支配管理的地位和是否从运行中获得了利益两个方面加以判断。

的车辆组件等行为，应当认定试乘人自身具有过错并在过错范围内承担相应的责任。

第二，在现实消费中，如果是试乘人参加销售商所组织的试乘试驾活动则更为侧重体验的是汽车的空间、舒适度等，但是与试乘对应的试驾活动则体验的是汽车的性能、动力、安全性等。因此，消费者参加各大品牌汽车销售商所组织的试驾活动也很常见。与试乘人不同的是，试驾人必须是以自身的行为能力与驾驶能力对机动车进行操控与掌握，才能真正实现试驾的目的。而现行法律规定中虽然对试乘行为发生交通事故后的责任承担进行了规定，但是对于试驾过程中如果发生交通事故如何处理并没有明确规定。因试驾人参加活动所驾驶的机动车的所有人及管理人多为汽车销售商，在司法实务中多参照的是《侵权责任法》第 49 条的规定，即因租赁、借用等情形机动车所有人与使用人不是同一人时，发生交通事故后属于该机动车一方责任的，由保险公司在机动车强制保险责任限额范围内予以赔偿。不足部分，由机动车使用人承担赔偿责任；机动车所有人对损害的发生有过错的，承担相应的赔偿责任。试驾活动中，试驾人虽为驾驶人，但其并不是所驾驶车辆的所有人及管理人，发生交通事故后可以参照《侵权责任法》第 49 条。但应当注意的是，该条适用的条件是试驾车辆与车辆外第三者发生交通事故后对外责任的承担问题，并不涉及对车辆内部所造成损失的责任划分问题。因此，在试驾车辆与外界第三者发生交通事故时，首先应当以《道路交通安全法》第 76 条所规定的原则确定外界第三者对试驾车辆所应承担的责任，不足部分，则应当以一般侵权的规则确定本车内部的责任划分。

第三，具体到本案中，吴某与冯某同为斯巴鲁公司所组织试乘试驾活动的参与者，吴某为试驾人。因吴某本身与斯巴鲁公司并无隶属关系，因此本案已经脱离了《道路交通事故司法解释》第 8 条可以适用的条件。在试乘试驾的过程中，交通事故的产生并非因与外界第三者接触而产生，而是因为吴某操作不当，使车辆失控驶出路面，与施工场地水泥管相撞，并造成冯某受伤的损害后果。在无外界第三者的情形下，本案并不能参照适用《侵权责任法》第 49 条的规定。因此，在法律并无特殊规定和无法律可参照的情形下，本案属于普通机动车交通事故责任纠纷，应当按照一般侵权责任纠纷处理。首先，冯某作为试乘人，在试乘过程中自身并不存在过错的前提下，不应对损害后果承担赔偿责任。其次,吴某作为肇事车辆的驾驶人,因自身操作不当导致事故的发生,本身具有过错,故应对本次事故承担赔偿责任。最后,斯巴鲁公司作为本次活动的组织者。应当具有提供合适车辆、选择安全的试乘试驾路线、严格监督审查驾驶人驾驶能力等义务。本案中,案件审理法院将这种义务归为安全保障义务,[1] 此种观点在其他法院判决亦有体现。[2] 安全保障义务是对于经营者在向消费者提供商品或服务时,在合理限度范围内保障消费者人身及财产安全的义务。本案中斯巴鲁公司作为汽车销售商,在向消费者冯某与吴某提供试乘试驾服务时,应当具有安全保障义务。但斯巴鲁公司在试驾线路的规划,试驾场地的选择,驾乘人员的安排,试驾途中的警示以及必要的告知义务,如车辆特殊性能和注意事项等此类与试乘试驾人员安全密切相关的环节上存在多处疏漏,显然未尽到合理限度内的安全保障义务,应当认为其具有过错并承担相应的侵权责任。因此,法院在对吴某及斯巴鲁公司进行比例分责后,根据《侵权责任法》第 37 条第 2 款的规定,判决吴某承担赔偿责任,斯巴鲁公司在 40% 的范围内承担补充责任。

【裁判依据】

《侵权责任法》第 37 条、第 48 条、第 49 条

《道路交通安全法》第 76 条

《道路交通事故司法解释》第 8 条

---

〔1〕 参见《侵权责任法》第 37 条:宾馆、商场、银行、车站、娱乐场所等公共场所的管理人或者群众性活动的组织者,未尽到安全保障义务,造成他人损害的,应当承担侵权责任。因第三人的行为造成他人损害的,由第三人承担侵权责任;管理人或者组织者未尽到安全保障义务的,承担相应的补充责任。

〔2〕 详见上海市浦东新区人民法院(2011)浦民一(民)初字第 20437 号民事判决;上海市第一中级人民法院(2011)沪一中民一(民)终字第 2959 号民事判决。

18

公路管理者对居民是否有私建并延伸至公路的道路负有注意义务

——郑某某与孙某某、公路站机动车交通事故责任纠纷案

裁判规则

居民为家庭通行便利所自建的水泥路实际延伸至公路，破坏了公路边水泥护堤的原有设计规范，增加了道路安全风险。公路站作为该路段的监管单位，没有及时予以制止并消除该隐患，未尽到管理和保护公路职责。公路站疏于履行监管职责的行为与受害人的损害后果之间存在一定的因果关系。根据案件事实及各方对损害后果发生的原因力大小，肇事司机是交通事故的直接责任人，应承担主要责任。居民自建水泥路、破坏公路设施，公路站对涉案公路未尽到管理和保护职责，应承担次要责任。损害后果系多方当事人之间的行为间接结合形成，故各赔偿义务人不应承担连带责任。

案　情[1]

2017 年 1 月 3 日 11 时许，孙某某驾驶电动三轮车，沿淮阴区 315 县道由西向东行驶 1 公里 +400 米坡道处停车时未采取驻车措施即离开车辆，致车辆沿坡道滑行后驶出路外，与郑某某、陆某之子郑某发生碰撞，造成郑某受伤及车辆损坏的交通事故。经交警部门认定，孙某某负此事故的全部责任，郑某某、郑某无责任。郑某受伤后被送至淮安市淮阴医院急救。当日，郑某经医院抢救无效

---

〔1〕 江苏省淮安市中级人民法院（2017）苏 08 民终 3578 号。

死亡。2017年1月4日，中国人民解放军第八二医院司法鉴定所出具司法鉴定意见：郑某系颅脑损伤死亡。2017年4月25日，淮安市淮阴区人民法院判决孙某某犯交通肇事罪，判处有期徒刑一年六个月。孙某某现服刑于盐城监狱。另查明，当初孙某某驾驶的电动三轮车在停车后沿坡道（315县道）向东滑行10米左右驶出路外，驶入南侧陆某某家约于2012年自建的水泥坡路，该水泥坡路长约20米、宽约2米，呈南北向，北接315县道、南端到陆某某家门口，有一定弧度，还有约30度坡度。上述电动三轮车在驶入水泥坡路后继续滑行一段距离后再次向东驶出水泥坡路，与郑某发生碰撞致郑某死亡。陆某某家自建的水泥坡路以前是泥路，已使用数十年，是其外出的唯一通道。后郑某某、陆某将淮安市淮阴区公路管理站、孙某某、陆某某诉诸法院，请求判令赔偿损失。一审判决孙某某赔偿郑某某、陆某各项损失，并驳回郑某某、陆某其他诉讼请求。

一审判决作出后，郑某某、陆某不服提出上诉，请求撤销一审判决，改判公路站对原审被告孙某某的赔偿责任承担连带赔偿责任。郑某某、陆某认为，一审法院判决公路站的维护、管理瑕疵与本案损害后果无因果关系不当。本案所涉自建水泥路系公路站的维护管理范围，而公路站无任何证据证明其已尽到安全防护、警示等管理维护义务，故一审判决与事实和法律不符。

【裁判结论】

公路站作为该路段的监管单位，没有及时予以制止涉案隐患，未尽到管理和保护公路职责，与孙某某停车时未采取驻车措施导致该起事故的发生存在一定的因果关系，一审法院对该事实未予认定，明显不当，改判孙某某、陆某某、公路站分别按照80%、10%、10%的比例对郑某某、陆某的损失承担责任。

【裁判观点】

一审法院经审理后认为，行为人因过错侵害他人民事权益，应当承担侵权责任。本案中，孙某某停车时未采取驻车措施即离开车辆，致使车辆滑行驶出路外，造成郑某死亡和郑某某受伤，其负事故的全部责任，孙某某依法应赔偿郑某某、陆某损失。郑某某、陆某主张公路站是涉案315县道的法定养护监管单位，对事故发生处非法设立的坡道未尽到法定职责，依法应承担相应的赔偿责任。尽管《公路法》规定在公路上增设平面交叉道口，必须按照国家有关规定经过批准,但陆某某家自建的水泥坡路历史上是泥路,已使用数十年,是陆某某家外出的唯一通道,退一步讲,即使需要公路站审批而未审批或者说是维护、管理瑕疵,但这均与损害后果并无因果关系,故郑某某、陆某的该主张依法不予支持。

二审法院经审理后认为,关于上诉人所提被上诉人公路站疏于履行监管职责与本案损害后果之间存在因果关系的问题。经查,公路管理机构负有管理和保护公路的责任,有权检查、制止各种侵占、损坏公路、公路用地、公路附属设施及其他违法行为。陆某某为家庭通行便利所自建的水泥路实际延伸至公路(315县道),并在公路边缘水泥护堤位于公路一侧进行施工,使水泥护堤与公路路面形成一定的坡度,破坏了公路边水泥护堤的原有设计规范,增加了道路安全风险。公路站作为该路段的监管单位,没有及时予以制止并消除该隐患,未尽到管理和保护公路职责。前述当事人的行为与孙某某停车时未采取驻车措施导致该起事故的发生存在一定的因果关系。

关于如何承担责任的问题。孙某某系该起事故的直接责任人,且负事故全部责任,对本案郑某某、陆某的损失应承担主要责任。陆某某自建水泥路,破坏公路设施,公路站对涉案公路未尽到管理和保护职责,亦应对本案上诉人的损失承担一定的责任。综合案件事实及各方对损害后果发生的原因力大小,法院酌定孙某某、陆某某、公路站按照80%、10%、10%的比例对郑某某、陆某的损失承担责任。本案的损害后果系多方当事人之间的行为间接结合形成,故郑某某、陆某请求由公路站与孙某某承担连带赔偿责任的上诉理由,法院不予采纳。

法官评析

本案涉及道路管理者存在管理维护缺陷,导致交通事故发生时的赔偿责任认定问题。当居民自建道路延伸至管理者负责管理维护的公共道路、该私建道路与交通事故发生之间又存在因果关系时,会涉及道路管理者、肇事司机以及私建道路的居民各自责任范围的确定问题。现具体分析如下:

第一,道路管理者的管护范围与道路管理瑕疵赔偿责任的归责原则。关于道路管理者管理维护瑕疵赔偿责任的规范,主要体现在《道路交通事故司法解释》第9条的规定上。该条规定,因道路管理维护缺陷导致机动车发生交通事故造成损害,当事人请求道路管理者承担相应赔偿责任的,人民法院应予支持,但道路管理者能够证明已按照法律、法规、规章、国家标准、行业标准或者地方标准尽到安全防护、警示等管理维护义务的除外。依法不得进入高速公路的车辆、行人,进入高速公路发生交通事故造成自身损害,当事人请求高速公路管理者承担赔偿责任的,适用《侵权责任法》第76条的规定。《侵权责任法》第76条规定,未经许可进入高度危险活动区域或者高度危险物存放区域受到损害,管理人已经采取安全措施并尽到警示义务的,可以减轻或者不承担责任。根据上述法律及司法解释的规定可知,道路管理者承担管理瑕疵赔偿责任的归责原则因具体情形而有所不同:一是针对一般的公共道路而言,道路管理者应适用过错推定原则。道路管理者承担赔偿责任的法理与《侵权责任法》第85条建筑物、构筑物的所有人、管理人或使用人承担物件损害责任的法理是一致的,都是源于特定主体对危险源的管控。二是针对高速公路而言,道路管理者应适用无过错归责原则。由此可见,此时的高速公路已被视为《侵权责任法》第76条所规定的高度危险场所,除道路管理者存在法定减轻或免除责任事由外,道路管理者应承担赔偿责任。值得注意的是,这并不意味着高速公路在任何时间、任何情况下均为高度危险场所,其仅仅针对未经许可进入的行人或非机动车才构成高度危险区域,对于机动车而言并不构成高度危险区域。[1]

第二,负有管护义务的责任主体的确定问题。我国的公共道路类型较为多样,且道路的建造资金来源亦不相同,因此,负有管护义务的责任主体的确定是处理此类纠纷的难点所在。首先,鉴于我国公共道路体系之繁复性及部门设置之多层性,可以根据发生交通事故道路的具体情况,以该道路是否具备经营性、对应的行政登记、导致事故发生的管护瑕疵性质以及行政部门设置为依据,来确定具体的负有管护义务的责任主体。并且,对于行政处罚权相对集中的道路管理者而言,应由其承担赔偿责任而非原行政单位,这也符合行政处罚权相对集中后的权利义务相统一的原则。[2] 其次,裁判者对负有管护义务的主体通常所提出的,诸如其不具备独立的诉讼主体资格、与其他行政主体在行政管理上的关系以及发生交通事故的路段不在其管护范围内等抗辩事由,应依法审查是否成立。概言之,关于公路管理者的

〔1〕 参见陈广华、顾敏康:《"行人非法进入高速公路"视野下经营者民事责任研究》,载《法学家》2017年第6期。

〔2〕 参见俞硒:《公共道路管理瑕疵致害责任案件疑难问题研究》,载《法律适用》2015年第10期。

界定是此类纠纷中确定责任主体的前提，故对公路管理维护缺陷致害责任的主体界定，归根结底要依照法律、行政法规、规章、地方性法规等，按照对公共道路实际支配和控制、负有法定管理职责的角度，实现权责一致，[1]以求正确界定道路管理者的范围。

第三，二人以上分别实施侵权时责任范围的确定问题。在此类纠纷中，行为人的行为、道路管理者未尽到管护义务以及第三人的侵权行为，均可能是导致交通事故损害后果发生的原因，故行为人、道路管理者和第三人之间的责任范围确定问题是处理此类纠纷的关键所在。并且，行为人与道路管理者之间基本不存在共同故意或共同过失的情形，因此，行为人与道路管理者之间会构成无意思联络的数人侵权。通常情况下，道路管理者的侵权行为的表现形式为不作为侵权，违反的是法定义务，通常需要与行为人的作为行为相结合，共同造成受害者的损害后果。因此，道路管理者未尽到管护职责的行为，通常不足以单独造成受害者全部的损害后果，且能够确定责任大小。因此，在此类纠纷中，行为人和道路管理者应按照《侵权责任法》第12条的规定，各自承担相应责任，即按份责任。

第四，道路管理者管护的道路范围的界定。本案中，道路管理者之所以对居民私建并延伸至公共道路的道路负有注意义务，是因为这是在道路管理者管护的道路范围内的事项。关于道路的范围，应与《侵权责任法》第89条规定的"公共道路"内涵与外延一致。需具备以下特征：(1)道路属于公权力主体所有或归公权力主体使用。如果归私人或私法人所有，则不属于本解释涵盖的道路，凡公权力主体设置或管理的道路，都应当认定为公共道路。(2)公众性。又称公开性，是指公有公共道路设施应当是提供社会一般人使用的有机体，如果公权力主体拥有的道路仅供自己使用，而不对社会开放，则不应当认定是公共道路。(3)公用性，是指道路已经将修建设置完成，验收合格并已经开放供公众使用，而在建的、停用的、废弃的道路除外。[2] 由此可知，道路管理者对本案事发时的公共道路当然负有管理职

[1] 参见最高人民法院民事审判第一庭编著：《最高人民法院关于道路交通损害赔偿司法解释理解与适用》，人民法院出版社2012年版，第118页。

[2] 参见奚晓明主编：《中华人民共和国侵权责任法理解与适用》，人民法院出版社2010年版，第590页。

责，但之所以对居民私建并已延伸至公共道路的道路亦负有注意义务，是因为这些私建道路对具有公众性和公用性的道路安全性构成的威胁，破坏了原有的道路设计，增加了事故发生的危险，而公共道路日常维护是道路管理者管理职责的重要体现。其次，私建道路并不会因经过较长的历史时期后，因居民日常使用便利的存在便具有了正当性。本案中，一审判决认为这条私建道路在历史上是长期存在且是为居民日常出行所服务的，与交通事故的发生本身没有因果关系的认定是不正确的。无论居民当时私建道路的动机如何，其在客观上和结果上均损害了公共道路原有的设计和安全性，在本案中，更是事故发生的原因之一。因此，道路管理者应负有对居民私建并已延伸至公共道路的道路负有注意义务，是道路管理者承担管理瑕疵赔偿责任的应有之义。

【裁判依据】

《侵权责任法》第 11 条、第 12 条、第 76 条、第 85 条

《道路交通事故司法解释》第 9 条

19

枯死树木妨碍通行导致交通事故造成损害，道路管理者不能证明尽到注意义务的，应当承担相应的赔偿责任

——蔺某某与林业站等机动车交通事故责任纠纷案

裁判规则

因枯死树木倒伏等在道路上堆放、倾倒、遗撒物品等妨碍通行的行为，导致交通事故发生造成损害的，会产生两种责任：一是物件损害责任；二是道路管理瑕疵责任。适用无过错责任不以行为人具有过错的成立为要件。物件致害责任道路管理者管理瑕疵责任适用过错推定原则，在道路管理者不能证明自己没有过错的情况下，应对损害后果承担相应的民事赔偿责任。

案　情[1]

2017 年 6 月 1 日 20 时 45 分，蔺某某未戴安全头盔驾驶未按规定定期进行安全技术检验的吉 CX2×××号大阳牌普通二轮摩托车，沿梨树至郭家店镇县道由东向西行驶至四大家子村二队处时，撞到倒伏在路上的树上摔倒致伤，入四平市中心人民医院救治，住院 2 天，重症监护，2017 年 6 月 3 日经抢救无效死亡。经四平市公安司法鉴定中心鉴定：死者蔺某某系因车祸致重度闭合性颅脑损伤而死亡。死者蔺某某是原告王某某的丈夫，原告徐某某的儿子，原告蔺某的父亲。经沈阳机动车事故司法鉴定所沈车司鉴所〔2017〕车鉴字第 0628 号司法鉴

〔1〕 吉林省四平市中级人民法院(2018)吉 03 民终 235 号。

定意见书鉴定:5.1 摩托车前后轮制动装置齐全、有效;转向装置齐全、有效;照明及信号装置齐全,因无车钥匙其效能无法检测。5.2 摩托车前部为与倒伏在道路上的树木碰撞接触部位。其碰撞痕迹为与倒伏在道路上的树木碰撞接触形成。5.3 摩托车碰撞速度略高于40km/h。另查明,案发地公路沿线林带系占用土地为村委会所有的集体土地,树木系林业站栽种并由其监管。每年春季,村委会按照林业站的要求统计村内集体土地中林木枯死树情况,由林业站统计后上报统一砍伐。2017 年 4 月 17 日,镇政府将林业站统计的《郭家店镇各村枯死树统计表》向四平市新型工业化经济开发区申请报告。统计表中未包含事故路段的树木。被告行政服务局系四平市新型工业化经济开发区管理委员会设置的内设机构,主要职责包括负责农业、林业、水利等工作。事故路段的农村公路归四平市铁西区管辖,管理单位为四平市铁西区交通管理处,接管时间为 2017 年 3 月 3 日。某公司系事故路段承揽养护作业的承揽方。林业站原系独立事业单位法人,2017 年 6 月末因未换领新版《事业单位法人证书》,旧版《事业单位法人证书》已经失效,现林业站人、财、物归镇政府统一管理。后王某某、徐某某、蔺某将村委会、林业站、镇政府、行政服务局、交通管理处、某公司诉至法院,要求六被告连带赔偿其因交通事故造成的各项经济损失。一审判决镇政府赔偿王某某、徐某某、蔺某各项损失。

一审判决作出后,镇政府不服提出上诉,请求撤销一审判决,改判镇政府不承担赔偿责任。镇政府认为,一是一审判决镇政府承担 70% 的赔偿责任属于事实认定错误,适用法律不当,审判程序违法。镇政府既不是折断树木的所有人,也不是管理人,更不是发生事故路段的维护者,让镇政府承担责任没有任何法律依据,镇政府只是林业工作站双重领导单位之一,林业站才是直接林木监管单位之一。二是林业站是依法设立的具有独立法人资格的事业单位,虽然未按规定时间更换新版《事业单位法人证书》但依法不影响林业站独立法人的主体资格,且林业工作站不是镇政府设置的单位,其人、财、物也不归镇政府管理。三是一审法院没有查明林木所有人、承包人,没有依法判决林木的所有人、承包人、道路管理及养护人承担责任属于认定事实不当,适用法律错误。四是一审法院将作为认定林业工作站不具有法人资格的证据及上诉人提交林业站有法人资格的证据没有开庭质证属程序违法,没有依法追加林木承包人及未查明林木所有人也属程序违法。

【裁判结论】

林业站对因蔺某某死亡造成的各项经济损失承担40%的民事赔偿责任，村委会承担10%的民事赔偿责任，交通管理处承担20%的民事赔偿责任，蔺某某自身承担30%的责任。

【裁判观点】

一审法院经审理后认为，依据《侵权责任法》第90条的规定，因林木折断造成他人损害，林木的所有人或者管理人不能证明自己没有过错的，应当承担侵权责任。林业站主张该片林木在2006年时已经承包给案外人高某，但所谓承包仅存在口头约定，不符合林地承包的相关法律规定，且2009年高某因未能办理林地证照对该片林地存在弃管行为，之后林业站作为林地的管理人。即蔺某某发生事故时，造成事故林木的管理人为林业站。镇政府向法庭出示的林业站《事业单位法人证书》已经过期失效，且未换领新版《事业单位法人证书》。同时林业站人、财、物统一由镇政府管理，《郭家店镇各村枯死树统计表》也是以镇政府名义向四平市新型工业化经济开发区申请报告。故镇政府主张林业站具有独立事业单位法人资格，证据不足，不予采信。综上，镇政府应承担林业站管理的林木造成他人损害的赔偿责任。村委会仅仅为事故地点林木所占用土地的集体所有人，并非林木的所有人，虽然在统计林木枯死树时，村委会有一定的配合管理义务，但村委会是按照林业站的指示配合统计，对林木在非统计期间没有管理义务。

2017年春季，村委会已经按照指示完成了当年的统计枯死树任务，下一次的统计任务尚未到来，村委会已经完成了管理义务，对事故林木折断造成他人损害不存在过错，故村委会不承担赔偿责任。行政服务局虽然与林业站存在领导与被领导关系，但并非是事故地点林木的管理人，且对事故林木折断造成他人损害不存在过错，故对各原告不承担赔偿责任。事故地点路段虽然由交通管理处管理，由某公司实际执行路面清扫任务，但因造成事故发生的林木并非公路设施，交通管理处及某公司均非林木的所有人和管理人，且在林木倾倒之后也不存在交通管理处怠于疏通道路的行为，故交通管理处及某公司对事故林木折断造成他人损害不存在过错，对各原告不承担赔偿责任。

蔺某某在经过事故路段时，未戴安全头盔，行驶时未尽安全注意义务，因此，蔺某某对自己所受伤害存在一定过错,应对自己死亡承担部分责任。综合林业站的管理责任和蔺某某的过错责任大小,判令林业站对因蔺某某死亡造成的各项损失负担70%的责任。

二审法院经审理后认为,根据国务院颁布的《事业单位登记管理暂行条例》第3条规定,事业单位经县级以上各级人民政府及其有关主管部门批准成立后,应当依照本条例的规定登记或者备案。事业单位应当具备法人条件。经有关主管部门批准成立后,只要事业单位法人的组织设立与登记行为符合相关法律法规的规定,其即可取得民事主体资格,并具备独立承担民事责任的能力。本案的林业站是由梨树县林业局依法举办的具有独立法人资格的事业单位,其由梨树县事业单位登记管理局颁发的《事业单位法人证书》载明有效期"自2015年3月3日至2020年3月3日",可见,林业站的设立和登记符合相关法律法规的规定,能独立承担民事责任。虽然其《事业单位法人证书》未及时更换成新版,但林业站至今一直正常运行,无证据证明其被撤销或注销,故其民事主体资格仍然存在,林业站应自行承担管理的林木造成他人损害的相应赔偿责任。

案涉林木栽种在村委会集体所有的土地上,村委会负责配合林业站统计本辖区范围内的林木枯死树并上报,具有一定的协助管理义务,故村委会对事故林木折断造成他人损害的后果存在一定过错,也应承担相应民事赔偿责任。

根据《道路交通事故司法解释》第10条的规定,因在道路上堆放、倾倒、遗撒物品等妨碍通行的行为,导致交通事故造成损害,当事人请求行为人承担赔偿责任的,人民法院应予支持。道路管理者不能证明已按照法律、法规、规章、国家标准、行业标准或者地方标准尽到清理、防护、警示等义务的,应当承担相应的赔偿责任。交通管理处作为案涉路段的管理者在出现妨碍道路正常通行的情况下,应及时予以清理或设置相应警示标志提醒来往行人,因其未采取合理措施,系造成他人损害的原因之一,故交通管理处亦应对蔺某某的死亡后果承担相应民事赔偿责任。

又根据《侵权责任法》第26条的规定,"被侵权人对损害的发生也有过错的,可以减轻侵权人的责任",蔺某某未戴安全头盔驾驶未按规定定期进行安全技术检验的摩托车,撞到倒伏在路上的树木摔倒致伤,经抢救无效而死亡,其作为完全民事行为能力人在夜间驾驶机动车未尽到安全注意义务,对损害的发生也有过错,故可以适当减轻其他赔偿义务人的赔偿责任。结合四平市公安局交通管理支队交通事故处理大队对本次事故的调查及本案的审理情况，法院酌定林业站对被上诉人因蔺某某死亡造成的各项经济损失承担40%的民事赔偿责任，村委会承担10%的民事赔偿责任，交通管理处承担20%的民事赔偿责任，蔺某某自身承担30%的责任。

法官评析

本案涉及因枯死树木倒伏等在道路上堆放、倾倒、遗撒物品等妨碍通行的行为，导致交通事故发生时的责任认定问题。因此类纠纷中同时存在物件损害责任和道路管理瑕疵责任两种责任类型，《道路交通事故司法解释》是对侵权责任法中"有关单位或者个人"范围的进一步明确，故对其中的重要问题作如下说明：

第一，因在道路上堆放、倾倒、遗撒物品等妨碍通行的行为，导致交通事故发生造成损害引发的纠纷类型。《侵权责任法》第89条规定了妨碍通行的侵权责任，即在公共道路上堆放、倾倒、遗撒妨碍通行的物品造成他人损害的，有关单位或者个人应当承担侵权责任。《道路交通事故司法解释》第10条将上述物件损害责任具体到了道路交通损害赔偿这一具体领域中，因此，《道路交通事故司法解释》一方面是对《侵权责任法》第89条中的"有关单位或者个人"加以明确，另一方面两者的调整范围有所不同。实践中，因在道路上堆放、倾倒、遗撒物品妨碍通行的，往往会引发三类纠纷：一是机动车交通事故责任纠纷（部分案件案由确定为生命权、健康权、身体权纠纷，但因案情和处理的法律关系类型较为一致，故不单独陈述）；二是公共道路妨碍通行损害责任纠纷；三是保险人代位求偿权纠纷，因部分案件在机动车交通事故责任纠纷中道路管理者并未进入诉讼之中，故此类案件审理的是行为人承担侵权责任后，保险公司与道路管理者之间的代位求偿权纠纷，也会涉及道路管理者的责任是否成立的问题。

第二，物件损害责任中行为人的确定及归责原则。有学者主张，因《侵权责任法》和《道路交通事故司法解释》均对物件损害责任的加害形态采用了列举的方式，堆放、倾倒是行为人主动的行为，遗撒是行为人被动的结果，故行为人应因加害形态的不同而适用不同的归责原则。[1] 我们对此持反对意见。现行法虽然采取了列举的方式,但无论是从立法本意还是实际情况,抑或是法条中的"等"字均可知,行为人妨碍通行的行为包括已列举出的三种加害形态,若以加害行为作为区分适用不同归责原则的依据,进而使受害人得到不同程度的救济,与立法本意是相违背的。

因此,笔者认为,公共道路上物品致害责任中的物件损害责任,应适用无过错责任作为归责原则。其实,行为人加害行为的不同对案件审理的真正影响体现在包括行为人的确定等事实认定以及举证责任的分配问题上。实践中,行为人的确定因在道路上堆放、倾倒、遗撒物的来源而分为如下两类:一类是载有建筑垃圾等物品的车辆驶过公共道路时的遗撒类行为,此时行为人认定的难点在于因车辆往来密集等原因造成被侵权人举证困难,被侵权人基于及时获得赔偿的诉求直接将道路管理者作为被告进行诉讼。另一类是类似本案中的枯死树木、路灯等静态的有确定管理维护者的堆放、倾倒类行为。前者可以根据举证责任分配以及对证明标准的把握来确定行为人,而后者的认定难点则转变为认定负有了注意义务以防止堆放物品长期得不到清理进而导致交通事故发生的主体为何。此时,所谓的行为人指对物品负有管护职责的特定主体,因此,本案中的林业局进入诉讼的原因是其作为对树木具有管理职责的主体,即行为人,虽然其承担责任的法理依据也是其应负有的注意义务,但这与道路管理者承担管理瑕疵责任有所不同。

此外,关于行为人主体是否适格亦是处理此类纠纷所常见的难题,这与我国公共道路的构成以及现行法对法人类型的划分有关。实践中,在类似本案中因枯死树木致损的案件中,若对枯死树木具有管护职责的是特定的事业单位,鉴于我国现行法对事业单位民事主体资格认定的现状,裁判者依据法律、行政法规的规定,正确把握《事业单位法人证书》与事业单位主体资格之间的关系,正确区分行政管理事项与法律规范构成要件之间的关系。具体而言,类似于本案中的树木管理单位,其具有独立事业单位法人资格,且无证据证明已被撤销或注销,其民事主体资格不因《事业单位法人证书》

---

〔1〕 参见杨会:《论妨碍通行行为人的侵权责任归责原则》,载《政法论丛》2016年第6期。

未及时更换成新版而不存在。并且，不能以此作为其不承担民事责任或者认定由其上级领导单位承担民事赔偿责任的依据。

第三，道路管理瑕疵责任的主体确定及归责原则。笔者认为，道路管理者承担管理瑕疵赔偿责任时适用过错推定原则。[1] 在此类纠纷中，道路管理者只有在未尽到管护、清理义务时，才承担相应的赔偿责任。关于道路管理瑕疵责任，《道路交通事故司法解释》第 9 条亦有相应的规定，其与《侵权责任法》第 89 条的法理依据是一致的，有所不同的是《侵权责任法》第 89 条存在具体造成物品堆放、倾倒和遗撒的行为人这一特殊情形。其次，从条文表述对比来看，《道路交通事故司法解释》第 10 条规定，在描述道路管理者的义务内容时，增加了"清理"这一具体内容以对应前述列举的"遗撒"这一加害形态。但两个条文中道路管理者的归责原则是一致的，均为过错推定原则。概言之，道路管理者在涉案公共道路出现妨碍道路正常通行的情况时，负有及时清理或设置相应警示标志来提醒来往行人的义务。若未尽到上述义务且造成损害后果发生的，应依据过错推定原则承担赔偿责任。

第四，村委会作为涉案树木所在土地的集体所有权人，在无证据证明涉案土地有对外承包的情况下，村委会对树木管理单位统计本辖区范围内枯死树木上报等工作，负有协助管理义务。如前所述，对有可能发生倒伏妨碍道路通行的枯死树木，具有管护职责的主体通常是特定的行政管理单位或其下属的事业单位，但具体到个案中，具体树木（包括能够产生经济效益的果树）的日常管理，往往与村委会和具体的林地承包人关系密切，此时，基于权利义务相统一的规则，村委会或具体的土地承包人，对树木管理单位开展的管理活动负有协助义务，这也是其基于涉案树木所在土地的集体所有权人或承包人的应有之义。因此，在未履行协助义务并造成损害后果时，其亦应承担相应的赔偿责任，且仍应将其作为"行为人"予以认定。

第五，在数人分别侵权时各主体的责任认定问题。在此类纠纷中，行为人的行为、道路管理者未尽到管护义务以及被侵权人自身存在过错，均有可能是导致事故损害后果的原因。并且，上述主体之间不存在共同故意或共同过失，通常是管理者未尽到管护义务与行为人的行为相结合造成损害结

---

[1] 参见最高人民法院民事审判第一庭编著：《最高人民法院关于道路交通损害赔偿司法解释理解与适用》，人民法院出版社 2012 年版，第 133 页。

果的发生,各自的侵权行为通常不足以单独造成受害者全部的损害后果,且能够确定责任大小。因此,此处所说的"相应的赔偿责任",应理解为各方主体按照各自的过错程度和原因力大小,承担相应的责任。从责任形态上看,在不存在属于连带责任的法定情形时,各方主体承担的责任为按份责任。

【裁判依据】

《侵权责任法》第89条

《道路交通事故司法解释》第10条

20

道路存在缺陷并造成交通事故，建设单位应承担相应的赔偿责任

——叶某与交通局等机动车交通事故责任纠纷案

裁判规则

建设单位建设的路段存在重大安全缺陷，造成交通事故的，建设单位应承担相应的赔偿责任。道路管理者对明显存在安全隐患的缺陷路段未向建设单位提出任何风险提示或整改方案、未能保证涉案路段处于良好的技术和安全状态等，致使交通事故未能避免，属于未尽到管理养护职责和合理注意义务，道路管理者亦应承担相应的赔偿责任。行为人承担与其过错程度相适应的赔偿责任。存在道路设计缺陷和/或管理者未尽到管护义务时，建设单位和/或管理单位在无其他证据佐证的情况下，不能仅以交通事故认定书未认定其存在过错作为抗辩事由。

案　情[1]

2015 年 1 月 9 日 19 时 15 分，在北京市通州区通燕高速白庙综合检查站进京口，刘某驾驶小型轿车内乘叶某，由东向西行驶时撞缓冲带隔离墩后仰翻，造成叶某受伤，车辆及隔离墩撞坏。北京市公安局公安交通管理局通州交通支队路河大队对该起事故出具了道路交通事故认定书，确定本起交通事故成因及责任："刘某驾驶小型轿车未确保安全发生交通事故的违法过错行为，与本起道路

[1] 北京市第三中级人民法院(2018)京 03 民终 8486 号。

交通事故的发生有因果关系,是事故发生的全部原因。叶某乘坐小型轿车无违法过错行为,与本起事故发生没有因果关系……刘某负全部责任,叶某无责任。”事故发生后,刘某未受伤,叶某受伤。经鉴定:叶某需完全护理依赖,伤残等级为一级,伤残赔偿指数为100%。

关于交通事故安全设施是否符合设计要求及相关标准规范的要求,叶某申请鉴定。交通运输部科学研究所司法鉴定中心2017年1月12日受理该鉴定申请,2017年2月13日出具鉴定报告,认定了以下事实,北京市通州区白庙综合检查站工厂站工程设计时间为2008年5月,事故发生路段南侧设计有混凝土护栏,接近检查站入口路段设有减速标线,沿右转进入检查站线型设置车道边缘白实线和车行道分界线,临近右转弯时路面设置右转弯导向箭头标线,设置轮廓标……临近北京市通州区白庙综合检查站的事故发生路段,道路南侧摆放了隔离墩,隔离墩与路面无连接(隔离墩未与路面连接,不属于护栏种类之一,不符合设计文件和《公路交通安全设施设计规范》的要求),接近检查站入口路段未设置减速标线,部分路段车道边缘白实线和车行道分界线磨损严重,白天和夜间视认性均较差,临近右转弯时路面设置的右转弯导向箭头标线磨损严重,视认性较差;接近检查站入口路段初始段未沿右转线型设置车道边缘白实线和车行道分界线;道路南侧隔离墩未设置轮廓标。最终出具鉴定意见:事发时事故路段的交通工程安全设施,不符合设计文件和相关标准规范的要求。某集团及交通局对该鉴定结论不认可。经刘某申请,法院要求交通局出具涉案路段竣工验收合格相关文件,除会议纪要及工程竣工验收记录外,交通局至最后一次开庭终结前始终没有向法院进行提交涉案路段的“竣工验收鉴定书”。后叶某将刘某、交通局、某集团诉至法院,要求交通局、某集团连带赔偿叶某损失。一审判决,叶某要求交通局、某集团承担连带赔偿责任于法无据,交通局、某集团对叶某的损失各承担10%的赔偿责任。

一审判决作出后,叶某、刘某、某集团均不服提出上诉。叶某认为,交通局与某集团应当承担连带赔偿责任,二者的过错虽然彼此独立、可以区分,但二者的损害后果无法分割。交通局将未经竣工验收且存在严重安全隐患的改造路段违法投入使用,是本次事故发生的根本原因,一审判决仅认定交通局承担10%的责任,比例过低,与其过错水平及致害结果完全不相匹配。刘某作为驾驶员,在面对事发路段严重的交通安全隐患时,凭借常人的观察能力和认知水平,根本无法预见也无法避免本次事故的发生,一审判决认定刘某承担80%的责任,严重不合理。一审仅判决某集团承担10%赔偿责任,过分低估了其作为道路管养单位,对道路风险的排查职责和排险预警能力。刘某认为,法院认定其未尽到注意道路情况安全驾驶的义务是没有任何依据的,事发当时障碍物的能见度极低,正常驾驶人员根本看不到前方有障碍物存在,造成事故并非其在正常驾驶情况下可以预见。事故现场缺少基本的引导和指示标志,导向标线和警示标识都存在重大问题,且交通局和某集团的建设管理缺陷直接导致刘某对事发时前方是否存在障碍物判断失误,这是造成涉案车辆发生事故造成损害的根本原因。本案责任赔偿主体应是某集团和交通局,刘某不是本案的责任赔偿主体,刘某在交通事故中的责任认定不能作为其承担侵权责任的依据。法院认定某集团和交通局不应承担连带责任是不符合法律规定的。某集团认为,其不是本案的适格主体,如果某集团因此承担责任,某集团的责任也应该由交通局承担。白庙检查站及其附属设施标志标线不清不是本次交通事故的原因之一,故与叶某的诉求之间不存在因果关系。综上,请求撤销一审判决,依法改判。

【裁判结论】

交通局、某集团应承担60%的主要责任,刘某应承担40%的次要责任。关于交通局与某集团的内部责任划分比例,交通局系涉案路段的建设方,其存在的过错系导致涉案事故发生的根本原因,故其应承担60%责任中的主要责任即40%的责任。某集团作为涉案路段的管养方,过错责任应小于建设方交通局的过错责任,应就此承担60%责任中的次要责任即20%的责任。

【裁判观点】

一审法院经审理后认为,建设事发路段检查站的单位为交通局。经鉴定,该事故路段交通工程安全设施,不符合设计文件和相关标准规范的要求,且相关设施投入使用至今,没有国家规定应该办理的竣工验收鉴定书等合法手续。故建设单位交通局与本次事故的发生有因果关系,应对此次事故承担相应的赔偿责任,如交通局认为涉案工程施工单位在此次事故中应承担责任,可另行主张。关于某集团的责任认定,对于该路段,某集团应设置相关标识标线并进行维护,但经鉴定事故现场各类标识标线等均存在问题,是造成事故的原因之一,某集团应该承担与其过错相应的责任。但对于叶某要求交通局和某集团承担连带责任的诉讼请求,于法无据,法院不予支持。交通事故认定书是公安机关处理交通事故,作出行政决定所依据的主要证据,虽然可以在民事诉讼中作为证据使用,但由于交通事故认定结论的依据是相应行政法规,运用的规则原则具有特殊性,与民事诉讼中关于侵权行为认定的法律依据、归责原则有所区别,交通事故责任不完全等同于民事法律赔偿责任,因此交通事故认定书不是民事侵权损害赔偿案件责任分配的唯一依据。故虽然刘某是此次事故的司机,且交通事故认定书上写明刘某为全部责任,叶某无责任。但目前没有证据证明刘某在行驶过程中有任何违法行为,所以关于某集团和交通局认为刘某负全部责任的主张,法院不予采纳。但刘某作为司机,即使没有违反交通规则的行为,也有注意道路情况,安全驾驶的义务,故对于该次事故仍负有主要责任。在道路安全设施存在缺陷的情况下,经综合评判,法院认为刘某对本次事故负有80%的责任,某集团及交通局在本次事故中各承担10%的责任。

二审法院经审理后认为,(1)关于交通局的责任承担。交通局系涉案路段的建设单位,首先,交通局并未提供涉案路段的竣工验收书,表明涉案路段并未经过竣工验收为合格路段;其次,经鉴定机构鉴定,该路段南端隔离墩与路面无连接(隔离墩未与路面连接,不属于护栏种类之一,不符合设计文件和《公路交通安全设施设计规范》的要求),接近检查站入口路段未设置减速标线,部分路段车道边缘白实线和车行道分界线磨损严重,白天和夜间视认性均较差,临近右转弯时路面设置的右转弯导向箭头标线磨损严重,视认性较差;接近检查站入口路段初始段未沿右转线型设置车道边缘白实线和车行道分界线;道路南侧隔离墩未设置轮廓标,最终鉴定涉案路段交通工程安全设施不符合设计文件和相关标准规范的要求;最后,根据本案所查事实,涉案路段原有的路面标线并未清除更改,极易引起误导,右转亦无右转弯导向箭头,夜间既未设置照明设施,亦未设置反光标识或爆闪灯警示灯,夜间行车极易造成重大安全隐患,因此,交通局建设的路段存在重大安全缺陷,其作为涉案路段的建设单位对涉案交通事故的发生应承担不可推卸的责任。(2)关于某集团的责任承担。某集团系高速公路的管理检查养护方,应对整条高速路段承担安全保障义务,确保整个高速道路安全畅通。现某集团对明显存在安全隐患的缺陷路段未向建设单位提出任何风险提示或整改方案,未尽管理养护职责和合理注意义务,未尽到安全保障义务,未能保证涉案路段处于良好的技术和安全状态,致使涉案交通事故未能避免,其作为全程高速公路的管养单位亦应承担相应的责任。(3)关于刘某的责任。刘某夜间行车应当注意道路情况,确保行车安全,但其在夜间行车未能倍加小心,临近检查站仍未注意到前方设置隔离墩应当右转而依然直行,未尽到小心注意义务,未能确保安全驾驶,导致交通事故的发生,其作为司机亦应对涉案事故的发生承担相应的责任。(4)关于叶某的责任。交通事故认定书认定叶某无责任,且根据本案事实及现有证据亦不能证明叶某存在过错,故叶某作为乘车人无责。通过上述分析及综合全案案情,交通局与某集团作为高速公路路段的建设方和管养方,其本应承担不同于普通公路的加倍的责任和义务,应极力在交通工程安全设施上避免事故的发生,但其均对此持放任态度,未能消除存在重大安全缺陷的重大安全隐患,未能尽到应承担的相应义务,最终导致本案交通事故的发生,其作为高速公路路段的建设提供方和管养方应承担的责任和过错大于刘某应承担的责任和过错,应当对此承担主要的过错责任。刘某作为司机在夜间行车未能尽到小心注意义务,未能确保安全驾驶,应当承担次要的责任。综合本案实际情况,本院确定交通局、某集团应承担60%的主要责任,刘某应承担40%的次要责任。关于交通局与某集团的内部责任划分比例。本案中,交通局系涉案路段的建设方,其建设提供的路段存在重大安全隐患和缺陷,其亦不能证明将涉案路段交接给某集团,其存在的过错系导致涉案事故发生的根本原因,故其应承担60%责任中的主要责任即40%的责任,某集团作为涉案路段的管养方,应对整条高速公路承担安全保障义务,其对明显存在安全隐患的缺陷路段未向建设单位提出任何风险提示或整改方案,过错责任应小于建设方交通局的过错责任,应就此承担60%责任中的次要责任即20%的责任。综上,某集团的上诉请求不能成立,应予驳回。叶某、刘某的上诉请求部分成立,予以支持。

法官评析

本案涉及道路存在缺陷,道路管理者又未尽到管护义务,致使交通事故发生时,行为人、建设单位、道路管理者承担赔偿责任问题。审理此类纠纷时,应注意以下三个方面的问题,现分述如下:

第一,交通事故认定书的结论与建设单位责任认定的关系问题。交通事故认定书是处理机动车交通事故责任纠纷所依据的重要证据,在证据类型上属公文书证，但在类似本案的纠纷中，建设单位和道路管理者通常会以交通事故认定书中未认定其存在过错作为抗辩理由，此时则需要裁判者结合全案案情综合判断。这是因为，首先，道路存在缺陷与否以及道路管理者是否尽到了管护义务，是需要启动鉴定程序、当事人的举证情况综合判断的重要事实，交通事故认定书是交通管理部门经法定程序对交通事故基本情况、原因以及责任分担作出的说明，但在交通管理部门出警时关于道路是否存在缺陷等专门性问题尚无定论，且在诉讼程序中交通事故认定书本就属于证据的一种的情况下，道路的建设单位和管理者不能仅以此作为其不承担赔偿责任的抗辩事由，此项抗辩在无其他证据佐证的情况下并不能成立。其次，在此类纠纷中，关于交通事故的情况，除交通事故认定书外，当事人在公安机关以及法庭上的陈述、保险公司对现场的勘察和照片等，均是应当重点核查的证据。

第二，道路存在"缺陷"的认定问题。根据最高人民法院《关于审理道路交通事故损害赔偿案件适用法律若干问题的解释》第 11 条的规定，未按照法律、法规、规章或者国家标准、行业标准、地方标准的强制性规定设计、施工，致使道路存在缺陷并造成交通事故，当事人请求建设单位与施工单位承担相应赔偿责任的，人民法院应予支持。由此可见，关于道路是否存在"缺陷"的认定已有明确规定。具体而言，首先，道路的设计应当符合法律、法规、规章或者国家标准、行业标准、地方标准的强制性规定。同时，可以借鉴《产品质量法》中关于"瑕疵"的定义来定义"缺陷"，即道路存在危及人身、他人财产安全的不合理危险，超出使用者的合理预期。并且，这种危险危及他人的人身或财产安全。[1] 其次，关于发生交通事故的道路设计是否符合相关标准规范要求属专门性问题，应当经过鉴定程序予以确定，并经在案证据综合予以判断。例如，在本案中，作为建设单位的交通局，在经法院释明后仍无法向法院提交除会议纪要和工程竣工验收记录外的"竣工验收鉴定书"，加之鉴定意见认定道路存在缺陷的鉴定结论，交通局作为道路建设单位应承担相应的赔偿责任。

第三，存在二人以上分别实施侵权行为时责任范围的确定问题。在此

〔1〕 参见最高人民法院民事审判第一庭编著：《最高人民法院关于道路交通损害赔偿司法解释理解与适用》，人民法院出版社 2012 年版，第 146 页。

类案件中，行为人未确保安全行使、道路存在缺陷、道路管理者未尽到管护义务，均可能是交通事故发生的原因，且三者之间无共同故意或共同过失，分别实施侵权行为造成同一损害后果，应适用《侵权责任法》第 11 条或第 12 条的规定。就本案而言，行为人、交通局和某集团三者的分别行为均不足以造成全部损害，因此，应当根据各主体的过错大小或数行为致损害后果发生的原因力比例承担相应的民事责任，这与建设单位侵权责任适用无过错归责原则并不相悖。所谓无过错原则，是指在认定责任成立与否时不考虑主观过错，在确定责任范围时仍应考虑主观过错。与此同时，若非本案情形，即针对交通事故的发生，道路建设单位和肇事司机的行为单独均足以造成受害人的全部损害后果，则应承担连带赔偿责任。此外，在此类案件的诉讼中，应注意建设单位、道路管理者作为诉讼主体是否适格的问题。

【裁判依据】

《侵权责任法》第 11 条、第 12 条

《道路交通事故司法解释》第 9 条、第 11 条

21

电动车经鉴定为机动车属于产品存在不合理危险，生产者应当承担赔偿责任

——柴某某与某车业公司机动车交通事故责任纠纷案

裁判规则

电动车与机动车在整车质量、强制标准、装置功能、最高车速、输出功率、安全性能以及对驾驶人的要求等方面均有所不同。生产者和销售者以非机动车名义将实为机动车的电动车卖给消费者,实际上是向消费者隐瞒了上述内容,导致消费者在购买和适用构成中仍旧按照电动车的要求和注意程度。因此,名为电动车、实为机动车的产品属于存在不合理危险的产品,即构成缺陷产品。被侵权人有权向生产者和销售者主张赔偿责任。

案　情〔1〕

2015 年 4 月 9 日 21 时,胡某驾驶爱玛牌 TDR60Z－7 两轮电动轻便摩托车由北向南行驶至建平县叶柏寿城区向阳街兴和家园小区西门附近时,与行人柴某某相撞,造成柴某某当场死亡。经道路交通事故认定书认定,胡某负本次事故全部责任,柴某某无责任。爱玛牌 TDR60Z－7(车架号为 3940212 × × ×024),生产厂家是无锡爱玛公司,该车合格证载明,产品名称为电动自行车,许可证号是 ×K16－002－01386,执行标准是 GB 17761—1999。经葫芦岛机动车司法鉴定所鉴定认为,《电动自行车通用技术条件》(GB 17761—1999)第 5.1.2 项规

〔1〕 辽宁省建平县人民法院(2016)辽 1322 民再 7 号。

定，电动自行车的整车质量应不大于40kg；第6.1.3项规定，电动自行车必须具有良好的脚踏骑行功能，30min脚踏行驶距离应不小于7km。该送检车辆整车整备90km，超过国标电动自行车不大于40km的规定，该车没有脚踏装置，不具备人力骑行的功能，认定爱玛牌TDR60Z－7（车架号为3940212×××024）符合电动两轮轻便摩托车标准，属机动车。后郑某某、韩某某、柴某1、柴某2将胡某、胡某某、袁某某、无锡爱玛车业有限公司诉至法院，要求其给付因柴某某受害的死亡赔偿金、丧葬费、精神抚慰金、被扶养人生活费等损失。一审判决，胡某、胡某某、袁某某按照50%的责任比例赔偿柴某某的各项损失，无锡爱玛公司按照50%的责任比例赔偿柴某某的各项损失，驳回郑某某、韩某某、柴某2、柴某1要求王某、王某某、李某某赔偿损失的诉讼请求。

一审判决作出后，经法院审判委员会讨论决定，于2016年7月4日作出（2016）辽1322民监5号民事裁定，再审本案。并依法通知江苏爱玛车业科技有限公司、爱玛科技集团股份有限公司、建平县叶柏寿轻逸车行为被告参加诉讼。法院再审过程中，原审原告郑某某、韩某某、柴某1、柴某2诉称，坚持原审起诉意见，并申请追加江苏爱玛公司、爱玛集团公司、建平轻逸车行参加诉讼，承担民事责任。原审被告胡某的法定代理人胡某某、袁某某及袁某辩称：除坚持原审答辩意见外，我方申请追加作为肇事车辆销售方的建平轻逸车行为被告参加诉讼，因其将机动车辆轻便摩托车作为电动自行车销售，对该产品没有尽到警示说明，我方误以为是电动自行车，对我方承担的机动车交通事故责任，销售方应承担责任。还申请追加江苏爱玛公司、爱玛集团公司参加诉讼，因他们是无锡爱玛公司的权利享有者和义务承担人，应依法承担民事责任。该事故多因产生，各责任人应承担相应份额。原审被告王某的法定代理人王某某、李某某辩称：坚持原审答辩意见。被告江苏爱玛公司、爱玛集团公司辩称：答辩人作为本案被告主体不适格；无锡爱玛公司生产的爱玛牌电动自行车符合国家标准，不存在任何质量缺陷；鉴定机构出具的鉴定意见不能作为认定肇事电动自行车存在质量缺陷的依据，鉴定机构不具有鉴定资格，被检验车型、车架号、电机编号与产品合格证记载不符，鉴定机构误解《电动自行车通用技术条件》，错用《机动车运行安全技术条件》，导致所出具的鉴定意见结论明显错误，不应被采信；被害人柴某某的死亡系交通事故所致，与肇事电动自行车是否存在产品缺陷没有因果关系，其不应承担任何赔偿责任。被告建平轻逸车行辩称：我车行是在2012年7月在工商注册，

2013年1月营业。涉案车辆是在2012年5月购买，所以人民法院通知我车行参加诉讼不合适，我车行没有承担赔偿责任的义务。

【裁判结论】

撤销原判，改判原审被告胡某的法定代理人胡某某、袁某某按照50%的责任比例赔偿柴某某的各项损失，判决江苏爱玛车业科技有限公司、爱玛科技集团股份有限公司、建平县叶柏寿轻逸车行按照50%的责任比例连带赔偿柴某某的各项损失。

【裁判观点】

一审法院经审理后认为，胡某驾车与柴某某相撞，造成柴某某死亡的交通事故，事实清楚，责任认定明确，胡某应承担赔偿责任，因胡某系未成年人，故其法定监护人应承担相应的赔偿责任。原审被告胡某驾驶的肇事车辆系原审被告无锡爱玛公司生产，该车辆合格证上标识执行国家标准GB 17761—1999，为电动自行车。经葫芦岛机动车司法鉴定所认定，该车辆实际属于机动车，原审被告无锡爱玛公司没有按照国家标准执行，其提供的商品存在严重瑕疵，也应承担相应的赔偿责任。

法院再审后认为，原审被告胡某驾车与受害人柴某某相撞，造成柴某某死亡的交通事故，事实清楚，责任认定明确，胡某应承担本案赔偿责任；胡某系未成年人，其民事责任依法由其法定代理人承担。胡某驾驶的涉案车辆系建平轻逸车行出售的原无锡爱玛公司所生产，该车因整车整备质量90kg，超过国标电动自行车不大于40kg的规定，又无脚踏装置不具备人力骑行功能、最高设计车速超标、电动机最大输出功率总和超标，经法定程序鉴定后被认定为符合电动两轮轻便摩托车标准，属机动车。说明该车构成产品缺陷，应当承担因产品缺陷造成他人损害的责任。原无锡爱玛公司被注销登记，其民事责任依法由其权利义务承受人——被告爱玛集团公司、江苏爱玛公司承担。建平轻逸车行销售存在产品缺陷的商品，应与生产商承担连带赔偿责任。原审原告合理数额的诉讼请求，法院依法支持；三被告的抗辩意见，无证据证实，法院不予采纳。

法官评析

电动车与机动车在对驾驶人的要求、安全系数、是否需要牌照等方面均有所不同，加之外卖行业的发展等因素的影响，对电动车的规范和管理亦是现在城市公共交通的重要环节。在行为人驾驶实为“机动车”的电动车引发的机动车交通事故责任纠纷中，责任主体的确定、责任成立的构成要件、缺陷产品的认定以及生产者、销售者的责任形态，是此类纠纷审理的重点所在。现就此类纠纷出现的常见问题论述如下：

第一，名为电动车、实为机动车的，是否属于产品存在缺陷。《道路交通事故司法解释》第 12 条规定，机动车存在产品缺陷导致交通事故造成损害，当事人请求生产者或者销售者依照侵权责任法第五章的规定承担赔偿责任的，人民法院应予支持。机动车生产者或者销售者承担侵权责任的前提之一，是发生交通事故的机动车存在产品缺陷。鉴于《侵权责任法》第五章并未直接对产品缺陷的认定标准作出相应的规定，故对产品存在缺陷与否的判断应该回归到《产品质量法》第 46 条的规定上来，即若产品存在危及人身、他人财产安全的不合理的危险，有保障人体健康和人身、财产安全的国家标准、行业标准的，可以认定产品存在缺陷。笔者认为，生产或销售名为电动车、实为机动车的产品属于存在缺陷的产品，理由在于：产品缺陷的认定，一般最终指向为该产品存在不合理的危险，此类电动车虽然有可能是通过质检的合格产品，但电动车与机动车在整车重量、驾驶速度、制动、信号、车辆操作难度和驾驶的危险性上，均与机动车有所不同。生产和销售此类电动车时，实则是向消费者隐瞒了上述潜在的危险，这些危险对于一个购买电动车的消费者而言，也足以构成不合理的危险。因此，即使此类电动车可能已经经过的质量检测，但因其存在上述不合理的危险，已足以认定为缺陷产品。其次，不合理危险的认定在实践中，往往需要结合个案案情综合加以判断。从社会治理的角度来看，近年来使用轻便、用途广泛的电动车正在成为困扰城市治理的难点问题，生产名为电动车、实为机动车的现象亦并不罕见。将此类产品认定为缺陷产品，其实也是法律作为社会调整的手段之一，对公共交通治理的一个回应。从法律上来看，生产和销售此类电动车，即使符合所谓的国家标准和行业标准，因其是以电动车的名义生产的，上述标准也只是电动车而非机动车的标准，将其认定为缺陷产品，亦符合法律对缺陷产品认定标准的规定。综上可知,生产和销售名为电动车、实为机动车的,可以认定为属于缺陷产品。此外,实践中,因机动车缺陷导致的交通事故损害赔偿案件中,机动车存在的缺陷往往是与机动车的制动系统、转向系统、行驶系统、动力控制系统等机动车的行使的控制、影响驾驶员驾驶操作有关的系统、部件、总成等有关。[1] 上述情形亦是在此类纠纷中,机动车所存在的缺陷的主要表现形式。

第二,生产者、销售者侵权责任成立的构成要件。根据侵权责任法、产品质量法和上述司法解释的规定,笔者认为,该司法解释所规定的情形,主要解决的是生产者和销售者对外承担责任时的归责原则问题。因此,当机动车存在缺陷导致交通事故造成损害的,生产者和销售者对外承担责任时适用无过错责任。因此,生产者和销售者侵权责任成立须满足以下构成要件:一是机动车存在缺陷;二是有损害事实的发生;三是两者之间存在因果关系,在上述事实存在的情况下,被侵权人要求生产者、销售者承担侵权责任时,便应予支持。

第三,生产者、销售者同时参加诉讼时,如何确定各自须承担的损害赔偿责任。在机动车交通事故责任纠纷中,受害人同时起诉肇事司机、生产者、销售者,要求其承担赔偿责任时,其实会涉及两类法律关系,一是因交通事故引发的损害赔偿关系;二是生产者和销售者的不真正连带责任。笔者认为,在机动车交通事故责任纠纷中,主要解决的是受害人的损害赔偿纠纷问题,故生产者、销售者之间的终局责任确定以及追偿权的行使问题,不是在此案件中必须一次性予以解决的问题。实践中,根据受害人的起诉情况确定被告,并在当事人提出申请追加当事人或第三人时,由法院审查确定是否予以准许后,可能涉及的情形如下:第一种情况,当受害人、肇事司机和生产者参加诉讼时,肇事司机、生产者承担的是数人分别侵权造成同一损害后果,且分别侵权行为不足以单独导致同一损害后果的,应承担的是按份责任,并且,在只有肇事司机和生产者参加诉讼时,因缺陷产品的认定已是既定事实,故在生产者没有证据证明该缺陷是因销售者过错造成时,生产者此时亦是终局责任人,不存在后续行使追偿权。第二种情况,当受害人、肇事

[1] 参见最高人民法院民事审判第一庭编著:《最高人民法院关于道路交通损害赔偿司法解释理解与适用》,人民法院出版社2012年版,第159页。

司机和销售者参加诉讼时,肇事司机、销售者承担的亦是按份责任,但销售者承担无过错责任仅是对外而言的,销售者和生产者之间承担的是不真正连带责任,对内而言,当销售者对产品缺陷不存在过错时,其在承担赔偿责任后,有权向生产者追偿。但应当注意的是,在仅有销售者参加的机动车交通事故责任纠纷中,生产者并非必要共同诉讼参加人,在当事人未提出申请时,法院可直接依据侵权责任法和上述司法解释的规定,判决由肇事司机和销售者承担赔偿责任,关于销售者和生产者之间的责任承担问题,可另诉解决。第三种情况也是相对最为复杂的情况是,当受害人、肇事司机、生产者、销售者同时参加诉讼时,即本案所涉情形,笔者认为,仍应按照上述两种情况所涉及的对内责任和对外责任的区分方式,来分别适用法律,最终确定赔偿责任的主体。

【裁判依据】

《侵权责任法》第 41 条至第 47 条

《产品质量法》第 46 条

《道路交通事故司法解释》第 12 条

22

机动车所有人未投保交强险，虽非肇事人，机动车所有人仍应在交强险范围内承担赔偿责任

——徐某与胡某机动车交通事故责任纠纷案

裁判规则

未依法投保交强险的机动车发生交通事故造成损害，当事人请求投保义务人在交强险责任限额范围内予以赔偿的，人民法院应予支持。

案　情[1]

2015 年 4 月 26 日 17 时许，陈某某驾驶“福田”牌重型自卸货车在北京市昌平区葛村加油站红绿灯向南 500 米路西处由停车向前行进时，将行人徐某刮撞倒地，造成徐某受伤，事故后，陈某某驾车驶离现场，后又返回现场。昌平交通支队马池口大队出具了事故证明，未划分责任。事故发生后，徐某在北京市昌平区医院治疗。事故发生后，徐某的爱人王某以故意伤害为由向马池口派出所报警。马池口派出所调查后认为案件基本事实为：徐某与胡某有经济纠纷，2015 年 4 月 26 日 16 时许，徐某在北京市昌平区马池口镇葛村村西发现胡某的欧曼牌大货车后找胡某索要欠款，后徐某开车将胡某的大货车堵住，胡某命令司机开车离开时将徐某撞倒。马池口派出所认为该案件不构成故意伤害案，不予立案。再查，胡某与陈某某系雇佣关系。肇事车辆登记在胡某名下，事故发生时，该肇事

[1] 北京市第一中级人民法院（2018）京 01 民终 1901 号。

车辆未投保交强险和商业三者险。徐某的经济损失，法院经核实依法确认。一审判决，被告胡某在机动车交强险范围内给付原告徐某医疗费用类赔偿和死亡伤残类赔偿金，被告胡某给付原告徐某各项经济损失。一审判决作出后，胡某不服提出上诉。胡某认为，一审法院认定案由错误，本案案由不是机动车交通事故责任纠纷，而是生命权、健康权、身体权纠纷，故胡某不应在交强险限额内先行承担赔偿责任。请求撤销一审判决，改判以生命权、健康权、身体权纠纷为由判决胡某赔偿徐某合理经济损失。

【裁判结论】

一审法院按照"机动车交通事故责任纠纷"确定案由并审理本案正确，胡某作为涉案车辆的所有人和投保义务人，未投保交强险，故其应在交强险限额内承担赔偿责任正确。驳回胡某上诉，维持原判。

【裁判观点】

一审法院经审理后认为，机动车发生交通事故造成损害的，依照《道路交通安全法》的有关规定承担赔偿责任。本案中，事故发生时陈某某系受雇于胡某，故应由胡某承担赔偿责任。因胡某作为车辆的投保义务人未投保交强险，故胡某应在交强险限额范围内承担赔偿责任。超出交强险的部分，根据事故证明和故意伤害案件卷宗材料，法院认为徐某对本案损害后果的发生不存在过错，陈某某对本次交通事故的发生负全部责任，故应由陈某某的雇主胡某承担全部的赔偿责任。

二审法院经审理后认为，《道路交通安全法》第 119 条第 5 项规定，本法中"交通事故"，是指车辆在道路上因过错或者意外造成的人身伤亡或者财产损失的事件。本案中，徐某在一审时就是以"机动车交通事故责任纠纷"为由向法院提起的本次诉讼。其次，根据公安机关查明的事实，徐某是被陈某某驾驶的车辆刮撞倒地而受伤。根据此次事故发生的地点和经过，以及《道路交通安全法》规定的"交通事故"的含义，可以认定本案属于机动车交通事故。另外，公安机关经过调查认定本次事故不构成故意伤害案，未予刑事立案，公安机关交通管理部门最终就本次事故出具了事故证明，此亦可以说明本次事故应属于机动车交通事故。因此，一审法院按照"机动车交通事故责任纠纷"确定案由并审理本案正确。根据《道路交通事故司法解释》第 19 条第 1 款的规定,未依法投保交强险的机动车发生交通事故造成损害,当事人请求投保义务人在交强险责任限额范围内予以赔偿的,人民法院应予支持。本案中,胡某系肇事车辆的所有人和投保义务人,肇事车辆在发生本次事故时未投保交强险,故一审法院判决胡某对于交强险责任限额范围内的损失承担赔偿责任正确。

法官评析

本案涉及机动车所有人将其未投保交强险的机动车出借给行为人发生交通事故时,机动车所有人亦即投保交强险义务人的赔偿责任问题。对此,《道路交通事故司法解释》第 19 条有明确规定,在此情形下,机动车投保义务人应在交强险范围内承担赔偿责任。但在实践中,因机动车所有人与行为人之间常存在基础法律关系,故在审理此类案件时,可以依照如下思路来厘清事实、适用法律:

第一,根据《侵权责任法》第 6 条第 1 款、《道路交通安全法》第 17 条以及《道路交通事故司法解释》第 19 条的规定,由投保义务人在交强险限额范围内承担赔偿责任。投保义务人和侵权人不是同一人,当事人请求投保义务人和侵权人在交强险限额范围内承担连带责任的,应予支持。《道路交通安全法》第 17 条规定,国家实行机动车第三者责任强制保险制度,设立道路交通事故社会救助基金。具体办法由国务院规定。根据上述法律和司法解释的规定,机动车所有人即投保义务人给车辆投保交强险是一项法定义务。投保义务人未投保交强险的行为,一方面违反了《道路交通安全法》规定的法定义务;另一方面我国的交强险更加强调对第三人的损失填补功能,更加重视对受害人的权益保障。[1] 投保义务人未投保交强险的行为,使得交强险及时救济受害人的制度目的难以实现。其次,机动车所有权人即投保义务人承担责任的基础是过错归责原则。机动车所有权人将未投保交强险的车辆出借给肇事人,主观上存在过错。并且,机动车所有权人未投保交强险的行为侵害的是受害人优先从交强险获得赔偿的权益。在此类纠纷

---

〔1〕 参见最高人民法院民事审判第一庭编著:《最高人民法院关于道路交通损害赔偿司法解释理解与适用》,人民法院出版社 2012 年版,第 246 页。

中，存在两个行为，一个是行为人直接造成受害人人身和财产损害后果的侵权行为，另一个是投保义务人未投保交强险的行为，前者是行为人承担责任的基础，后者虽然未直接造成受害人人身和财产损害的后果，但其之所以仍应承担赔偿责任且应在交强险限额范围内承担赔偿责任，是因为投保义务人未投保交强险的行为损害了受害人及时、优先从交强险处获得赔偿的权益。虽然，我国法律对此没有明确规定，但通说认为，我国《侵权责任法》的保护范围既包括权利，亦包括权益。此类纠纷中，受害人优先获得交强险赔付的利益，因法律有明确规定且交强险本身亦有相应的限额，因此受害人的此种权益应当受到法律保护。投保义务人未履行投保义务的行为，侵害的也正是受害人的此种权益。因此，受害人有权请求投保义务人在交强险限额范围内承担赔偿责任。由机动车所有权人和肇事人在交强险限额范围内承担连带赔偿责任，其实质是赔付本应由保险公司赔付的交强险限额内的确定损失赔偿。

第二，机动车所有权人及投保义务人与行为人存在其他法律关系时，应分别按照相应的法律规范进行处理，且与投保义务人在交强险限额范围内承担赔偿责任并行不悖。并且，在此类纠纷中，不应考虑机动车所有权人车辆给他人使用是否有偿，均应在交强险限额范围内承担赔偿责任。实践中，机动车所有权人将车辆之所以给行为人使用，两者之间往往存在朋友关系、雇佣关系或是有偿租赁关系。例如，在本案中，机动车所有权人胡某与行为人陈某某之间即存在雇佣关系，胡某将涉案车辆给行为人本身亦是行为人履行职务行为的结果。因此，在处理此类纠纷时，便应厘清同一纠纷中不同类型的法律关系。首先，机动车所有权人承担责任的基础是其未履行投保交强险的法定义务，无论机动车所有人和行为人之间是否存在雇佣关系，受害人都有权主张两者在交强险限额范围内承担连带赔偿责任。其次，若机动车所有权人和行为人之间存在雇佣关系，则最终由雇主承担替代责任。因此，在投保义务人与行为人存在雇佣关系等基础法律关系时，其所承担的责任分为下述两类性质，一是作为投保义务人在交强险限额范围内承担责任；二是对与超出交强险限额范围的损失承担雇主责任。虽然从结果上来看，均是由投保义务人来承担，但应厘清两类法律关系的性质并分别适用各自的法律规范。笔者认为，因投保义务人承担赔偿责任的基础是因其未履行投保义务,与出借行为本身是否具有过错并无关系。因此,出借行为有偿与否,不应成为机动车所有权人即投保义务人承担具体责任时应考量的因素。

第三,应厘清与《侵权责任法》第 49 条调整范围的区别。《侵权责任法》第 49 条规定,因租赁、借用等情形机动车所有人与使用人不是同一人时,发生交通事故后属于该机动车一方责任的,由保险公司在机动车强制保险责任限额范围内予以赔偿。不足部分,由机动车使用人承担赔偿责任;机动车所有人对损害的发生有过错的,承担相应的赔偿责任。此法律规范调整的是因租赁、出借等情形存在导致机动车所有权人与使用人不一致时,机动车所有权人承担责任的基础是对损害发生存在过错。具体的过错可体现为将不适宜驾驶的车辆出借,使用人不具备驾驶资格以及不能驾驶的其他情形。而《道路交通事故司法解释》第 19 条的调整范围,是机动车所有权人即投保义务人未投保交强险时的损害赔偿责任承担问题,与《侵权责任法》第 49 条的调整范围有所不同,在处理此类纠纷时应有所注意。

第四,正确处理案件案由、法律关系类型和法律适用之间的关系。以本案为例,机动车所有权人以案件案由确定有误作为其不应在交强险限额范围内亦应承担赔偿责任的理由。法院经审理后之所以未予采信,是基于以下三个方面的原因:一是就个案而言当事人的抗辩并不能成立。二是因为民事案由的确定本身是为了方便审理,明确当事人诉请的法律关系的性质,应当根据当事人主张的民事法律关系性质来确定案由。但是,当案由确定不当或者一个案件中出现多种类型的民事法律关系时,案由的确定和更改在诉讼中均可得到实现,不应以此来阻碍受害人权利的救济。三是《道路交通安全法》和《道路交通事故司法解释》的相关规定,并不仅仅适用于机动车交通事故责任纠纷案件中。因此,投保义务人仅以此为由主张不应按照上述法律规范在交强险限额范围内承担赔偿责任的主张亦不能成立。

【裁判依据】

《侵权责任法》第 48 条

《道路交通安全法》第 17 条

《道路交通事故司法解释》第 19 条

23

保险期间发生多次交通事故，交强险应在限额内对每起交通事故赔偿

——张某欣与林某机动车交通事故责任纠纷案

裁判规则

保险期间内,同一车辆发生多次交通事故,交强险应在最高限额内对每起交通事故进行赔偿。从《交强险条例》第21条的文义解释上来看,交强险的赔付是与交通事故次数有关而非保险期间,从交强险的性质来看,交强险对每起交通事故赔偿才能维护各受害人乃至侵权人的合法保险利益,从保险的原理来看,交强险是以交通事故的次数而非投保人数为费率的计算依据。潜在的受害人均具有定额保险利益,不能因事故发生的先后而被剥夺。

案　情[1]

2014年6月30日4时23分,张某欣驾驶粤B×××轿车从惠城镇往东陇镇方向行驶,途经南环一路洋美交叉路口路段,无减速慢行碰撞到右边横过公路往左边由王某推着手拉车,造成王某死亡及车辆损坏的交通事故。肇事后,张某欣驾驶粤B×××轿车往东陇派出所方向行驶,经约800m碰撞同向在前由林某驾驶的粤V×××二轮摩托车,造成林某受伤及车辆损坏的二次交通事故。2014年7月10日,惠来县公安局交通警察大队作出的《道路交通事故认定书》,认定驾驶人张某欣对事故的发生有全部过错,张某欣承担此事故的全部责任;王

[1] 广东省揭阳市中级人民法院(2016)粤52民终437号。

某、林某无责任。

中国人民财产保险股份有限公司揭阳市分公司(以下简称财保揭阳公司)提供的格式条款:《中国人民财产保险股份有限公司机动车第三者责任保险条款》责任免除部分的第6条第6项约定:“下列情况下,不论任何原因造成的对第三者的损害赔偿责任,保险人均不负责赔偿:……(六)事故发生后,被保险人或其允许的驾驶人在未依法采取措施的情况下驾驶被保险机动车逃离事故现场,或故意破坏、伪造现场、毁灭证据。”

方某1与方某2是夫妻关系。方某1是粤B×××轿车登记车主,方某2是粤B×××轿车的实际支配人,张某欣为该车驾驶员。粤B×××轿车由财保揭阳公司承保了交强险和商业三者险,被保险人均为方某2,交强险和商业三者险的保险期间均为2014年5月22日至2015年5月21日,其中交强险赔偿限额包括死亡伤残赔偿限额110,000元,医疗费用赔偿限额10,000元,财产损失赔偿限额2000元;商业三者险赔偿限额为50万元。本次交通事故发生于保险期间内。

王某丈夫方甲向一审法院起诉请求张某欣赔偿王某死亡赔偿金、丧葬费、精神抚慰金等;方某1、方某2对事故赔偿款承担连带赔偿责任;财保揭阳公司在其交强险、商业三者险限额内对事故赔偿承担赔偿责任。

【裁判结论】

一审判决财保揭阳公司应于本判决发生法律效力之日起十五日内,在机动车交通事故责任强制保险责任限额120,000元内赔偿方甲经济损失120,000元。方某2应于本判决发生法律效力之日起十五日内,赔偿方甲经济损失198,058.7元,张某欣、方某1对该款承担连带赔偿责任。财保揭阳公司上诉认为应按一次交通事故计算,并在同一交强险责任限额内予以分配王某及林某的赔偿数额,而不应由财保揭阳公司双重负担交强险。另认为王某并未产生医疗费用损失,根据交强险的各分项的限额区分,财保揭阳公司仅应在交强险死亡伤残赔偿限额110,000元内承担赔偿责任。二审法院驳回了其关于不应承担双重交强险的上诉理由,支持了第二点上诉理由。

【裁判观点】

本案属机动车交通事故责任纠纷。从事高速运输工具等对周围环境有高度危险作业造成他人损害的,应当承担民事责任;交通事故责任者应按照所负事故责任承担相应的损害赔偿责任。惠来县公安局交通警察大队作出的惠来公交认字(2014)第 a0019 号《道路交通事故认定书》,认定驾驶人张某欣对事故的发生有全部过错,张某欣承担此事故的全部责任;王某、林某无责任。对上述事故认定书,方甲、张某欣、方某 1、方某 2、财保揭阳公司均没有异议,故对于上述事故认定书认定的事实和责任分担予以采纳。《广东韩江法医临床司法鉴定所司法鉴定意见书》,其鉴定程序合法,鉴定意见客观公正,予以采信。

广东省高级人民法院(2014)粤高法民复字第 1 号批复意见认为,商业第三者险与交强险是有区别的,商业三者险属于投保人自愿购买的责任保险,虽然客观上也有及时填补受害人损失的作用,但其设立目的是减轻侵权人的赔偿负担,而非填补受害人的损失。审查商业三者险保险合同应坚持当事人意思自治原则,尊重当事人合法的意思表示。保险合同中保险人与被保险人的权利义务由双方协商确定,肇事后逃逸免赔的条款不违反我国法律规定,也有加大逃逸者的违法成本,从而促使其遵章守法的导向作用,故即使有逃逸行为但并不加重保险人的赔偿责任,保险人也可依据合同条款免于赔偿。(2015)揭惠法刑初字第 39 号《广东省惠来县人民法院刑事判决书》已认定张某欣属交通事故后逃逸,根据前述意见,财保揭阳公司提出对超过交强险部分保险公司不予赔偿,由本案张某欣、方某 1、方某 2 承担赔偿责任的辩论意见,理由成立,予以采信。

根据《道路交通事故司法解释》第 16 条第 1 款“同时投保机动车第三者责任强制保险和第三者责任商业保险的机动车发生交通事故造成损害,当事人同时起诉侵权人和保险公司的,人民法院应当按照下列规则确定赔偿责任:(一)先由承保交强险的保险公司在责任限额范围内予以赔偿;(二)不足部分,由承保商业三者险的保险公司根据保险合同予以赔偿;(三)仍有不足的依照道路交通安全法和侵权责任法的相关规定由侵权人予以赔偿”的规定,本案的赔偿应按上述原则处理。

参照《广东省 2014 年度人身损害赔偿计算标准》,方甲在本次交通事故中遭受的各项经济损失,确认如下:(1)死亡赔偿金。由于王某属于农村居民,依法应按照农村居民人均纯收入计算王某的死亡赔偿金,即 11,669.31 元×20 年=233,386.2 元。(2)丧葬费。59,345 元/年÷12 个月×6 个月=29,672.5 元。(3)办理丧葬事宜支出的交通费、误工损失。方甲没有提供交通费、误工损失的相关证据，鉴于该损失实际发生，方甲诉请 15,000 元，酌定为 5000 元，超过部分不予支持。(4)精神损害抚慰金。根据本案实际，对方甲请求的精神抚慰金，酌定为 50,000 元，超过部分不予支持。上述第 1～4 项，方甲的经济损失共计 318,058.7 元。交强险赔偿，是针对每次交通事故损失的赔偿，即便一辆机动车在保险期限内发生了多起交通事故，每次交通事故的损失都大于交强险赔偿限额的数额(每次交强险赔偿限额都用尽)，但交强险也需要对每次交通事故的损失，在其赔偿限额内承担赔偿责任，且每一次交通事故的赔偿限额都需重新计算，而不存在保险期限年度内累加计算的问题。方某 2 在事故发生前为肇事车辆粤 B×××轿车向财保揭阳公司投保了交强险，本案的交强险赔偿限额 120,000 元，由于第一次事故造成王某死亡、第二次事故造成方甲受伤的结果，第一次事故发生后，张某欣为逃离现场，在距离第一次事故现场 800 米处碰撞到方甲，造成第二次事故，事故次数为两次，本案方甲的损失大于交强险赔偿限额的数额，因此，财保揭阳公司在交强险 120,000 元限额内应赔偿方甲 120,000 元，余额 198,058.7 元由方某 2 予以赔偿，张某欣、方某 1 对该款承担连带赔偿责任。财保揭阳公司主张本宗事故共造成一死一伤的后果，现伤者林某已向法院起诉，交强险赔偿限额应按各当事人的赔偿比例予以分配，不予采纳。对方甲请求不符合法律规定部分，予以驳回。

二审法院认为，关于一审判决认定本案事故与林某案事故是两次交通事故，财保揭阳公司应按两份交强险限额进行赔偿是否正确的问题。本案中，根据惠来县公安局交通警察大队作出的惠来公交认字(2014)第 a0019 号《道路交通事故认定书》及一审法院作出的(2015)揭惠法刑初字第 39 号刑事判决书，本案事故与林某案事故系为二次交通事故事实清楚，证据充分，一审判决据此认定财保揭阳公司应按二份交强险限额进行赔偿并无不当，本院予以维持。财保揭阳公司认为本案事故与林某案事故应为一次交通事故，并应在同一交强险责任限额内予以分配王某及林某的赔偿数额，缺乏事实和法律依据，本院不予支持。

关于一审判决确定财保揭阳公司在交强险限额内赔偿方甲损失 120,000 元是否正确的问题。本案事故造成受害人王某当场死亡，并未产生医疗费用损失，根据交强险的各分项的限额区分，财保揭阳公司仅应在交强险死亡伤残赔偿限额 110,000 元内承担赔偿责任，一审判决确定财保揭阳公司在交强险限额内承担 120,000 元，缺乏事实依据，予以纠正。财保揭阳公司上诉主张一审判决没有按照交强险分项限额予以赔偿并确定其在交强险医疗费用限额内赔偿方甲损失10,000元错误,理由成立,予以采纳。

法官评析

本案涉及发生多次交通事故致使他人受伤,交强险应该如何赔付的问题。现实生活中,存在两种情况,一种是同一时间发生的多次交通事故中车辆均在保险公司投保交强险,保险公司如何赔付的问题。另一种是同一车辆在保险期内发生多次交通事故,交强险如何赔付的问题,此问题涉及交强险的本质和目的、保险的原理以及公平原则。实践中,面对第一个问题,主要争议点在于多次交通事故的认定上,面对第二个问题,实质是交强险责任限额,是指一次事故损失的最高赔偿额,还是指保险合同期限内全部事故损失的最高赔偿限额?

一、交强险的性质和目的

交强险是我国法定强制保险,执行全国统一责任限额、统一基础费率和统一保单条款,所有上道路行驶的机动车都必须投保该险种。无论被保险人在交通事故中是否有过错,保险公司均将按照法定的标准、限额予以赔偿,交强险的目的在于道路交通事故受害人获得及时的经济赔付和医疗救治,也在于减轻肇事方的经济负担,化解经济赔偿纠纷,为事故发生后的各方及时、快捷解决事故和赔偿提供第一道保障。本质上,在没有发生事故时,交强险的潜在服务对象是道路行驶过程中的所有参与人,在发生事故时,交强险对受害人和侵权人均发挥作用。

交强险的一个重要性质在于,该险种是针对不特定人群的一种社会福利制度,换句话说,即任何人均可以从该项国家福利制度中受益。只有秉持该性质,交强险作为一个特别险种才能发挥它应有的价值,从这个角度来说,不应该剥夺任何人的保险利益,那么该利益的具体限额是多少?《机动车交通事故责任强制保险条款》第8条第1款规定了122,000元的有责限额和12,100元的无责限额,以及《道路交通安全法》第76条规定,“机动车发生交通事故造成人身伤亡、财产损失的,由保险公司在机动车第三者责任强制保险责任限额范围内予以赔偿。超过责任限额的部分,按照下列方式承担赔偿责任……”从理论上机动车保有人投保了交强险后,就拥有了

122,000元的责任财产，每个潜在的受害人也拥有122,000元的保险利益。

二、关于《交强险条例》第21条规定的理解

《交强险条例》第21条第1款规定，被保险机动车发生道路交通事故造成本车人员、被保险人以外的受害人人身伤亡、财产损失的，由保险公司依法在机动车交通事故责任强制保险责任限额范围内予以赔偿。根据该条，只要被保险机动车发生交通事故，保险公司就要在交强险责任限额内承担赔偿责任，这里并没有规定是一次，还是两次或者两次以上，交强险限额是指被保险机动车在保险期间(通常为1年)发生交通事故，保险公司对每次保险事故所有受害人的人身伤亡和财产损失均应承担的最高赔偿金额。有的观点认为，保险公司在保期内已在责任限额内赔偿了，如果该车再发生交通事故，保险公司只在责任限额余额内赔偿，但是根据该条例第21条，解读该条的重点内容，可见交强险的赔偿是与交通事故而非保险期间相联系的。

三、从保险原理上理解交强险对多次事故的赔付

《交强险条例》规定，机动车交通事故责任强制保险实行统一的保险条款和基础保险费率。保监会按照机动车交通事故责任强制保险业务总体上不盈利不亏损的原则审批保险费率。保险的基本原理就在于大数原理，即通过概率学估计一定时间段内发生交通事故的次数，并进而预估赔偿的总额，再根据赔偿总额情况调整保险费率。首先，其计算的依据一般是依照发生交通事故的次数而并非交纳保险的人数来计算赔偿总额，从总体上讲，出事车辆总是少数，而所有的车辆都是必须交纳交强险；另外，同一机动车在有效使用期内交强险是必须年年交的，但不可能年年都出交通事故。其次，《交强险条例》规定，被保险机动车发生道路交通安全违法行为或者道路交通事故的，保险公司应当在下一年度提高其保险费率。多次发生道路交通安全违法行为、道路交通事故，或者发生重大道路交通事故的，保险公司应当加大提高其保险费率的幅度。该规定是对多次发生交通事故车辆的处罚，这进一步证明了立法的本意是对多次发生交通事故均需赔偿。

四、从公平的角度看交强险对多次交通事故的赔付

如前第一部分所述，交强险设立后，潜在的所有受害人均具有122,000元的保险利益，如果要求仅在固定的有责限额对多次事故进行赔偿，那么第一次事故的受害人有可能获得全部的122,000元保险利益，但是第二次事

故的受害人却无法再从交强险中获得保险利益，虽然受害人可以向侵权人直接主张，但是这就意味着剥夺了受害人及时、快捷获得第一手赔付的保险利益，也从根本上违背了交强险的设立目的。

所以保险期内发生多次事故，每次事故的交强险的责任限额应当是各自独立的，不存在任何联系。这也符合基本的公平原则，因为让后发生事故中的受害人较先发生事故中的受害人获取较低的保险保障有违公平。

本案中，一审法院着重说理了交强险的赔偿性质，即交强险赔偿，是针对每次交通事故损失的赔偿，即便一辆机动车在保险期限内发生了多起交通事故，每次交通事故的损失都大于交强险赔偿限额的数额（每次交强险赔偿限额都用尽），但交强险也需要对每次交通事故的损失，在其赔偿限额内承担赔偿责任，且每一次交通事故的赔偿限额都需重新计算，而不存在保险期限年度内累加计算的问题。二审法院在多次交通事故的认定上予以了确认，支持一审的该种判决理由。

【裁判依据】

《交强险条例》第 5 条、第 6 条、第 8 条、第 21 条、第 23 条

4

CHAPTER

第四章

机动车交通事故责任的赔偿范围

01

修复成本高于实际价值时责任承担方式的自主选择

——林某与某保险公司机动车交通事故责任纠纷案

裁判规则

恢复原状与赔偿损失(金钱赔偿)[1]均为我国《侵权责任法》规定的责任承担方式,其设立的终极目的在于,以“全面赔偿为原则”,恢复受害人权益之应有状态。被侵权人可依据物件损坏程度以及自身经济情况来自主选择对自身权益最有利的责任承担方式——恢复原状或是金钱赔偿。法官在裁量加害人给付金额数额的请求依据时,不仅要尊重保护受害人的自由选择权,同时也应注意恢复原状的成本与受损物实际价值是否“显失比例”。

案　情[2]

2014年5月13日17时40分,林某小轿车被甲公司的大货车变线刮蹭撞击,致使甲公司的大货车右前部与林某的小客车左后部至左前门接触损坏,林某的小客车右侧前轮至后轮与路缘石及树丛接触损坏,右前部与路灯杆接触损坏。交管部门认定,甲公司负全部责任,林某负无责任。甲公司报案并联系保险公司救援车将林某车送至4S店维修,并承诺修复后由甲公司结账取车。2014年5月18日,保险公司定损员约林某验车定损,要求林某书面提出修车申请。2014

[1] 本文为行文比照方便,本文中的“损害赔偿”特指狭义上的“金钱赔偿”。

[2] 北京市第一中级人民法院(2015)一中民终字第01320号。

年7月6日林某的小客车修复，修理费36,000元，复印资料费40元，甲公司拒绝结账取车。林某诉请要求赔偿修理费36,000元，拖车费500元，出租车费22元及资料复印费40元，诉讼费由甲公司及保险公司负担。诉讼中经保险公司申请，一审法院委托司法评估，在评估基准日2014年5月12日，林某所有的小轿车评估价值为人民币20,000元。为进行此次评估，保险公司支付评估费3000元。保险公司在二审庭审中认可林某的车辆未完全损毁，可以修复使用。保险公司未对林某的车辆进行查勘定损。一审法院认为，林某修车费用明显超过该车辆在评估基准日的评估价值，因财产损害赔偿以填平损失为原则，故法院依据评估结论确认林某所有的车辆因本次交通事故造成的损失数额为20,000元。对于林某要求赔偿车辆修理费，法院不予支持。

一审判决作出后，林某不服提出上诉认为：根据交通事故认定书，甲公司应对其造成的损失承担全部赔偿责任。保险公司在一审法院中仅对“车辆价值不予认可”，并未对修理费用提出质疑和申请评估。一审法院适用法律错误，林某的车辆并未灭失或无法修复，具有使用功能和价值，可以根据法律规定要求恢复原状，故请求二审法院依法改判或者发回重审。

【裁判结论】

一审法院判决保险公司在机动车商业三者险责任限额范围内给付林某财产损失类赔偿金2000元，在商业三者险责任限额范围内赔偿林某财产损失18,000元、拖车费500元、交通费22元，共计18,522元，于本判决生效后十日内履行，驳回林某的其他诉讼请求。二审法院判决撤销一审判决，改判保险公司在机动车商业三者险责任限额范围内给付林某车辆修理费2000元，在商业三者险责任限额范围内给付林某车辆修理费34,000元、拖车费500元、交通费22元，以上共计34,522元，于本判决生效后十日内履行，驳回林某的其他诉讼请求。

【裁判观点】

一审法院经审理后认为，林某主张车辆修理费用为36,000元，保险公司对上述维修费提出质疑，经其申请，并经评估公司评估，该车辆评估价值为人民币20,000元。林某修车费用明显超过该车辆在评估基准日的评估价值，因财产损害赔偿以填平损失为原则，故法院依据评估结论确认林某所有的车辆因本次交通事故造成的损失数额为20,000元。对于林某要求赔偿车辆修理费,法院不予支持。林某主张的拖车费、交通费,理由正当合理,法院予以支持。林某主张的复印费,缺乏依据,法院不予支持。

二审法院经审理后认为:本案的争议焦点是,保险公司是否应当赔偿林某36,000元的修车费用。《民法通则》第117条第2款规定,损坏国家的、集体的财产或者他人财产的,应当恢复原状或者折价赔偿。《道路交通事故司法解释》第15条第1项、第2项规定,因道路交通事故造成下列财产损失,当事人请求侵权人赔偿的,人民法院应予支持:(1)维修被损坏车辆所支出的费用、车辆所载物品的损失、车辆施救费用;(2)因车辆灭失或者无法修复,为购买交通事故发生时与被损坏车辆价值相当的车辆重置费用。从上述规定可知,重置费用和修理费用是针对车辆损害的不同情况所设。物的损害,分毁灭和毁损两种,相对应的,作为侵权责任承担方式之一的"恢复原状",在实现方式上也有所不同:在物被毁损的情形下,由于被损毁的物尚能修复,故恢复原状所产生的是修理费用;在物被毁灭的情形下,恢复原状产生的是重置费用。本案中,林某的车辆并未毁灭,可经修复使用,且修复使用在经济上对林某更具合理性,保险公司虽然同意赔偿林某相当于交通事故发生前被损害车辆评估价值的车辆重置费用,但林某仍然选择将车辆送至4S店维修,并在本案中主张赔偿修车费用,出于对交通事故中无责任方当事人选择权的尊重以及更准确适用法律的目的出发,法院对林某的诉讼请求,予以支持。林某维修车辆所支出的费用中包含零件费以及人工费,金额虽然高于车辆在评估基准日的评估价值但尚在合理范围内,不属于畸高,系维修车辆恢复正常驾驶状态所需的必要费用,故保险公司应当全额赔偿。综上所述,林某为维修车辆所花费的36,000元修理费是其因本次交通事故遭受的实际财产损失,其要求保险公司予以赔偿,于法有据,法院予以支持。一审法院将受损车辆在评估基准日的评估价值20,000元认定为林某的损失数额并判决保险公司赔偿不妥,法院对此予以纠正。一审法院对林某主张的其他费用的处理并无不当,法院予以维持。

法官评析

本案是侵权民事责任形式法律适用的典型案例,争议的焦点在于恢复原状与损害赔偿(金钱赔偿)两种侵权责任承担方式的适用。此案例中还涉及了对于不同的民事责任形式适用条件和尺度的辨析，以及对法律原则和价值取向方面的考量，蕴含了审判人员深厚的法律功底和审判智慧，体现了其对于民法理论的深刻把握和对公平公正法律精神的崇尚。

本案涉及的核心问题在于，在受损物件修复费用高于其金钱价值时，侵权人以何种形式承担损害赔偿责任。本案被告应承担赔偿款项的具体金额体现了法官对民事责任承担依据的判断。二审法院作出的改判结果，实际是对侵权责任承担方式的变更，即对恢复原状这一责任形式的适用，也是对"损害填平原则"作出了不同于一审法院的理解。二审合议庭成员在作出改判意见时主要基于以下几个方面的考虑：

1. 对"全面赔偿原则"的理解。"全面赔偿原则"也称为"损害填平原则"，是侵权责任形式适用的最终目的和最高准则，是指对致害人的侵权行为，无论行为人主观上是出于故意还是过失，也无论行为人是否受到刑事或行政制裁，均应根据造成损害的大小（包括对直接受害人和间接受害人造成的损害）确定民事赔偿的范围，使受害人恢复到受侵害之前的权利保有或法益享有的状态。

以德国为首的传统大陆法系强调损害赔偿以恢复原状为原则，以金钱赔偿为例外。德国民法首先引入了恢复原状制度，认为应当专注于被害人完整利益的保护，加害人应当恢复到没有损害事件时应存在的状态，被害人的利益情况应当保持在"具体组成上而非仅依价值受到保护"。

一审法院认为原告车辆在事发前一日的实际价值仅为评估报告中载明的20,000元，故认为被告所需要填平的损失为20,000元。但二审法院认为，在本案中损坏的物件是机动车，不仅具有金钱价值，更具有便利出行的使用价值。而对于本案原告来说，受损的机动车系比亚迪品牌的经济型家用小轿车，其更重要的作用在于作为代步工具的使用功能，所以本案被告承担责任应以恢复受损物件的使用价值为先，而不仅仅局限于填平其金钱意义上的价值。恢复原状的保护领域和赔偿范围远比金钱赔偿广阔，"受害人因遭受侵害所产生的综合不利益，不止涵盖物质利益、可能的精神利益，甚至包括一般法律不予保护的主观利益"。[1] 恢复原状作为损害赔偿的重要

〔1〕 朱岩：《什么是"恢复原状"？——兼评中国大陆侵权责任承担方式》，载《月旦民商法杂志》第26期。

原则，其最大的价值在于强调对所有应然权益的保护。且本案的受损车辆尚可修复，具备恢复原状的前提，故二审法院改判重在恢复原告对受损车辆的使用权益。

2. 对“当事人选择主义”的尊重和保护。大陆法系民法在损害赔偿方法上主要存在三个“主义”。其一是“恢复原状主义”，以恢复原状为原则，以金钱赔偿为例外，旨在重建受侵害权益之原貌，德国民法和我国台湾地区民法系如此；其二是“金钱赔偿主义”，以金钱赔偿为原则，以恢复原状为补充，旨在以金钱填补所遭受之损害，日本、法国民法系如此；其三是“法官裁断主义”，即采取何种赔偿方式主要依据法官的选择，损害赔偿方法作为法官自由裁量的内容，瑞士债法、法国侵权法草案采用这种形式。而我国民法体系下责任承担方式，则未申明法官的自由裁量权，平行列举式的规定也未能明确恢复原状和金钱赔偿谁为原则谁为补充。故可以根据当事人的请求将选择权交给当事人，即“当事人选择主义”。

受害人自己可根据权益的轻重缓急，来自由选择优先保护实现哪方面的权益，所以更容易达到全面赔偿的目的。“赋予被害人以选择权最足贯彻损害赔偿制度保护被害人之基本目的”，“被害人得依物之性质、受毁损之程度、加害人之资力信用、市场供应情况以及自己之需要，决定请求恢复原状或金钱赔偿”。[1] 本案中的原告系无责方，对于损害后果不具有任何主观过错，所以出于对原告方选择权的尊重和充分保护，二审法院选择判令被告承担恢复原状的费用。

3. 对责任形式适用条件和尺度的把握。《道路交通事故司法解释》第15条第1项、第2项规定，因道路交通事故造成下列财产损失，当事人请求侵权人赔偿的，人民法院应予支持：(1)维修被损坏车辆所支出的费用、车辆所载物品的损失、车辆施救费用；(2)因车辆灭失或者无法修复，为购买交通事故发生时与被损坏车辆价值相当的车辆重置费用。从上述规定可知，重置费用和修理费用是针对车辆损害的不同情况所设。物之损害分毁灭和毁损两种，相对应的，作为侵权责任承担方式之一的“恢复原状”，在实现方式上也有所不同：在物被毁损的情形下，由于被损毁的物尚能修复，故

---

〔1〕 王泽鉴：《民法学说与判例研究》（第6册），北京大学出版社2009年版，第21页。

恢复原状所产生的是修理费用；在物被毁灭的情形下，恢复原状产生的是重置费用。在当事人对损害赔偿方法的选择出现障碍，即不能恢复原状或恢复原状显有重大困难时，被害人才只能选择金钱赔偿。

当然，还应考虑恢复原状所需费用是否远超过其价值利益，即所谓的恢复原状是否“显失比例”。本案的二审承办法官亦在这一方面进行了充分考量。本案中的原告车辆并未毁灭，经过被告认可，系可经修复使用，且修复使用在经济上对原告更具合理性。因为原告如仅获得20,000元金钱赔偿，很可能无法购得跟受损车辆事发前状况相同的车辆，如需重置符合先前状况的车辆可能需要额外支出部分金钱，且经过更为复杂繁琐的交易过程，还可能再产生其他方面的支出。原告提交的修复费用明细显示，原告修复车辆所支出的费用中包含零件费以及人工费，金额虽然高于车辆在评估基准日的评估价值但尚在合理范围内，并不属于畸高，系维修车辆恢复正常驾驶状态所需的必要费用。故对于受害方来说，其自由选择的恢复原状的责任方式应予以尊重和保护。

【裁判依据】

《民法通则》第117条

《侵权责任法》第15条、第48条

《道路交通安全法》第76条

《道路交通事故司法解释》第15条、第16条

02

发生交通事故后受害人可以要求医疗费、误工费、护理费等赔偿项目

——刘某与袁某等机动车交通事故责任纠纷案

裁判规则

交通事故中加害人对于受害人的合理损失应当负有赔偿责任。受害人遭受人身损害,因就医治疗支出的各项费用以及因误工减少的收入,包括医疗费、误工费、护理费、交通费、住宿费、住院伙食补助费、必要的营养费,赔偿义务人应当予以赔偿。受害人因伤致残的,其因增加生活上需要所支出的必要费用以及因丧失劳动能力导致的收入损失,包括残疾赔偿金、残疾辅助器具费、被扶养人生活费,以及因康复护理、继续治疗实际发生的必要的康复费、护理费、后续治疗费,赔偿义务人也应当予以赔偿。受害人死亡的,赔偿义务人还应当赔偿丧葬费、被扶养人生活费、死亡补偿费以及受害人亲属办理丧葬事宜支出的交通费、住宿费和误工损失等其他合理费用。

案　情[1]

2017 年 6 月 5 日,袁某驾驶小客车由北向南行驶,适有刘某骑自行车由北向南行驶,小客车右侧与自行车左侧接触,造成两车损坏、刘某倒地受伤。交通支队认定,袁某负事故全部责任,刘某无责任。刘某住院治疗 23 天,其出院诊断:左足跖跗关节骨折脱位、左踝关节骨折等。2017 年 11 月 10 日,刘某经司法

〔1〕 北京市第二中级人民法院(2018)京 02 民终 4062 号。

鉴定所鉴定:(1)被鉴定人刘某左足多发骨折致足弓结构部分破坏鉴定为十级伤残。致残率建议为10%。(2)评定误工期为158日,评定护理期为60日,评定营养期为90日。在此次交通事故中,刘某发生医疗费90,627.83元,其中北京康迪公司交付5000元,刘某支付85,627.83元。刘某另支付住院伙食补助费453元、残疾用具费4312元(器材费)、护工费2110元、鉴定费4350元,刘某的伤残赔偿金为108,822.50元,刘某另造成部分交通费、营养费、误工费损失,刘某未提供其他损失的证据。

另查,袁某系中煤建设集团有限公司的员工,北京康迪公司系中煤建设集团有限公司下属单位,其在履行职务时发生此次交通事故。北京康迪公司所有的小客车投保机动车强制险及20万元不计免赔商业保险,此事故发生在保险期限内。北京康迪公司另为刘某支付门诊医疗费7162.73元。刘某起诉要求各方赔偿医疗费、护理费、误工费、营养费、残疾用具费、伤残赔偿金及精神损害抚慰金等。一审判决,中国太平洋财产保险股份有限公司北京分公司(以下简称北京分公司)在机动车强制险医疗费限额内赔偿刘某住院伙食补助费453元,营养费2300元,医疗费7247元,在机动车强制险死亡伤残限额内赔偿刘某精神损害抚慰金3000元,伤残赔偿金107,000元,在商业保险限额内赔偿刘某医疗费78,380.83元,残疾用具费4312元,交通费1000元,护工费2110元,误工费14,000元,伤残赔偿金1822.5元。北京康迪建设监理咨询有限公司赔偿刘某鉴定费4350元。

一审判决作出后,北京分公司不服提出上诉,其认为刘某为退休人员,不存在误工损失。

【裁判结论】

本案中,一审法院就刘某工作一项询问了雇主,已经得到证实。一审法院根据刘某的收入、误工时间酌定的误工费数额并无不当。因此,二审法院驳回上诉,维持原判。

【裁判观点】

一审法院经审理后认为,袁某负事故的全部责任,袁某在履行职务时发生此次交通事故,故康迪公司应承担赔偿责任。因康迪公司所有的车辆在北京分公司投保机动车强制险及20万元不计免赔商业保险,故北京分公司应在机动车保险内先行承担保险责任,对于保险之外的损失由康迪公司进行赔偿。刘某的医疗费85,627.83元、伙食补助费453元、残疾用具费4312元(器材费)、护工费2110元、鉴定费4350元、伤残赔偿金108,822.50元为合理损失,予以支持;对刘某的交通费,酌情确定为1000元;对刘某的营养费,酌情确定为2300元;对刘某的误工费,酌情确定为14,000元;对刘某的精神损害抚慰金,酌情确定为3000元;刘某要求赔偿护理费的请求缺乏证据,不予支持。袁某、康迪公司拒绝赔偿的辩解缺乏证据,不予支持。关于康迪公司为刘某支付的医疗费,可自行保险理赔。

二审法院经审理后认为,受害人遭受人身损害,因就医治疗支出的各项费用以及因误工减少的收入,包括医疗费、误工费、护理费、交通费、住宿费、住院伙食补助费、必要的营养费,赔偿义务人应当予以赔偿。误工费根据受害人的误工时间和收入状况确定。误工时间根据受害人接受治疗的医疗机构出具的证明确定。受害人因伤致残持续误工的,误工时间可以计算至定残日前一天。受害人有固定收入的,误工费按照实际减少的收入计算。本案中,一审法院根据刘某的收入、误工时间酌定的误工费数额并无不当,二审法院不持异议。各方当事人对其他赔偿项目及金额无异议,二审法院予以确认。

法官评析

本案涉及发生交通事故后受害人可以要求的赔偿项目内容,机动车交通事故责任纠纷作为侵权责任中的一种,赔偿科目及计算依据应当严格依照现行法律,即赔偿项目法定。关于交通事故发生后受害人可以要求的赔偿项目的具体规定主要见于《人身损害赔偿解释》《精神损害赔偿解释》等司法解释,包括财产损失(下列第1~3点)和精神损害(下列第4点)。

1. 受害人遭受人身损害,因就医治疗支出的各项费用以及因误工减少的收入,包括医疗费、误工费、护理费、交通费、住宿费、住院伙食补助费、必要的营养费,赔偿义务人应当予以赔偿。

2. 受害人因伤致残的,其因增加生活上需要所支出的必要费用以及因丧失劳动能力导致的收入损失,包括残疾赔偿金、残疾辅助器具费、被扶养人生活费,以及因康复护理、继续治疗实际发生的必要的康复费、护理费、后续治疗费，赔偿义务人也应当予以赔偿。

3. 受害人死亡的，赔偿义务人除应当根据抢救治疗情况赔偿上述第1点规定的相关费用外，还应当赔偿丧葬费、被扶养人生活费、死亡补偿费以及受害人亲属办理丧葬事宜支出的交通费、住宿费和误工损失等其他合理费用。

4. 受害人或者死者近亲属遭受精神损害，赔偿权利人向人民法院请求赔偿精神损害抚慰金的，适用《精神损害赔偿解释》予以确定。

医疗费，是指自然人的身体受到损伤后接受的医学上的检查，司法实践中常见的费用类别主要包括门诊挂号费、观察治疗费、药费、检查治疗费、住院费、病房费、手术费、救护车出车费、出诊费、专家费、医疗机构护理费、医疗整容费、器官移植费等。医疗费根据医疗机构出具的医药费、住院费等收款凭证，结合病历和诊断证明等相关证据确定。

误工费，是指受害人本人因事故原因受伤治疗期间，甚至恢复期间、定残之日以前，不能生产、劳动、工作和从事其他经营活动而减少的收入，以及死亡受害人家属办理丧葬事宜导致的合理误工损失。

护理费，是指受害人的人身受到损害后达到需要护理依赖的程度，在医疗或康复过程中所必需的陪护人员的误工费或工资。护理人员可以是受害人的亲属或者是专门的护工，因此，护理费一般以亲属等专门护理人员产生的误工费为表现形式，或者以实际支付给雇佣的护工费用为表现形式。

交通费，是指受害人从事故发生地前往医疗机构就医乘坐交通工具发生的费用，同时，受害人亲属在参加事故处理、照顾受害人过程中乘坐交通工具发生的费用也属于可以要求的赔偿项目，即交通费根据受害人及其必要的陪护人员因就医或者转院治疗实际发生的费用。《人身损害赔偿解释》第22条规定，交通费根据受害人及其必要的陪护人员因就医或者转院治疗实际发生的费用计算。交通费应当以正式票据为凭；有关凭据应当与就医地点、时间、人数、次数相符合。

住宿费，是指受害人在事故发生地发生事故后，如果确有必要需要前往外地就医，本人及亲属在外地等待住院治疗过程中产生住宿费，或者在事故发生地治疗过程中或者丧葬事宜处理中，亲属确有必要从外地赶来事故发生地处理而产生住宿费。

住院伙食补助费，是指受害人住院治疗期间加强营养或配合医疗的伙食补助费用，其中包括因客观原因不能住院，受害人本人及其陪护人员实际发生的住宿费和伙食费。《人身损害赔偿解释》第23条规定，住院伙食补助费可以参照当地国家机关一般工作人员的出差伙食补助标准予以确定。受害人确有必要到外地治疗，因客观原因不能住院，受害人本人及其陪护人员实际发生的住宿费和伙食费，其合理部分应予赔偿。

营养费和康复费，是指受害人所受损伤通过平常的食品摄入尚不能达到受损身体康复的要求，需要增加营养品来补充身体所必须支出的费用。康复费是指因康复护理、继续治疗实际发生的必要的康复费。

残疾辅助器具费，是指受害人用于购买器官功能伤残后的辅助器具费用。

被扶养人生活费，是指受害人在受到损害以前可以依法承担扶养义务的未成年子女或丧失劳动能力又无其他生活来源的成年近亲属的费用。

残疾赔偿金，是指事故导致受害人残疾丧失部分或全部劳动能力后导致收入减少，给予受害人用于个人生活的补助。死亡赔偿金，是指受害人死亡后，按照一定标准给予受害人家庭一次性经济补偿，残疾赔偿金和死亡赔偿金一般按照残疾程度、居民收入等法定标准计算。

丧葬费，是指安葬火化受害人死亡后遗体所需要的费用，丧葬费一般应以专门机构出具的丧葬费用发票为表现形式。

本案中，袁某造成刘某的身体损害，袁某应当承担赔偿责任。刘某的医疗费、住院伙食补助费、残疾辅助器具费、护理费、鉴定费、残疾赔偿金均有明确依据和证据支持，可以依法确定金额，刘某的交通费、营养费、误工费，虽确实产生损失，但是因证据不足，法院可以酌情确定，以维护当事人的合法权益。刘某的精神损害抚慰金，依法应当由人民法院根据侵权人的过错程度、侵害的手段、场合、行为方式等具体情节、侵权行为所造成的后果、侵权人的获利情况、侵权人承担责任的经济能力、受诉法院所在地平均生活水平来确定。保险公司不服一审判决的误工费提出的上诉，认为刘某已经退休，不应有误工。误工费是指受害人本人因事故原因受伤治疗期间，甚至恢复期间、定残之日以前，不能生产、劳动、工作和从事其他经营活动而减少的收入，退休人员不代表不能再从事生产劳动，也不妨碍其根据自己的身体状况从事劳动获得收入,刘某陈述自己从事保洁工作且雇主出具证言,可以证明刘某仍从事工作,其身体受到损害后的误工损失应当赔偿。

【裁判依据】

《侵权责任法》第 16 条、第 22 条

《人身损害赔偿解释》第 17 条、第 18 条、第 19 条、第 20 条、第 21 条、第 22 条、第 23 条、第 24 条、第 25 条、第 26 条、第 27 条、第 28 条、第 29 条

《精神损害赔偿解释》第 10 条

03

发生交通事故赔偿的医疗费应当扣除医保支付部分

——李某与陆某、河西园林公司等机动车交通事故责任纠纷案

裁判规则

受害人依法享有基本医疗保险的社会福利待遇，同时也理应获得侵权人不法行为造成的损害赔偿，实际产生的医疗费和实际支付的医疗费存在不一致的情况下，根据《社会保险法》第30条之规定，在目前医疗费票据区分医保支付部分和个人支付部分的情况下，应当在医疗费中扣除医保支付部分，由社会保险机构依法向侵权人追偿。

案　情[1]

2011年6月3日7时50分，在南京市秦淮区宏光路路段，陆某驾驶牌号为苏ABJ5××的车辆在超过李某所骑的电动车时相碰，造成李某受伤及车损。经交警部门认定，陆某负事故全责。事故当日，李某被送至医院治疗，陆某为李某垫付当日门诊医疗费553元。同日，经医院诊断，李某住院治疗，入院诊断：(1)左胫腓骨远端开放性粉碎性骨折；(2)左小腿皮肤软组织挫裂伤；(3)头部左肘部挫伤。

2011年6月7日，医院对李某实施手术治疗。2011年6月25日，李某出

〔1〕江苏省南京市秦淮区人民法院(2012)秦民初字第2066号、南京市中级人民法院(2013)宁民终字第367号、南京市秦淮区人民法院(2013)秦民初字第1507号。

院，此次住院天数22天，陆某为李某垫付此次住院医疗费40，516.2元、住院期间护理费1200元。

2012年2月17日至5月18日、2012年7月13日至10月6日，李某在医院两次住院(因医院方面对工伤基金医疗费支付要求，李某上述两次住院以周期一个月左右为限被划分为7次住院记录)进行康复治疗，截至2012年9月28日李某定残前一日住院天数168天。李某因本起交通事故受伤被认定为工伤，社保中心为李某垫付住院医疗费70，352.42元；上述两次住院期间社保中心为李某共计垫付住院伙食补助费3660元。李某于2012年8月13日至9月3日住院期间自行支付医疗费2.51元。李某于2011年7月21日至2012年7月5日多次到医院门诊复诊，陆某为李某垫付此期间门诊医疗费1868.5元、社保中心为李某垫付此期间门诊医疗费13，864元。

2012年9月29日，经李某申请，法院委托司法鉴定机构对其伤情进行鉴定，认定：李某左下肢神经功能障碍，日常活动能力轻度受限，构成十级伤残；误工期限以伤后480日为宜；护理期限以伤后240日为宜；营养期限以伤后180日为宜。李某支付上述鉴定的鉴定费2380元，鉴定检查费27元。

另查明，李某户籍性质系非农业家庭户口。2008年12月1日，李某与南京宏光空降装备厂签订无固定期限劳动合同，约定自2009年1月1日起，李某与南京宏光空降装备厂订立无固定期限劳动合同，南京宏光空降装备厂安排李某在缝制工岗位从事工人工作，实行计时工资制。

再查明，园林公司系事故车辆的登记车主，且为该车辆在保险公司投保交强险和机动车第三者责任保险，保险期间均为自2010年9月13日17时至2011年9月13日17时。其中，机动车第三者责任险保险金额为20万元，并附加不计免赔险。事故发生时，陆某系职务行为。陆某除上述为李某垫付的款项外，另向李某支付现金13，500元。

案件审理过程中，保险公司提出对于李某超出交强险限额医疗费中的非医保用药部分费用不承担赔偿责任，具体扣赔比例为保险责任范围内超出交强险限额医疗费的20%，园林公司、陆某对此无异议。

江苏省南京市秦淮区人民法院经审理认为，医保支付的医疗费属于受害人的实际损失，不应当从其主张的医疗费中扣除。故认可李某医疗费支出为84，894.8元。保险公司应当在交强险限额内承担赔偿责任。法院据此判决，保险公司于判决生效之日起十日内赔偿李仁凤各项损失共计 81,402 元(其中 13,500 元,由保险公司直接给付陆某);园林公司于判决生效之日起十日内赔偿李仁凤各项损失共计 81,122.8 元;驳回李某的其他诉讼请求。

宣判后,被告园林公司、保险公司均不服一审判决,提起上诉。二审发回重审。

重审时,法院追加社保中心为第三人。

第三人社保中心认为,自 2012 年 2 月 11 日至 10 月 6 日,李某 6 次门诊、7 次住院,总计发生医疗费用 86,131.81 元,其中工伤保险基金先行支付了 86,129.31 元,且先行支付李某住院期间的伙食补助费 3660 元,三被告应当按其应承担的赔偿责任向社保中心支付上述费用。

【裁判结论】

江苏省南京市秦淮区人民法院于 2012 年 11 月 28 日作出(2012)秦民初字第 2066 号民事判决:保险公司于判决生效之日起十日内赔偿李某各项损失共计 81,402 元(其中 13,500 元由保险公司直接给付陆雨);园林公司于判决生效之日起十日内赔偿李仁凤各项损失共计 81,122.8 元;驳回李某的其他诉讼请求。宣判后,园林公司、保险公司均不服,提出上诉。江苏省南京市中级人民法院于 2013 年 4 月 23 日作出(2013)宁民终字第 367 号民事裁定将本案发回重审。江苏省南京市秦淮区人民法院于 2013 年 12 月 20 日作出(2013)秦民初字第 1507 号民事判决:保险公司于判决生效之日起十日内一次性赔偿李某各项损失共计人民币 95,555.51 元;保险公司于判决生效之日起十日内一次性返还陆某人民币 13,500 元;保险公司于判决生效之日起十日内一次性返还第三人社保中心人民币 71,432.63 元;园林公司于判决生效之日起十日内一次性返还第三人社保中心人民币 16,143.79 元;驳回李某的其他诉讼请求;驳回第三人社保中心的其他诉讼请求。各方当事人均未上诉。

【裁判观点】

一审法院认为:因发生交通事故致他人人身损害的,侵权人应当依法承担赔偿责任。在李某主张的各项损失中,关于医疗费用的损失数额认定,社会医疗保险是国家通过立法强制实施的,不以营利为目的,由国家给予适当经济帮助和医疗服务的一种社会保障制度,属于政策性保险。医保的费用按规定由用人单位和职工个人共同缴纳。受害人因侵权行为受伤住院治疗,社会保险机构为其支付部分医疗费用,是在履行了缴纳保险费义务后才享有的权利,属于受害人投保后带来的收益。况且,医保提供的只是最基本的医疗保障,有一定的限额,该基金的使用会直接影响到受害人以后就医时的自付部分的比例,因此,医保支付的医疗费属于受害人的实际损失,不应当从其主张的医疗费中扣除。故认可李某医疗费支出为84,894.8元。保险公司应当在交强险限额内承担赔偿责任。

二审法院认为:李某所主张的医疗费84,894.8元中由南京市基本医疗保险基金大病统筹支付了84,865.29元,该部分费用李某并未实际支付。《社会保险法》第30条第2款规定:应当由第三人负担的医疗费用不纳入基本医疗保险基金支付范围;医疗费用依法应当由第三人负担,第三人不支付或者无法确定第三人的,由基本医疗保险基金先行支付。基本医疗保险基金先行支付后,有权向第三人追偿。依据上述规定,南京市基本医疗保险基金支付该大病统筹费用后,有权向第三人进行追偿。原审法院审理中未将南京市基本医疗保险基金管理机构追加为当事人,其判决结果有可能影响南京市基本医疗保险基金的利益,故撤销原判,发回重审。

重审法院经审理认为:各项损失中,关于医疗费损失,李某主张84,894.8元,但其提交的医疗费票据显示其中仅有2.51元系其自行支付,陆某为李某垫付医疗费42,937.7元,社保中心为李某垫付医疗费84,216.42元,故认定李某的医疗费损失共计127,156.63元,其中李某自行支付2.51元、陆某垫付42,937.7元、社保中心垫付84,216.42元。住院伙食补助费3800元(其中南京市社保中心垫付3360元);营养费2700元。这三项损失合计133,656.63元,其中陆某垫付42,937.7元不在李某的诉讼请求范围内,故在本案中不予处理,由陆某自行理赔。剩余90,718.93元,保险公司应当在交强险限额内赔付10,000元,其中赔付李某3142.51元、返还社保中心6857.49元;超出交强险限额部分80,718.93元,应由保险公司在机动车第三者责任保险限额内按相应扣赔方案承担64,575.14元、园林公司承担16,143.79元,均直接返还给社保中心。李某其他各项损失合计107,113元,其中陆某垫付1200元不在李某诉讼请求范围内,故在本案中不予处理,由陆某自行理赔;剩余损失105,913元,应由保险公司在交强险限额承担全部赔偿责任,因陆某已向李某支付现金13,500元,故上述赔偿款中的 13,500 元应由保险公司直接返还陆某,剩余 92,413 元支付给李某。

法官评析

本案涉及在医保基金已经提前支付部分医疗费的情况下,受害人是否仍可以主张全部医疗费的问题。实践中,依托于我国比较完善的基本医疗保险制度,交通事故中的受害人在进行医疗救助的时候,可以根据一定比例在支付的医疗费总额中扣减相应数额,这部分费用由基本医疗保险基金支付,个人仅需支付自费部分。那么,受害人实际发生的医疗费数额与其实际支付的医疗费数额存在不一致的情况,问题的实质就在于,受害人应当依照哪个标准主张医疗费。

一、基本医疗保险制度与侵权损害赔偿的救济本质不同

基本医疗保险制度是国家通过立法强制实施的,不以营利为目的,由国家给予适当经济帮助和医疗服务的一种社会保障制度,属于政策性保险。医保的费用按规定由用人单位和职工个人共同缴纳,是国家为了在一定程度上保障当事人获得救助的社会福利制度。该制度的目的是保护当事人能够获得基本救助以及基本生活水平的维持。侵权损害赔偿是加害人存在不法行为导致他人损害而必须承担的损害赔偿,是以不法行为为基础的归责。二者在医疗费的赔偿项目上存在交叉。在实践中,有的观点认为,受害人享有双重保护,既可以享有社会保险福利,也可以同时获得民事侵权损害赔偿。该种观点可以让受害人获得较好的救济甚至会得到超过自身损失的救济,从基本社会医疗保险制度来说,作为一项保障性制度,其目的是最广大覆盖下的低程度救济,过度消耗此类社会资源,从长远来看不利于社会福利保障制度的发展,受害人获赔超过自身损失也不符合法理。有的观点认为,受害人已经获得社会保险赔偿的部分,侵权人无须再承担赔偿责任,即以社会保险来取代侵权责任。这不符合基本医疗保险制度的救济本质,救济是救济受害人而非加害人,同时也不符合侵权损害赔偿的法律目的,侵权损害中加害方也并没有获得与不法行为相对应的惩罚,不符合《侵权责任法》的法律引导目的。

二、从现行法律规定下解决"双赔问题"

依据《社会保险法》第 30 条的规定,下列医疗费用不纳入基本医疗保

险基金支付范围：(1)应当从工伤保险基金中支付的；(2)应当由第三人负担的；(3)应当由公共卫生负担的；(4)在境外就医的。医疗费用依法应当由第三人负担，第三人不支付或者无法确定第三人的，由基本医疗保险基金先行支付。基本医疗保险基金先行支付后，有权向第三人追偿。最高人民法院民一庭的倾向性观点也认为，在人身损害赔偿纠纷案件中，社会保险制度不能减轻侵权人的责任，被侵权人也不能因侵权人的违法行为而获利。如果已经支付了医疗费用的社会保险机构没有参加损害赔偿纠纷案件诉讼，法院应当向其告知该案的诉讼情况，支持其依法行使追偿权。

鉴于实践中，受害人遭受侵害后，往往直接被送入医院接受治疗，治疗过程中通过基本医疗保险支付或报销医疗费用较为便捷，大部分地区可实现实时结算，在证据层面来说，医疗费的票据也基本统一列明基金支付部分和个人支付部分，有利于法院查明事实，笔者认为，在目前的技术条件下，虽然受害人与侵权人之间属于民事侵权法律关系，属于侵权法调整范畴；社会保险机构与受害人、侵权人之间的先行支付医疗费用及追偿关系则属于社会保险法规范的范畴，但是，从现实可操作性的角度考虑，法院应当对于受害人要求支付全额医疗费不予支持，扣减相应的医保支付部分。这样既避免受害人因其侵权人的不法行为而获利，也避免侵权人未受到应有的惩罚而丧失法律的行为引导作用。至于是否应当追加社会保险机构进入诉讼仍有待探索，社会保险机构是否能够及时行使追偿权，应当属于各制度构建和衔接的范围，至少在目前的制度设计来看，不属于人民法院应当考虑的范围。

【裁判依据】

《社会保险法》第30条

04

误工费获支持应当明确误工时间和收入状况

——黄某与赵某、中铁公司等机动车交通事故责任纠纷案

裁判规则

误工费,是指受害人本人因事故原因受伤治疗期间、恢复期间、定残之日以前,不能生产、劳动、工作和从事其他经营活动而减少的收入。误工费主要涉及误工时间和工资收入状况两项标准,误工时间根据受害人接受治疗的医疗机构出具的证明确定,因伤致残持续误工的,误工时间可以计算至定残日前一天。收入状况应当根据受害人的固定收入实际减少数额计算,无固定收入的应当根据同行业的一般工资水平认定。

案　情[1]

2017年9月24日,中铁公司员工赵某驾驶小型越野客车,由双桥北汇本本大酒店借用非机动车道上机动车道过程中与非机动车道自东向西行驶的黄某驾驶的电动自行车发生碰撞,造成黄某受伤、两车不同程度受损。事故经交警支队出具交通事故认定书认定:赵某负全部责任。事故发生当日,黄某至医院治疗,之后住院30天,医院诊断为:左桡骨下端骨折、多发性软组织疾患、头部外伤。经鉴定,黄某构成十级伤残,误工期为150天,护理期为60天,营养期为60天。黄某长期在城市生活,虽已过退休年龄,但自2015年3月起一直在装饰公司当保洁员,工资每月2500元,因受伤不能如期上班。经了解,赵某驾驶车辆为中铁公司所有,该车辆在保险公司投保交强险,事故发生在保险期限内。故黄某诉至

[1] 北京市第一中级人民法院(2019)京01民终1733号。

法院,要求赵某、中铁公司、保险公司赔偿医疗费、营养费、住院伙食补助费、误工费、护理费、交通费、残疾赔偿金、精神损失费、鉴定费等各项损失共计16万余元。

一审判决作出后,保险公司不服,认为黄某已经超过退休年龄,误工费法院不应支持。

【裁判结论】

黄某诉至法院,要求赵某、中铁公司、保险公司赔偿医疗费、误工费等各项损失共计16万余元。一审判决支持黄某诉求,保险公司不服提出上诉。二审维持原判。

【裁判观点】

一审法院经审理后认为,机动车发生交通事故造成人身伤亡、财产损失的,由保险公司在交强险责任限额范围内予以赔偿;不足的部分,按照下列规定承担赔偿责任:(1)机动车之间发生交通事故的,由有过错的一方承担责任;双方都有过错的,按照各自过错的比例分担责任。(2)机动车与非机动车驾驶人、行人之间发生交通事故,非机动车驾驶人、行人没有过错的,由机动车一方承担赔偿责任;有证据证明非机动车驾驶人、行人有过错的,根据过错程度适当减轻机动车一方的赔偿责任;机动车一方没有过错的,承担不超过10%的赔偿责任。

此次事故经认定赵某负全部责任,因事故发生时赵某系履行职务行为,故就黄某的损失,应由保险公司在交强险限额内先行赔偿,就超出交强险的部分由中铁六局承担赔偿责任,就中铁六局应承担的部分,因其在保险公司投保有第三者责任商业保险,故应由保险公司在保险限额内先行赔偿,赔偿后仍有不足的部分由中铁六局实际负担。现中铁六局虽对鉴定结论不认可,但未提交相关证据,故对其抗辩法院不予支持。现黄某主张住院伙食补助费,理由正当,法院予以支持。就营养费,理由正当,法院予以支持。就护理费,法院根据鉴定结论认定其护理期为60日,护理费按照每日100元计算。就误工费,法院根据鉴定结论认定误工期为150日,就误工费标准,法院依据黄某提交的误工证明予以认定。就伤残赔偿金,现有证据可以认定黄某长期在城镇地区工作生活,故法院依照北京市城镇标准计算。就精神抚慰金,理由正当,法院予以支持。就交通费,黄某虽未提交相关证据,但考虑其实际情况,法院酌情予以认定。就修车费,主张过高,法院酌情予以认定。就鉴定费,理由正当,法院予以支持。就赵某为黄某支付的费用,先行计入赔偿总额,后从总赔偿额中扣除。

二审法院经审理后认为,二审的争议焦点问题在于黄某的误工费请求是否应当得到支持。黄某虽然已经超过法定退休年龄,但是并无相关证据显示其丧失劳动能力,根据安徽宛陵司法鉴定所的鉴定意见,黄某损伤后的误工期限评定为 150 天,说明黄某具有劳动能力、存在合理的误工期限,故其主张误工费于法有据。黄某称自己从事保洁员工作,与公司未签订劳动或劳务合同,劳务报酬每月以现金方式发放,每月 2500 元,并提交误工证明证实其事实主张。保险公司认为黄某需提供社保缴纳记录、银行工资流水、劳务合同等证据佐证其实际工作。法院认为,本案现有证据表明黄某交通事故前处于工作状态,所获劳动报酬尚属合理范围。保险公司对此虽有异议,但其并未提供足以否定的相反证据证实黄某无职业以及收入情况不真实。因此,法院对于保险公司的上诉理由不予采信。

法官评析

误工费,是指受害人如未遭受人身损害而本应获得却因侵权人的侵害行为无法得到或者无法完全得到的利益。误工费必须是受害人的实际损失。误工费是交通事故责任纠纷中受害人可以要求的赔偿项目之一,其主要目的是赔偿受害人因遭受损害而导致的收入减少,以维持受害人遭受损害前的生活水平不致降低。大部分受害人均存在实际的误工损失,但是在诉讼过程中却存在举证困难等情况,导致误工损失无法得到支持。司法实践中,如何根据证据情况认定误工费亦是难点之一。

受害人本人往往因事故原因受伤治疗期间、恢复期间、定残之日以前,不能生产、劳动、工作和从事其他经营活动而减少的收入。《人身损害赔偿解释》第 20 条规定,误工费根据受害人的误工时间和收入状况确定。误工时间根据受害人接受治疗的医疗机构出具的证明确定。受害人因伤致残持续误工的,误工时间可以计算至定残日前一天。受害人有固定收入的,误工费按照实际减少的收入计算。受害人无固定收入的,按照其最近三年的平均收入计算;受害人不能举证证明其最近三年的平均收入状况的,可以参照受诉法院所在地相同或者相近行业上一年度职工的平均工资计算。

虽然司法解释对误工费的认定已经作了较为详细的规定，但是具体到案件中的证据认定，仍存在诸多问题。现总结如下：

一、关于误工时间的证据认定

受害人并不会一直处于误工期间，其因伤误工存在一定的期间，法律也只对合理期间的误工费予以支持。

首先，受害人接受治疗的医疗机构根据受害人本人的身体状况可以出具证明，予以治疗的医疗机构对于受害人的身体状况最为了解，其对受害人身体受伤程度所导致的不能参加生产或工作的时间亦有一定的认知。该类医疗机构出具的证明一般可以作为法院认定误工时间的证据。

其次，在鉴定机构对于受害人的误工时间已经存在鉴定的情况下，由于鉴定机构参考医疗机构病历、鉴定规范以及相关法律规定作出的鉴定意见具有高度可信度，在无相反证据推翻的情况下，该类鉴定意见一般可以作为法院认定误工时间的证据。因此，如果存在误工损失，应当在申请鉴定时明确要求对误工时间进行鉴定，以便在诉讼中能够较为清晰地确定误工时间。

最后，受害人因伤致残持续误工的，根据法律规定，误工的时间计算至定残日的前一天，该规定是便于法院确定误工时间的最终节点，然而持续误工往往要长于法律规定的时间，这就需要受害人在遭受损伤后注意留存持续误工的证据，以便能够确定持续误工时间。

二、关于收入状况的证据认定

受害人有固定收入的，应当提交充足的证据来证明自己固定收入的水平，固定收入一般来源于工资，法院应当审查能够表明其工资水平的证据，同时，误工费按照实际减少的收入计算，如果仅反映出收入水平而未能反映出收入减少的程度，误工费亦无法得到支持。

在司法实践中，主张误工费应当提交本人劳动合同、单位开具的误工收入证明、银行出具的工资流水记录等。劳动合同应当符合合同成立的要件，且盖有单位公章，其中对于工资收入水平做了明确约定；误工收入证明应当有单位负责人及制作证明材料人员的签名或者盖章，必要时该单位人员应出庭说明出具证明的有关情况；工资流水记录应当反映出收入减少的情况。此外，一些高收入受害人，还应提供完税证明。根据案件审理情况，法院可依法向受害人核对具体工作细节，受害人应当对工作内容、工作地点、工作方式进行明确说明，法院会根据案件具体情况进行调查核实并结合当事人提交的证据情况进行综合认定。

受害人无固定收入的，受害人应当尽可能举证证明最近三年收入，具体应当证明收入来源、收入项目、收入过程等情况，以近三年平均收入水平计算误工损失。受害人不能举证证明其最近三年的平均收入状况的，可以参照受诉法院所在地相同或者相近行业上一年度职工的平均工资计算，至于相同或相近行业的上一年度职工平均工资应当以相关部门发布的权威数据为计算依据，该类举证责任亦应当在受害人一方。

三、已退休受害人误工费也应当予以赔偿

现实生活中，退休后仍工作的情况大量存在，不可否认受害人根据自己的身体、脑力状况发挥劳动价值的可能性，我国法律也规定老年人可以从事一些力所能及的劳动，获得报酬也是在可以理解的范围内。法律规定中，也没有明确依据说明退休人员不能再主张误工费。误工费的初衷是弥补受害人因伤而导致的收入减少，只要退休人员证明其确因交通事故受伤而导致收入减少，那就符合法律关于误工费主张的规定。

已退休人员主张误工费，首先其应当证明仍具有劳动能力，该类证明事项不应以年龄为判断标准，而应结合鉴定意见、实际身体状况、劳动合同、收入证明等证据综合认定，其次应当证明其收入处在合理范围，退休人员与正式员工存在差异，如果其主张的收入过高应承担合理性证明责任。最后法院还会考虑伤害对劳动能力和收入状况的影响程度，酌情确定退休人员的误工费。

本案中，黄某虽然已经超过法定退休年龄，但是并无相关证据显示其丧失劳动能力，而且鉴定机构确定黄某损伤后的误工期限评定为 150 天，说明黄某具有劳动能力、存在合理的误工期限，故其主张误工费于法有据。现实生活中存在劳务报酬以现金方式发放的形式，并提交误工证明证实其事实主张。本案现有证据表明黄某交通事故前处于工作状态，所获劳动报酬尚属合理范围。保险公司对此虽有异议，但其并未提供足以否定的相反证据证实黄某无职业以及收入情况不真实，黄某确实存在一定的误工损失，法院支持其诉求亦是公平正义的体现。

【裁判依据】

《人身损害赔偿解释》第 20 条

《民诉法解释》第 115 条

05

护理费应考虑护理人员的收入状况、护理人数、护理期限等因素

——刘某与张某等机动车交通事故责任纠纷案

裁判规则

护理费根据护理人员的收入状况和护理人数、护理期限确定。护理人员有收入的，参照误工费的规定计算；护理人员没有收入或者雇佣护工的，参照当地护工从事同等级别护理的劳务报酬标准计算。护理人员原则上为一人，但医疗机构或者鉴定机构有明确意见的，可以参照确定护理人员人数。护理期限应计算至受害人恢复生活自理能力时止。受害人因残疾不能恢复生活自理能力的，可以根据其年龄、健康状况等因素确定合理的护理期限，但最长不超过二十年。

案　情[1]

2017 年 6 月 6 日，在北京市海淀区某路，张某驾驶大货车由北向南行驶，与同方向行驶的刘某骑的电动自行车发生刮蹭，大货车右侧与电动自行车左侧相刮，大货车无损，电动自行车受损，刘某受伤。该事故经交通支队处理认定，张某负全部责任，刘某无责任。大货车在人保北京市分公司投保有交强险和 100 万元商业三者险（含不计免赔），事故发生在保险期内。刘某之伤经医院诊断为：（1）多处软组织挫伤；（2）头部外伤；（3）急性胃炎；（4）胃肠功能紊乱；（5）焦虑状态；（6）抑郁状态。刘某为此住院治疗 28 天，支付医疗费 15,690.56 元（其中

[1] 北京市第一中级人民法院（2018）京 01 民终 8747 号。

张某垫付2000元)。庭审中,人保北京市分公司质疑刘某治疗费用合理性,经法院释明,其就此拒绝进行相关司法鉴定;就误工费,刘某提交其与所在单位聘用协议书、所在单位证明、完税证明,证明其2017年1月至5月平均工资为4266.3元及6月、7月工资为3195元,证明其2017年6月6日发生车祸后未上班,证明其发生车祸后未缴税,张某、中实混凝土公司、人保北京市分公司对此不予认可;就护理费,刘某提交陪护费发票、护理协议、家人护理身份信息,张某、中实混凝土公司、人保北京市分公司对此不予认可,认为没有医嘱,且事发后刘某自己站起来了,伤情并不严重,完全可以自理;就财产损失(电动自行车),刘某提交电动车购买收据(2500元),张某、中实混凝土公司、人保北京市分公司对此不予认可,认为非正式发票,没有交款人,没有证据证明车是全损,同意赔偿,具体数额法院酌定;刘某就营养费、交通费,未提交相应证据。一审判决,中国人民财产保险股份有限公司北京市分公司赔偿刘某27,023.16元、支付张某2000元。

一审判决后,刘某提出上诉认为,营养费、误工费、护理费均应得到支持,其中出院医嘱和病假专用单上写有"加强护理",在住院期间聘请护工并开有正规发票和护理协议,出院后由家人护理至恢复生活自理能力,主张护理费的请求于法有据。

【裁判结论】

刘某诉至法院,要求赔偿医疗费、住院伙食补助费、营养费、误工费、护理费、交通费及精神损害抚慰金等各项损失共计6万余元。一审判决支持刘某部分诉求,刘某不服提出上诉。二审维持原判。

【裁判观点】

一审法院经审理后认为,同时投保交强险和商业三者险的机动车发生交通事故造成损害,当事人同时起诉侵权人和保险公司的,应当先由承保交强险的保险公司在责任限额范围内予以赔偿,不足部分,由承保商业三者险的保险公司根据保险合同予以赔偿,仍有不足的,依照《道路交通安全法》和《侵权责任法》的相关规定予以赔偿。本案中,张某负事故全部责任,车辆在人保北京市分公司投保有交强险和100万元商业三者险,事故发生在保险期限内,人保北京市分公司按照上述原则赔偿。中实混凝土公司认可事发时张某执行职务,故由中实混凝土公司承担保险外赔偿责任。关于医疗费，人保北京市分公司质疑合理性，因其就此拒绝进行相关司法鉴定，故法院对其质疑不予采信，医疗费 15,690.56 元全部支持。关于住院伙食补助费，每天 100 元标准，住院 28 天，住院伙食补助费 2800 元主张合理，全部支持。关于营养费，因刘某未提交相应证据，故法院不予支持。关于护理费，虽然刘某提交了陪护费发票、护理协议、家人护理身份信息，但没有相关医嘱，故法院不予支持。关于误工费，刘某主张 6 个月工资过高，根据其伤情，法院酌定支持其 2 个月工资，以其主张的平均工资 4266.3 元计算，误工费为 8532.6 元。关于精神损害抚慰金，因为不构成伤残，且不存在骨折等情况，法院不予支持。关于交通费，虽然刘某未提交相应证据，但属必然发生，酌情支持 500 元。关于财产损失(电动自行车损失)，刘某提交的购买收据仅为 2500 元，却主张电动自行车损失 3000 元，明显过高，法院酌情支持 1500 元。关于张某垫付 2000 元，人保北京市分公司同意一并处理，由人保北京市分公司在刘某赔偿款中扣除，直赔给张某。

二审法院经审理后认为，关于营养费一节，《人身损害赔偿解释》第 24 条规定，营养费根据受害人伤残情况参照医疗机构的意见确定。刘某上诉认为其伤情必然需要加强营养，且《人身损害赔偿解释》中规定营养费确定只是"参照"医疗机构的意见。法院认为，刘某外伤情况并不必然需要加强营养，医疗机构如就刘某伤残情况作出相应意见，在确定营养费时应予参照。但刘某现未提交相应证据证明其需要加强营养，仅根据刘某的外伤情况，法院无法认定其需要加强营养。刘某就营养费提出的上诉理由，法院不予支持。

关于护理费一节，刘某上诉认为出院医嘱和病假专用单上写有"加强护理"，应当支持其护理费的诉讼请求。法院认为，《人身损害赔偿解释》第 21 条第 3 款规定，护理期限的确定应自受害人受到损害至恢复生活自理能力时止。根据刘某住院志记载，与外伤相关的伤情为多处软组织挫伤(左上肢、双小腿、腰部、头部)、头部外伤(左额部有少量皮肤擦伤及皮肤渗血，大约 2.0cm × 3.0cm)。根据日常生活经验，该伤情尚未达到伤残、生活不能自理的程度，且住院期间并无医嘱，无法认定其需要护理。刘某住院病案首页出院情况一栏中注明多处软组织挫伤、头部外伤为治愈。其所述出院医嘱中"加强护理，避免意外发生"与已治愈外伤之间的关联关系，尚不足以证实。刘某自述出院后由家人护理，但与其提交的 2017 年 8 月 2 日的陪护费发票相矛盾，法院询问刘某护理费发票产生的原因,其自称说不清楚,故其出院后的护理费请求亦无相应证据支持。因此,刘某关于护理费的上诉请求,法院不予支持。

关于误工费一节,刘某上诉认为根据误工证明和医院病假专用单,实际误工6个月。法院认为,根据病假专用单和误工证明,刘某误工期均未达到6个月,刘某要求支持其6个月的误工费并无相应证据支持。一审结合刘某病情,酌定2个月误工期,并无不当。因此,刘某关于误工费的上诉请求,法院不予支持。

法官评析

交通事故发生后,受害人的身体机能发生损害,有些受害人受伤程度较轻,能够依靠自身进行医疗和康复,但有些受害人受伤程度较重,其自理能力和生活能力都大大降低,必须依靠陪护人员进行医疗和康复。陪护人员作为一种劳动力,必然产生支出,而该项支出如果不是因为交通事故,本应可以避免,就此项损失,加害人理应进行赔偿。因此,所谓护理费,主要是指在医疗或康复过程中所必需的陪护人员的误工费或工资。从护理费赔偿的初衷来看,受害人主张护理费应当首先满足护理必需的条件,即确需通过护理来恢复身体;其次护理方式主要包括两种:一是亲属或朋友以专门护理的方式在住院或在家休养期间进行陪伴、日常生活料理、简单康复保护工作;二是雇佣具有专业护理资格或具有娴熟护理技术的护工进行陪伴、照料、辅助康复的工作。护理损失就有两种:一种是受害人亲属朋友担任护理工作而导致的误工损失,另一种是支付给护理人员的报酬。最后该类护理应当与医疗机构的护理人员分开,医疗机构的护理人员主要进行的是辅助医疗工作,而非辅助康复、陪伴照顾工作,并不计入护理费的范畴。综上,护理费数额是由护理人员的收入状况、护理人数、护理期限这三个要素综合决定的。

一、受害人确需护理的判断标准

受害人主张护理费的前提是本人确需护理,其根本问题是人体损害后一段时间内丧失生活能力的问题。法律上,确定生活能力的丧失程度主要依据护理依赖来判断。所谓护理依赖是指受害人因生活不能自理而需依赖他人进行日常生活、康复治疗。生活自理的范围一般包括进食、行动、大小便、穿衣、洗漱等,护理依赖程度一般分为完全护理依赖、部分护理依赖。在判断受害人是否确需护理的时候,应该根据此标准进行综合考量。本案中,刘某伤情根据日常生活经验,尚未达到伤残、生活不能自理的程度,且住院期间并无医嘱,无法认定其需要护理,医院尽管出具了“加强护理”的医嘱,但是出院诊断亦是伤情痊愈,与护理之间的因果关系不是很明确,加之刘某不能说明护理费发票的矛盾之处,无法认定其确需护理且实际发生了护理费。

二、护理人员的收入状况认定

《人身损害赔偿解释》第21条第2款规定:“护理人员有收入的,参照误工费的规定计算;护理人员没有收入或者雇佣护工的,参照当地护工从事同等级别护理的劳务报酬标准计算。护工原则上为一人,但医疗机构或者鉴定机构有明确意见的,可以参照确定护理人员人数。”由此可见,护理费的计算标准是护理人员的收入状况,具体有以下几种情况:

(一)当护理人员有收入的时候,参照误工费的规定计算

《人身损害赔偿解释》第20条对误工费的标准作了规定,即“误工费根据受害人的误工时间和收入状况确定。误工时间根据受害人接受治疗的医疗机构出具的证明确定。受害人因伤致残持续误工的,误工时间可以计算至定残日前一天。受害人有固定收入的,误工费按照实际减少的收入计算。受害人无固定收入的,按照其最近三年的平均收入计算;受害人不能举证证明其最近三年的平均收入状况的,可以参照受诉法院所在地相同或者相近行业上年度职工的平均工资计算”。由此可见,有收入的护理人员的收入状况可以采取以下方法确定:(1)护理人员有收入的,赔偿数额按照实际减少的收入计算。(2)护理人员无固定收入的,按照其最近三年的平均收入计算;护理人员不能举证证明其最近三年的平均收入状况的,可以参照受诉法院所在地相同或者相近行业上一年度职工的平均工资计算。就证据情况来看,应当提交本人劳动合同、单位开具的误工收入证明、银行出具的工资流水记录等。劳动合同应当符合合同成立的要件,且盖有单位公章,其中对于工资收入水平做了明确约定;误工收入证明应当有单位负责人及制作证明材料人员的签名或者盖章,必要时该单位人员应出庭说明出具证明的有关情况;工资流水记录应当反映出收入减少的情况,必要时还应当提供完税证明。

（二）护理人员没有收入时，参照当地护工从事同等级别护理的劳务报酬标准计算

护理人员没有收入时，无论受害人是否实际支付给护理人员以报酬，也无论其实际支付报酬的数额，统一参照当地护工从事同等级别护理的劳务报酬标准计算。

（三）受害人雇佣护工的，参照当地护工从事同等级别护理的劳务报酬标准计算

护工是指专门从事护理工作的人员。在大多数情况下，当受害人雇佣护工进行护理时，其向护工支付的费用是确定的，因此完全参照当地护工从事同等级别护理的劳务报酬标准计算可能过高或者过低。该种情况在司法实践中应当予以考虑，随着护理水平的提升和生活水平的提高，受害人可以主张实际支付的护工费用，但要注意保留护理合同、支付费用的发票、收据以及护工的身份信息和联系方式，以便于法院查证。

三、护理人数的认定

护理人员原则上为一人，但医疗机构或者鉴定机构有明确意见的，可以参照确定护理人员人数。根据不同的身体状况，受害人所需要的护理人数不同，具体护理人数应当以医疗机构出具的诊断证明、出院证明或其他有效证明为参考，如果存在鉴定意见，鉴定结论中关于护理人数的认定亦应当被法院参考。当然，法院依然会结合受害人身体状况、所需护理的必要程度以及其他证据进行综合认定，一般护理人数不超过 2 人，如超过合理护理程度，需要受害人承担举证责任。

四、护理期限的认定

护理期限应计算至受害人恢复生活自理能力时止。受害人因残疾不能恢复生活自理能力的，可以根据其年龄、健康状况等因素确定合理的护理期限，但最长不超过 20 年。一般护理期限亦可参考医疗机构或鉴定机构的意见。

【裁判依据】

《人身损害赔偿解释》第 20 条、第 21 条

06

在已享受工伤待遇的情况下，仍有权主张侵权责任赔偿

——张某2等与刘某等机动车交通事故责任纠纷案

裁判规则

工伤赔偿是单位职工的一种保险待遇，是为尽快解决赔偿而设，并不当然免除侵权人的侵权责任，在赔偿责任主体竞合为一的情况下，法律并不否认劳动者或其近亲属向人民法院提起诉讼的权利，但基于我国民事法律在损害赔偿方面的损失填补原则，劳动者所获得的赔偿应与其损害后果相对等，对于工伤保险赔偿不足以弥补受害人损失的，不足部分仍应由侵权人承担赔偿责任。

案　情[1]

2016年1月21日5时45分，在北京市通州区京榆旧路六环路辅路路口，张某1驾驶小型轿车（内乘李某、黄某、郭某、张某2）由东向西行驶，适有刘某驾驶重型特殊结构货车由北向南行驶，小型轿车右侧与重型特殊结构货车前部相撞，发生交通事故，造成车辆损坏，并导致张某1、张某2受伤，郭某当场死亡，李某、黄某重伤经送医院抢救无效死亡。《道路交通事故认定书》认定张某1对本次事故的发生负主要责任，刘某对本次事故的发生负次要责任，李某、黄某、郭某、张某2均无责任。张某3与任某系夫妻关系，二人共生育有二子，即长子张某2、次子张某4。

〔1〕 北京市高级人民法院（2019）京民再163号。

张某1驾驶的肇事车辆登记在其本人名下，在太平洋保险公司投保有车上责任险，张某1及李某、黄某、郭某、张某2均系政平公司之职员。北京市东城区人力资源和社会保障局已分别作出认定工伤决定书，认定李某、黄某、郭某因本次交通事故导致的死亡，张某2因该次事故受伤均为工伤。刘某驾驶的肇事车辆登记在永顺镇政府名下，在人保通州支公司分别投保有交强险及含不计免赔限额为50万元的商业三者险各一份，事故发生在保险期内，城管中心系涉案肇事车辆的相关保险合同的被保险人。肇事司机即刘某系顺洁公司雇员，事发时系履行职务行为。一审判决人保通州支公司在机动车交通事故责任强制保险赔偿限额内赔偿张某2医疗费、残疾赔偿金（含被扶养人生活费）、营养费、护理费、住院伙食补助费、交通费等各项损失共计30,000元，在商业三者险赔偿限额内赔偿张某2医疗费、残疾赔偿金（含被扶养人生活费）、营养费、护理费、住院伙食补助费、交通费等各项损失共计65,000元，顺洁公司再赔偿张某2鉴定费、其他费用损失、护理费、住院伙食补助费、交通费等各项损失共计人民币为6782.93元。

张某2不服一审判决，提起上诉。张某2认为，交通事故赔偿和工伤赔偿数额之间的差额为188,606.83元，应当由政平公司和太平洋保险公司承担赔偿责任，否则上述差额损失由张某2自行承担显然是不公平的。二审维持后，张某2申请再审，其主张在第三人侵权的情况下，工伤保险赔偿与第三人赔偿可以同时适用，原审适用法律错误。

【裁判结论】

再审法院认为，工伤赔偿并不当然免除侵权人的侵权责任，对于工伤保险赔偿不足以弥补受害人损失的，不足部分仍应由侵权人承担赔偿责任。本案中应由张某1在其应当承担的责任比例中予以补足，并因其职务行为进而由其单位政平公司替代承担。最终改判政平公司赔偿张某2各项损失共计人民币103,606.83元

【裁判观点】

一审法院经审理后认为，根据《人身损害赔偿解释》第12条第1款之规定，依法应当参加工伤保险统筹的用人单位的劳动者，因工伤事故遭受人身损害，劳

动者或者其近亲属向人民法院起诉请求用人单位承担民事赔偿责任的,告知其按《工伤保险条例》的规定处理。本案中,李某、黄某、郭某、张某2及肇事司机张某1均系政平公司之员工,事发时张某1系履行职务行为,李某、黄某、郭某、张某2因此受到伤害且均已经被认定为工伤,故李某、黄某、郭某、张某2与政平公司之间的纠纷应当按照《工伤保险条例》的规定进行处理。现被侵权人向法院就相关损失通过民事诉讼,以机动车交通事故责任纠纷为案由,要求政平公司、张某1承担赔偿责任,缺乏法律依据。此外,工伤保险系用工单位遵循国家政策、法规为单位员工缴纳的保险,亦属于公司的社会责任与法律义务的统一。在单位员工被认定工伤,确定享受工伤待遇的情况下,要求用工单位再行双倍赔偿,与国家倡导建立、健全保险制度及要求企业为员工购买保险之精神背道而驰;用工单位在负担保险费用的基础上再行赔偿,对用工单位而言亦显失公平。

二审法院经审理后认为,关于在张某2按照《工伤保险条例》获得相关赔偿之后,能否再向政平公司主张所谓交通事故赔偿与工伤赔偿的差额问题。根据《人身损害赔偿解释》第12条之规定,依法应当参加工伤保险统筹的用人单位的劳动者,因工伤事故遭受人身损害,劳动者或者其近亲属向人民法院起诉请求用人单位承担民事赔偿责任的,告知其按《工伤保险条例》的规定处理。因用人单位以外的第三人侵权造成劳动者人身损害,赔偿权利人请求第三人承担民事赔偿责任的,人民法院应予支持。本案中,政平公司依法缴纳了工伤保险,并协助办理了张某2的工伤认定,张某2亦依法获得了工伤保险赔偿。现张某2以机动车交通事故责任纠纷为由提起民事诉讼,再要求政平公司承担侵权责任,缺乏法律依据。

再审法院经审理后认为,张某2系搭载同事车辆前往公司年会会场,参加公司年会的途中受伤,故张某2受伤属于工伤,应当依照《工伤保险条例》的规定向工伤保险机构请求工伤保险赔偿。对于用人单位政平公司而言,其主要责任在于按时缴纳工伤保险费,并及时向工伤保险机构提出申请。本案中,由于张某2与张某1二者属于同一单位,故工伤保险赔偿和人身损害赔偿具有一定的重合,但工伤赔偿是单位职工的一种保险待遇,是为尽快解决赔偿而设,并不当然免除侵权人的侵权责任,对于工伤保险赔偿不足以弥补受害人损失的,不足部分仍应由侵权人承担赔偿责任。本案中应由张某1在其应当承担的责任比例中予以补足,并因其职务行为进而由其单位政平公司替代承担。张某2的各项损失共计602,609.76元，扣除顺洁公司承担的201,782.93元，工伤保险赔偿的240,220元，政平公司已支付的50,000元以及保险公司承担的部分，剩余部分由政平公司负担。

法官评析

目前我国法律缺乏对工伤保险与第三人侵权赔偿之间关系的具体规定，无论是理论探讨还是司法审判实务，都存在选择模式、兼得模式、补充模式的争论和救济方式的选择。

一、选择模式

选择模式采取的是工伤保险、侵权赔偿二选一的模式。理由如下：

其一，在赔偿责任主体混同为一的情况下，存在请求权竞合的问题，劳动者只能选择一个进行赔偿。《人身损害赔偿解释》第12条第1款规定："依法应当参加工伤保险统筹的用人单位的劳动者，因工伤事故遭受人身损害，劳动者或者其近亲属向人民法院起诉请求用人单位承担民事赔偿责任的，告知其按《工伤保险条例》的规定处理。"按照该条款规定，凡依法应当参加工伤保险统筹的用人单位的劳动者，如果因工伤事故遭受人身损害，劳动者本人或者其近亲属向人民法院起诉请求用人单位承担民事赔偿责任的，人民法院不受理这样的案件，但是应当告知权利人按照《工伤保险条例》的规定处理。《人身损害赔偿解释》第12条第2款规定"因用人单位以外的第三人侵权造成劳动者人身损害，赔偿权利人请求第三人承担民事赔偿责任的，人民法院应予支持"。劳动者在工伤事故中造成了人身损害，但是事故不是劳动者的原因引起的，而是由于用人单位以外的第三人的责任引起的，这时，再让用人单位承担人身损害赔偿责任违背了自己责任原则，应当由该第三人承担人身损害赔偿责任，用人单位不承担人身损害赔偿责任。

其二，若劳动者获得双倍赔偿属于被侵权人因自身权利受伤害而获得额外收益，违反了"填平原则"。

其三，便于统一裁判尺度，工伤保险给付的程序和赔偿项目以及赔偿标准都有法律明确规定，无须法官过多的自由裁量。

其四，更有保障，工伤保险赔偿义务人明确且有工伤保险基金的保障，能使受害劳动者得到及时救治，及时恢复生产力。

二、兼得模式

兼得模式选择模式采取的是工伤保险、侵权赔偿都要赔偿的双赔模式。理由如下：

其一，根据《人身损害赔偿解释》第 12 条的规定，因第三人侵害导致损害的，即便构成工伤，对于民事赔偿责任，法院应予支持。

其二，最高人民法院《关于审理工伤保险行政案件若干问题的规定》第 8 条第 3 款规定，职工因第三人的原因导致工伤，社会保险经办机构以职工或者其近亲属已经对第三人提起民事诉讼为由，拒绝支付工伤保险待遇的，人民法院不予支持，但第三人已经支付的医疗费用除外。根据此规定，劳动者因第三人的原因受到伤害被认定为工伤的，除医疗费用外，该劳动者或其近亲属就其他费用、损失既向工伤保险经办机构提起索赔，也向第三人索赔的，人民法院应予支持。

其三，《社会保险法》和《工伤保险条例》对劳动者因工伤所享受的待遇作出了明确的规定，但并未规定由于第三人的原因导致工伤时，工伤保险基金应当扣减第三人应赔偿部分（医疗费用除外），也未规定工伤保险基金或用人单位对第三人享有追偿权（医疗费用除外）。

其四，因第三人侵权产生的赔偿责任与工伤赔偿保险机制目前在法律上是并行不悖的，社会保险作为一种社会性风险分担机制，是社会保障制度的核心，而侵权责任是行为人因自己侵害他人权益所应承担的责任，两者在立法目的、价值取向、保护范围、适用条件等方面均有明显不同，原则上不存在冲突，也不能相互替代。不能因第三人承担了民事侵权赔偿责任而剥夺了劳动者或者其近亲属应得的工伤保险待遇，反之亦然。

其五，工伤保险金是用人单位而不是侵权的第三人缴纳的，用人单位以外的第三人承担民事责任不能免除接受用人单位工伤保险金的工伤保险基金支付受伤职工工伤保险待遇的法定义务，否则工伤保险基金便拥有了“享受权利而不承担义务”的特权。[1]

简单讲，工伤部分赔偿系用工单位按照国家法律为单位员工提供的待

---

〔1〕 参见（2015）一中民终字第 00340 号民事判决书、（2019）京 02 行终 1156 号民事判决书。

遇,也是用工单位为保护员工权益,减轻公司自身运营风险的措施。工伤待遇赔偿与侵权导致的赔偿不属于同一法律关系,更不属于同一赔偿制度。因此,劳动者依据《工伤保险条例》获得的工伤待遇赔偿,并不构成第三方侵权人减轻自身赔偿责任的免责事由。即在第三人侵权赔偿与工伤保险赔偿出现竞合的情况下,除医疗费用外,劳动者或其近亲属可以获得双重赔偿。

三、补充模式

选择模式采取的是工伤保险+侵权赔偿的模式。理由如下:

其一,《工伤保险条例》第1条规定:"为了保障因工作遭受事故伤害或者患职业病的职工获得医疗救治和经济补偿,促进工伤预防和职业康复,分散用人单位的工伤风险,制定本条例。"据此,作为强制性社会保险的工伤保险,其目的是分散用人单位的工伤风险,将用人单位的安全生产经营风险转嫁由全体投保人承担,及时保护劳动者权利。理论上,工伤职工可以同时主张工伤保险待遇和请求民事侵权赔偿。理由如上,不再赘述。

其二,损害赔偿的原则包括财产赔偿原则、对实际损失全部赔偿的原则、损益相抵原则等,[1]被侵权人不能因权利被侵害而获益。为了平衡这两种利益,出于保护被侵权人利益的角度考虑,应该采取就高补差的方式进行赔偿。

值得一提的是,该模式有诸多子类型,如工伤优先模式、侵权优先模式、职工选择模式等。实践中并无统一做法,应考察受诉法院及其上级法院先前判决再做出选择。权利人在已享受工伤待遇的情况下,仍有权主张侵权责任赔偿,至于具体赔偿数额,则需依据实际损失与工伤赔偿情况确定。

我们同意补充模式,本案采取的也是补充模式。本案再审法院经审理后认为,张某2受伤属于工伤,应当依照《工伤保险条例》的规定向工伤保险机构请求工伤保险赔偿。并且工伤赔偿并不当然免除侵权人的侵权责任,故张某1应在其应当承担的责任比例中,对没有填平的损失予以补足。因张某1是政平公司员工,故最终由政平公司承担替代责任。这样既充分保护了被侵权人的利益,也符合《侵权责任法》的基本精神,更有利于实现

---

〔1〕 参见江平主编:《民法学》(第3版),中国政法大学出版社2015年版,第568页。

社会公平。

【裁判依据】

《工伤保险条例》第 1 条

《人身损害赔偿解释》第 12 条

07

工伤保险差额部分，可以向加害人主张赔偿

——崔某2等与王某1等机动车交通事故责任纠纷案

裁判规则

第三人的侵权责任不能因为受害人获得社会保险的给付而减轻或免除，若工伤认定的赔偿数额低于侵权责任应当赔偿的数额，则侵权责任主体补足相关损失数额；若工伤赔偿数额等于或超过侵权责任应当赔偿的数额，则侵权责任主体因受害人获得足额赔偿而不再承担填补责任。《工伤保险条例》作为规范或保护劳动者的专门法律，应优先适用

案　情[1]

2018年1月14日21时30分许，王某1驾驶中型特殊结构货车载崔某1、王某2沿李沧区滨海路西向东行驶至环卫中转站东520米处，适遇李某开驾驶的重型自卸货车（超载）头东尾西停放于此，中型特殊结构货车前脸与重型自卸货车尾部碰撞致两车损、崔某1当场死亡、王某2受伤。为查明事故原因，青岛市公安局交通警察支队李沧大队委托山东交院交通事故司法鉴定中心对事故车辆进行了交通司法鉴定，经鉴定，无法计算中型特殊结构货车事故时的行驶速度。2018年3月7日，青岛市公安局交通警察支队李沧大队出具〔2018〕第0004号道路交通事故证明，未对双方事故车辆的责任进行认定。中型特殊结构货车登记所有人系李沧环卫，王某1系该公司职工，系在履行职务时发生该事故；重型自卸货车登记所有人为义利信公司，李某开为该公司雇佣驾驶，系在履行职务过

〔1〕 青岛市中级人民法院（2018）鲁02民终10285号。

程中发生该事故，该车辆在保险公司投保交强险和商业三者险100万元。崔某2系崔某1之父、方某系崔某1之母；死者崔某1系李沧环卫的职工，在履行职务过程中发生本次交通事故死亡。事故发生后，青岛市人力资源和社会保障局申请工伤认定“崔某1受到事故伤害，符合《工伤保险条例》第14条第5项之规定，属于工伤认定范围，现予以认定工伤”。一审法院判令保险公司承担赔偿责任，除此之外，义利信公司赔偿崔某2人民币16,272.2元、赔偿方某人民币10,191.07元，李沧环卫对上述内容承担连带赔偿责任。

一审判决作出后，崔某2不服提出上诉。崔某2上诉主张《工伤保险条例》不能处理与第三人的赔偿争议，2004年《工伤保险条例》以及修改版都没有规定不能同时获得交通事故赔偿和工伤赔偿。《安全生产法》第53条规定：“因生产安全事故受到损害的从业人员，除依法享有工伤保险外，依照有关民事法律尚有获得赔偿权利的，有权向本单位提出赔偿要求。”李沧环卫在工亡赔偿之外再承担本案的交通事故赔偿责任，法律依据充足，因此要求增加赔偿。

【裁判结论】

权利人可以向用人单位主张工伤保险与用人单位民事责任赔偿的差额部分，本案中，因工伤保险补助数额已经超过李沧环卫应当承担的赔偿数额，故崔某2要求李沧环卫在工伤保险外承担侵权责任的主张不成立，二审法院最终判决驳回上诉，维持原判。

【裁判观点】

一审法院经审理后认为，本案的争议焦点在于环卫公司对崔某1的死亡后果是否应承担侵权赔偿责任。王某1系李沧环卫公司的职工，系在履行工作职务过程中发生交通事故，根据法律规定，其事故责任应当由李沧环卫承担。同时，死者崔某1亦为李沧环卫的职工并投保了社会保险，双方存在明确的劳动合同关系，在本案中李沧环卫既是侵权责任的承担主体，又是工伤赔偿义务主体，在赔偿责任上存在竞合。关于此类问题的处理，《人身损害赔偿解释》第12条第1款明确规定：“依法应当参加工伤保险统筹的用人单位的劳动者，因工伤事故遭受人身损害，劳动者或者其近亲属向人民法院起诉请求用人单位承担民事赔偿责任的，告知其按《工伤保险条例》的规定处理。”从该规定看，在赔偿责任主体竞合为一的情况下,法律并不否认劳动者或其近亲属向人民法院提起诉讼的权利,但基于我国民事法律在损害赔偿方面的损失填补原则,原告所获得的赔偿应与其损害后果相对等,而《工伤保险条例》作为规范或保护劳动者的专门法律,应优先适用。本案中,李沧环卫已经为崔某1申请了工伤认定,工伤赔偿数额也是确定的,根据民事损害填补原则,若该工伤认定的赔偿数额低于侵权责任应当赔偿的数额,则李沧环卫应作为侵权责任主体补足相关损失数额,若工伤赔偿数额等于或超过侵权责任应当赔偿的数额,则李沧环卫因原告方获得足额赔偿而不再承担填补责任。

二审法院经审理后认为,《人身损害赔偿解释》第12条明确了无论是否存在用人单位以外的第三人侵权,因工作遭受事故伤害的职工优先由工伤保险进行补偿。第三人的侵权责任不能因为受害人获得社会保险的给付而减轻或免除,但用人单位发生的安全生产事故造成职工伤亡的,应当贯彻工伤保险优先的原则,首先按照《工伤保险条例》的相关规定由工伤保险基金支付各项补助费用,然后权利人再向用人单位主张工伤保险与用人单位民事责任赔偿的差额部分。该求偿顺序与工伤保险的用工风险分担机制相一致。本案中,因工伤保险补助数额已经超过李沧环卫应当承担的赔偿数额,故上诉人要求李沧环卫在工伤保险外承担侵权责任的主张不成立,法院不予支持。

法官评析

机动车交通事故发生后,工伤保险和侵权责任如何赔偿不无争议。本案即讨论此问题的一个典型素材,本案涉及以下几个问题:其一,职工在获得工伤保险赔偿后,能否再起诉获得侵权赔偿?其二,若能够获得侵权赔偿,具体数额如何计算?是获得全部侵权赔偿?还是部分侵权赔偿?若是部分赔偿,如何确定差额?其三,当侵权责任的承担主体与工伤赔偿义务主体发生竞合时,如何赔付?下面我们分别探讨。

一、受伤职工获得工伤赔偿后,能获得侵权赔偿

关于此问题,理论和实务中都存有一定争议,实务中一般有选择模式、兼得模式、补充模式三种模式。所谓的选择模式是指受伤职工只能在民事侵权赔偿和工伤保险待遇中选择一项,如果享受了工伤保险待遇,工伤保险基金就取得了对第三人的代位追偿权;如果受伤职工追究第三人民事赔偿

责任的，不能再享受工伤保险待遇。兼得模式即所谓的“双赔”。补充模式指实行工伤保险与第三人侵权赔偿相结合，采取就高补差的方式进行赔偿。

考察近几年的判决，以兼得模式和补充模式居多。兼得模式分析了工伤保险与侵权责任的不同之处，对相关法律做了体系化解释，并考虑了两种制度的设立目的等，认为受伤职工应该获得双份赔偿。补充模式则在兼得模式的基础上兼顾了《侵权责任法》的基本原理，考虑了“填平”的原则，对重复项目予以删减。详细内容请参考《在已享受工伤待遇的情况下，仍有权主张侵权责任赔偿》一篇，在此不再赘述。

无论是兼得模式还是补充模式，主流的做法是不否认受伤职工在获得工伤保险赔后，还可以再起诉获得侵权赔偿。

二、工伤保险差额部分，侵权责任主体应补足

本案既是补偿模式的一个典型案例。采取补充模式既减轻了社会保障基金的压力，又基本弥补了被侵权人的损失，部分人认为还可以通过追偿的方式使实际侵权人的责任得到追究。但是补充模式也存在诸多问题：

首先，存在请求权行使顺序的问题。本案中采取的是工伤优先的模式，其主要理由在于工伤保险优先的原则，对应的直接法律规定是《社会保险法》第 42 条的规定，“由于第三人的原因造成工伤，第三人不支付工伤医疗费用或者无法确定第三人的，由工伤保险基金先行支付。工伤保险基金先行支付后，有权向第三人追偿”。我们同意这种观点。反对者认为工伤的认定程序在现实生活中并不容易，会延长工伤职工得到侵权赔偿的时间造成不必要的损失。[1] 但是侵权诉讼同样也会有时间问题，另外工伤先行赔付更加有利于发挥保险的作用，并且会有效减少后续问题，试想若侵权先行赔付，工伤应该按照何种标准赔付？若允许自由选择或侵权赔偿优先，可能会导致体系上的混乱。

其次，涉及具体赔偿项目和赔偿数额。侵权赔偿一般包括医疗费、误工费、护理费、交通费、住宿费、住院伙食补助费、必要的营养费、残疾赔偿金、残疾辅助器具费、被扶养人生活费、康复费、后续治疗费、丧葬费、死亡补偿费以及受害人亲属办理丧葬事宜支出的交通费、住宿费和误工损失等其他

〔1〕 参见耿振振：《交通事故引发工伤保险与侵权损害的赔偿研究》，沈阳师范大学 2019 年硕士学位论文。

合理费用。工伤保险一般包括治疗工伤的医疗费用和康复费用、住院伙食补助费、到统筹地区以外就医的交通食宿费、安装配置伤残辅助器具所需费用、生活不能自理的经劳动能力鉴定委员会确认的生活护理费、一次性伤残补助金、伤残津贴、一次性医疗补助金、丧葬补助金、供养亲属抚恤金和因工死亡补助金、劳动能力鉴定费。这两者具体的赔偿项目名称之间存在差异、计算方式计算标准也不尽相同,在实务中如何操作,目前没有统一做法。大致有以下几种做法:(1)分项计算,完全一致的项目计算一次,名称一致计算方式不同的就高补差,名称不一致的都要赔偿;(2)分别计算工伤总额和侵权赔偿总额,不足部分直接补充。本案判决虽然主张"若该工伤认定的赔偿数额低于侵权责任应当赔偿的数额,则李沧环卫应作为侵权责任主体补足相关损失数额",但因工伤保险补助数额已经超过李沧环卫应当承担的赔偿数额,最终未支持崔某1主张。故本案判决对此问题没有明确说明。笔者认为,存在第三人侵权的,工伤保险赔付后,除医疗费之外,受害人仍可以向实际侵权人主张赔偿。即除医疗费外,可以双赔。这是因为医疗费项目是一致的。

三、工伤保险与侵权人竞合时,也可以主张赔偿差额

工伤赔偿是单位职工的一种保险待遇,是为尽快解决赔偿而设,并不当然免除侵权人的侵权责任。[1] 权利人在已享受工伤待遇的情况下,仍有权主张侵权责任赔偿,至于具体赔偿数额,则需依据实际损失与工伤赔偿情况确定,对于工伤保险赔偿不足以弥补被侵权人损失的,不足部分仍应由侵权人承担赔偿责任。问题在于,有时候工伤赔偿义务主体和侵权责任的承担主体是同一个主体,此时差额部分还能要求赔偿吗?

笔者认为应该就差额部分进行赔偿。首先,正如本案判决中所言,在赔偿责任主体竞合为一的情况下,法律并不否认劳动者或其近亲属向人民法院提起诉讼的权利。其次,应该认识到,工伤保险赔偿与侵权责任赔偿在制度设立、价值取向、保护范围、适用条件等方面均有不同,理论上是并行不悖的,只是基于侵权责任基本原则的考虑,对侵权责任做出了一定的限制。再次,用人单位不能因其缴纳了社会法意义上应缴纳的保险而免除其侵权责

---

〔1〕 参见(2019)京民再163号判决书。

任。最后,实践中对于"双赔"还是"补充"本身就有争议,在没有充分理由的情况下,应尊重实践,不宜对此作出限制。

【裁判依据】

《社会保险法》第 42 条
《社会保险法》第 38 条
《工伤保险条例》第 30 条
《人身损害赔偿解释》第 12 条

08

残疾赔偿金的确定标准

——张某1与冯某机动车交通事故责任纠纷案

裁判规则

残疾赔偿金的赔偿标准应当根据案件的实际情况,结合受害人住所地、经常居住地、主要收入来源地等因素综合判断。对于进城务工的农村户籍居民遭受人身损害,即便其经常居住地位于农村,但主要收入来源于城镇的,原则上应按城镇居民标准计算残疾赔偿金。

案 情[1]

2016年1月13日17时30分,冯某驾驶小型汽车(以下简称肇事车辆)与张某1驾驶的自行车相刮撞,后张某1驾驶的自行车又与张某2停放在道路西侧的小型轿车(以下简称无责车辆)相撞,造成张某1受伤,车辆损坏。本次事故经北京市公安局大兴分局交通支队认定:冯某负事故的全部责任,张某2、张某1无责任。

事故发生后,张某1被送往医院治疗。肇事车辆为冯某所有,该车辆在人保大兴公司投保了交强险和商业三者险50万元,事故发生在保险期间内,商业三者险限额剩余134,566.61元,交强险剩余死亡伤残类项下限额11万元、财产损失类项下限额2000元。无责车辆在人保营业部投保了交强险,事故发生在保险期间内。

对双方有争议的证据,法院认定如下:(1)蔚县公安局吉家庄派出所出具的

[1] 北京市第二中级人民法院(2018)京02民终1499号。

户籍制度改革证明;(2)蔚县吉家庄镇二村村委会出具的外出务工证明;(3)李某与刘某1签订的房屋租赁合同、李某所有的房屋所有权证复印件及身份证复印件;(4)摊位租赁协议两份、摊位费的费用收据、北京黄村桥农副产品综合市场有限公司(以下简称黄村桥市场)出具的证明。张某1提交上述证明其户籍所在地按照城乡统一的户口登记制度,取消按户口性质划分的农业、非农业户口统计,张某1与女儿刘某1租住在李某所有的位于大兴区黄村镇海子角西里×××601室房屋,并与黄村桥市场签订摊位租赁协议,在该市场经营蔬菜批发,摊位号为123号、124号(摊位租赁期限为自2014年12月1日起至2016年11月30日止)。对上述证据1、证据2,为有权机关依法制作,对其真实性、关联性与合法性法院均予以采信;证据3为刘某1与李某签订,没有其他证据予以佐证,对其关联性,法院不予采信。证据4摊位租赁协议虽均由刘某2代签,但该市场出具收据证明其收到张某1缴纳的2015年12月1日至2016年11月30日的摊位费18,000元,且根据黄村桥市场开具的证明及法院核实的情况,张某1确在该市场经营蔬菜生意多年,故对该组证据的真实性、关联性、合法性法院均予以采信。

一审法院判决:中国人民财产保险股份有限公司北京市大兴支公司于判决生效后十日内在机动车第三者责任强制保险限额内赔付张某1残疾赔偿金65,000元,中国人民财产保险股份有限公司北京市分公司电子商务营业部于判决生效后十日内在交强险限额内赔付张某1残疾赔偿金11,000元,冯某于判决生效后十日内赔偿张某1医残疾赔偿金800,307.5元。

一审判决作出后,冯某不服提出上诉。冯某认为根据最高人民法院民一庭《关于经常居住地在城镇的农村居民因交通事故伤亡如何计算赔偿费用的复函》,事故发生时,张某1的居住地在大兴区黄村镇的农村,并不在北京城镇地区,不应按照北京城镇标准计算残疾赔偿金。

【裁判结论】

本案中,从工作地点和工作特点可以看出,张某1已脱离农业生产,其主要收入来源地为城镇,故一审法院按照城镇居民标准计算残疾赔偿金,并无不当。二审法院判决驳回上诉,维持原判。

【裁判观点】

一审法院经审理后认为,受害人遭受人身损害,因就医治疗支出的各项费用以及因误工减少的收入,包括医疗费、误工费、护理费、交通费、住宿费、住院伙食补助费、必要的营养费,赔偿义务人应当予以赔偿。受害人因伤致残的,其因增加生活上需要所支出的必要费用以及因丧失劳动能力导致的收入损失,包括残疾赔偿金、残疾辅助器具费、被扶养人生活费,以及因康复护理、继续治疗实际发生的必要的康复费、护理费、后续治疗费,赔偿义务人也应当予以赔偿。残疾赔偿金,张某1虽为农业户籍,但其在京经营蔬菜生意,主要收入来源于城镇,故残疾赔偿金应按照城镇居民标准计算,残疾赔偿金计为876,307.5元(57,275元×90%×17年)。

二审法院经审理后认为,冯某认为根据最高人民法院民一庭《关于经常居住地在城镇的农村居民因交通事故伤亡如何计算赔偿费用的复函》(以下简称《复函》),在城镇务工人员必须"主要收入来源地"和"经常居住地"均在城镇,方可按照城镇标准计算残疾赔偿金。对此意见,合议庭不予采纳,理由如下:《复函》中"经常居住地和主要收入来源地均为城市"的判断依据仅针对云南省高级人民法院所请示的个案,复函中"应当根据案件的实际情况,结合受害人住所地、经常居住地等因素"才具有原则性的普遍指导价值。《复函》改变了《人身损害赔偿解释》单一的以受害人户籍作为判断标准的情形,从《复函》的内容以及具体表述来看,主要明确了一个标准,即受害人系农村户籍,进城务工后其经常居住地及主要收入来源地均位于城镇时,此时不以户籍作为判断因素,而是应当以受害人经常居住地和主要收入来源地作为主要判断因素,在计算残疾赔偿金时适用城镇标准。而对于受害人系农村户籍,进城务工后其经常居住地与主要收入来源地不一致,即经常居住地仍在农村,但主要收入来源地位于城镇的情形最高人民法院的《复函》并未予以明确规定,故应从死亡赔偿金、残疾赔偿金的法律性质入手,确定判断的标准和规则。通过对侵权法理论的分析和《人身损害赔偿解释》制定本意的考察,死亡赔偿金、残疾赔偿金填补的均是被侵权人的逸失利益,具体而言,就是对被侵权人未来经济收入损失的补偿。而被侵权人居住在何地,涉及的是被侵权人的生活成本支出问题,与残疾赔偿金所填补的损失并非同一内容。因此,在被侵权人经常居住地和主要收入来源地不一致的情形下,应将主要收入来源地作为死亡赔偿金、残疾赔偿金的主要判断因素。综上,合议庭认为:残疾赔偿金的赔偿标准应当根据案件的实际情况,结合受害人住所地、经常居住地、主要收入来源地等因素综合判断。对于进城务工的农村户籍居民遭受人身损害,即便其经常居住地位于农村,但主要收入来源于城镇的,原则上应按城镇居民标准计算残疾赔偿金。本案中,从工作地点和工作特点可以看出,张某1已脱离农业生产,其主要收入来源地为城镇,故一审法院按照城镇居民标准计算残疾赔偿金,并无不当。

法官评析

本案涉及残疾赔偿金的确定标准问题。

一、残疾赔偿金的计算依据

《侵权责任法》第16条规定,侵害他人造成人身损害的,应当赔偿医疗费、护理费、交通费等为治疗和康复支出的合理费用,以及因误工减少的收入。造成残疾的,还应当赔偿残疾生活辅助具费和残疾赔偿金。造成死亡的,还应当赔偿丧葬费和死亡赔偿金。该条文是被侵权人向侵权人主张残疾赔偿金的请求权基础。关于残疾赔偿金具体如何计算,《侵权责任法》第20条规定,侵害他人人身权益造成财产损失的,按照被侵权人因此受到的损失赔偿;被侵权人的损失难以确定,侵权人因此获得利益的,按照其获得的利益赔偿;侵权人因此获得的利益难以确定,被侵权人和侵权人就赔偿数额协商不一致,向人民法院提起诉讼的,由人民法院根据实际情况确定赔偿数额。按照该条规定,应首先按照被侵权人的损失计算,用此种方法无法得出结果的,再按照侵权人所得利益计算,如果两种方法均无法得出结论,由法官行使自由裁量权。值得注意的是,《侵权责任法》中并未提到被抚养人生活费,一般认为《侵权责任法》已经用残疾赔偿金和死亡赔偿金吸收了被抚养人生活费用项目。

但是人身伤害致残的损失是何种性质,实践与理论中一直存有争议,并且被侵权人的实际损失也往往难以确定。因此,实践中法院一般会依据《人身损害赔偿解释》第25条计算残疾赔偿金,该条规定:残疾赔偿金根据受害人丧失劳动能力程度或者伤残等级,按照受诉法院所在地上一年度城镇居民人均可支配收入或者农村居民人均纯收入标准,自定残之日起按二十年计算。但六十周岁以上的,年龄每增加一岁减少一年;七十五周岁以上的,按五年计算。受害人因伤致残但实际收入没有减少,或者伤残等级较轻但造成职业妨害严重影响其劳动就业的,可以对残疾赔偿金作相应调整。并且会依据《人身损害赔偿解释》第28条计算被扶养人生活费,两个数额合并计算。

二、残疾赔偿金的赔偿范围

对于残疾赔偿金的赔偿范围,一般有三种观点。其一是所得丧失说,主要观点在于损害赔偿制度的目的在于填补受害人实际所产生的损害。其二是劳动能力丧失说,主要观点是受害人因身体或健康遭受侵害以致完全或部分丧失劳动能力本身就是一种损害。其三是生活来源丧失说,主要观点是受害人劳动能力丧失与减少,必致其生活来源丧失,因而应当赔偿受害人的生活补助费,使其生活来源能够重新恢复。[1]

实务中,法院主要以"劳动能力丧失说"为法理进行裁判,同时也考虑赔偿权利人收入丧失与否的实际情况,作为决定残疾赔偿的加权因素,以平衡当事人双方的利益。

三、残疾赔偿金的具体计算

对于大多数案件,无论采取何种观点,裁判结果并无不同。首先要确定被害人丧失劳动能力程度或伤残等级,一般通过鉴定确定。其次根据受害人年龄确定赔偿年限,注意从定残之日起开始计算,而不是从受伤之日起开始计算;另外要注意的是我国法律对劳动者是否具有劳动能力并非按照其是否已达退休年龄进行认定,劳动者即使超过退休年龄,只要其并未丧失劳动能力,实际上仍在从事有偿劳动,人民法院就应当考虑其因受到损害导致收入的减少或损失。最后须确定受害人的经常居住地和主要收入来源地,当二者不一致时,以主要收入来源地确定受害者是损失更为合适。最后计算残疾赔偿金数额。

对于部分案件,需要考虑残疾赔偿金的性质。例如,交通事故发生后,诉讼未结束前,受害人因其他原因死亡的,残疾赔偿金应否赔偿?[2]一般

---

〔1〕 参见程啸:《侵权责任法》(第2版),法律出版社2015年版,第685~686页。

〔2〕 参见(2018)鲁13民终506号案件、(2017)粤03民终17121号案件等。

认为，残疾赔偿金是财产损害赔偿，而非精神损害赔偿。[1] 这种财产损害赔偿请求权是可以继承的，根据《继承法》相关规定，凡依法可以转移的财产或者财产权利均可以成为继承的客体，残疾赔偿金请求权虽然具有人身属性，但其本质为财产性的权利，故可列为遗产范围，由继承人继承。另外，残疾赔偿金系对劳动能力丧失的赔偿，采取的是定型化赔偿的方式。[2] 定型化的残疾赔偿金本质上是法律创造的拟制数值，尽管在公平的基本原则下，这一数值应尽可能地向伤残者的实际损失值靠近，但这并不意味着定制化的拟制赔偿额必然等于实际损失额，也不会因伤残者的实际存活年限变化而产生拟制数值的变动或返还。也就是说，对于此类案件，被侵权人继承人要求残疾赔偿金的，应得到支持。

【裁判依据】

《侵权责任法》第 16 条、第 20 条

《人身损害赔偿解释》第 25 条

〔1〕 参见最高人民法院民事审判第一庭编:《最高人民法院人身损害赔偿司法解释的理解与适用》,人民法院出版社 2004 年版,第 314 页。

〔2〕 参见最高人民法院民事审判第一庭编:《最高人民法院人身损害赔偿司法解释的理解与适用》,人民法院出版社 2004 年版,第 314 ~ 317 页。

09

车辆贬值损失一般不予赔偿

——张某与李某1等机动车交通事故责任纠纷案

裁判规则

法律所支持的财产损失的赔偿范围应当主要限于必要的、典型的损失类型。车辆贬值损失一般不予赔偿，但在少数特殊、极端情形下，可以考虑予以适当赔偿。实践中，受损车辆事发前的使用年限、事发后的修理费用、修理后的组成部件更新和车辆性能恢复等情况，均是判断车辆贬值损失应否赔偿的重要参考因素。

案　情[1]

张某是受损车黑A×××××U号车车主，李某1是肇事车黑A××××5号车车主。李某1与于某是夫妻关系。2016年9月18日15时，于某驾黑A××××5号车行驶哈尔滨市南岗区××大街与××大街街交口时，与案外人盛喜武驾驶黑A×××××U号车相撞，发生交通事故致张某黑A×××××U号车受损。哈尔滨市公安局交通警察哈西大队作出第2301039201603209号《道路交通事故认定书》认定：于某负事故全部责任，盛喜武无责任。黑A××××5号车辆在财产保险公司投保了交强险及商业三者险，本次事故发生在保险期内。诉讼中，张某申请对受损黑A×××××U号车维修、贬值进行司法鉴定并交纳6000元鉴定费，经一审法院委托，哈尔滨市汇通资产评估事务所作出的哈汇通估鉴字中法委价登字（2017）第011号《司法鉴定意见书》鉴定意

〔1〕黑龙江省哈尔滨市中级人民法院（2019）黑01民终3702号。

见为:“在鉴定基准日,张某的奥迪 A6L 牌轿车于 2016 年 9 月 18 日未发生交通事故时市场价格为 321,368 元,车辆维修和更换部件的费用合计 44,229 元;车辆贬值损失为 128,547.20 元。”庭审后,财产保险公司支付给张某修车费 44,229 元,张某车辆已经修理完毕。一审法院判令李某 1、于某于本判决生效后赔偿张某车辆贬值损失 80,000 元。

李某 1 不服一审判决,提起上诉。李某 1 上诉认为,《侵权责任法》第 6 条,《道路交通安全法》第 76 条,《民事诉讼法》第 64 条。但是上述三条没有任意一条规定未发生车辆买卖交易的事故车辆贬值损失应当赔付,因车辆贬值损失属于不必然发生的损失,所以法律并未规定侵权责任人应当赔付,一审法院判决李某 1 车辆贬值损失是错误的。

【裁判结论】

二审法院认为,本案中,张某主张的车辆贬值损失亦不属于特殊、极端情形下,可以考虑予以适当赔偿的范围,故一审部分支持张某的该项诉讼请求及相关的鉴定费用缺乏法律依据,法院予以纠正。最终改判驳回了告张某赔偿车辆贬值损失的诉讼请求。

【裁判观点】

一审法院经审理后认为,一审法院认为,《侵权责任法》第 6 条第 1 款规定,行为人因过错侵害他人民事权益,应当承担侵权责任。结合本案,于某驾驶肇事车辆与张某车辆发生交通事故并致张某车辆受损,交警部门已认定于某负全责。根据上述法律规定,于某应对张某受损车辆承担侵权赔偿责任。财产保险公司根据鉴定意见已将修车费 44,229 元支付给了张某,一审法院不作判决。关于张某主张车辆贬值损失的问题。张某车辆于 2014 年 12 月 10 日购买,2016 年 9 月 18 日因肇事受损。张某车辆使用才一年多,肇事后,虽经过维修可正常使用,但其驾驶性能、使用寿命等是无法通过修理恢复到事故发生前的状态,必然导致车辆本身经济价值降低,这种车辆贬值损失显而易见,且客观存在并与肇事有直接的因果关系,故张某主张受损车辆的修理费及车辆贬值损失均是于某的侵权行为导致,张某依据《司法鉴定意见书》主张车辆贬值损失 128,547.2 元于法有据,应当支持。但一审法院对车辆贬值损失适当调整,酌定 80,000 元。于某抗辩主张车辆贬值损失应由财产保险公司承担，因双方的保险合同中对此没有约定，于某该抗辩主张无法律依据，不予支持。李某1系肇事车车主，于某驾驶该车时肇事，李某1、于某又系夫妻。故张某要求二人共同承担责任不违反法律规定，予以支持。

二审法院经审理后认为，本案争议的焦点为李某1、于某赔偿张某案涉车辆贬值损失的事实依据和法律依据是否确实、充分。依据《道路交通事故司法解释》第15条“因道路交通事故造成下列财产损失，当事人请求侵权人赔偿的，人民法院应予支持：（一）维修被损坏车辆所支出的费用、车辆所载物品的损失、车辆施救费用；（二）因车辆灭失或者无法修复，为购买交通事故发生时与被损坏车辆价值相当的车辆重置费用；（三）依法从事货物运输、旅客运输等经营性活动的车辆，因无法从事相应经营活动所产生的合理停运损失；（四）非经营性车辆因无法继续使用，所产生的通常替代性交通工具的合理费用”规定，案涉车辆的贬值损失不属于侵权人赔偿的范围，参照最高人民法院《关于交通事故车辆贬值损失赔偿问题的建议的答复》意见，即“对事故车辆贬值损失考虑社会经济发展情况，目前尚不具备完全支持贬值损失的客观条件。对事故车辆贬值损失的赔偿应持谨慎态度，在少数特殊、极端情形下，可以考虑予以适当赔偿”。法律所支持的财产损失的赔偿范围应当主要限于必要的、典型的损失类型，实践中，受损车辆事发前的使用年限、事发后的修理费用、修理后的组成部件更新和车辆性能恢复等情况，均是判断车辆贬值损失应否赔偿的重要参考因素。本案中，张某主张的车辆贬值损失亦不属于特殊、极端情形下，可以考虑予以适当赔偿的范围，故一审部分支持张某的该项诉讼请求及相关的鉴定费用缺乏法律依据，法院予以纠正。

法官评析

车辆贬值损失一般指机动车发生交通事故造成损毁，虽经修理恢复了原有的使用功能，但车辆仍存在因隐蔽技术瑕疵或交换价值降低而造成的损失。[1] 在机动车交通事故责任纠纷案件中，车辆贬值损失应否赔偿、如

〔1〕参见石红伟：《交通事故中车辆贬值损失的可赔偿性辨析》，载《湖南广播电视大学学报》2019年第2期。

何赔偿，不无争议。

一、车辆贬值损失一般不予赔偿

实践中一直对车辆贬值损失有所争议。有的判决表明，车辆贬值损失不应获得赔偿，其主要理由包括：修复后车辆已经恢复原状，如果再赔偿会使被侵权人有双倍利益；维修中新零件产生溢价、无直接法律依据等。关于车辆贬值损失相关的主要法律依据在于《侵权责任法》第 19 条规定，侵害他人财产的，财产损失按照损失发生时的市场价格或者其他方式计算。该条文规定了财产损失计算方法，但是仅是笼统的规定，对于车辆贬值损失是否属于财产损失并无并且规定。《道路交通事故司法解释》第 15 条规定，因道路交通事故造成下列财产损失，当事人请求侵权人赔偿的，人民法院应予支持：(1)维修被损坏车辆所支出的费用、车辆所载物品的损失、车辆施救费用；(2)因车辆灭失或者无法修复，为购买交通事故发生时与被损坏车辆价值相当的车辆重置费用；(3)依法从事货物运输、旅客运输等经营性活动的车辆，因无法从事相应经营活动所产生的合理停运损失；(4)非经营性车辆因无法继续使用，所产生的通常替代性交通工具的合理费用。该条文明确了道路交通事故中财产损失的种类，其中并没有车辆贬值损失。

但是并非没有规定就不能获得赔偿，有的判决表明，车辆贬值损失应该获得赔偿，其主要理由包括：车辆实际价值必然减少、有助于惩治交通违法行为、法律未否定等。[1] 关于此种分歧，最高人民法院也做出了回应，在最高人民法院《关于交通事故车辆贬值损失赔偿问题的建议的答复》中，明确表示“目前，我们对该项损失的赔偿持谨慎态度，倾向于原则上不予支持。当然，在少数特殊、极端情形下，也可以考虑予以适当赔偿，但必须慎重考量，严格把握”。这也是本案裁判的主要依据。该答复给出的理由主要包括四点：(1)理论上仍存有较多争议；(2)赔偿贬值损失会加重道路交通参与人的负担，不利于社会经济发展；(3)我国目前鉴定市场尚不规范，鉴定机构在逐利目的驱动下，对贬值损失的确定具有较大的任意性。由于贬值损失数额确定的不科学，导致可能出现案件实质上的不公正，加重侵权人的负担；(4)规定贬值损失可能导致本不会成诉的交通事故案件大量涌入法院，

〔1〕 参见朱柱敏：《车辆贬值损失的司法认定》，载《法制与社会》2019 年第 24 期。

不利于减少纠纷。我们赞同最高人民法院的观点,将此问题交由法官自由裁量,并且提出倾向性意见,这样既能够兼顾社会的公平与效率,又能够起到一定的引导作用。

二、适当赔偿的特殊、极端情形

那么接下来要面临的问题就是什么才是"少数特殊、极端情形"? 考察现有的判决,一般会考虑购买车辆的年限、车辆行驶里程数以及车辆的修复、相关部件更换、车辆价值等情况,并且要参照车辆损失的评估报告确定。

例如,我们可以看到,在穆某等与王某1等机动车交通事故责任纠纷案中,法院支持了车辆贬值损失,主要理由在于"周某所有的车辆在事发时仅购买使用不足3个月,行驶里程仅为2809公里,事故造成的车辆损害较为严重",[1]在北京市福星出租汽车有限责任公司等与长江财产保险股份有限公司等机动车交通事故责任纠纷案中,法院支持车辆贬值损失的主要理由在于远大公司的车辆购买于2018年4月27日,而事故发生生于2018年5月9日,仅修车费就花费了182,000元;另外,虽然判决说理部分没有明确说明,但笔者认为涉案车辆的价值(购车款376万元)也会影响到车辆贬值损失应否赔偿的判断。[2] 再如在李某2与王某2、中国人寿财产保险股份有限公司合肥市中心支公司机动车交通事故责任纠纷案中,法院主要考虑了"事故造成其车辆主要部件——变速箱损毁,事故发生后虽进行了修理,但车辆的整体安全性能、价值与事故发生之前显然不能等同,车辆因事故产生贬值损失是客观存在的"。[3]

三、车辆贬值损失的确定

最高人民法院在表明车辆贬值损失原则上不予赔偿时给出了四条理由,基于同样的原因,对于"特殊、极端情形"的车辆贬值损失也要做出限定。首先要明确的是车辆没有完全灭失,对于灭失的车辆,不存在贬值问题,直接折旧后照价赔偿即可。其次需要强调的是贬值损失应该是对车辆进行修理之后依旧存在的损失,否则会存在与修理费冲突的可能。最后应该通过一定的技术手段足以认定车辆确实存在贬值,若维修后,车辆价值没

---

〔1〕 参见(2019)京01民终6643号民事判决书。

〔2〕 参见(2019)京03民终7295号民事判决书。

〔3〕 参见2019皖0103民初2158号民事判决书。

有下降反而上升，自然不存在贬值损失的可能。

对于具体数额的确定，我们赞同对法官自由裁量权做出一定限制，在现有技术条件下，可以确定车辆贬值损失 = 修理费 × 车龄系数 × 里程系数 × 损害严重程度 × 其他系数。[1] 各种系数需要经过调研来确定。

【裁判依据】

《侵权责任法》第 19 条

《道路交通事故司法解释》第 15 条

最高人民法院《关于交通事故车辆贬值损失赔偿问题的建议的答复》

〔1〕 参见张平华：《车辆贬值损失赔偿的法律基础》，载《法学论坛》2019 年第 5 期。

10

丧葬费需要结合职工月平均工资计算得出

——周某等与丁某、某公司、某保险公司机动车交通事故责任纠纷案

裁判规则

按照《人身损害赔偿解释》第27条的规定，丧葬费按照受诉法院所在地上一年度职工月平均工资标准，以6个月总额计算。

案 情[1]

2016年3月5日，赵某驾驶小客车由南向北行驶至北京市大兴区亦庄经海一路大羊坊桥南时，车辆前部与前方张某停放的重型半挂牵引车尾部相撞，造成赵某受伤，两车损坏。此事故经北京市公安局大兴分局交通支队（以下简称大兴交通支队）处理，认定赵某驾驶机动车违反分道行驶的违法行为，与本起道路交通事故的发生有因果关系，是事故发生的原因；张某驾驶机动车在道路上未按规定临时停车的违法行为，与本起道路交通事故的发生有因果关系，是事故发生的原因；张某驾驶经检验灯光不合格的机动车且超载的违法行为，与本起交通事故的发生没有因果关系，不是事故发生的原因。大兴交通支队出具道路交通事故认定书，确定赵某为主要责任，张某为次要责任。

事发后，赵某被送往北京朝阳急诊抢救中心治疗，经该院诊断为“1. 闭合性腹部损伤、创创伤性肝破裂、腹腔积血；2. 闭合性胸部肋骨多发性骨折（左4～

[1] 北京市第二中级人民法院(2017)京02民终2686号。

8)、右肺挫伤;3. 失血性休克;4. 急性失血性贫血;5. 右颧部、额部头皮血肿;6. 高血压 1 级;7. 冠状动脉供血不足;8. 预激综合征”。赵某于 2016 年 3 月 5 日至 2016 年 4 月 1 日在该院住院治疗 27 天,支出医疗费共计 244,623.9 元,出院医嘱为转往上级医院继续治疗。2016 年 4 月 1 日赵某转往北京大学人民医院救治,2016 年 4 月 3 日经抢救无效死亡。2016 年 5 月 3 日,北京市红十字会急诊抢救中心司法鉴定中心出具法医学鉴定意见书,认为赵某符合车祸外伤致腹部损伤、腹腔积血、胸部损伤继发肺部感染等死亡。

赵某为北京市非农业家庭户口,事故发生时,为北京团兴劳动与社会保险服务有限公司员工,被该公司派遣至中国银行股份有限公司北京市分行担任司机一职。赵某父母均先于其去世。赵某与前妻所生之女于 1983 年出生。周某为赵某生前配偶,在保利大厦有限公司工作,自赵某发生交通事故后因处理其受伤死亡事宜未上班。赵某与周某所生之女于 1991 年出生。

张某所驾驶车辆的实际所有人为丁某,该车辆挂靠在周口市远大运输集团畅达运输有限公司(以下简称畅达运输公司)名下,张某为丁某雇佣的司机,发生事故时张某系履行职务行为。涉案车辆在中国人寿财产保险股份有限公司周口市中心支公司(以下简称人寿财险周口中心支公司)投保了交强险、商业三者险(保险限额 1,000,000 元,签订了不计免赔特别条款)。事故发生在保险期限内。

一审判决作出后,人寿财险周口中心支公司不服提出上诉,其认为依法应减轻赔偿责任。

【裁判结论】

丧葬费按照受诉法院所在地上一年度职工月平均工资标准,以 6 个月总额计算,亲属请求数额合理,法院予以支持。

【裁判观点】

一审法院经审理后认为,本次诉讼系因机动车交通事故引发的损害,交通管理机关已据情作出责任认定,该认定并无不当,法院予以采信。机动车之间发生交通事故造成人身财产损害的,先由承保交强险的保险公司在责任限额范围内予以赔偿;不足部分,由承保商业三者险的保险公司根据保险合同予以赔偿;仍有不足的依照《道路交通安全法》和《侵权责任法》的相关规定由侵权人予以赔偿。提供劳务一方因劳务造成他人损害的，由接受劳务一方承担侵权责任。以挂靠形式从事道路运输经营活动的机动车发生交通事故造成损害，属于该机动车一方责任，当事人请求由挂靠人和被挂靠人承担连带责任的，人民法院应予支持。赵某驾驶机动车违反分道行驶的违法行为，与本起道路交通事故的发生有因果关系，是事故发生的原因；张某驾驶机动车在道路上未按规定临时停车的违法行为，与本起道路交通事故的发生有因果关系，是事故发生的原因；张某驾驶经检验灯光不合格的机动车且超载的违法行为，与本起交通事故的发生没有因果关系，不是事故发生的原因。对于人寿财险周口中心支公司提出投保车辆未按规定检验的抗辩，因道路交通事故认定书中确认张某驾驶车辆已按规定期限进行检验，法院予以采信。赵某为主要责任，张某为次要责任。张某受雇于丁某，应由丁某承担相应赔偿责任。丁某将车辆挂靠在畅达运输公司名下运营，畅达运输公司应当与丁某承担连带赔偿责任。法院酌定丁某对赵某的合理损失按照40%比例赔偿，畅达运输公司承担连带赔偿责任。张某驾驶的机动车超载，违反安全装载规定，根据第三者责任保险条款，增加免赔率10%。故合理损失应由人寿财险周口中心支公司在交强险赔偿限额内先行承担赔偿责任，超过交强险赔偿限额的部分，由人寿财险周口中心支公司在商业三者险范围内按保险合同及丁某的责任比例（40% ×90% =36%）予以赔偿。

受害人遭受人身损害，因就医治疗支出的各项费用包括医疗费、误工费、护理费、交通费、住宿费、住院伙食补助费、必要的营养费，赔偿义务人应当予以赔偿。

医疗费根据医疗机构出具的医药费、住院费等收款凭证，结合病历和诊断证明等相关证据确定。

交通费根据受害人及其必要的陪护人员因就医或者转院治疗实际发生的费用计算。法院根据赵某及其陪护人员去往就诊医院的路程、人数和往返次数酌情确定为550元。

受害人死亡的，赔偿义务人还应当赔偿丧葬费、被扶养人生活费、死亡补偿费以及受害人亲属办理丧葬事宜支出的交通费、住宿费和误工损失等其他合理费用。

死亡赔偿金按照受诉法院所在地上一年度城镇居民人均可支配收入或者农村居民人均纯收入标准，按20年计算。赵某为北京非农业家庭户口，在北京城镇工作、生活，且从事非农产业，对赵某的死亡赔偿金计算标准依据城镇居民人均可支配收入确定。丧葬费按照受诉法院所在地上一年度职工月平均工资标准,以6个月总额计算。对于精神损害抚慰金一项,侵害他人人身权益,造成他人严重精神损害的,被侵权人可以请求精神损害赔偿。考虑到此次事故致使赵某罹世,对家人造成了严重的精神伤害,法院对该项诉讼请求予以支持。

二审法院经审理后认为,《民诉法解释》第90条规定:"当事人对自己提出的诉讼请求所依据的事实或者反驳对方诉讼请求所依据的事实,应当提供证据加以证明,但法律另有规定的除外。在作出判决前,当事人未能提供证据或者证据不足以证明其事实主张的,由负有举证证明责任的当事人承担不利的后果。"根据本案已查明事实,本次交通事故经大兴交通支队处理,认定赵某负主要责任,张某负次要责任。一审法院依据交管部门的认定结论,结合本案实际情况,酌情确定赵某一方承担60%的责任,张某一方承担40%的赔偿责任,并无不当,法院予以确认。人寿财险周口中心支公司认为一审法院划分事故责任错误的上诉意见,缺乏事实依据,法院不予采信。

关于误工费和护理费,一审中赵某之妻为证明其工资标准,提交了就职单位出具的收入证明。一审法院根据在案证据证据,结合本案实际情况,认定赵某之妻月工资为2700元,并无不当,法院予以确认。赵某死亡后,其妻为办理丧葬事宜,必然产生一定的误工。一审法院根据本案实际情况,酌情确定赵某之妻为办理丧葬事宜的合理误工时间为30日,比较符合客观实际,法院对此不持异议。人寿财险周口中心支公司上诉认为一审法院认定赵某之妻的工资标准过高,误工时间过长的意见,缺乏相应事实依据,法院不予采信。

关于精神损害抚慰金,本次交通事故致赵某死亡,对其亲属必然产生一定的精神损害。由于张某在本次交通事故中并非没有过错,一审法院根据赵某死亡的严重后果,酌情确定赔偿其亲属精神损害抚慰金50,000元,亦无不当,法院对此予以确认。人寿财险周口中心支公司上诉认为一审法院认定精神损害抚慰金数额过高的意见,法院不予支持。

法官评析

丧葬费,即为死者办理丧事而支付的费用,它是因侵害生命权而产生的一种独特的财产损害。《人身损害赔偿解释》第27条规定,丧葬费按照受诉法院所在地上一年度职工月平均工资标准,以6个月总额计算。丧葬费

(以及医疗费)可能是由侵权人预先支付的,也可能来自受害人的遗产、受害人近亲属垫付的款项或者非亲属关系的自然人或者单位垫付的款项。如果侵权人已经支付了丧葬费(以及医疗费),当然无须再行支付。但如果是其他自然人或单位支付的,则这些支付了丧葬费(以及医疗费)的单位或个人能够基于何种权利要求赔偿义务人返还或者要求保险公司给予赔偿,有无因管理说、不当得利说、侵权行为说等不同的观点。[1]《侵权责任法》第18条规定,被侵权人死亡的,其近亲属有权请求侵权人承担侵权责任。被侵权人为单位,该单位分立、合并的,承继权利的单位有权请求侵权人承担侵权责任。被侵权人死亡的,支付被侵权人医疗费、丧葬费等合理费用的人有权请求侵权人赔偿费用,但侵权人已支付该费用的除外。《道路交通事故司法解释》第26条规定,被侵权人因道路交通事故死亡,无近亲属或者近亲属不明,未经法律授权的机关或者有关组织向人民法院起诉主张死亡赔偿金的,人民法院不予受理。侵权人以已向未经法律授权的机关或者有关组织支付死亡赔偿金为理由,请求保险公司在交强险责任限额范围内予以赔偿的,人民法院不予支持。被侵权人因道路交通事故死亡,无近亲属或者近亲属不明,支付被侵权人医疗费、丧葬费等合理费用的单位或者个人,请求保险公司在交强险责任限额范围内予以赔偿的,人民法院应予支持。

所谓上一年度,根据《人身损害赔偿解释》第35条第2款的规定,是指一审法庭辩论终结时的上一统计年度。根据《人身损害赔偿解释》第35条第1款的规定,应按照政府统计部门公布的各省、自治区、直辖市以及经济特区和计划单列市上一年度相关统计数据确定。应当注意的是,丧葬费请求权的主体是为死者实际支付了丧葬费的人,包括受害人的亲属、朋友以及其他的人。

【裁判依据】

《侵权责任法》第18条

《人身损害赔偿解释》第27条、第35条

《道路交通事故司法解释》第26条

---

〔1〕参见程啸:《侵权责任法》(第2版),法律出版社2015年版,第683页。

11

被扶养人生活费以扶养人丧失劳动能力程度以及消费支出为标准计算得出

——颜某与李某、黄某、某保险公司机动车交通事故责任纠纷案

裁判规则

被扶养人生活费根据扶养人丧失劳动能力程度，按照受诉法院所在地上一年度城镇居民人均消费性支出和农村居民人均年生活消费支出标准计算。

案　情[1]

2013 年 9 月 8 日，在北京市朝阳区来广营北路沙子营路 6 号电线杆处，颜某驾驶无号牌摩托车(后乘丁某)由南向北行驶，李某驾驶重型自卸货车由南向北行驶超越颜某车辆时，李某车辆右前轮及右后轮将倒地的颜某左臂碾压，造成颜某受伤。经北京市公安局公安交通管理局朝阳交通支队(以下简称交通队)认定，李某驾驶超过核定载质量的机动车上路行驶时未安全驾驶，为主要责任；颜某未取得机动车驾驶证驾驶未经公安机关交通管理部门登记的车辆上路行驶，为次要责任；丁某无责任。

事发当日，颜某被送往急救中心救治，经诊断系左上肢毁灭伤、左膝部开放伤口、右手多处开放伤口、胸背部大面积皮肤擦伤、双侧胸腔积液，于当日住院行左上肢截肢术、左肱动脉探查术、左肱静脉探查术、左正中神经探查术等手术。2013 年 10 月 6 日，颜某出院时，医嘱建议：(1)休息壹个月，住院期间陪护 1 人；

---

〔1〕 北京市第三中级人民法院(2015)三中民终字第 00522 号。

(2)1个月后门诊复查;(3)不适随诊;(4)3天左右门诊左上肢残端换药一次,如有感染及时随诊。2014年4月17日,经北京市红十字会急诊抢救中心司法鉴定中心出具法医学鉴定意见书,认定颜某左上肢自近端以远缺失符合V级伤残,左下肢目前状况符合×级伤残,累计伤残赔偿指数为65%。

庭审中,颜某就其各项诉讼请求分别予以明确:(1)医疗费99,735.1元系住院治疗及复查换药的支出,颜某认可李某负担2万元,就此提交北京市医疗住院收费票据、北京市门诊收费专用收据、北京市门诊挂号费专用收据、住院费用清单、北京市救护车收费专用收据为证。经核算,医药费票据金额合计99,588.11元,救护车费用147元。(2)住院伙食补助费2000元,按日55元标准计算28日,就此提交住院病案首页、住院记录为证。(3)营养费20,000元系购买营养品的支出,就此提交购买食品收据及发票为证。(4)误工费37,950元系按月收入3450元为标准主张自事发之日起11个月的损失。颜某表示自2013年1月10日起在北京仁泰致远商贸有限公司(以下简称仁泰致远公司)从事销售工作,事发后持续误工至今,就此提交劳动合同书、工作证明为证。经询,颜某表示每月以现金形式发放工资,未交纳社保,无法提供工资流水明细单及社保缴费证明。据劳动合同书载明,双方按照国家和北京市政府的规定缴纳社会保险费;据住院病案显示颜某工作单位系北京市朝阳区兴意隆橱柜有限公司;据暂住证显示颜某工作单位系北京胜达博君装饰工程有限公司。(5)护理费34,000元系住院期间聘用护工实际支出7000元及出院后六个月由姐姐护理按月4500元主张的护理费用,就此提交北京广运顺达商贸有限公司开具的两张护理费收据(金额分别系7000元和27,000元)为证。(6)交通费5999.5元系就医交通支出及亲属探望就医支出,就此提交出租车票据、火车票据及长途车票据为证。(7)伤残赔偿金564,494元系据2013年城镇居民人均可支配收入为标准结合伤残等级按照70%赔偿比例主张,颜某表示自1997年来京,与爱人、孩子一同在京生活,依靠打零工为生,就此提交户口簿、暂住证为证,据暂住证载明来本市时间系2010年9月22日。关于被扶养人生活费一节,被扶养人系父亲(1947年12月18日生)、母亲(1953年12月21日生)和儿子(1998年11月22日生)。颜某表示父亲与母亲在老家农村生活,没有生活来源,依靠其和哥哥抚养,据2013年北京农村标准主张,就此提交户口簿、海安县墩头镇新宏村村民委员会出具证明、海安县民政局出具证明为证,其中,载明颜某父母在家种田,没有经济来源,母亲有糖尿病丧失劳动能力，靠子女收入维持生活。颜某表示儿子系城镇户口，现就读高中，据 2013 年北京城镇标准主张 23,337.5 元，就此提交户口簿、出生医学证明为证。(8)鉴定费 3355.74 元系实际支出，就此提交鉴定费发票为证。(9)医疗器具费 108 元系购买陪护人员被子和床的费用，就此提交超市购买收据为证。(10)物品损失费 3027.3 元系因事故造成的财产损失，包括受损电动摩托车 2400 元及受损衣物 627.3 元，就此提交 2014 年 8 月购买电动车收据及 2013 年 11 月购买衣物小票为证。经询，颜某表示电动摩托车现停放在交通队指定的停车场内，尚未维修。(11)精神损害抚慰金 100,000 元系因交通事故造成极大伤痛并留下终身残疾，据此估算精神损失。

庭审中，李某提交急救中心押金条及颜某出具的收条，欲证明其给付颜某 20,000 元医药费；颜某对此予以认可。李某另提交道路运输证、从业资格证等证件，欲证明其驾驶车辆从事营运工作手续齐备；保险公司对此予以认可。

经查，涉案车辆登记所有权人系黄某，该车由黄某爱人李某驾驶从事营运。该车于保险公司投保交强险及商业三者险 50 万元，不计免赔，事发于保险责任期间。

一审判决作出后，保险公司不服提出上诉。其认为颜某母亲的被扶养人生活费认定事实不清，出生日期与户籍档案记载的出生日期不吻合。

【裁判结论】

关于被扶养人生活费，颜某之子系非农业户别，现尚未成年，符合被扶养人身份，对于颜某要求其子的扶养费用予以支持。据颜某提交证明可知母亲无经济收入且丧失劳动能力，法院以 2013 年度北京市农村居民人均生活消费支出核算扶养费用，一并计入伤残赔偿金。颜某父亲种田务农，在案证据不足以证明其无劳动能力，法院未予支持。

【裁判观点】

一审法院经审理后认为，交通事故造成的人身伤亡、财产损失，先由承保交强险的保险公司在责任限额范围内予以赔偿；当事人主张保险公司于商业三者险限额内赔付的，由承保商业三者险的保险公司根据保险合同予以赔偿；仍有不足，由侵权人予以赔偿。

本案中,李某驾驶黄某所有的重型自卸货车与驾驶摩托车的颜某发生交通事故,致颜某人身受伤。经交通队现场勘验并结合涉案车辆超载及颜某无证驾驶之情节,依法认定李某负主要责任,颜某负次要责任。李某就责任认定所提异议情节已经考虑并作为认定责任的依据,现无证据推翻上述责任认定,一审法院以此划分赔偿责任。

颜某要求的各项损失,一审法院依照相关法律规定,结合在案证据分别予以确认。医疗费系实际支出,一审法院核算在案票据予以判处,救护车费用计入交通费一并处理。住院伙食补助费于法有据,一审法院对颜某主张数额予以支持。关于营养费,交通事故致颜某左上肢毁灭伤,其主张加强营养理由正当,一审法院对此酌情判处。关于误工费,受害人员持续误工的,误工时间可计算至定残前一日,一审法院据此确定误工期限。但颜某提交证据不足以证明其误工损失,且对于工作情况的记载前后矛盾,一审法院难以采信,故以北京市职工最低工资标准核算误工损失。关于护理费,颜某提交护理收据与其所述事实相悖,一审法院难以采信,以医嘱确定住院期间为护理期限按从事同等级别护理的劳动报酬计算护理费用。关于交通费,一审法院据颜某就医情况并考虑救护车费用酌情判处。关于伤残赔偿金,颜某在京居住生活,主要收入亦来源于务工所得,其据受诉法院所在地2013年度城镇居民人均可支配收入为标准结合伤残等级主张伤残赔偿金有事实及法律依据,但计算伤残等级有误,一审法院依法判处。被扶养人生活费一节,颜某之子系非农业户别,现尚未成年,符合被扶养人身份,一审法院对于颜某要求其子的扶养费用予以支持。据颜某提交证明可知母亲无经济收入且丧失劳动能力,一审法院以2013年度北京市农村居民人均生活消费支出核算扶养费用,一并计入伤残赔偿金。颜某父亲种田务农,在案证据不足以证明其无劳动能力,一审法院对此难以支持。鉴定费系实际支出,应予支持。颜某以陪护人员购买生活用品费用主张医疗器具费于法无据,一审法院不予支持。关于财产损失,颜某所驾摩托车尚未维修,此损失可待维修费用实际发生后再行主张,本案不予处理。考虑到颜某受伤情况,身上衣物因交通事故及急诊救治难免受损,一审法院对衣物损失酌情判处。

二审法院经审理后认为,本案争议焦点在于颜某母亲的被扶养人生活费应否支付、住院伙食补助费给付的标准、营养费给付标准。关于保险公司主张颜某母亲的被扶养人生活费认定事实不清,颜某母亲的出生日期与户籍档案记载的出生日期不吻合一节。法院认为,一审法院以2013年度北京市农村居民人均生活消费支出核算其扶养费用并无不当，法院予以确认。关于保险公司提出颜某实际住院28天，其住院伙食补助费应为1400元，按照事故责任比例，保险公司应承担882元及营养费一项酌定过高一节。法院认为，住院天数各方均予确认，而保险公司主张住院伙食补助费每天50元缺乏依据，一审法院根据相关规定对颜某主张的住院伙食补助费数额按照确定的责任比例予以支持并无不当。关于营养费，其主张加强营养理由正当，一审法院对此已予以酌情判处，法院对该数额予以确认。

法官评析

《人身损害赔偿解释》第28条规定，被扶养人生活费根据扶养人丧失劳动能力程度，按照受诉法院所在地上一年度城镇居民人均消费性支出和农村居民人均年生活消费支出标准计算。被扶养人为未成年人的，计算至十八周岁；被扶养人无劳动能力又无其他生活来源的，计算二十年。但六十周岁以上的，年龄每增加一岁减少一年；七十五周岁以上的，按五年计算。被扶养人是指受害人依法应当承担扶养义务的未成年人或者丧失劳动能力又无其他生活来源的成年近亲属。被扶养人还有其他扶养人的，赔偿义务人只赔偿受害人依法应当负担的部分。被扶养人有数人的，年赔偿总额累计不超过上一年度城镇居民人均消费性支出额或者农村居民人均年生活消费支出额。

在确定赔偿被扶养人生活费时，要注意把握两个方面，一是受害人劳动能力丧失程度，这要以死亡或者伤残等级评定或者劳动能力丧失程度鉴定作为依据。一级伤残属于完全丧失劳动能力，二级至四级也视为丧失劳动能力，五级至十级伤残程度所反映的劳动能力丧失程度依次减弱。二是受理案件的人民法院所在的省、自治区、直辖市或者经济特区以及计划单列市上一年度城镇居民人均消费性支出或者农村居民人均年生活消费支出标准。综合两个方面的因素计算得出的结果为确定被扶养人生活费的标准。[1]

【裁判依据】

《人身损害赔偿解释》第28条

---

〔1〕 最高人民法院民事审判第一庭编：《最高人民法院人身损害赔偿司法解释的理解与适用》，人民法院出版社2004年版，第352页。

12

在无特殊约定时，系争律师费应由保险公司赔偿

——王某与蔡某机动车交通事故责任纠纷案

裁判规则

首先，系争律师费由保险公司赔偿具有保险法上的法律依据；其次，系争律师费属于当事人为处理事故、主张权利而产生的必要的、合理的费用，其不存在扩大损失的故意，且系争保险合同中未明确约定律师费不予赔偿；最后，系争律师费不在系争保险合同约定的责任免除效力范围内。故系争律师费应由保险公司赔偿。

案　情[1]

2014年3月31日16时25分许，蔡某驾驶悬挂临时牌号沪MH××××的轿车，与骑驶电动自行车的王某发生交通事故，造成王某受伤、车辆损坏，后经交警部门认定，蔡某负事故全部责任，王某无责任。事发后，王某聘请律师花费5000元。大地财险上海公司系悬挂临时牌号沪MH××××的轿车的交强险、商业三者险承保人，商业三者险保额为100万元。双方约定了不计免赔。系争的"商业三者险"条款第7条约定："下列损失和费用，保险人不负责赔偿：……（七）仲裁或者诉讼费用以及其他相关费用。"大地财险上海公司据此认为系争律师费属于与诉讼相关的费用，不应赔偿。蔡某陈述，事发后已支付王某现金

〔1〕 上海市第二中级人民法院(2016)沪02民终1286号。

30,000 元,要求在本案中一并处理。王某对此予以确认,并表示同意一并处理。一审法院最终判决:(1)大地财险上海公司在交强险限额内赔偿王某医疗费、住院伙食补助费、营养费、护理费、残疾赔偿金、精神损害抚慰金、交通费、辅助器具费及物损费合计 120,419.40 元,此款于判决生效之日起十日内付清;(2)大地财险上海公司在商业三者险限额内赔偿王某医疗费、住院伙食补助费、营养费、鉴定费及律师费合计 125,633.06 元,此款于判决生效之日起十日内付清;(3)王某返还蔡某 30,000 元,此款于判决生效之日起十日内付清。

一审判决作出后,大地财险上海公司不服,提起上诉。大地财险上海公司认为,系争律师费是因诉讼而发生的损失,属于诉讼相关费用,而根据保险合同中相关免责条款的约定,对于诉讼相关费用保险人不予赔偿。据此,请求二审法院改判不承担 5000 元律师费。

【裁判结论】

系争律师费属于王某为处理事故、主张权利而产生的必要的、合理的费用,其不存在扩大损失的故意,且系争保险合同中未明确约定律师费不予赔偿,故王某主张大地财险上海公司赔偿律师费具有保险法上的法律依据。法院最终认定律师费应由大地财险上海公司赔偿。

【裁判观点】

一审法院经审理后认为,关于商业三者险的赔偿范围。大地财险上海公司主张对医疗费中的非医保和自费部分不予赔偿。法院认为,大地财险上海公司要求扣除非医保部分的抗辩意见缺乏依据,故不予采信。大地财险上海公司提交保险条款,并依据"责任免除"项目中的"仲裁或者诉讼费用以及其他相关费用"条款,主张鉴定费、律师费不予赔偿。法院认为,鉴定费系王某为确定损失而产生的合理费用,与仲裁及诉讼无关,应由大地财险上海公司承担赔偿责任。至于律师费,法院认为,根据《保险法》的规定,责任保险的被保险人因给第三者造成损害的保险事故而被提起仲裁或者诉讼的,被保险人支付的仲裁或者诉讼费用以及其他必要的、合理的费用,除合同另有约定外,由保险人承担,然而保险合同中未明确约定律师费不予赔偿,大地财险上海公司亦无法举证其已向被保险人进行过相关免责说明,故该项费用应由大地财险上海公司承担。王某主张律师费5000元,有相关证据佐证,且主张金额合理,法院均予以支持。

二审法院经审理后认为,首先,系争律师费由大地财险上海公司赔偿具有保险法上的法律依据。《保险法》第76条规定:"责任保险的被保险人因给第三者造成损害的保险事故而被提起仲裁或者诉讼的,被保险人支付的仲裁或者诉讼费用以及其他必要的、合理的费用,除合同另有约定外,由保险人承担。"系争律师费属于王某为处理事故、主张权利而产生的必要的、合理的费用,其不存在扩大损失的故意,且系争保险合同中未明确约定律师费不予赔偿,故王某主张大地财险上海公司赔偿律师费具有保险法上的法律依据。其次,系争律师费不在系争保险合同约定的责任免除效力范围内。大地财险上海公司以系争律师费属于前述"商业三者险"条款第7条第7项中与诉讼相关的费用为由主张免予赔偿,对此本院认为,根据《保险法》第17条的规定,保险人应当在订立合同时对免除保险人责任的条款履行明确说明义务;而系争免责条款中"其他相关费用"的约定属于概括性表述,未对"相关费用"的具体性质、种类、名称等作出说明,系争律师费并未在"相关费用"或其他免责条款中予以明确列明,也未能由大地财险上海公司举证证明已在订立合同时向被保险人明确说明包括于"相关费用"之中,大地财险上海公司事后关于律师费属于"与诉讼相关的费用"的解释行为不能认定为已履行法定的明确说明义务,故依据该保险合同条款不能对系争律师费产生免责效力。

法官评析

本案实涉及民事诉讼律师费转付制度。律师费转付制度是指人民法院对案件作出判决时,判令败诉方当事人承担胜诉方为委托律师参加诉讼向律师支付的合理费用的制度。[1]

一、关于律师费转付制度的规定

关于律师费的承担问题,目前我国《律师法》和律师收费制度都没有作出具体规定,但《商标法》《专利法》《著作权法》《反不正当竞争法》等法律对此均有涉及。最高人民法院《关于审理商标民事纠纷案件适用法律若干

〔1〕 参见段贞锋:《论我国律师费转付制度的构建》,载《南京航天航空大学学报》(社会科学版)2019年第3期。

问题的解释》、最高人民法院《关于审理利用信息网络侵害人身权益民事纠纷案件适用法律若干问题的规定》、最高人民法院《关于审理环境民事公益诉讼案件适用法律若干问题的解释》等司法解释则明确提到了合理的律师费也属于赔偿范围。在最高人民法院发布的指导案例中也支持了原告的律师费。[1]

二、律师费应由保险公司赔偿

本案涉及律师费能否由保险公司赔偿的问题？一种观点主张不应由保险公司支付，另一种观点则主张可以由保险公司支付。

反对由保险公司支付的理由有三点：其一，律师费本应由原告承担。这是因为，律师费是因诉讼发生的费用，原告请求被告赔偿律师费缺乏法律依据。具体而言，我国现行民事诉讼制度中，律师出庭并不是必须的，聘请律师是当事人的权利，律师费并不是必然要发生的费用，与案件诉讼并无必然的因果关系，一味支持实际花销的律师费必然会推动律师费上涨造成不必要损失；若根据情况酌定则无法确定合理标准。其二，保险公司承担责任主要是依据合同，只是由于道路交通事故与保险合同两类案件合并审理，保险公司才进入诉讼。在没有经过法院确定损失前，保险公司无法赔偿，保险公司在整个过程中不存在任何过错或怠于履行义务的行为，不应由保险公司承担律师费。其三，保险合同中一般会约定免责条款条款，根据合同保险公司也不应赔偿律师费。

另一种观点则认为律师费应由保险公司承担。其理由在于：其一，律师费不应由原告承担。律师费是受害人在自己权利受到侵害时，为更好地维护自己利益、实现权利救济的合理支出。应该认识到，司法实践中，民事诉讼中败诉的一方，并非全都是因实体原因导致败诉，部分当事人是因程序原因导致败诉。例如，证据形式不合法、没有按照法律规定进行答辩等。即使程序问题可以通过法院释明解决，但还有一部分案件因时效问题而导致判决结果不同，因此聘请律师是有必要的。由保险公司承担律师费更有利于实现矫正正义。律师费若不能转付，实质上不能弥补相应的损失。其二，保险费由保险公司承担有明确法律依据。《保险法》第 66 条规定，责任保险

[1] 参见指导案例 18 号、57 号、70 号。

的被保险人因给第三者造成损害的保险事故而被提起仲裁或者诉讼的，被保险人支付的仲裁或者诉讼费用以及其他必要的、合理的费用，除合同另有约定外，由保险人承担。按照此规定，除非保险合同另有约定，否则仲裁、诉讼费用以及其他必要的、合理的费用，都应由保险人承担。关于“诉讼费用”，《诉讼费用交纳办法》第6条规定，当事人应当向人民法院交纳的诉讼费用包括：(1)案件受理费；(2)申请费；(3)证人、鉴定人、翻译人员、理算人员在人民法院指定日期出庭发生的交通费、住宿费、生活费和误工补贴。也就是说证人或鉴定人出庭的费用，也属于保险人承担的范畴。至于“其他必要的、合理的费用”应包括合理的律师费。其三，最高人民法院发布的指导案例19号赵春明等诉烟台市福山区汽车运输公司、卫德平等机动车交通事故责任纠纷案中，裁判结果明确支持了律师费，不存在缺乏依据的情形。

我们赞同第二种观点，这样更有利于实现公平正，本案正是依据《保险法》第66条的规定，判令保险公司赔偿了律师费。

三、支持律师费的具体限制

首先要明确是必要合理的律师费用，对于“必要”应视具体案件而定，宜从宽把握。对于“合理”可以参照本地的律师费收费办法确定。至于具体数额，法官应综合案件性质、案件标的、案件的难易程度、委托代理合同的约定、律师费收费项目和收费标准、律师费实际支付情况、律师可能付出的工作量以及本地律师行业的市场行情等综合考量，最终依据公平原则确定胜诉方为达到防卫权利或伸张权利所必须实际支出的费用。[1]

其次律师费用的分担应参照《诉讼费用交纳办法》第29条的规定，律师费用由败诉方负担，胜诉方自愿负担的除外。部分胜诉、部分败诉的，人民法院根据案件的具体情况决定当事人各自负担的律师费用数额。

最后当保险合同中明确约定律师费用由投保人负担，且保险人能举证证明其尽到了提示义务时，律师费用仅由投保人负担。关于提示义务，《合同法》第39条规定，采用格式条款订立合同的，提供格式条款的一方应当遵循公平原则确定当事人之间的权利和义务，并采取合理的方式提请对方注意免除或者限制其责任的条款，按照对方的要求，对该条款予以说明。格式

〔1〕参见朱秀明：《民事诉讼律师费转付制度之适用路径探析——以补偿性赔偿和惩罚性赔偿为视角》，载《山东法官培训学院学报》2019年第3期。

条款是当事人为了重复使用而预先拟定,并在订立合同时未与对方协商的条款。提供格式条款一方的当事人,通常是具有垄断性行业的经营者,如铁路、航空、公路、海运、供水、供电、供热、燃气、邮电、排水、保险等行业的经营者。《保险法》第17条也有类似规定,该条第2款规定,对保险合同中免除保险人责任的条款,保险人在订立合同时应当在投保单、保险单或者其他保险凭证上作出足以引起投保人注意的提示,并对该条款的内容以书面或者口头形式向投保人作出明确说明;未作提示或者明确说明的,该条款不产生效力。对免责条款,保险公司应举证自己已向投保人作出解释说明,保险公司仅依靠保险合同中载明免责条款主张免除律师费的,法院不应支持。

【裁判依据】

《合同法》第39条
《保险法》第17条、第66条
《诉讼费用交纳办法》第6条、第29条

13

残疾辅助器具费可参照相关机构意见予以确定

——杨某与方达物流公司等机动车交通事故责任纠纷案

裁判规则

残疾辅助器具费用应按照普通适用器具的合理标准计算，法院可以参照残疾辅助器具配置机构的咨询意见，确认残疾辅助器具类型计算标准；残疾器具安装期限为未成年及成年后 20 年。

案　情[1]

2014 年 10 月 3 日，被告方达物流公司雇用的驾驶员汪某驾驶该公司所有的严重超载的浙 H××× 号自卸货车碰撞到横过机动车道的原告杨某，造成杨某受伤的道路交通事故。江山市公安局交通警察大队认定：被告汪某负事故全部责任，原告杨某不负事故责任。原告杨某因本次交通事故造成如下损失：医疗费（含抬人费及非医保用药 9489.28 元）42,342.36 元。住院期间护理费 16,380 元，出院后护理费 12,000 元，定残并配备假肢后护理依赖费用 145,116 元，护理费合计 173,496 元。住院伙食补助费 1890 元。残疾赔偿金 484,716 元。鉴定费 2600 元。营养费 3600 元。残疾器具配置费用 483,000 元，维修费用 120,000 元，合计残疾辅助器具费用为 603,000 元。交通费 2880 元，住宿费 588 元。精神损害抚慰金 30,000 元。事发后，被告方达物流公司向原告支付了垫付款

[1] 浙江省衢州市中级人民法院（2015）浙衢民终字第 617 号。

95,000元。被告江山人保公司主张商业险10%的免赔率。判决:(1)被告中国人民财产保险股份有限公司江山支公司赔偿原告杨某因涉案交通事故产生的各项损失合计1,184,720.77元;(2)被告江山市方达物流有限公司赔偿原告杨某因涉案交通事故产生的各项损失160,391.59元;抵扣已支付给原告的垫付款95,000元后,被告江山市方达物流有限公司应再行支付原告赔偿款65,391.59元;上述两项,限于判决生效后三十日内履行完毕;(3)驳回原告杨某的其他诉讼请求。

判决后,杨某与江山人保公司均不服,分别提起提起上诉。杨某认为,一审法院确定假肢的安装更换期限为30年,对一个仅8岁的孩子来说期限太短,显失公平;一审计算标准过低;一审法院未向上诉人出示询价结论,并未经过庭审质证,该询价意见不具备证明效力,不能作为本案定案的证据。请二审法院支持上诉人的请求,改判支持上诉人30年的假肢的安装、更换和维修费用为1,162,000元,对上诉人30年后的假肢安装、更换和维修费用保留赔偿诉讼权利。

江山人保公司认为,一审法院认定杨某使用的假肢价格为40,000元/支不合理;杨某在成年前完全不需要配置上臂机电手假肢;杨某在未成年(18周岁前)应为5次,包含第一次按照的假肢次数,一审多计算了一次假肢安装费用,应予以改判;杨某残疾辅助器具赔偿年限应按照20年年限计算,请予以改判。

【裁判结论】

原审法院根据两家残疾辅助器具配置机构的咨询意见,确认杨某应安装普通适用型之上臂机电手假肢,酌定杨某今后的残疾辅助器具价格并无不当;残疾辅助器具配置机构的咨询意见仅是作为法院裁判的参考,原审并非直接按照相关机构建议的价格认定残疾辅助器具的价格,而是综合案情酌定;原审认定杨某残疾器具安装期限为未成年及成年后20年符合法律规定,具体费用原审计算无误。二审法院最终判决:驳回上诉,维持原判。

【裁判观点】

一审法院经审理后认为,被告方达物流公司驾驶员汪某在执行工作任务过程中,造成原告杨某损伤,且被告汪某负事故的全部责任,故原告杨某因涉案事故所产生的全部合理损失应由被告方达物公司负责赔偿。被告江山人保公司系涉案肇事机动车辆的承保公司，应当依照法律规定和保险合同的约定承担相应的赔偿责任。因肇事机动车在事故发生时存在严重超载的事实，故被告江山人保公司主张商业险部分10%的免赔率合理有据，法院予以支持，该免赔金额应由被告方达物流公司负责赔偿。由于原告未主张精神损害抚慰金在交强险中优先赔偿，故该项损失应由被告方达物流公司负责赔偿；原告支出的鉴定费用及其因损伤治疗花费的医疗费中所含的非医保费用，不属保险公司理赔范围，也应由被告方达物流公司负责赔偿。被告方达物流公司已支付给原告的垫付款，应予扣减。综上，法院对原告杨某合理的诉讼请求依法予以支持。

二审法院经审理后认为，关于残疾辅助器具安装、更换及维修费用问题。杨某首次安装的残疾器具费用83,000元已实际发生，应予认定。江山人保公司认为原审认定的残疾辅助器具价格过高，应当参照金华等地的标准确认。法院认为，残疾辅助器具费用应按照普通适用器具的合理标准计算，原审法院根据两家残疾辅助器具配置机构的咨询意见，确认杨某应安装普通适用型之上臂机电手假肢，酌定杨某今后的残疾辅助器具价格为40,000元/支并无不当，故对江山人保公司该意见，法院不予采信。残疾辅助器具配置机构的咨询意见仅是作为法院裁判的参考，原审并非直接按照相关机构建议的价格认定残疾辅助器具的价格，而是综合案情酌定为40,000元/支，故对杨某主张按照83,000元/支标准计算残疾辅助器具费用的意见，法院亦不予采信。原审认定杨某残疾器具安装期限为未成年及成年后20年符合法律规定，故对杨某主张成年后应计算30年，保险公司主张总年限为20年的意见，法院均不予采信。杨某事发时为7周岁，至其年满18周岁的残疾器具安装期限为11年，按照2年更换一次的频率，更换次数为6次，扣除已自行安装的一次，还需安装5次。成年后残疾辅助器具安装年限为20年，4年更换一次，更换次数为5次 $83,000+40,000\times10=483,000$ 元，原审计算无误。如杨某存在后续合法治疗费用，可依法主张。综上，上诉人杨某及上诉人江山人保公司的上诉请求均不能成立，法院不予支持。

法官评析

本案涉及残疾辅助器具费如何计算的问题。所谓的残疾辅助器具，是因伤致残的受害人为补偿其遭受创伤的肢体器官功能、辅助其实现生活自理或者从事生产劳动而购买、配制的生活自助器具，如瘫痪后购买的轮椅、截肢后购买的假肢、失明后安装的义眼、听力减弱购买的助听器等。

《人身损害赔偿解释》第 26 条规定，残疾辅助器具费按照普通适用器具的合理费用标准计算。伤情有特殊需要的，可以参照辅助器具配制机构的意见确定相应的合理费用标准。辅助器具的更换周期和赔偿期限参照配制机构的意见确定。该条文规定了残疾辅助器具费的赔偿标准和更换周期与赔偿期限。但实质上未提出明确的标准，需要由法官进行裁量。法官在裁量时受到在先判决与现有理论的制约。

一、残疾辅助器具费的赔偿标准

关于残疾辅助器具费的计算标准，法院首先应按照普通适用器具的合理费用标准进行计算。所谓的“普通”“适用”是模糊不清的，实践中一般有以下共识：(1)“普通”指普通的、符合社会一般观念、适应社会经济发展的残疾器具。也就是说，配制的辅助器具不能一味追求高科技，高品质、以实际需求出发，避免奢侈型、豪华型的残疾辅助器具。但是，也要避免走向另一个极端，不能仅仅以落后、临近淘汰的产品作为标准，也要避免经济型、简易型的残疾辅助器具。(2)“适用”指的是能够起到补偿作用，有实际的作用，并且要安全稳定，不至于造成二次伤害。此时要注意的是，对于有装饰作用的义眼、义耳、义齿等有助于推进恢复社交能力的辅助器具也应得到支持。另外不能局限于国产器具。[1]

其次要考虑受害人伤情的实际需要，此时可以参照辅助器具配置机构的意见确定费用标准。所谓的受害人伤情实际需要，是指出现了一些特殊的情况，当受害人伤情有异于常人，对辅助器具的配制须“个别化”处理，否则不能达到安全性或者稳定性的适用要求时，需要进行特殊化处理。[2] 本案的特殊性在于杨某年仅 8 岁，其伤情构成五级伤残，左手高位截肢，本次事故对其今后学习、生活将产生重大不良影响。但是，要注意的是残疾辅助器具配置机构的咨询意见仅仅是参考作用，是法院酌情判断残疾辅助器具

---

〔1〕 参见周晓勇、魏晨婧：《残疾人康复辅助器具赔偿争议问题及对策》，载《中国司法鉴定》2015 年第 3 期。

〔2〕 参见最高人民法院民事审判第一庭编：《最高人民法院人身损害赔偿司法解释的理解与适用》，人民法院出版社 2004 年版，第 337 页。

费的参照，并不能直接作为依据。

除此之外，法院在裁判时还会考虑减少当事人的讼累、平衡双方当事人的利益、物价变化等因素。[1]

二、更换周期与赔偿期限

辅助器具的更换周期是一个技术问题，关系到使用残疾辅助器具的受害人的切身利益，一般要考虑受害者的年龄、残疾辅助器具的使用周期等情况，并且参照参照配制机构的意见确定。

关于辅助器具的赔偿期限如何计算有三种观点：其一是采取定型化赔偿的方式，参照《人身损害赔偿解释》第25条第1款的规定，最长不超过20年；六十周岁以上的，年龄每增加一岁减少一年；七十五周岁以上的，按5年计算。其二是按受诉法院所在地人均寿命减去残疾者实际年龄。其三是首次人身损害赔偿案件中应判令责任人赔偿第一次的残疾辅助器具费，对于后续的费用可待实际发生后另行主张。

我们赞同第一种做法，理由如下：其一，单次主张残疾辅助器具费会大大加重受害人的诉累，并且面临赔偿主体在追索过程中可能会自然或恶意消亡、赔偿能力可能会不足或消失的风险，不利于受害人权益的保护。其二，按受诉法院所在地人均寿命减去残疾者实际年龄会导致各地司法裁判尺度不一，造成不公平。其三，参照《人身损害赔偿解释》第25条的规定，符合法律的填补规则，也符合人身损害赔偿案件的一贯处理原则。

另外，笔者认为应该补充修正如下内容：其一，对于未成年人，赔偿期限可以增加计算至成年。但是这应该根据当事人的诉讼请求确定，不能直接将未成年人的残疾器具安装期限确定为未成年及成年后20年。这是因为，残疾辅助器具费的更换周期较长，通常为2年以上，在较长的周期中其价格会随着科技和贸易的发展有较大变化，如果径行确定了较长的赔偿期限，实际上可能会导致被害人的不利益。对此应交给被害人选择。其二，对于配置机构出具的意见，只能作为参照。配置机构不是法定鉴定机构，司法解释也规定对配置机构的意见只是参照。其三，法官根据受害人的身体状况，可以适当降低赔偿年限，对于今后超过确定的辅助器具费赔偿年限的，赔偿权

[1] 参见(2018)苏01民终10007号民事判决、2018黔0102民初1139号民事判决。

利人可以根据《人身损害赔偿解释》第 32 条的规定向人民法院起诉请求继续给付辅助器具费。其四，当事人在诉讼期间死亡，未产生的残疾辅助器具费不予支持。残疾辅助器具费与残疾赔偿金、死亡赔偿金不同，后两者采取定型化赔偿的方式有明确的法律规定，而前者只是司法实践的探索，实践中本身就有不同的探索，有必要进行折中处理。

【裁判依据】

《侵权责任法》第 16 条、第 19 条

《人身损害赔偿解释》第 26 条、第 32 条

14

在没有医疗机构意见的情况下，营养费可以根据受害人伤残情况以及鉴定意见予以确定

——马某与张某、某保险公司机动车交通事故责任纠纷案

裁判规则

《人身损害赔偿解释》第 24 条规定，营养费根据受害人伤残情况参照医疗机构的意见确定。在没有医疗机构意见的情况下，营养费可以根据受害人伤残情况以及鉴定意见予以确定。

案　情[1]

2015 年 5 月 26 日 22 时，在北京市大兴区团桂路看守所东侧，张某驾驶汽车与马某骑行的人力三轮车相撞，导致马某受伤。北京市公安局大兴分局交通支队认定，张某承担全部责任。事故发生后，马某被送往北京市大兴区人民医院就诊，被诊断为左股骨干骨折、头皮裂伤清创缝合术后、全身多处皮肤软组织损伤、脑外伤后神经反应、第 11 肋骨折、腰 1 横突骨折、颈椎病、双眼白内障、双眼视网膜动脉硬化，于 2015 年 5 月 27 日至 2015 年 8 月 21 日住院治疗，期间行左股骨干骨折闭合复位髓内钉内固定术。出院医嘱上载明：建议休息 1 个月，需要二次手术取出内固定。2015 年 9 月至今，马某前往北京市仁和医院、广安门医院南区、北京积水潭医院、北京同安骨科医院门诊检查和治疗。

马某曾起诉至法院，经马某申请，法院委托北京盛唐司法鉴定所对其伤残等

[1] 北京市第二中级人民法院(2017)京 02 民终 11575 号。

级、赔偿指数、营养期、护理期、误工期进行鉴定。2015 年 12 月 28 日，北京盛唐司法鉴定所出具鉴定意见书，载明马某的目前状况构成十级伤残，赔偿指数为 10%，误工期为 90～300 日、护理期为 60～120 日、营养期为 60～90 日。后马某撤回起诉。双方当事人对该鉴定意见均无异议。马某支付鉴定费 3500 元。

经查，涉案汽车登记在张某名下，该车辆在中国人民财产保险股份有限公司北京市分公司（以下简称人保公司）投有交强险及商业三者险，事故发生在保险期间内；商业三者险的保险限额为 50,000 元，签有不计免赔率特约条款。

对于双方争议的事实，双方提交了相关的证据。马某向法庭提交了金额为 15,692.86 元的医疗费收据 69 张，合计金额为 520.48 元的北京同安骨科医院的医疗费发票 5 张，欲证明其因此次事故支付了医疗费共计 16,213.34 元；张某和人保公司认可该组证据的真实性，但主张马某存在过度医疗，且部分医疗项目与本次事故无关；法院认可该组证据的真实性。马某向法庭提交了复印费收据和发票共计 18 张，欲证明其因诉讼复印病历发生的复印费损失 874.1 元；张某和人保公司不认可该组证据的真实性；法院认可该组证据的真实性。马某向法庭提交了发票 2 张和收据 1 张，欲证明因购买残疾辅助器具发生了费用损失 2603 元；张某和人保公司认可该组证据的真实性，但主张没有相关医嘱证明其必要性；法院认可该组证据的真实性。马某向法庭提交了发票 3 张和北京市公安局大兴分局交通支队出具的情况说明，该情况说明载明："2015 年 5 月 26 日，在北京市大兴区团桂路看守所东侧，张某与马某发生交通事故，现场勘查时发现两件包裹（内分别装有新鞋子 40 双左右和全新衣服 50 件左右）、一个新的专利保健杯子、一个新的黄色水桶、一个全新的打气筒、蔬菜等、手机一部、新车锁、新铁链子、两个全新活板子、全新朝阳牌内带两条、两把新改锥、两把新钳子在现场，马某身穿的上衣和裤子被损坏，车上物品已全部丢失，以上物品已被盗，三轮车已报废"，欲证明其产生财产损失 6500 元；张某和人保公司仅认可情况说明的真实性，不认可发票的真实性，主张马某的现场物品全是破旧物品，均存放于张某处，马某可随时取回；法院认可该组证据的真实性。马某向法庭提交了发票 1 张和收据 1 张，欲证明其在住院期间购买生活用品产生的损失，要求记入财产损失；张某和人保公司不认可该组证据的真实性和关联性；法院认可该组证据的真实性。马某向法庭提交了护理证明 1 张，欲证明其亲属许某对其护理 310 日，产生误工损失；张某和人保公司不认可该证据的真实性和关联性；法院认可该证据的真实性。马某向法庭提交了误工证明1张,欲证明其因事故受伤产生误工费损失且误工费标准为每月3500元;张某和人保公司不认可该证据的真实性和关联性;法院认可该证据的真实性。马某向法庭提交了发票2张,欲证明其购买营养品产生损失;张某和人保公司认可该证据的真实性,但不认可关联性;法院认可该证据的真实性。马某向法庭提交了交通费票据102张,欲证明其因往返医院产生了交通费损失;张某和人保公司认可该证据的真实性,但不认可关联性;法院认可该证据的真实性。马某向法庭提交了户口本,欲证明其为非农业户口,赔偿标准应适用城镇标准;张某与人保公司认可该证据的真实性。

张某向法庭提交了护理费发票1张和陪护协议书1份,欲证明其为马某雇佣了护工,并支付了21日的护理费;马某不认可该组证据的真实性,表示医院为其雇请护工19日;人保公司认可该组证据的真实性和关联性;法院认可该组证据的真实性。张某向法庭提交了充卡收据1张,欲证明其为马某垫付了住院伙食费200元;马某认可该证据的真实性,但表示数额不认可;人保公司认可该证据的真实性和关联性;法院认可该证据的真实性。张某向法庭提交了损失确认书及照片3张,欲证明人保公司对马某的财产损失定损额为700元;马某不认可该组证据的真实性,表示赔偿数额太低;人保公司认可该组证据的真实性和关联性;法院不认可该组证据的真实性。

一审判决作出后,马某提出上诉,其认为一审法院判决的营养费以及其他费用的数额过低,请求二审法院予以改判。

【裁判结论】

一审法院根据马某伤情和鉴定意见,酌情确定营养费数额并无不妥,二审法院就营养费的认定予以维持。

【裁判观点】

一审法院经审理后认为,对于马某主张的营养费,其主张90日的营养期,根据其伤情和鉴定意见,法院予以采信,但其主张15,000元营养费过高,法院酌情按照每日50元的标准予以计算,酌情支持其营养费4500元。

二审法院经审理后认为,《人身损害赔偿解释》第24条规定,营养费根据受害人伤残情况参照医疗机构的意见确定。一审根据马某伤情和鉴定意见,酌情按照每日 50 元的标准支持其营养费 4500 元，并无不妥，故予以维持。

法官评析

营养费，是指受害人在遭受人身伤害后，因发生代谢改变，通过日常饮食不能满足受损机体对热能和各种营养素的要求，必须从其他食品中获得营养所支出的费用。[1]

一、规定营养费的必要性

我国对于营养费的规定并非自始有之。《民法通则》、最高人民法院《关于贯彻执行〈中华人民共和国民法通则〉若干问题的意见（试行）》《道路交通事故处理办法》均没有专门规定营养费，最早对营养费作出规定的司法解释是 1992 年 5 月 16 日施行的最高人民法院《关于审理涉外海上人身伤亡案件损害赔偿的具体规定（试行）》（已失效），该解释第 3 条第 4 项规定："其他必要的费用。包括运送伤残人员的交通、食宿之合理费用、伤愈前的营养费、补救性治疗（整容、镶牙等）费、残疾用具（假肢、代步车等）费、医疗期间陪住家属的交通费、食宿费等合理支出。"但该规定没有提出具体的标准。2001 年 1 月 21 日施行的最高人民法院《关于审理触电人身损害赔偿案件若干问题的解释》（已失效）第 4 条第 3 项第 2 句明确规定了营养费，并将如何确定营养费的方法规定为："人民法院应当根据受害人的伤残情况，治疗医院的意见决定是否赔偿营养费及其数额。"

合理营养是促进康复的物质基础。受害人的营养状况，直接关系到手术的成败和疾病的转归。创伤、手术、感染以及肝、肾、心、脑等疾病都会引起体液—神经与生化代谢等一系列复杂变化。受害人受伤害的情况不同，其营养要求也不同，而且临床上许多治疗措施也需要营养支持作为提高疗效的手段。例如，严重创伤、大面积烧伤、大手术、感染等应激情况下，分解代谢亢进，热能消耗和氮的丢失量显著增加；病人虚弱、疼痛、不适应，以及某些治疗措施或药物的副作用，使病人食欲不振，影响摄食；口腔创伤、消化道阻隔等不能正常进食，或进食反而加剧病情，或手术后伤口愈合不利等，

---

〔1〕 参见程啸：《侵权责任法》（第 2 版），法律出版社 2015 年版，第 683 页。

尤其是一些危重病人往往不能依靠普通饮食来解决其营养问题。[1] 对需要营养的受害人实施营养治疗,给予及时的营养支持,能显著地改善受害人的营养状况,有效地配合临床,提高手术的成功率和治愈率,减少死亡率,缩短住院时间。[2]

《人身损害赔偿解释》第 17 条第 1 款明确将营养费作为人身伤害中的财产损害赔偿项目,该法第 24 条明确了营养费的确定方法,无疑对保障受害人的合法权益具有明显的意义。

二、营养费的认定标准

根据最高人民法院《关于审理人身损害赔偿案件适用法律若干问题的解释》第 24 条的规定,营养费根据受害人伤残情况参照医疗机构的意见确定。明确了两个要素,一是受害人伤残情况;二是医疗机构的意见。

(一)受害人伤残情况

按照文义解释,这里的伤残情况,既包括一般伤害,也包括残疾的情况。一般而言,一般的伤害可能不需要赔偿受害人的营养费。因为就一般伤害而言,受害人一般不需要特别补充营养。但是,也有例外情况。因为伤害重,不一定造成残疾。反之,伤害轻,也不一定不造成残疾。那么,是不是只要受害人遭受的人身损害达到了残疾的程度,就需要支付营养费?就《人身损害赔偿解释》第 24 条的规定来看,还不能这样理解。总之,是否需要赔偿受害人营养费,要视受害人受伤害或者残疾的具体情况而定。[3]

就本案而言,经马某申请,法院委托北京盛唐司法鉴定所对其伤残等级、赔偿指数、营养期、护理期、误工期进行鉴定。2015 年 12 月 28 日,北京盛唐司法鉴定所出具鉴定意见书,载明马某的目前状况构成十级伤残,赔偿指数为 10%,营养期为 60～90 日。双方当事人对该鉴定意见均无异议。因此,一审、二审法院结合马某的伤情对其营养费的数额予以认定。

---

〔1〕 参见最高人民法院民事审判第一庭编:《最高人民法院人身损害赔偿司法解释的理解与适用》,人民法院出版社 2004 年版,第 307～308 页。

〔2〕 参见查良锭、周睿、崔月荣、杜寿玢、关桂梧编:《实用营养治疗手册》(第 2 版),中国标准出版社 1994 年版,第 331 页。

〔3〕 参见最高人民法院民事审判第一庭编:《最高人民法院人身损害赔偿司法解释的理解与适用》,人民法院出版社 2004 年版,第 309 页。

(二)医疗机构的意见

虽然医疗机构出具的意见,只是人民法院审理人身损害赔偿案件时的参考,但这一意见非常重要,是确定营养费时的重要依据之一。赔偿义务人对医疗机构出具的意见有异议的,可以就受害人不需要营养费、医疗机构出具意见时所提的营养费数额过高等举证,由人民法院根据证据规则进行裁判。

本案中,虽然医疗机构没有出具意见,但法院根据马某的伤情,并参考鉴定意见,酌情确定了马某的营养费数额,也应属于适当的范畴。

【裁判依据】

《人身损害赔偿解释》第 24 条

15

交通费需要结合受害人就医时间、次数等情形综合予以确定

——李某与张某机动车交通事故责任纠纷案

裁判规则

《人身损害赔偿解释》第22条规定，交通费根据受害人及其必要的陪护人员因就医或者转院治疗实际发生的费用计算。交通费应当以正式票据为凭；有关凭据应当与就医地点、时间、人数、次数相符合。在案件审理中，交通费应当以正式票据为凭证，并结合受害人就医时间、次数等情形综合予以确定。

案　情[1]

2014年10月27日15时，在北京市朝阳区十里堡，张某驾驶汽车自南向北行驶，李某由东向西步行，双方发生交通事故致使李某受伤。经北京市公安局公安交通管理局朝阳交通支队双桥大队认定，张某对本次事故负全部责任。

事故发生后，李某至北京朝阳医院、中国人民武装警察部队北京市总队第二医院、首都医科大学附属北京中医医院等治疗，医院诊断为：胸椎"T12压缩骨折"。住院留观5天，李某为治疗伤情共支出医疗费15,628.75元。

李某提交病休证明、护理费发票、劳务合同等以证明护理费损失。华泰财产保险有限公司北京分公司（以下简称华泰北分公司）认为护理时间过长，并申请对李某的护理期及营养期进行鉴定，一审法院依法先后委托华夏物证鉴定中心、

[1] 北京市第三中级人民法院(2018)京03民终614号。

北京天平司法鉴定中心、北京明证司法鉴定中心、北京博大司法鉴定所对华泰北分公司申请事项进行鉴定,鉴定分别终止、被撤回及不予受理。

经李某申请,一审法院依法委托北京盛唐司法鉴定所对李某的伤残等级进行鉴定,鉴定意见为,李某的伤残等级为十级。

李某另提交辅助用具票据、交通费票据、营养费票据等,以证明其相应损失。

一审法院另查,涉案汽车在华泰北分公司投保了交强险,在华泰北分公司投保了商业三者险(含不计免赔),商业险保险限额为 30 万元。

一审法院再查,张某系华山出租公司的司机,事发时为职务行为。

一审判决作出后,李某、华泰北分公司均上诉。华泰北分公司对交通费的数额提出异议。

【裁判结论】

就交通费的数额而言,需要根据李某就医的时间、次数等酌情确定。

【裁判观点】

一审法院经审理后认为,机动车发生交通事故造成人身伤亡、财产损失,该机动车同时投保交强险和商业三者险的,先由承保交强险的华泰北分公司在责任限额范围内予以赔偿,不足部分,由承保商业三者险的华泰北分公司根据保险合同予以赔偿,仍有不足的,由有过错的一方承担赔偿责任,双方都有过错的,按照各自过错的比例分担责任。

本案中,李某和张某发生交通事故,张某负全部责任,故华山出租公司作为张某的雇主应当赔偿李某在本次事故当中受到的损失。华泰北分公司应当分别在交强险及商业险限额内承担先行赔偿责任。

关于李某的各项诉讼请求,医疗费一项,系因本次交通事故导致,李某治疗的过程中,虽然有治疗骨质疏松的部分,但其年老骨质疏松仅是事故造成后果的客观因素,并无法律上的因果关系。因此,李某对损害的发生或者扩大没有过错,不存在减轻或免除对方责任的法定情形。法院对李某的医疗费予以支持,住院伙食补助费,符合法律规定,法院支持。护理费一项,李某主张护理期限超出相关规定,具体数额由法院根据李某提交的证据并由法院考虑李某的年龄、身体状况等实际情况酌情予以确定;营养费一项,李某因事故受伤需要增加营养,具体数额由法院酌情确定;交通费一项,由法院根据李某就医的时间、次数等酌情确定;残疾辅助器具费一项,由法院根据李某提交的证据确定;通信费一项,难以认定和本次事故有因果关系,法院不予支持;鉴定费一项,法院予以支持,因鉴定费系间接损失,故应当由华山出租公司承担;残疾赔偿金一项,法院予以支持;精神损害抚慰金一项,由法院酌情确定。

二审法院经审理后认为,机动车发生交通事故造成人身伤亡、财产损失的,由承保交强险的保险公司在责任限额范围内予以赔偿;不足部分,由承保商业三者险的保险公司根据保险合同予以赔偿;仍有不足的,依照《道路交通安全法》和《侵权责任法》的相关规定由侵权人予以赔偿。同时,受害人遭受人身损害,因就医治疗支出的各项费用以及因误工减少的收入,包括医疗费、误工费、护理费、交通费、住宿费、住院伙食补助费、必要的营养费,赔偿义务人应当予以赔偿。就本案二审各方当事人争议的内容,法院分别认定如下:

关于护理费,首先,李某上诉主张护理期限超出了相关规定。同时,鉴于未能有鉴定结论明确本案护理期,故一审法院根据李某提交的证据,并综合考虑其年龄、身体状况等实际情况酌情确定护理费具体数额的认定,并无不妥,法院予以确认。李某有关护理费包含171,000元及家属误工费1619.84元的上诉主张,缺乏事实及法律依据,法院对超出10万元的部分,不予支持。华泰北分公司就北京天平司法鉴定中心出具鉴定文书认为李某护理期为60日的上诉主张,鉴于相关鉴定意见书已经被撤回,故法院对此不予采纳。

关于营养费,李某因事故受伤需要增加营养,一审法院结合李某伤情、治疗情况等因素,对华泰北分公司应当支付的营养费作出的酌定,亦无不妥,法院亦予确认。李某、华泰北分公司的上诉理由及请求,均缺乏事实及法律依据,法院均不予采纳。

关于交通费及住院伙食费,鉴于本案李某的就医情况,一审法院根据其就医时间、次数等情形酌情确定为6000元的认定,于法有据,法院予以确认。李某的住院伙食费主张,符合法律规定,法院予以认定。华泰北分公司的上诉意见,缺乏事实及法律依据,法院不予采纳。

关于精神损害赔偿,根据本案交通事故发生的具体情节、侵权行为造成的损害后果等情况,一审法院认定华泰北分公司应当支付的精神损害抚慰金金额,符合规范性法律文件的规定。华泰北分公司与李某的该项上诉请求，均缺乏依据，法院不予支持。

法官评析

根据《人身损害赔偿解释》第22条的规定，交通费赔偿标准包含三层意思：(1)交通费是受害人及其必要的陪护人员因就医，包括陪护人员陪护病人，受害人转院治疗实际发生的费用。(2)赔偿义务人赔偿交通费以受害人提供的正式票据为支付凭证。(3)有关凭据应当与就医地点、时间、人数、次数相符合。

一、交通费之规定的法律渊源

《民法通则》《民法通则意见》均没有专门规定交通费，但最高人民法院在此之前的司法解释中已经有相关规定，只是不够完善。最高人民法院1984年8月20日颁布的《关于贯彻执行民事政策法律若干问题的意见》(已失效)第84条规定，需送医院抢救或必须转院治疗的受害人，其交通费和住宿费，应根据实际情况，由加害人酌情补付。1991年9月22日颁布的《道路交通事故处理办法》(已失效)第37条第10项规定，交通费按照当事人实际必需的费用计算，凭据支付。2002年9月1日施行《医疗事故处理条例》第50条第9项规定，交通费按照患者实际必需的交通费用计算，凭据支付。1992年7月1日起试行的最高人民法院《关于审理涉外海上人身伤亡案件损害赔偿的具体规定(试行)》(已失效)第三部分第4条第4项其他必要的费用。包括运送伤残人员的交通、食宿之合理费用、伤愈前的营养费、补救性治疗(整容、镶牙等)费、残疾用具(假肢、代步车等)费、医疗期间陪住家属的交通费、食宿费等合理支出。2000年11月13日通过的最高人民法院《关于审理触电人身损害赔偿案件若干问题的解释》(已失效)第4条第10项规定，交通费是指救治触电受害人实际必需的合理交通费用，包括必须转院治疗所必需的交通费。

二、认定交通费需要注意的问题

在人身损害赔偿诉讼中，交通费的赔偿应注意如下几点。(1)交通费一般应当参照侵权行为地的国家机关一般工作人员出差的车旅费标准支付交通费。乘坐的交通工具以普通公共汽车为主，特殊情况下，可以乘坐救护车、出租汽车，但应当由受害人说明使用的合理性。乘坐火车应当以普通硬座火车为主，特殊情况需要乘坐软座、卧铺的，应当容许，但应当由受害人说明乘坐该种交通工具的合理性。一般情况下，不准许乘坐飞机，紧急情况除外，也应由受害人说明乘坐的合理性。(2)赔偿义务人赔偿交通费需要结合受害人提供的正式票据。这里的"正式票据"，包括税务发票、汽车票、火车票、船票、出租汽车票等。(3)正式票据应与就医地点、时间、人数、次数相吻合。[1] 对于医生会诊支出的交通费能否得到赔偿，从条文规定的内容理解是不能得到赔偿的，但应当具体问题具体分析，受害人无法到医院就医，或医生会诊可以节省赔偿费用和提高治疗效果，医生会诊支出的交通费就是合理的，对合理的支出也应得到赔偿。

我国已经进入汽车时代，私家车数量越来越大。因此，在受害人或其亲属驾驶自己的私家车前往医院就诊时，也应当给予交通费的赔偿。从计算方法来说，可以参照搭乘出租车时的费用。至于因停车而缴纳的停车费，也应当给予赔偿。[2]

本案中，对于交通费，法院依据李某的就医情况，结合其就医时间、次数等情形酌情确定为 6000 元。

三、交通费赔偿的主要变化

《医疗事故处理条例》与《道路交通事故处理办法》中的交通费仅指受害人本人为治疗而支出的交通费以及受害人家属为处理交通事故或医疗事故而支出的交通费，没有包括必要的陪护人员陪同受害人前往就医或转院治疗的交通费。《人身损害赔偿解释》第 22 条规定，受害人本人以及其必要的陪护人员因就医或转院治疗的交通费应当给予赔偿。此外，受害人的亲属参加处理交通事故或医疗事故而支付的交通费还有权依据《道路交通事故处理办法》或《医疗事故处理条例》的规定获得赔偿。这样的规定对受害人更为有利。

随着社会的发展，侵权赔偿理念有所变化，《人身损害赔偿解释》第 22 条规定较最高人民法院 1984 年 8 月 20 日颁布的《关于贯彻执行民事政策

---

〔1〕 参见最高人民法院民事审判第一庭编：《最高人民法院人身损害赔偿司法解释的理解与适用》，人民法院出版社 2004 年版，第 303 页。

〔2〕 参见李薇：《日本机动车事故损害赔偿法律制度研究》，法律出版社 1997 年版，第 168 页。

法律若干问题的意见》(已失效)更注重保护受害人权益。

【裁判依据】

《人身损害赔偿解释》第 22 条

16

一审案件受理费一般情况下不应判定由保险公司承担

——纪某等与支某、中华联合财产保险股份有限公司保定中心支公司机动车交通事故责任纠纷案

裁判规则

机动车交通事故中，保险公司承担的主要是替代责任，一审案件受理费一般情况下不应判定由保险公司承担。

案　情[1]

2016年2月3日，支某驾驶三轮汽车在房山区韩村河镇曹章村由南向北倒车，适有纪某驾驶电动三轮车(内乘宋某)由南向北行驶，三轮车汽车后部与电动三轮车相接触，造成电动三轮车损坏，纪某、宋某受伤。此事故经北京市公安局公安交通管理局房山交通支队万宁大队处理，认定支某为全部责任、纪某为无责任。事故发生后，宋某被送到北京市房山区第一医院住院治疗13天，经医院诊断，宋某的伤情为:“椎体压缩骨折。”2016年2月16日至2016年2月20日，宋某到北京积水潭医院住院治疗4天。支某支付宋某医疗费23,000元、护理费3000元。2016年7月4日，北京博大司法鉴定所对宋某的伤残等级及三期进行鉴定，鉴定意见:被鉴定人宋某的伤残等级为道路交通事故九级伤残;赔偿指数为20%。被鉴定人宋某的误工期为180日，护理期为90日，营养期为90日。经

〔1〕 北京市第二中级人民法院(2017)京02民终3279号。

法院审查核实,宋某的合理损失为:医疗费 42,526.04 元、住院伙食补助费 1700 元、营养费 4500 元、伤残赔偿金 82,276 元、误工费 19,800 元、护理费 9900 元、交通费 600 元、鉴定费 4350 元、精神损害抚慰金 10,000 元。

另查,支某驾驶的肇事车辆在中华联合财产保险股份有限公司保定中心支公司(以下简称保险公司)投保了机动车交通事故强制保险,事故发生于保险期间内。

一审判决作出后,保险公司提出上诉,其认为不应该承担诉讼费用。

【裁判结论】

一审案件受理费一般情况下不应判定由保险公司承担。

【裁判观点】

一审法院经审理后认为,公民的人身权利受法律保护。公民、法人由于自己的过错,侵害他人身体造成人身损害的,应当赔偿医疗费、护理费、交通费等为治疗和康复支出的合理费用,以及因误工减少的收入。造成残疾的,还应当赔偿残疾生活辅助器具费和残疾赔偿金。同时,投保机动车责任强制保险的机动车发生交通事故造成损害,当事人同时起诉侵权人和保险公司的,应当按照下列规则确定赔偿责任:(1)先由承保交强险的保险公司在责任限额范围内予以赔偿;(2)不足部分,由承保商业三者险的保险公司根据保险合同予以赔偿;(3)仍有不足的,依照《道路交通安全法》和《侵权责任法》的相关规定由侵权人予以赔偿。支某与纪某发生的交通事故,公安机关交通管理部门认定支某为全部责任、纪某为无责任的交通事故认定符合法律规定,予以确认。支某驾驶的肇事车辆在保险公司投保了机动车交通事故强制保险,故应先由保险公司在交强险保险限额内予以赔偿,不足部分,依照《道路交通安全法》和《侵权责任法》的相关规定由侵权人支某予以赔偿。宋某因交通事故造成的合理经济损失,应当根据相关证据、相应标准以及本案的具体情况予以确认,合理的诉讼请求予以支持,不合理或者过高的诉讼请求不予支持。医疗费,根据宋某提供的诊断证明书、北京市医疗住院及门诊收费票据予以确认。住院伙食补助费,根据宋某的住院时间,并参照相关标准予以确认。营养费,根据北京博大司法鉴定所司法鉴定意见认定宋某的营养期为 90 日,并参照相关标准予以确认。伤残赔偿金,根据北京博大司法鉴定所司法鉴定宋某的伤残程度,按照本市上一年度农村居民人均可支配收入标准予以计算确认。误工费,根据北京博大司法鉴定所司法鉴定意见认定宋某的误工期为180日,并根据本案的具体情况,按照每月3300元的工资标准酌情予以确认。护理费,根据北京博大司法鉴定所司法鉴定意见认定宋某的护理期为90日,并参照护理人员一般工资每日110元标准予以确认,支某给付护理费3000元,应予扣减。精神损害抚慰金,根据宋某的伤残程度酌情予以确认。交通费,根据宋某到就医医院住院及复查往返路途酌情予以确认。鉴定费,根据北京博大司法鉴定所出具的鉴定费票据予以确认。据此,一审法院依据《侵权责任法》第16条、第22条、第48条;《道路交通安全法》第76条之规定,判决:(1)中华联合财产保险股份有限公司保定中心支公司在机动车交通事故强制保险赔偿限额内,于判决生效后十五日内赔偿宋某医疗费、伤残赔偿金、精神损害抚慰金等共计人民币12万元。(2)支某除已支付部分费用外,于判决生效后十五日内赔偿宋某医疗费、伤残赔偿金等共计人民币48,302元。(3)驳回宋某的其他诉讼请求。

二审法院经审理后认为,本案的争议焦点为:(1)一审法院对支某、保险公司责任的认定是否正确问题;(2)一审法院确定的本案赔偿数额是否适当问题。关于争议焦点1:支某与纪某发生涉案交通事故,公安机关交通管理部门认定支某为全部责任、纪某为无责任的交通事故的认定符合法律规定,故一审法院予以确认正确。支某驾驶的肇事车辆在保险公司投保了机动车交通事故强制保险,故一审法院认定应先由保险公司在交强险保险限额内对宋某予以赔偿,不足部分,依照《道路交通安全法》和《侵权责任法》的相关规定由侵权人支某对宋某予以赔偿,均正确。

公安机关交通管理部门的认定及一审期间双方的陈述,均已清楚地说明了涉案事实,故保险公司关于一审法院认定事实不清的上诉主张,法院不予采纳。同理,该公司二审提交的《调取证据申请书》,理由不足,法院不予准许。

关于争议焦点2:一审法院根据宋某提供的诊断证明书、北京市医疗住院及门诊收费票据、宋某的住院时间、司法鉴定意见、伤残程度、相关标准及本案具体情况,酌情确定的本案赔偿数额,无不妥。

此外,一审法院并未确定保险公司须承担本案鉴定费及一审诉讼费,故保险公司与此相关的上诉主张,没有事实依据,不能成立。故驳回上诉,维持原判。

二审案件受理费由保险公司负担。

法官评析

案件受理费是否可以判定由保险公司承担，需要结合一审、二审的具体情况而定。就一审而言，案件受理费一般情况下不应判定由保险公司承担，除非保险公司应理赔而拒不理赔。

一、案件受理费分担的一般依据

《诉讼费用交纳办法》第6条规定，当事人应当向人民法院交纳的诉讼费用包括：(1)案件受理费；(2)申请费；(3)证人、鉴定人、翻译人员、理算人员在人民法院指定日期出庭发生的交通费、住宿费、生活费和误工补贴。第20条第1款规定，案件受理费由原告、有独立请求权的第三人、上诉人预交。被告提起反诉，依照本办法规定需要交纳案件受理费的，由被告预交。追索劳动报酬的案件可以不预交案件受理费。第29条规定，诉讼费用由败诉方负担，胜诉方自愿承担的除外。部分胜诉、部分败诉的，人民法院根据案件的具体情况决定当事人各自负担的诉讼费用数额。共同诉讼当事人败诉的，人民法院根据其对诉讼标的的利害关系，决定当事人各自负担的诉讼费用数额。

二、机动车交通事故中案件受理费的分担

《道路交通安全法》第76条规定，机动车发生交通事故造成人身伤亡、财产损失的，由保险公司在机动车第三者责任强制保险责任限额范围内予以赔偿；不足的部分，按照下列规定承担赔偿责任：(1)机动车之间发生交通事故的，由有过错的一方承担赔偿责任；双方都有过错的，按照各自过错的比例分担责任。(2)机动车与非机动车驾驶人、行人之间发生交通事故，非机动车驾驶人、行人没有过错的，由机动车一方承担赔偿责任；有证据证明非机动车驾驶人、行人有过错的，根据过错程度适当减轻机动车一方的赔偿责任；机动车一方没有过错的，承担不超过10%的赔偿责任。交通事故的损失是由非机动车驾驶人、行人故意碰撞机动车造成的，机动车一方不承担赔偿责任。

《道路交通事故司法解释》第16条规定，同时投保机动车第三者责任强制保险和第三者责任商业保险的机动车发生交通事故造成损害，当事人同时起诉侵权人和保险公司的，人民法院应当按照下列规则确定赔偿责任：(1)先由承保交强险的保险公司在责任限额范围内予以赔偿；(2)不足部分，由承保商业三者险的保险公司根据保险合同予以赔偿；(3)仍有不足的，依照《道路交通安全法》和《侵权责任法》的相关规定由侵权人予以赔偿。被侵权人或者其近亲属请求承保交强险的保险公司优先赔偿精神损害的，人民法院应予支持。

按照法律规定，机动车交通事故纠纷中，实质上是解决侵权人与被侵权人的侵权法律关系以及保险人与被保险人之间的保险合同法律关系，保险公司承担的是替代责任。一审中，对于案件受理费的分担，一般情况下由侵权人承担，保险公司不承担案件受理费。

《道路交通事故司法解释》第25条规定，人民法院审理道路交通事故损害赔偿案件，应当将承保交强险的保险公司列为共同被告。但该保险公司已经在交强险责任限额范围内予以赔偿且当事人无异议的除外。人民法院审理道路交通事故损害赔偿案件，当事人请求将承保商业三者险的保险公司列为共同被告的，人民法院应予准许。《民诉法解释》第73条规定，必须共同进行诉讼的当事人没有参加诉讼的，人民法院应当通知其参加诉讼；当事人也可以向人民法院申请追加。人民法院对当事人提出的申请，应当进行审查，申请理由不成立的，裁定驳回；申请理由成立的，书面通知被追加的当事人参加诉讼。《民诉法解释》第74条规定，人民法院追加共同诉讼的当事人时，应当通知其他当事人。应当追加的原告，已明确表示放弃实体权利的，可不予追加；既不愿意参加诉讼，又不放弃实体权利的，仍应追加为共同原告，其不参加诉讼，不影响人民法院对案件的审理和依法作出判决。

保险公司作为机动车交通事故纠纷中的一方当事人，按照法律规定，应当参加诉讼。保险公司参加诉讼有利于纠纷的及时妥善化解，便于当事人进行诉讼。虽然保险公司作为一方当事人参加到诉讼中，但其与被保险人是一体的，即使判决由被保险人承担侵权责任，保险公司也是转化之后的替代责任，对于一审的案件受理费，保险公司一般也不承担，除非保险公司应理赔而拒不理赔。由于保险公司应理赔而拒不理赔导致的纠纷，属于保险公司存在过错，此时应由保险公司承担相应的诉讼费用。若保险公司不服一审判决而提出上诉，而二审法院予以维持的情况下，保险公司承担相应的诉讼费用。

【裁判依据】

《道路交通安全法》第 76 条

《道路交通事故司法解释》第 16 条、第 25 条

《诉讼费用交纳办法》第 6 条

《民诉法解释》第 73 条、第 74 条

17

鉴定费应在第三者责任强制保险责任限额范围外，根据当事人各自过错的比例予以分担

——王某与史某、中华联合财产保险股份有限公司北京分公司机动车交通事故责任纠纷案

裁判规则

机动车交通事故责任纠纷案件中，鉴定费应在商业三者险责任限额范围外，根据当事人各自过错的比例予以分担。

案　情[1]

2015年1月19日，史某驾驶的重型自卸货车行至北京市昌平区110国道北京十三陵明皇蜡像宫门口处时，与王某驾驶的小客车相撞，造成王某受伤，车辆损坏。经交通队认定王某与史某承担同等责任。事故王某造成了巨大伤害。经查史某驾驶的车辆在中华联合财产保险股份有限公司北京分公司（以下简称保险公司）处投有保险，故起诉至法院，请求：(1)徐某、保险公司赔偿王某医疗费35,140.23元、住院伙食补助费1900元、营养费4500元、护理费10,850元、残疾赔偿金191,453.3元（含被扶养人生活费103,633.3元）、误工费20,400元、精神损害抚慰金10,000元、鉴定费3213.85元、交通费2500元、财产损失费1340元、共计281,297.38元，以上损失请求徐某、保险公司负担201,318.69元；(2)诉讼费由徐某、保险公司负担。

---

〔1〕 北京市第一中级人民法院(2015)一中民终字第09797号。

徐某在原审法院辩称：史某是我雇佣的司机，事故发生时系履行职务行为，相应责任由我承担。车辆投有保险，应由保险公司赔偿。

保险公司在原审法院辩称：史某驾驶的车辆在我公司投保交强险和100万元商业三者险，事故发生在保险期限内，同意赔偿王某合理合法损失，鉴定费、损失费不同意承担。

原审法院经审理查明：2015年1月19日，在北京市昌平区110国道北京十三陵明皇蜡像宫门口处，史某驾驶重型自卸货车与王某驾驶的小型轿车相撞，造成王某受伤，两车损坏。经北京市公安局公安交通管理局昌平交通支队认定，史某、王某承担事故同等责任。事故发生后王某至北京积水潭医院住院治疗19天，经诊断为距骨骨折、头皮下血肿、软组织损伤。医嘱全休一个月。2015年3月3日、3月30日、5月6日该院分别出具休假证明书，均建议全休一个月。2015年6月19日北京市红十字会急诊抢救中心司法鉴定中心鉴定，王某伤残等级为×级，伤残赔偿指数为10%。

另查，史某驾驶的车辆在保险公司处投有交强险和商业三者险，事故发生在保险期限内。

再查，王某的父亲王某某（1952年1月19日出生）、母亲赵某某（1955年7月6日出生），王某为二人唯一子女。

经原审法院核实，王某的各项损失为：医疗费35,140.23元、住院伙食补助费50元/天×19天=950元、营养费30元/天×19天=570元、护理费2340元+100元/天×71天=9440元、伤残赔偿金43,910元/年×20年×10%=87,820元、被扶养人生活费28,009元/年×20年×10%+28,009元/年×17年×10%=103,633.3元、误工费3000元/月×6月=18,000元、交通费500元（酌定）、精神损害抚慰金5000元、拖车费1340元，共计262,393.53元。

二审法院补充查明，王某提起本案诉讼前，处理本次交通事故的北京市公安局公安交通管理局昌平交通支队马池口大队委托北京市红十字会急诊抢救中心司法鉴定中心对王某的伤残等级进行了鉴定。该司法鉴定中心于2015年6月19日出具了《法医学鉴定意见书》，王某为此支付鉴定费3209.85元。

一审判决作出后，徐某不服原审法院判决，向法院提起上诉称，原审法院判决徐某负担的诉讼费和鉴定费数额不当，本案交通事故经公安交管部门认定双方为同等责任，且徐某的车辆已足额缴纳保险，故诉讼费和鉴定费亦应按照同等责任，由王某与徐某平均分担。综上，请求撤销原审法院判决书中对案件审理费、鉴定费负担的认定，上述两项费用由徐某和王某各承担50%。王某辩称，案件受理费和鉴定费均属于诉讼费用，徐某对诉讼费用不应单独提出上诉；根据诉讼费交纳办法的规定，诉讼费用应当由败诉方承担，本案败诉方为徐某，故原审法院判决其承担正确。故同意原审判决，不同意徐某的上诉请求和理由。保险公司辩称，诉讼费和鉴定费不属于保险公司的理赔范围。保险公司同意原审判决，不同意徐某的上诉请求和理由。

【裁判结论】

鉴定费应在三者险责任限额范围外，根据当事人各自过错的比例予以分担。

【裁判观点】

一审法院经审理后认为，根据《道路交通安全法》第76条的规定，机动车发生交通事故造成人身伤亡、财产损失的，由保险公司在机动车第三者责任强制保险责任限额范围内予以赔偿；不足的部分，按照下列规定承担赔偿责任：机动车之间发生交通事故的，由有过错的一方承担赔偿责任；双方都有过错的，按照各自过错的比例分担责任。机动车与非机动车驾驶人、行人之间发生交通事故，非机动车驾驶人、行人没有过错的，由机动车一方承担赔偿责任；有证据证明非机动车驾驶人、行人有过错的，根据过错程度适当减轻机动车一方的赔偿责任；机动车一方没有过错的，承担不超过10%的赔偿责任。交通事故的损失是由非机动车驾驶人、行人故意碰撞机动车造成的，机动车一方不承担赔偿责任。本案中，史某驾驶的肇事车辆在保险公司处投有交强险和商业三者险，事故发生在保险期限内，保险公司应在交强险限额范围内先行承担赔偿责任，超过的部分由保险公司在商业三者险范围内予以赔偿。王某虽然为农业户口，但从事非农职业，应按城镇居民标准计算损失。王某诉讼请求中的合理合法部分法院予以支持，过高部分法院不予支持。故判决：(1)保险公司在机动车交通事故责任强制保险限额内支付王某医疗费用类赔偿金10,000元、伤残类赔偿金110,000元、财产损失类赔偿金1340元，共计121,340元。(2)保险公司在商业三者险范围内赔偿王某经济损失70,526.77元。(3)驳回王某的其他诉讼请求。

二审法院经审理后认为，首先，王某的伤残等级鉴定并非本案诉讼过程中由法院委托进行的鉴定，王某已将该鉴定费作为单独一项诉讼请求在本案中予以主张，原审法院就该鉴定费的分担也作出了相应的处理，故徐某有权对本案鉴定费、案件受理费的分担问题一同提起上诉。其次，根据《交强险条例》的规定，鉴定费不在交强险各分项赔偿范围内，故鉴定费作为王某主张的一项损失，应在交强险责任限额范围外，根据本次交通事故双方各自过错的比例予以分担。根据公安交通管理部门对本次事故的责任认定，史某与王某对事故负同等责任。因此，王某诉讼请求中的鉴定费应由其与史某的雇主徐某按照50%的比例分担，原审法院对该鉴定费的处理不当，法院予以纠正。最后，关于案件受理费，法院按照王某诉讼请求的标的额以及其胜诉部分所占的比例，根据本案的具体情况对案件受理费重新核算并予以调整。此外，徐某对原审判决书中的内容并未提出上诉，王某、保险公司亦未就本案提出上诉，故法院对原审法院判决结果予以维持。

法官评析

一、鉴定费不应在第三者责任强制保险责任限额范围内由保险公司承担

根据《交强险条例》第23条的规定，机动车交通事故责任强制保险在全国范围内实行统一的责任限额。责任限额分为死亡伤残赔偿限额、医疗费用赔偿限额、财产损失赔偿限额以及被保险人在道路交通事故中无责任的赔偿限额。机动车交通事故责任强制保险责任限额由保监会会同国务院公安部门、国务院卫生主管部门、国务院农业主管部门规定。鉴定费不在交强险各分项赔偿范围内，故本案中鉴定费作为王某主张的一项损失，应在交强险责任限额范围外，由当事人予以承担。

二、鉴定费在当事人之间予以分担的方式

《民诉法解释》第121条第1款规定，当事人申请鉴定，可以在举证期限届满前提出。申请鉴定的事项与待证事实无关联，或者对证明待证事实无意义的，人民法院不予准许。在民事诉讼案件审理的过程中，可能会遇到某些专业性很强的问题，不具有专业知识或未经过专门培训的人很难作出判断。为了解决这些专业问题，裁判者求助于专业人士，于是便产生了鉴定意见这种证据形式。所谓鉴定意见，是指鉴定人运用专门知识，根据案件材

料，对案件所涉及的专门性问题进行分析鉴别后提出的事实认定意见。[1]

《诉讼费用交纳办法》第6条规定，当事人应当向人民法院交纳的诉讼费用包括：(1)案件受理费；(2)申请费；(3)证人、鉴定人、翻译人员、理算人员在人民法院指定日期出庭发生的交通费、住宿费、生活费和误工补贴。结合该办法第7条至第11条，鉴定费用并不属于诉讼费用的交纳范围。该办法第12条规定，诉讼过程中因鉴定、公告、勘验、翻译、评估、拍卖、变卖、仓储、保管、运输、船舶监管等发生的依法应当由当事人负担的费用，人民法院根据“谁主张、谁负担”的原则，决定由当事人直接支付给有关机构或者单位，人民法院不得代收代付。人民法院依照《民事诉讼法》第11条第3款规定提供当地民族通用语言、文字翻译的，不收取费用。实务中，鉴定费在当事人之间的分担方式往往要视具体情况而定。

一是当事人诉前自行进行的鉴定。(1)若当事人将鉴定费用作为诉讼标的额的一部分予以起诉，则应将此鉴定费用作为财产损失之一，按照败诉比例在当事人之间予以分担。(2)若当事人未将鉴定费用作为诉讼标的额的一部分予以起诉，则一审法院应予以释明，当事人坚持不作为诉讼标的额的一部分起诉的，按照《诉讼费用交纳办法》，由申请的当事人自行承担，并在裁判文书中与诉讼费用一并写明。

二是当事人诉中进行的鉴定。(1)若当事人委托法院进行鉴定并将鉴定费用计入诉讼标的额，则应将此鉴定费用作为财产损失之一，按照败诉比例在当事人之间予以分担。(2)若当事人委托法院进行鉴定未将鉴定费用计入诉讼标的额，此时法院不需要释明，在计算鉴定费用分担时，视具体情况，可以以败诉比例为标准，也可以以原因力大小为标准，也可以以过错大小为标准。(3)若一方当事人不服自行委托的鉴定结果，请求法院重新鉴定，视具体情况将鉴定费用在当事人之间分担。如果鉴定结果为要求重新鉴定的一方当事人的责任或者与原鉴定结果一致，则由其承担自行鉴定以及重新鉴定的费用；如果重新鉴定结果与原结果不一致，按照法院委托鉴定的结果划分各方当事人需要承担的自行鉴定以及重新鉴定的鉴定费用。

就道理交通事故而言，鉴定费应在商业三者险责任限额范围外，根据当

---

〔1〕 参见宋朝武主编：《民事诉讼法学》(第3版)，中国政法大学出版社2012年版，第182页。

事人各自过错的比例予以分担。

【裁判依据】

《民诉法解释》第 121 条

《诉讼费用交纳办法》第 6 条

18

死亡赔偿金不属于遗产

——耿某、任某、胡某、耿某2与中国人寿财产保险股份有限公司北京市分公司等机动车交通事故责任纠纷案

裁判规则

死亡赔偿金是对死者的近亲属未来的财产损失的赔偿，因此，其请求权主体是死者的近亲属而非死者，死亡赔偿金本身不属于遗产，不能作为遗产继承，债权人也不能主张受害人近亲属在获得死亡赔偿金的范围内清偿受害人生前债务。死亡赔偿金的分配应当在近亲属之间进行合理的分配，分配时应考虑“与死者关系的远近、共同生活的亲密程度、分配权利人的生活状况等”因素。

案　情[1]

耿某、任某系夫妻关系，育有一子耿某1。耿某1与胡某为夫妻关系，育有一女耿某2。2015年6月18日22时，耿某1因交通事故当场死亡。2015年11月9日，耿某、任某、胡某、耿某2四人将肇事司机、肇事车辆产权单位，及肇事车辆投保的保险公司诉至法院，该案(2015)石民初字第5534号判决书判令：“一、中国人寿财产保险股份有限公司北京市分公司于本判决生效后三十日内赔偿耿某、任某、胡某、耿某2精神损害抚慰金五万元，死亡赔偿金六万元、物品损失二千元；二、中国人寿财产保险股份有限公司大同市中心支公司于本判决生效后三十日内赔偿耿某、任某、胡某、耿某2死亡赔偿金八十一万八千二百元、丧葬

[1] 北京市第一中级人民法院(2016)京01民终6242号。

费三万八千七百七十八元、被扶养人生活费十四万三千零二十二元；三、张某与北京翔越同创建筑工程有限公司连带赔偿耿某、任某、胡某、耿某2被扶养人生活费九万零八十九元”，上述款项合计1，202，089元，义务人如数将上述款项交纳至法院。此外，（2015）石民初字第5534号案件的受理费8034元，耿某、任某、胡某、耿某2负担了321元；张某与北京翔越同创建筑工程有限公司负担7713元。胡某因该案支付了律师代理费2万元。另查，胡某先后两次从法院领取款项共计1，090，089元，耿某、任某从法院领取款项112，000元。此后，耿某、任某向一审法院起诉请求判令胡某、耿某2返还各项赔偿款项565，075元。一审法院判决胡某给付耿某、任某精神损害抚慰金、死亡赔偿金、被扶养人生活费等款项共计462，903.5元。

一审判决作出后，胡某、耿某2不服提出上诉，认为耿某、任某育有三个子女，因而在分割死亡赔偿金时应考虑该因素；一审法院对耿某1死亡赔偿金的性质没有作出认定，分割缺乏法律依据；最高人民法院有关答复意见明确了死亡赔偿金不属于遗产，因而一审法院按照第一顺序继承人的原则予以分割，缺乏依据；分配应根据与死者的亲疏远近、与死者共同生活的紧密程度及生活来源等因素适当分割，而非等额分配；一审法院对精神抚慰金的分配也是错误的，分配给死者家庭是合理的。

【裁判结论】

二审法院驳回上诉，维持原判。

【裁判观点】

一审法院经审理后认为，诉争的款项中精神损害抚慰金5万元、死亡赔偿金878，200元，并非公民死亡时遗留的个人财产，不属于遗产，而属于给死者近亲属的经济补偿，但在处理时可以参照遗产处理方式进行。根据《继承法》相关规定，耿某、任某与胡某、耿某2均属于平等顺位继承人，应当均分。针对胡某、耿某2主张其属于与死者生前长期居住，与其感情较深，对其伤害较大，且耿某2处于幼年，无经济收入，需要特殊关照，应当多分。法院认为处于同顺位的继承人，感情无亲近远疏之别，丧子之痛与丧夫之痛无法评价孰轻孰重。在先判决正是基于耿某2作为未成年人，方才判定相关责任人给付生活费作为保障，且胡某作为抚养人,同样具有抚养职责,故主张多分缺乏事实与法律依据。据此,针对上述两项款项,耿某、任某、与胡某、耿某2四人每人应当分得232,050元。针对物品损失2000元,法院认为该款项系夫妻财产补偿物,应当作为共同财产处理,故应先将一半分出归胡某所有,剩余一半按照法定继承,双方平等均分,即胡某应分1250元,其余三人各250元。针对丧葬费38,778元,该费用依法应当由实际支付人享有。耿某、任某与胡某、耿某2均主张为其支付,但不能出示相关支付证据证明,耿某、任某提出由双方平分,法院认为该主张不违背法律规定,予以采纳,故对该款项每人应当分得9694.5元。针对被扶养人生活费,法院认为该费用属于补偿需要死者抚养的特定人,即耿某、任某与耿某2,且每人应当享有的数额,在先生效判决予以确定,即耿某28,430元,任某72,645元,耿某2112,036元,法院对此予以确认。针对胡某、耿某2提出的在先案件受理费以及律师费应当平分的问题,法院认为该两笔款项确为追偿涉案款项的客观支出,既然相应获益由相互分享,那么该费用应由相互分担,但是诉讼费8034元,实际支付的321元,应由双方均分,多出预交款项为胡某支付,应由其独自依法享有。律师费20,000元应由双方均分。针对诉争款项耿某、任某应当分得数额为,上述应当分的款项总和减去其应当负担费用,并减掉其已经领取的数额,应为462,903.5元。鉴于诉争款项除耿某、任某领取的款项外,剩余款项由胡某领取并占有,与耿某2无关,故该款项应由胡某独自返还。

二审法院经审理后认为,本案诉争的精神损害抚慰金与死亡赔偿金不属于公民死亡后的遗产,而是给死者近亲属的经济补偿。其近亲属一般是指第一顺序的法定继承人,在分配时,各平等顺序的法定继承人原则上应平均分配。胡某、耿某2上诉称应予多分的主张,缺乏法律依据。一审法院根据本案具体情况,对诉争财产所作分配正确,应予维持。据此,胡某、耿某2的上诉理由,二审法院不予采信。

法官评析

本案涉及的主要问题是死亡赔偿金的性质及其分配原则。本案死亡赔偿款主要由丧葬费、被扶养人生活费、死亡赔偿金与精神损害赔偿四部分组成。其中,丧葬费、被扶养人生活费属于专属特定项目的赔偿,对死亡赔偿金性质的争议则成为该案处理的关键问题。死亡赔偿金是对由于侵权人死亡而产生的财产损失的赔偿,并非是“生命”本身的赔偿。任何人的生命都是无价的,不可能用财产价格来衡量。[1] 受害人因侵权行为死亡后,其作为民事主体的资格已经消灭,因此,死亡受害人不能以主体资格请求损害赔偿。因此,侵权人无须向死亡的受害人承担任何责任。但是,由于受害人的死亡,其近亲属受到了间接损害,因此受害人近亲属有权向侵权人主张支付死亡赔偿金。

关于死亡赔偿金的性质有两种观点,即扶养丧失说和继承丧失说。扶养丧失说认为,因侵害他人生命导致受害人死亡,受害人生前扶养的未成年人或者没有劳动能力、又没有其他生活来源的成年近亲属,因此丧失了生活资源的供给来源,受有财产损失,侵权人应当对该项损害予以赔偿。继承丧失说认为,侵害他人生命致人死亡,不仅生命利益本身受到侵害,而且造成受害人余命年岁内的收入“逸失”,给予受害人共同生活的家庭共同体造成财产损失。[2] 2004 年 5 月 1 日施行的《人身损害赔偿解释》采纳的是继承丧失说。由此带来的争议是死亡赔偿金能否视为遗产。

关于死亡赔偿金的性质,有观点认为,既然采纳了“继承丧失说”,死亡赔偿金就应是死亡被害人的遗产,应按照法定顺位继承,债权人也可以主张继承人在继承范围内以死亡赔偿金清偿债务。根据《继承法》第 3 条规定,遗产是公民死亡时遗留的个人合法财产,包括:(1)公民的收入;(2)公民的房屋、储蓄和生活用品;(3)公民的林木、牲畜和家禽;(4)公民的文物、图书资料;(5)法律允许公民所有的生产资料;(6)公民的著作权、专利权中的财产权利;(7)公民的其他合法财产。根据上述法律规定,遗产是死者生前已经取得或者约定取得的财产和财产权利,是被继承人依法享有的固有利益。而死亡赔偿金是受害人因人身损害事故死亡后才发生的,是其未来可预期的收入损失。从请求权的角度分析,首先,死亡赔偿金是对于具有“经济性同一体”性质的受害人家庭未来收入损失的赔偿,从时间顺序上看,应当是死亡事件发生在先,对由此产生的各项损失的赔偿请求权发生在后,所以死亡赔偿金的赔偿请求权人是受害人的近亲属,是受害人近亲属具有人身专

---

〔1〕 参见程啸:《侵权责任法》(第 2 版),法律出版社 2015 年版,第 689 页。

〔2〕 参见最高人民法院民事审判第一庭编著:《最高人民法院人身损害赔偿司法解释的理解与适用》,人民法院出版社 2004 年版,第 357 ~ 358 页。

属性质的法定赔偿金。其次,《继承法》规定的上述遗产范围并没有包括死亡赔偿金。最后,任何公民均可以在生前立遗嘱,处理自己的财产,如未立遗嘱,死后也可以法定继承,原则上平等继承该公民的遗产;而公民在生前无法也不可能处理自己的死亡赔偿金。因此,死亡赔偿金不能认定为遗产,不能作为遗产继承,侵权人也不能主张受害人近亲属在获赔死亡赔偿金的范围内清偿受害人生前债务。

《人身损害赔偿解释》第 17 条第 3 款规定,受害人死亡的,赔偿义务人除应当根据抢救治疗情况赔偿本条第一款规定的相关费用外,还应当赔偿丧葬费、被扶养人的生活费、死亡补偿费以及受害人亲属办理丧葬事宜支出的交通费、住宿费和误工损失等其他合理费用。同时,该司法解释第 18 条对精神损害抚慰金也作了规定。可见,死亡赔偿金并不是精神损害赔偿,而是一种财产性的损害赔偿,其目的主要在于对受害人近亲属财产损失予以填补。在计算时,应以受害人死亡导致的家庭整体收入减少作为计算的依据。因为受害人因人身损害死亡后,家庭可以预期的其未来生存年限中的收入丧失,所以死亡赔偿金实际是家庭成员在财产上蒙受的消极损失,而不是对死者本人的赔偿。死亡赔偿金是死者近亲属的一种原始权利,并非从死者让渡而来。

关于死亡赔偿金的分配,由于死亡赔偿金的性质是财产损害赔偿,其内容是对死者家庭整体预期收入减少的赔偿,因此赔偿权利人首先是死者的近亲属。根据《人身损害赔偿解释》第 29 条规定的死亡赔偿金的赔偿标准和赔偿年限来看,将死亡赔偿金定性为受害人死亡导致家庭整体收入的减少,死亡赔偿金成为对受害人近亲属逸失利益的赔偿,是对因侵害生命权所引起的死者近亲属固有经济利益损失的填补。死亡赔偿金不是遗产,不能按《继承法》的规定平均分配;也不是夫妻共同财产,不能先分出一半给夫妻存活的一方,另一半在各赔偿权利人之间分配。由于法律对于死亡赔偿金的分配没有作出明确规定,亲属之间对此可充分协商,在照顾没有生活来源的亲属和未成年人的基础上合理分配。同时,要考虑家庭成员与死者关系的远近和共同生活的紧密程度、扶养关系及生活来源等因素合理分配,而不是一定要等额分配。

【裁判依据】

《侵权责任法》第 16 条

《人身损害赔偿解释》第 17 条、第 29 条

《继承法》第 3 条

19

多车发生交通事故时保险责任分担问题

——王某2与王某1等机动车交通事故责任纠纷案

裁判规则

人民法院在审理涉及交强险的交通事故损害赔偿案件时,应当遵循分项限额的规定。针对"交强险责任限额",人民法院既要适用总的限额,也应适用总责任限额之下的分项限额。具体而言,多辆机动车发生交通事故造成第三人损害,损失超出各机动车交强险责任限额之和的,由各保险公司在各自责任限额范围内承担赔偿责任;损失未超出各机动车交强险责任限额之和,当事人请求由各保险公司按照其责任限额与责任限额之和的比例承担赔偿责任的,人民法院应予支持。

案 情[1]

2013年5月29日8月40分许,在北京市昌平区南口镇南口医院路口处,王某1驾驶小客车的前部与案外人郝某驾驶的小客车尾部相接触,后案外人郝某驾驶的小客车前部与王某2驾驶的小客车尾部相接触,造成王某2受伤。经交通部门认定,王某1负该起交通事故的全部责任。事故发生后,王某2被送往北京市昌平区南口医院住院治疗,经诊断为:脊髓震荡、头颈部软组织挫伤,至2013年8月7日出院,共住院70天。王某1所驾驶的小客车在平安保险公司投保了交强险及不计免赔的10万元商业三者险,本次交通事故发生在保险期限内。案外人郝某驾驶的小客车在大地保险公司投保了机动车交通事故责任强制

〔1〕 北京市第一中级人民法院(2014)一中民终字第01787号。

保险,本次事故发生在保险期限内。王某 2 的经济损失,经法院核实确认为:医疗费 19,282.38 元(含王某 1 垫付的医疗费 3368 元)、住院伙食补助费 50 元 × 70 天 =3500 元、营养费 20 元 ×84 =1680 元、护理费 2300 元 ÷30 天 ×70 天 =5367 元、残疾辅助器具费 40.83 元、误工费 3490 元 ÷30 天 ×112 元 =13,028 元、交通费 200 元(酌定),共计 43,098.21 元。

一审法院认为,王某 1 负事故全部责任,故平安保险公司应在交强险及商业三者险责任限额内承担赔偿责任;案外人郝某无责任,其驾驶的机动车与王某 2 驾驶的机动车相关联,故大地保险公司应在交强险无责任赔偿限额内承担赔偿责任。

一审判决作出后,大地保险公司不服提出上诉。大地保险公司认为一审法院判令其在交强险无责任死亡伤残赔偿限额内赔偿 11,000 元存在明显错误,根据《道路交通事故司法解释》第 21 条第 1 款规定,其应在交强险无责任死亡伤残赔偿限额内给付王某 21,694.17 元。

【裁判结论】

一审法院对于王某 2 在死亡伤残赔偿限额项下的各项损失,未按照平安保险公司和大地保险公司各自责任限额与责任限额之和的比例予以确定属适用法律错误,二审法院予以改判。

【裁判观点】

二审法院经审理后认为,根据《道路交通事故司法解释》第 21 条第 1 款的规定,多辆机动车发生交通事故造成第三人损害,损失超出各机动车交强险责任限额之和的,由各保险公司在各自责任限额范围内承担赔偿责任;损失未超出各机动车交强险责任限额之和,当事人请求由各保险公司按照其责任限额与责任限额之和的比例承担赔偿责任的,人民法院应予支持。

本案的交通事故经公安交通管理部门认定王某 1 负事故全部责任,郝某、王某 2 均无责任。由于王某 1 驾驶的机动车与郝某驾驶的机动车接触造成王某 2 受伤,故对王某 2 因本次事故所造成的损失应分别由王某 1 所驾驶机动车的保险人平安保险公司在交强险有责赔偿限额内及商业三者险责任限额内承担赔偿责任;由郝某所驾驶机动车的保险人大地保险公司在交强险无责赔偿限额内承担赔偿责任。

王某2经一审法院确定的各项损失中,属于死亡伤残赔偿项下的损失包括护理费、残疾辅助器具费、误工费、交通费,共计18,635.83元;属于医疗费用赔偿限额项下的损失包括医疗费、住院伙食补助费、营养费,共计24,462.38元。交强险中规定的有责死亡伤残赔偿限额为110,000元,无责死亡伤残赔偿限额为11,000元;有责医疗费用赔偿限额为10,000元,无责医疗费用赔偿限额为1000元。

由于王某2在医疗费用赔偿限额项下的各项损失24,462.38元已经超出了交强险有责医疗费用赔偿限额和无责医疗费用赔偿限额之和11,000元,故平安保险公司应在有责医疗费用赔偿限额内承担王某2的医疗费用赔款10,000元,大地保险公司应在无责医疗费用赔偿限额内承担王某2的医疗费用赔款1000元,王某2超出赔偿限额部分的医疗费用损失13,462.38元应由王某1所驾驶机动车的保险人平安保险公司根据商业三者险的保险合同予以赔偿。另外,由于王某1已为王某2垫付了医疗费3368元,故平安保险公司应在其向王某2支付的医疗费用赔款中扣除该笔款项,并由平安保险公司将该笔款项直接向王某1支付。

由于王某2在死亡伤残赔偿限额项下的各项损失18,635.83元未超出交强险有责死亡伤残赔偿限额和无责死亡伤残赔偿限额之和121,000元,故平安保险公司和大地保险公司应按照其责任限额与责任限额之和的比例承担相应的赔偿责任。即平安保险公司应承担的交强险有责死亡伤残赔款为18,635.83×(110,000÷121,000)=16,941.66元;大地保险公司应承担的交强险无责死亡伤残赔款为18,635.83×(11,000÷121,000)=1694.17元。

法官评析

由于道路交通的发展、机动车数量的增加,道路交通状况愈发复杂,由此造成实践中多辆机动车导致一起交通事故、一起交通事故涉及多辆机动车、非机动车或行人的情形越来越多。在这些情形下,承保交强险的保险公司应如何赔偿、多个保险公司之间的责任如何分配、部分机动车未投保时已承保交强险的保险公司与未投保车辆的责任如何分配等,成为审判实践中的难点和突出问题。《道路交通事故司法解释》发布实施后,对已投保交强险的多辆机动车发生交通事故时，各自保险公司应当如何承担赔付责任的问题作出了明确的规定，即多辆机动车发生交通事故造成第三人损害，损失超出各机动车交强险责任限额之和的，由各保险公司在各自责任限额范围内承担赔偿责任；损失未超出各机动车交强险责任限额之和，当事人请求由各保险公司按照其责任限额与责任限额之和的比例承担赔偿责任的，人民法院应予支持。

所谓"交强险责任限额"，是指按照《交强险条例》[1]的规定，交强险限额区分为有责限额和无责限额，"有责"和"无责"是指被保险人在交通事故中是否有责任。同时，在这两个限额之下，根据交通事故所造成的损失类型的不同，又将限额区分为死亡伤残赔偿限额、医疗费用赔偿限额以及财产损失赔偿限额。[2] 由此，保险公司在实践中理赔时，如被保险人无责任，则在无责限额内的相应分项限额内赔付；如被保险人有责任，则在有责限额内的相应分项限额内赔付。对于上述分项限额问题，一直存在争议。但是，根据最高人民法院的答复[3]和《道路交通事故司法解释》第 16 条的规定，人民法院在审理涉及交强险的交通事故损害赔偿案件时，应当遵循分项限额的规定。其理由在于"分项限额不仅仅涉及受害人的损失填补，间接地，还与

---

〔1〕《交强险条例》第 23 条规定，机动车交通事故责任强制保险在全国范围内实行统一的责任限额。责任限额分为死亡伤残赔偿限额、医疗费用赔偿限额、财产损失赔偿限额以及被保险人在道路交通事故中无责任的赔偿限额。机动车交通事故责任强制保险责任限额由保监会会同国务院公安部门、国务院卫生主管部门、国务院农业主管部门规定。

〔2〕《中国保险监督管理委员会关于调整交强险责任限额的公告》(2008 年 1 月 11 日)，交强险责任限额如下：被保险机动车在道路交通事故中有责任的赔偿限额为：死亡伤残赔偿限额 110, 000 元人民币；医疗费用赔偿限额 10, 000 元人民币；财产损失赔偿限额 2000 元人民币。被保险机动车在道路交通事故中无责任的赔偿限额为：死亡伤残赔偿限额 11, 000 元人民币；医疗费用赔偿限额 1000 元人民币；财产损失赔偿限额 100 元人民币。上述责任限额从 2008 年 2 月 1 日零时起实行。截至 2008 年 2 月 1 日零时保险期间尚未结束的交强险保单项下的机动车在 2008 年 2 月 1 日零时后发生道路交通事故的，按照新的责任限额执行；在 2008 年 2 月 1 日零时前发生道路交通事故的，仍按原责任限额执行。

〔3〕最高人民法院《关于在道路交通事故损害赔偿纠纷案件中机动车交通事故责任强制保险中的分项限额能否突破的请示的答复》[(2012)民一他字第 17 号]，其内容为："辽宁省高级人民法院：你院〔2012〕辽民一他字第 1 号《关于在道路交通事故损害赔偿纠纷案件中，机动车交通事故责任强制保险中的分项限额能否突破的请示》已收悉，经研究，答复如下：根据《中华人民共和国道路交通安全法》第十七条、《机动车交通事故责任强制保险条例》第二十三条，机动车发生交通事故后，受害人请求承保机动车第三者责任强制保险的保险公司对超出机动车第三者责任强制保险分项限额范围予以赔偿的，人民法院不予支持。

交强险的费率水平等涉及不特定多数人利益的问题息息相关。如果此类问题交由司法判断,由于司法权的被动性、个案解决纠纷的目的导致法院在就诉争问题作出决策时,往往忽视个案对整体社会效果的考虑。如果这个问题交由司法判断,在解决纠纷、化解矛盾的激励之下,司法判断往往会实现个案的化解但却忽视对公众的基本财产权产生的影响"。[1] 因此,在目前的立法和国情下,"交强险责任限额"应当遵循,不应突破。

多车发生交通事故的案件中,"交强险责任限额"是计算各保险公司赔偿损失数额的主要依据。本案是典型的多辆机动车发生交通事故案件,其中涉及有责方交强险和无责方交强险各自赔偿比例的确定问题。而且,本案同时涉及"交强险责任限额的分项限额问题",使得法院在确定有责方保险公司和无责方保险公司的赔偿数额时极容易出现错误。本案中受害人在医疗费用赔偿限额项下的各项损失已经超出了交强险有责医疗费用赔偿限额和无责医疗费用赔偿限额之和,故二保险公司应在各自的交强险医疗费用赔偿限额内承担受害人的医疗费用赔款,超出赔偿限额部分的医疗费用损失应由有责方保险公司根据商业三者险的保险合同予以赔偿;而受害人在死亡伤残赔偿限额项下的各项损失未超出交强险有责死亡伤残赔偿限额和无责死亡伤残赔偿限额之和,故二保险公司应按照其责任限额与责任限额之和的比例承担相应的赔偿责任。

本案一审时,法院未能按照《道路交通事故司法解释》的有关规定,正确适用法律,导致判决结果错误。二审在正确适用法律的同时,将该《道路交通事故司法解释》第21条的具体适用方法,结合本案的具体情况详细予以论述,既向当事人进行了释法析理,又为一审法院今后处理同类案件作出了相应的指导,从而避免此类错误再次出现。

【裁判依据】

《道路交通事故司法解释》第16条、第21条

---

〔1〕 最高人民法院民事审判第一庭编著:《最高人民法院关于道路交通损害赔偿司法解释理解与适用》,人民法院出版社2012年版,第216页。

20

经营性车辆的停运损失作为间接损失可在交强险财产损失赔偿限额范围内获得赔偿，其是否属于商业三者险的赔偿范围应根据商业三者险保险合同条款的内容和效力分不同情形加以认定

——王某与贾某等机动车交通事故责任纠纷案

裁判规则

在机动交通事故责任纠纷案件中，财产损失的赔偿范围应根据《道路交通事故司法解释》第14条和第15条的规定予以确定。根据间接损失的定义和特征，经营性车辆的停运损失属于间接损失，其可在交强险财产损失赔偿限额范围内获得赔偿。间接损失是否属于商业三者险的赔偿范围应根据商业三者险保险合同条款的内容和效力分不同情形加以判定。

案　情[1]

2015年12月18日15时40分，在海淀区花园桥南向北辅路，贾某驾驶车牌号为晋B866××大客车由北向南行驶，张某驾驶车牌号为京BU26××小客车由北向南行驶，两车相撞，造成两车受损。此次交通事故经交通部门认定，确定贾某负事故的全部责任。贾某所驾车辆在保险公司投保了交强险及商业三者险

[1] 北京市第一中级人民法院(2018)京01民终4322号。

50 万元,事故发生时在保险期间内。张某驾驶的车辆在修理厂共修理 10 日,王某系北京针众出租汽车有限公司司机,与张某共同承包运营京 BU26 × × 小客车,个人月承包金为 4140 元,燃油补助费为每月 835 元。王某向一审法院起诉要求贾某、保险公司赔偿承包金 2018.42 元、误工费 1861.83 元。一审法院审理后,判决保险公司在商业三者险范围内赔偿王某承包金 1102 元、误工费 1333.3 元。

一审判决作出后,保险公司不服提出上诉。保险公司认为根据《第三者责任保险条款》第 26 条的规定,被保险机动车发生意外事故,致使任何单位或个人停业、停驶等造成的损失及间接损失保险人不负赔偿责任。故王某要求保险公司赔偿承包金、误工费属于间接损失,一审法院支持错误。请求改判保险公司减少保险赔偿金 2435.3 元。

【裁判结论】

一审判决认定事实清楚,判决保险公司在商业三者险范围内赔偿王某承包金、误工费正确。但是,一审判决主文中未对王某的其他诉讼请求作出处理错误,对此二审法院予以改判。

【裁判观点】

一审法院经审理后认为,此次交通事故经交通部门认定,贾某应负事故的全部责任,晋 B866 × × 大客车投保机动车交通事故强制保险,故保险公司应在限额内先行承担赔偿责任,不足部分,由保险公司在商业险范围内承担赔偿责任。保险公司未提供证据证明其对免赔责任已尽到明确告知义务,故保险公司对王某的承包金 1102 元和误工费 1333.3 元的损失承担赔偿责任。

二审法院经审理后认为,《道路交通事故司法解释》第 15 条规定,因道路交通事故造成下列财产损失,当事人请求侵权人赔偿的,人民法院应予支持:(1)维修被损坏车辆所支出的费用、车辆所载物品的损失、车辆施救费用;(2)因车辆灭失或者无法修复,为购买交通事故发生时与被损坏车辆价值相当的车辆重置费用;(3)依法从事货物运输、旅客运输等经营性活动的车辆,因无法从事相应经营活动所产生的合理停运损失;(4)非经营性车辆因无法继续使用,所产生的通常替代性交通工具的合理费用。根据上述司法解释的规定,合法营运车辆的合理停运损失属于机动车交通事故责任财产损失的赔偿范围。其虽属于间接损失，但保险公司对此种损失是否在商业三者险限额内免责，应首先判断该项免责条款是否有效。而保险合同中的免责条款是否有效，应根据保险公司是否就免责条款向投保人进行了提示和说明来加以判定。针对是否履行了提示和说明义务，保险公司负有相应的举证责任，如保险公司不能就此提供证据予以证明，则该项免责条款不发生法律效力。本案中，王某主张的承包金和误工费均属于上述司法解释规定的营运车辆的“停运损失”。虽然，保险公司主张根据商业三者险条款的约定，王某主张的承包金和误工费属于间接损失，其在商业三者险限额内不承担赔偿责任。但是，保险公司在本案中并未提供证据证明其已就该项免责条款向投保人履行了提示和说明义务。故在此种情况下，不应认定该项免责条款具有法律效力。一审法院据此判决保险公司在商业三者险限额内赔偿王某承包金和误工费损失正确。保险公司就此提出上诉主张缺乏事实和法律依据，法院不予支持。

法官评析

本案涉及交强险和商业三者险是否赔偿间接损失的问题。在审理此类案件时，保险公司往往以受害人要求赔偿的财产损失属于间接损失为由主张在交强险和商业三者险范围内免除赔偿责任。对此，首先，应查明受害人主张的损失是否属于间接损失；其次，审查保险合同中有关“间接损失免赔”条款的效力，进而判断保险公司是否应对间接损失承担赔偿责任。

间接损失即可得利益的减少，指由于侵权人侵害他人财产的行为，导致被侵权人在一定范围内与财产相关的未来利益的损失。间接损失不是现有财产的减少，而是被侵权人基于财产而可能产生的利益的减少，是被侵权人可能得到的财产利益因侵权行为而丧失的损失。间接损失有三个特征：一是损失的是一种未来的可得利益，在侵害行为实施时，它只具有一种财产取得的可能性，还不是一种现实的利益。二是这种丧失的未来利益是具有实际意义的，而不是抽象的或者假设的。三是这种可得利益必须是一定范围内的，即损害该财物的直接影响所及的范围，超出这个范围，不能认为是间接损失。[1]

由于财产损失造成间接损失的情况比较复杂，是否赔偿、如何赔偿，无论是在理论界还是在司法实务中都存在争议，并无统一意见。正因如此，法律、司法解释均未对直接损失和间接损失的分类作出明确规定。《侵权责任法》确定何种间接损失具有可赔偿性，其实是"权利保护"和"行为自由"两种价值取向平衡后的制度选择。从侵权法制度的目的来看，《侵权责任法》不仅是权利保护法，同时也是合理划定人们行为自由界限的法律，如果赔偿范围过大，则会影响其行为自由，有违利益平衡的原则，阻碍社会的发展。侵权行为法只有当它避免了过分苛严的责任时，才能作为有效的、有意义的和公正的赔偿体系运行。[2] 从侵权责任的构成要件来看，其"四个构成要件"也是对侵权责任范围的限制，尤其是因果关系规则，其适用旨在限制可赔偿性损害的范围，避免行为人对因其不慎行为所致之一切损害承担赔偿责任。而区分直接损失和间接损失的意义之一，恰恰在于因果关系的远近程度不同，直接损失是因加害行为直接造成的，与加害行为的联系最为密切，间接损失则与加害行为的关系较为遥远。[3] 据此，在机动车交通事故责任纠纷案件中，法律、司法解释规定何种间接损失具有可赔偿性，更多的是一种价值选择，并无理论上对错之分。

《道路交通事故司法解释》第 15 条将机动车交通事故责任纠纷案件中财产损失的可赔偿范围明确进行了规定，且该条并无"等"字或其他兜底性条款，其规定的财产损失赔偿范围是被限定的，并无扩大解释的余地。根据间接损失的定义，第 15 条中的第 1 项、第 2 项应属直接损失并无异议，第 3 项属间接损失也有司法解释起草者的明确解释。[4] 对于第 15 条第 4 项规定的非经营性车辆替代交通工具费是否属于间接损失，有持肯定的观点。[5] 但从间接损失的含义和特征来审视，笔者认为其应属直接损失。非

---

〔1〕 参见全国人大常委会法制工作委员会编：《中华人民共和国侵权责任法释义》，法律出版社 2010 年版，第 97 页。

〔2〕 参见［德］克雷斯蒂安·冯·巴尔：《欧洲比较侵权行为法（下卷）》，张新宝译，法律出版社 2001 年版，第 1 页。

〔3〕 参见程啸：《侵权责任法》（第 2 版），法律出版社 2015 年版，第 218 页。

〔4〕 参见最高人民法院民事审判第一庭编著：《最高人民法院关于道路交通损害赔偿司法解释理解与适用》，人民法院出版社 2012 年版，第 197 页。

〔5〕 参见程啸：《侵权责任法》（第 2 版），法律出版社 2015 年版，第 218 页。

经营性车辆替代性交通工具费实质上是车辆的“使用中断损失”。所谓“使用中断损失”是指车辆部分受损,在维修期间因使用利益丧失而产生的相关损失。非经营性车辆因交通事故受损被送往修理厂修理期间,所有人不能使用车辆,对车辆本身固有的“使用利益”丧失。非经营性车辆的“使用利益”是一种现实的利益,并非未来可得的利益。《道路交通事故司法解释》第 15 条将“经营性车辆停运损失”和“非经营性车辆停用损失”在第 3 项和第 4 项中分别规定,也从一个侧面反映出司法解释的起草者认为两者的性质并不相同。前者实际是对侵害经营造成经营利润损失的计算,是“用于货物运输、旅客运输或者汽车租赁等经营活动的车辆,无法从事相应经营活动而产生的损失”,是一种可得利益损失;后者则是因交通工具“无法继续使用而遭受的损失”,是一种不包括利润和收益的现实损失。使用中断损失的可赔偿性基础在于,一个物的随时之使用可能性是有市场价值的,因而在维修期间所有权人的该财产体现在这一部分上的价值就减少了。此外,将单纯的“使用中断”列为可赔偿性损害可以避免这样一个矛盾,即用于营利目的的物之所有权人对于可期待利益的丧失可以毫无困难地获得赔偿,而为个人日常生活所使用的物之所有权人,在一段时间内不能根据购买某物时设立的目的使用该物时却根本得不到赔偿。[1] 因此,《道路交通事故司法解释》第 15 条在将“经营性车辆停运损失”纳入赔偿范围的情况下,对非经营性车辆同等对待,将单纯使用中断的损失——“非经营性车辆替代性交通工具费”也列为可赔偿损失范围。在此需要强调的是,《侵权责任法》并未区分直接损失和间接损失,《道路交通事故司法解释》第 15 条只是从可赔偿性角度规定了财产损失的赔偿范围,也未区分直接损失和间接损失。换言之,《道路交通事故司法解释》第 15 条规定的赔偿项目就是机动车交通事故责任纠纷案件可赔偿的财产损失范围。在机动车交通事故责任纠纷案件中,区分直接损失和间接损失的价值和意义在于,判断其是否属于交强险和商业三者险的赔偿范围。

间接损失是否属于交强险和商业三者险的赔偿范围,应根据具体险种具体分析。在交强险财产损失赔偿限额项下,间接损失是否属于赔偿范围,

---

〔1〕 参见[德]克雷斯蒂安·冯·巴尔:《欧洲比较侵权行为法(下卷)》,张新宝译,法律出版社 2001 年版,第 16 页。

在实务界存在不同理解。一种观点认为，被保险人对第三者的赔付责任不包括间接损失。《机动车交通事故责任强制保险条款》(中保协条款〔2006〕1号，2007年1月1日公布施行)第10条第3项规定，被保险机动车发生交通事故，致使受害人停业、停驶、停电、停水、停气、停产、通信或者网络中断、数据丢失、电压变化等造成的损失以及受害人财产因市场价格变动造成的贬值、修理后因价值降低造成的损失等其他各种间接损失，交强险的保险公司不负赔偿责任。支持此观点的逻辑思路主要是从保险公司风险控制的角度出发，认为间接损失数额难以确定，保险公司无法对风险进行合理预测，因而难以确定保险费率，实践中操作难度大。另一种观点认为，《民法通则》第117条第3款规定受害人因此遭受其他重大损失的，侵害人并应当赔偿损失，体现了间接损失应当赔偿的立法精神。同时，依据《保险法》的规定，责任保险的保险标的是被保险人向第三者依法应负的赔偿责任，并不存在"直接损失"与"间接损失"之分，保险公司对于间接损失不承担赔偿保险金的责任，缺乏法律依据，也不符合此险种设立的目的。〔1〕 笔者认为，根据交强险的功能定位以及《道路交通事故司法解释》第15条和第16条的规定，上述第二种观点值得肯定。根据《道路交通安全法》第76条的规定，我国的交强险制度更加强调交强险的基本保障功能，更为重视对受害人损失的填补功能，相应地，交强险在其责任限额范围内与侵权责任在一定程度上相互分离。因此，发生交通事故后，应当首先由交强险在其责任限额范围内(包括分项限额)予以赔偿。〔2〕 交强险强制投保、赔偿项目和数额等都是法定的，若允许其没有明确法律依据即限制赔偿范围，显然对被保险人和第三者有失公平，也不符合其设立初衷。虽然，《机动车交通事故责任强制保险条款》第10条第3项的规定对间接损失的赔偿持否定态度，但其是根据《道路交通安全法》《保险法》《机动车交通事故责任强制保险条例》而制定，其条款若不符合上述法律及其上位法《民法通则》等的精神应当无效。因此，除非数额难以确定的预测性可得利益损失，只要可以证明、数额基本确定的间接损失，在交强险中都应赔偿。正因为采纳了上述第二种观点，《道路交

〔1〕 参见杨心忠等:《交通事故责任纠纷裁判精要与规则适用》，北京大学出版社2016年版，第116页。

〔2〕 参见最高人民法院民事审判第一庭编著:《最高人民法院关于道路交通损害赔偿司法解释理解与适用》，人民法院出版社2012年版，第16页。

通事故司法解释》第 15 条规定的财产损失赔偿项目未区分直接损失和间接损失,而直接将可赔偿的财产损失项目直接列明,只要属于第 15 条规定的赔偿项目,如果没有超过"交强险"财产损失的责任限额,可直接判决由交强险的保险公司承担赔偿责任。此外,现行的交强险财产损失有责赔偿限额为 2000 元,一起交通事故往往直接损失(如车辆修理费)数额就已经超过了上述限额,间接损失一般都在交强险限额之外获得赔偿。所以在审判实践中,关于交强险财产损失限额内是否免赔间接损失的纠纷并不多见。

商业三者险是否赔偿间接损失,应根据商业三者险的保险合同有关免责条款的效力,具体情况具体分析。商业三者险是机动车的所有人或管理人为了分散因机动车运行所可能导致的侵权责任而购买的保险,在功能上,商业三者险更加注重对机动车所有人或管理人风险的分散,与交强险不能等同视之。同时,我国的商业三者险是以交强险赔偿之后,被保险人依法应当承担的侵权责任为保险标的,因此,商业三者险所形成的法律关系,就必须以《保险法》和商业三者险合同为基本的裁判依据。根据《保险法解释(二)》的规定,对于间接损失不予赔偿的免责条款,保险人应尽到提示义务和说明义务,并就此承担举证责任。否则,针对间接损失的免责条款无效,商业三者险保险公司应在其商业三者险赔偿限额项下承担赔偿责任。

【裁判依据】

《侵权责任法》第 19 条

《道路交通事故司法解释》第 15 条

5

CHAPTER

第五章

机动车交通事故侵权责任的抗辩事由

01

受害人故意碰撞行驶中的机动车造成损害的，机动车一方不承担赔偿责任

——魏某某等人与彭某某、中华联合保险公司等机动车交通事故责任纠纷案

裁判规则

受害人的故意碰撞行为与损害后果之间具有全部的因果关系，即受害人的故意碰撞行为是导致事故发生的唯一原因的情况下，机动车驾驶人不承担赔偿责任。否则，即便造成事故的直接原因是受害人的故意碰撞行为，机动车驾驶人也依然要承担一定的侵权责任。

案 情[1]

2016年9月23日19时52分左右，倪某与一辆重型半挂牵引车牵引重型集装箱半挂车在江苏省常州市312国道常州市钟楼区邹区镇北大街路口西50米路段发生碰撞后倒地头朝北脚朝南趴伏在312国道南半幅机动车道内，19时53分左右，彭某某持证驾驶苏D×××××号小型轿车沿312国道南半幅机动车道由西向东行驶至事发段，苏D×××××号小型轿车左侧车轮与趴伏在事发地的倪某下肢部分发生碾压，造成交通事故。后"120"救护车到现场抢救，宣布倪某死亡，经法医鉴定倪某死亡原因为颅脑损伤。嗣后，彭某某对上述事故责任认定书不服，向常州市公安局交通警察支队对该事故申请复核。2016年11月

〔1〕 江苏省常州市中级人民法院(2017)苏04民终907号。

24日，常州市公安局交通警察支队作出道路交通事故认定复核结论，其复核认为：该道路交通事故认定事实清楚、证据确实充分、适用法律正确、责任划分公正、调查程序合法；复核结论为：维持常州市钟楼交警大队作出的常公交钟认字（2016）第ZQ118号道路交通事故认定书。

关于倪某死亡情况，常州市公安局交通警察支队出具的综合调查报告载明：死者倪某当天在晚上在家中与其妻子发生矛盾并将其妻子打伤，后独自一人从家中出来，19点37分左右出现在312国道邹区北大街路口西侧的监控视频范围内，并一直在312国道两侧的机动车道内徘徊，19时52分左右一辆沪D××××××号重型半挂牵引车牵引沪H1752挂号挂车沿312国道南半幅中间直行车道由西向东行驶至事发段遇前方红灯减速慢行时，倪某突然从南侧机非隔离花坛起身，冲向沪D×××××重型半挂牵引车，并在靠近沪D×××××重型半挂牵引车时突然鱼跃钻进了挂车的右侧后轮底下，导致头部被货车右侧后轮碾压致死，并得出结论：倪某明知钻进流动的货车车轮下有发生致人受伤乃至死亡的危险，但其仍然多次积极、主动采取上述行为，导致死亡结果的发生，主观故意明确，应当认定为主观故意，而不是过错也不是意外，其故意通过以采取极端方式伤害自己身体达到个人目的的行为，不能认定为交通事故。常州市公安局物证鉴定处作出的倪某尸检报告记载：前额、颜面部散在表皮剥脱，头面部扁平状畸形，头颅崩裂，脑组织外溢；左足散在撕脱伤，右膝关节前侧、左膝关节外侧、内侧表皮剥脱。死者倪某与魏某某系夫妻关系，夫妻二人生育一子倪某文。倪某父亲已死亡多年，母亲刘某某，倪某父母共生育子女三人，即倪某、倪某顺，另倪某大哥已死亡，无其他兄弟姐妹。彭某某驾驶的苏D×××××号小型轿车登记车主为其本人，彭某某为该车向中华联合保险公司投保了交强险和商业三者险，商业三者险的保险金额为1,000,000元，并约定不计免赔，本案交通事故发生在保险期间内。倪某家属魏某某、倪某文、刘某某诉至法院，要求彭某某、赔偿死亡赔偿金、丧葬费、精神损害抚慰金等各项损失429,129元。一审法院经审理后判决，驳回魏某某、倪某文、刘某某的诉讼请求。

一审判决作出后，魏某某、倪某文、刘某某不服提出上诉，认为一审法院仅以倪某系因颅脑损伤死亡为由，免除彭某某、中华联合保险公司的赔偿责任不妥，请求依法撤销一审判决，改判支持其一审诉讼请求。

【裁判结论】

倪某故意与行驶中的货车碰撞造成第一次事故，该货车驾驶人的行为与倪某死亡之间不存在因果关系，其对倪某的死亡后果不承担赔偿责任。彭某某驾驶车辆碾压倪某下肢部分导致第二次事故发生，彭某某的行为与倪某死亡之间存在因果关系，故彭某某应对倪某的死亡承当赔偿责任。

【裁判观点】

一审法院经审理后认为，倪某与一辆重型半挂牵引车牵引重型集装箱半挂车在事发段发生碰撞后倒地头朝北脚朝南趴伏在312国道半幅机动车道内。经常州市公安局交通警察支队调查倪某系自主钻进上述车辆右侧后轮底下，导致头部被货车右侧后轮碾压。经法医鉴定，倪某死亡原因系颅脑损伤死亡。因倪某系以采取极端方式伤害自己身体达到个人目的的行为，常州市公安局交通警察支队未认定为交通事故。常州市公安局物证鉴定处作出的尸检报告载明的死亡原因系颅脑损伤死亡，并描述死者前额、颜面部散在表皮剥脱，头面部扁平状畸形，头颅崩裂，脑组织外溢，与调查报告记载及事故认定书死因一致。尸检报告系常州市公安局物证鉴定中心作出，魏某某、倪某文、刘某某未提供其他相反证据予以反驳，法院对该尸检报告予以采信。本案中，交警部门出具的事故认定书中载明事故经过明确，彭某某驾驶苏D×××××号小型轿车经过事发地时与趴伏在事发地的倪某下肢部分发生碾压，未碾压死者头部，倪某死因为颅脑损伤死亡，不能认定其死亡与本次事故的碾压行为间存在因果关系，故魏某某、倪某文、刘某某主张的倪某因死亡而产生的死亡赔偿金、精神损害抚慰金、丧葬费、被扶养人生活费、交通费、误工费，不应由彭某某、中华联合保险公司承担。魏某某、倪某文、刘某某未向法院主张倪某因下肢发生碾压而产生的损失赔偿费用，故法院对魏某某、倪某文、刘某某的诉讼请求不予支持。综上，判决驳回魏某某、倪某文、刘某某的诉讼请求。

二审法院经审理后认为，2016年9月23日19时52分左右，倪某与一辆重型半挂牵引车牵引重型集装箱半挂车在常州市312国道发生碰撞后倒地头朝北脚朝南趴伏在312国道南半幅机动车道内，该事故经交警部门认定为不构成交通事故。19时53分左右，彭某某持证驾驶苏D×××××号小型轿车沿312国道南半幅机动车道由西向东行驶至事发段，轿车左侧车轮与趴伏在事发地的倪某下肢部分发生碾压,造成交通事故。后“120”救护车到现场抢救,宣布倪某死亡。鉴于两次事故之间间隔时间极短,而倪某宣布死亡的时间在两次事故之后,虽经法医鉴定倪某死亡原因为颅脑损伤,但彭某某驾驶车辆碾压倪某下肢部分导致倪某伤情加重失去抢救时间亦是导致倪某死亡的原因之一,鉴于本案目前已经无法就彭某某所涉交通事故导致倪某死亡的原因力进行司法鉴定,法院酌定彭某某所涉交通事故对倪某死亡承担10%的责任。彭某某应赔偿魏某某、倪某文、刘某某因倪某死亡导致的损失为827,948元×10%=82,794.8元,因彭某某所驾驶的车辆在中华联合保险公司投保了交强险,故上述应由彭某某赔偿的损失应由中华联合保险公司在交强险责任范围内予以赔偿。

法官评析

本案是一起典型的受害人故意碰撞行驶中的机动车而引发的纠纷。《侵权责任法》第27条规定,损害是因受害人故意造成的,行为人不承担责任。《道路交通安全法》第76条第2款规定,交通事故的损失是由非机动车驾驶人、行人故意碰撞机动车造成的,机动车一方不承担赔偿责任。《交强险条例》第21条第2款规定,道路交通事故的损失是由受害人故意造成的,保险公司不予赔偿。

关于受害人故意,一种观点认为,是指受害人明知自己的行为会发生损害自己的后果,而希望或者放任此种结果的发生。受害人故意分为直接故意和间接故意。直接故意是指受害人从主观上追求损害自己的结果发生。间接故意是指受害人已经预见到自己的行为可能发生损害自己的结果,却不停止该行为,而是放任损害结果的发生。[1] 另一种观点则认为,受害人故意是指受害人故意给自己造成损害的情形。受害人故意只能是直接故意,不包括间接故意。因为间接故意与重大过失往往不易区分,如果将间接故意纳入进来,就会产生不当免除被告责任的不公正后果。[2] 在交通事故中,受害人故意碰撞机动车,多为自杀或自残,其主观上应为积极追求自身

〔1〕参见全国人大常委会法制工作委员会编:《中华人民共和国侵权责任法释义》,法律出版社2010年版,第140~141页。

〔2〕参见程啸:《侵权责任法》(第2版),法律出版社2015年版,第298页。

伤亡的结果。如果受害人已经预见到自己的行为可能发生损害自己的结果,却不停止该行为,而是放任损害结果的发生,从受害人主观分析,其也仍然是一种积极追求损害结果的精神状态。所以,受害人故意中并无间接故意存在的解释空间。

在我国的道路交通事故中,还有一种类型的受害人故意,即"碰瓷"现象。所谓"碰瓷",即行为人故意以碰撞机动车的方式来对车主进行敲诈,从而达到非法占有车主相应财物的目的。[1] 此种受害人故意比较特殊,其并非真正追求损害后果的发生,而是采取一定的技巧、手段避免损害后果的发生,其只是想达到"如同被机动车碰撞一样"的效果。因此,在"碰瓷"的情形中,"碰瓷"者从事碰撞机动车的行为的主观是故意的,但对于损害后果的发生却并不具有故意。严格来说,这种行为不属于《侵权责任法》第 27 条规定的受害人故意。但是由于这种行为属于违法犯罪行为,法律必须予以惩治,故《道路交通安全法》第 76 条第 2 款将"碰瓷"也规定为机动车驾驶人的免责事由,并以"故意碰撞机动车"替代"受害人故意造成损害"的表述。此外,"碰瓷"行为不仅不应当予以赔偿,而且要根据其行为的具体情节,分别按照以危险方法危害公共安全罪、故意毁损财物罪、抢劫罪、敲诈勒索罪、诈骗罪等规定追究刑事责任;对其中情节轻微,尚不构成犯罪的,也应当依照《治安管理处罚法》的规定,予以拘留、罚款等处罚。

受害人故意,除了受害人主观上是"故意"之外,客观上,损害后果也应完全是因为受害人的此种"故意"行为所致,即受害人故意的行为是其损害发生的唯一原因,行为人的行为与损害之间不存在因果关系。否则,即便造成损害的直接原因是受害人的故意行为,行为人依然要承担一定的侵权责任。具体而言,如果受害人的损害后果是受害人的故意行为和行为人的行为相互结合导致;从因果关系角度分析,两者应为共同因果关系,即两者各自的单一行为都不足以造成全部的损害,并且它们对于损害的发生都具有一定的原因力;从过错角度分析,行为人主观上存在过失,即存在"对损害后果的发生,应注意或能注意却未注意,应避免或能避免却未避免"的心理状态;在此种情形下,不能免除行为人的责任,只能认定受害人对损害的发生

---

〔1〕 参见程啸:《侵权责任法》(第 2 版),法律出版社 2015 年版,第 299 页。

具有重大过失，应适用《侵权责任法》第26条关于“过失相抵”的规定，减轻行为人（加害人）的赔偿责任。

本案中，根据常州市公安局交通警察支队出具的“关于倪某死亡情况的综合调查报告”的结论，第一次事故发生时，倪某明知钻进行驶中的货车车轮下有发生致人受伤乃至死亡的危险，但其仍然多次积极、主动采取上述行为，导致死亡结果的发生，主观故意明确。而且，第一次事故发生完全是因为倪某故意“钻车轮”所致。故发生第一次事故的货车驾驶人依据《道路交通安全法》第76条第2款的规定，其不承担任何赔偿责任。第二次事故发生时，倪某已经因第一次事故而“倒地头朝北脚朝南趴伏在312国道半幅机动车道内”，彭某某驾驶车辆碾压了倪某下肢部位。此时，倪某并无故意行为，倪某下肢被碾压又无法排除与其死亡后果之间的因果关系。故此种情况下，不应再适用《道路交通安全法》第76条第2款规定，而应按照《道路交通安全法》第76条第1款规定，认定彭某某是否应承担赔偿责任。

【裁判依据】

《侵权责任法》第27条

《道路交通安全法》第76条

《交强险条例》第21条

02

司机无证、醉酒驾驶机动车发生交通事故，承保交强险的保险公司仍应在责任限额范围内对第三人的人身损害承担赔偿责任

——王某与韩某、辛某某等机动车交通事故责任纠纷案

裁判规则

司机无证、醉酒驾驶机动车发生交通事故导致第三人人身损害的，承保交强险的保险公司应当在责任限额范围内承担赔偿责任，承保交强险的保险公司赔偿后有权向侵权人追偿。

案 情[1]

2016 年 12 月 5 日 15 时 8 分许，韩某未取得机动车驾驶证、醉酒后驾驶津 D×××××号黑色“朗逸”牌小型轿车，沿天津市滨海新区大港葛万公路以 72km/h 的速度由东向西行驶至万码建材门前时，撞到前方顺行准备左转弯的王某驾驶的津 K×××××号灰色“长安”牌小型面包车的后部左侧，后王某车又与葛万公路南侧的树木及电杆碰撞，造成王某受伤、两车损坏的交通事故。经天津市公安交通管理局大港支队事故处理大队认定，韩某承担事故全部责任，王某不承担事故责任。王某因交通事故受伤到天津市滨海新区大港医院住院治疗 7 天，共支出医疗费 18,635.92 元。一审法院审理期间，根据王某的申请委托天津市天意物证司法鉴定所对王某因交通事故造成的身体伤残程度、误工期、护理

---

〔1〕 天津市第二中级人民法院(2017)津 02 民终 4327 号。

期、营养期进行鉴定。2017年4月5日,该鉴定机构出具鉴定意见:王某胸部损伤符合十级伤残。王某误工期为150日,护理期为90日,营养期为60日。王某支出司法鉴定费3500元。韩某驾驶的津D×××××号黑色"朗逸"牌小型轿车的所有人为辛某某,本案交通事故发生时,该车在中国人民财产保险股份有限公司天津市分公司电子商务营业部(以下简称人保电子商务营业部)投保交强险及限额为500,000元的商业三者险。王某诉至一审法院请求:韩某、辛某某及人保电子商务营业部赔偿王某医疗费18,635.92元、营养费3000元、住院伙食补助费700元、误工费16,230元、护理费9738元、残疾赔偿金36,964元、精神损害抚慰金10,000元、被扶养人生活费10,317元、鉴定费3500元、交通费1600元,合计110,684.92元。一审法院经审理后判决,人保电子商务营业部在交强险的责任限额内赔偿王某损失83,549元,韩某赔偿王某损失12,188.74元;辛树岩赔偿王某损失3047.18元。

一审判决作出后,人保电子商务营业部不服提出上诉认为,韩某系无驾驶资格醉酒驾驶机动车,根据交强险条款规定,保险人除垫付必要的抢救费用外,不负责垫付和赔偿其他费用,本案中,王某无须垫付抢救费用,故人保电子商务营业部不应当承担赔偿责任,请求改判人保电子商务营业部不承担赔偿责任。

【裁判结论】

韩某未取得机动车驾驶证、醉酒驾驶机动车,与正常行驶的王某的车辆相碰撞,韩某负事故全部责任。人保电子商务营业部作为承保肇事车辆交强险的保险公司,在医疗费用赔偿限额和死亡伤残赔偿限额内对王某的人身损害承担赔偿责任。超出交强险限额范围的其他损失,由韩某和辛某某根据各自过错承担赔偿责任。

【裁判观点】

一审法院经审理后认为,本案交通事故中,韩某未取得机动车驾驶证、醉酒后驾驶机动车发生交通事故并且承担事故的全部责任,其所驾驶的机动车在人保电子商务营业部投保了交强险,依照《道路交通事故司法解释》第18条第1款的规定,对于交通事故致使第三人产生的人身损害,人保电子商务营业部应在交强险责任限额范围内予以赔偿。交强险不足以赔偿的损失,由韩某赔偿。韩某未取得机动车驾驶证,与辛某某一同饮酒后,醉酒驾驶辛某某所有的机动车发生本案交通事故,辛某某辩称其不知韩某驾驶机动车外出的理由不足以免除辛某某对其机动车管理不善所造成的本案交通事故后果的法律责任。辛某某对于本案交通事故损害的发生亦具有一定的过错,故对于韩某所应赔偿的损失部分,其应承担20%的赔偿责任。

二审法院经审理后认为,本案事故系韩某未取得机动车驾驶证、醉酒驾驶机动车,与正常行驶的王某的车辆相碰撞所致,韩某负事故全部责任,故应当对王某的事故损失承担赔偿责任。人保电子商务营业部作为肇事车辆交强险和商业三者险的保险人,应当依据法律规定和保险合同约定在保险责任限额范围内承担赔偿责任。现人保电子商务营业部主张在交强险责任限额范围内不承担赔偿责任,但是,根据《道路交通事故司法解释》第18条"有下列情形之一导致第三人人身损害,当事人请求保险公司在交强险责任限额范围内予以赔偿,人民法院应予支持:(一)驾驶人未取得驾驶资格或者未取得相应驾驶资格的;(二)醉酒、服用国家管制的精神药品或者麻醉药品后驾驶机动车发生交通事故的;(三)驾驶人故意制造交通事故的。保险公司在赔偿范围内向侵权人主张追偿权的,人民法院应予支持。追偿权的诉讼时效期间自保险公司实际赔偿之日起计算"的规定,本案中,虽然韩某存在未取得机动车驾驶证、醉酒驾驶机动车的违法行为,但人保电子商务营业部仍应当在交强险保险责任限额范围内承担赔偿责任,对此,一审判决认定并无不当,二审法院予以维持,同时,待人保电子商务营业部实际承担赔偿责任后,可以依照上述法律规定向侵权人行使追偿权。

法官评析

本案涉及驾驶人无证、醉酒驾驶机动车发生交通事故,承保交强险的保险公司在责任限额内是否应对第三人的人身损害承担赔偿责任问题。对此,在《道路交通事故司法解释》施行前,司法事务中存在两种截然不同的观点。

第一种观点认为,保险公司不予赔偿,其依据的是《交强险条例》第22条规定,[1]该条免除了保险公司在交强险责任限额内赔偿受害人“财产损失”的责任,同时免除了保险公司在交强险责任限额内赔偿受害人“人身损害”的责任,保险公司只是先行“垫付”抢救费用,其并非终局责任人,保险公司有权在垫付抢救费用后再向加害人追偿。其次,该条中的“财产损失”应作广义理解。从《人身损害赔偿解释》第1条的规定来看,“财产损失”系指与精神损害相对应的广义上的财产损失,因此,《机动车交通事故责任强制保险条例》第22条的免赔范围包括因人身伤亡产生的各项经济损失如残疾赔偿金、死亡赔偿金等。[2] 换言之,在司机无驾驶资格的情形下,保险公司在交强险限额内完全免除对受害人的赔偿责任。

第二种观点认为,保险公司对于受害人的人身损害应当承担赔偿责任。首先,《交强险条例》第22条第1款只是说保险公司应当垫付抢救费用,没有说保险公司就可以免除保险赔偿责任。从《道路交通安全法》第76条的规定来看,保险公司免责事由只有一种,就是受害人故意。《交强险条例》第22条与《道路交通安全法》第76条规定的内容是一致的。该规定适用的是无过错责任归责原则,即保险公司负有在机动车第三者责任强制保险责任限额范围内直接向交通事故受害人赔偿人身伤亡及财产损失的法定义务,免除该义务的唯一事由是受害人的故意行为。[3] 其次,依照《道路交通安全法》第74条的规定,机动车一方即使无任何过失,保险公司也要按照第三者责任保险的原则承担责任,而允许机动车在醉酒和无证等重大过失情形下不承担赔偿责任,明显与一般的认知和逻辑不符。[4]

2012年12月21日起施行的《道路交通事故司法解释》针对上述争论采纳了第二种观点。该解释第18条明确规定,有醉酒驾车、无证驾驶等违法情形发生交通事故造成第三人人身损害的,保险公司在交强险责任限额

[1] 《机动车交通事故责任强制保险条例》(根据2019年3月2日《国务院关于修改部分行政法规的决定》第四次修订)第22条规定,有下列情形之一的,保险公司在机动车交通事故责任强制保险责任限额范围内垫付抢救费用,并有权向致害人追偿:(一)驾驶人未取得驾驶资格或者醉酒的;(二)被保险机动车被盗抢期间肇事的;(三)被保险人故意制造道路交通事故的。有前款所列情形之一,发生道路交通事故的,造成受害人的财产损失,保险公司不承担赔偿责任。

[2] 《最高人民法院关于对安徽省高级人民法院如何理解和适用〈机动车交通事故责任强制保险条例〉第二十二条的请示的复函》(〔2009〕民立他字第42号)。

[3] 参见栗娟:《醉酒驾驶事故中保险公司应承担交强险赔偿责任》,载《人民司法》2008年第18期。

[4] 参见杨心忠等:《交通事故责任纠纷裁判精要与规则适用》,北京大学出版社2016年版,第121页。

范围内承担赔偿责任，保险公司承担赔偿责任后可向侵权人主张。最高人民法院民一庭负责人针对《道路交通事故司法解释》答记者问时，对采纳第二种观点说明了六点理由：(1)交强险的首要功能在于对受害人的保护，因而具有安定社会的功能，而侵权人风险分散的功能则居于次要地位。因此，驾驶人无证驾驶、醉酒驾车等违法情形下保险公司对第三人承担赔偿责任，符合交强险制度的目的。(2)保险公司承担赔偿责任后可以向侵权人追偿，并不会造成放纵违法行为人的后果。并且，保险公司的追偿能力与受害人相比，显然处于更有利的地位，更有利于实现制裁违法行为的目的。(3)由保险公司先行赔偿，再对侵权人追偿的处理方式更有利于实现交强险保护受害人权益、填补受害人损失的功能。(4)《道路交通安全法》第 76 条规定，机动车发生交通事故后，先由交强险的保险公司在交强险责任限额范围内予以赔偿，并未将无证驾驶、醉酒驾车等违法情形排除在外。(5)《交强险条例》第 22 条虽然规定了无证驾驶、醉酒驾车等违法情形下交强险保险公司仅垫付抢救费用而不赔偿财产损失，但《侵权责任法》并未完全采纳该观点，《侵权责任法》第 52 条仅规定机动车被盗抢期间发生交通事故的，交强险保险公司可以免除赔偿责任，只承担垫付抢救费用的责任。这说明，《侵权责任法》对于其他几种情形的评价与对机动车被盗抢期间发生交通事故情形的评价有所不同。(6)从其他国家或地区的立法及实践来看，例如德国、日本、韩国以及我国台湾地区等，都采纳了交强险保险公司在此类情形下先承担赔偿责任，再向侵权人追偿的处理思路。[1]

在审判实务中，适用《道路交通事故司法解释》第 18 条规定时，还需注意如下问题：第一，本条司法解释将交强险的赔偿范围限定在“人身损害”。这主要是考虑到受害人生命健康权维护的紧迫性和必要性，而财产损失的补偿显然没有这样迫切；交强险的保障水平与一国的经济社会发展水平密切相关，应当在全体投保人的保险负担和保险对受害人的保障之间力求平衡。[2] 第二，保险公司在交强险责任限额内承担赔偿责任，即保险公司在

[1] 参见最高人民法院民事审判第一庭编著：《最高人民法院关于道路交通损害赔偿司法解释理解与适用》，人民法院出版社 2012 年版，第 18 ~ 19 页。

[2] 参见最高人民法院民事审判第一庭编著：《最高人民法院关于道路交通损害赔偿司法解释理解与适用》，人民法院出版社 2012 年版，第 238 ~ 239 页。

交强险死亡伤残赔偿限额和医疗费用赔偿限额的范围内赔偿受害人的人身损害，既不能从交强险的总额上突破限额，也不能在分项上超出限额。其依据在于《道路交通安全法》第17条[1]和《交强险条例》第23条[2]的规定。第三，保险公司在已经实际向受害人支付保险金的前提下，在赔偿范围内可以向侵权人主张追偿权。保险公司向侵权人(致害的被保险人)行使追偿权的，不能在交通事故损害赔偿案件中一并审理。保险公司可以在向受害人实际赔偿后另行主张。

【裁判依据】

《道路交通安全法》第76条

《道路交通事故司法解释》第18条

《交强险条例》第22条

[1] 《道路交通安全法》第17条规定，国家实行机动车第三者责任强制保险制度，设立道路交通事故社会救助基金。具体办法由国务院规定。

[2] 《交强险条例》第23条规定，机动车交通事故责任强制保险在全国范围内实行统一的责任限额。责任限额分为死亡伤残赔偿限额、医疗费用赔偿限额、财产损失赔偿限额以及被保险人在道路交通事故中无责任的赔偿限额。机动车交通事故责任强制保险责任限额由国务院保险监督管理机构会同国务院公安部门、国务院卫生主管部门、国务院农业主管部门规定。

03

司机醉酒驾驶机动车发生交通事故，承保商业三者险的保险公司举证证明其就“酒驾免责”条款已向投保人履行提示义务的，保险公司不承担赔偿责任

——朱某与张某、人民财保上海分公司机动车交通事故责任纠纷案

裁判规则

商业三者险保险公司主张对保险合同中免责条款尽了提示与说明义务的，应由保险公司提供证据予以证明，若未能提供证据证明的，该免责条款不产生效力。

法律禁止性规定作为商业三者险合同免责条款的，保险公司只要对其做了足以引起投保人注意的提示，并将保险条款提供给投保人的，则该免责条款有效；否则不产生法律效力，被保险人违反禁止性规定的，保险公司仍需承担赔偿责任。

案　情[1]

2017年3月26日22时10分，案外人蔡某醉酒驾驶沪C8××某某轿车沿康业路由西向东行驶(朱某为车上乘客)，至上海市青浦区朱家角镇康业路朱泖

〔1〕 上海市第二中级人民法院(2018)沪02民终7114号。

河桥，适遇张某酒后驾驶豫AS××某某轿车沿康业路由东向西行驶至此，因蔡某醉酒后驾驶机动车且违反标线通行，张某饮酒后驾驶机动车，致使双方碰撞，造成朱某受伤及两车车损的交通事故。上海市公安局青浦分局交通警察支队出具《非道路交通事故认定书》，认定蔡某承担主要责任，张某承担次要责任，朱某无责。朱某受伤后被送至复旦大学附属中山医院青浦分院就诊，并于2017年3月27日至2017年4月11日住院治疗，共花费医疗费74,320.57元。2017年10月17日，复旦大学上海医学院司法鉴定中心对朱某伤后的伤残等级及三期期限出具鉴定结论，内容为：朱某因交通事故所致左侧七根肋骨骨折，构成×级伤残。伤后可予以休息150日、护理60日、营养60日。需遵医嘱择期二次手术取内固定，可另予休息30日、营养30日、护理30日。赔偿时应酌情考虑该后续医疗费。朱某为此支付鉴定费1950元。张某驾驶的事故车辆在中国人民财产保险股份有限公司上海市分公司（以下简称人民财保上海分公司）处投保了机动车交通事故责任强制保险及商业三者险。朱某起诉请求判令张某、人民财保上海分公司赔偿其医药费74,599.57元、住院伙食补助费310元、交通费500元、衣物损500元、残疾赔偿金115,384元、误工费20,400元、护理费6900元、营养费3600元、精神损害抚慰金5000元、鉴定费1950元；其中人民财保上海分公司在交强险和商业三者险限额内承担先行赔付责任，精神抚慰金在交强险范围内优先赔付；不属于或超出部分由张某承担30%的赔偿责任。一审法院经审理后判决：人民财保上海分公司在交强险责任限额内赔付朱某120,200元（含精神损害抚慰金1500元），人民财保上海分公司在商业三者险责任限额内赔付朱某29,419.37元。

一审判决作出后，人民财保上海分公司不服提出上诉认为，根据本案道路交通事故认定书中载明，被保险人张某饮酒后驾驶机动车，并造成本次交通事故，违反了法律强制性规定，严重危害公共安全，不应当由保险公司为其违法行为买单。根据《机动车综合商业保险条款》第24条第2款第2项之约定，饮酒造成交通事故的，保险人不负赔偿责任。该保险条款是业内普遍制定的规范性条款，张某交了保费，即视为其已经接受了该条款。故人民财保上海分公司在商业三者险范围内无须承担赔偿责任。故请求撤销一审判决，改判人民财保上海分公司不承担本案交强险及商业三者险的赔偿责任。

【裁判结论】

人民财保上海分公司未提供证据证明本案存在交强险免责的法定情形，其应在交强险责任限额内承担赔偿责任。人民财保上海分公司未提供证据证明其就商业三者险中的“酒驾免责”条款向投保人履行了提示义务，人民财保上海分公司对于超出交强险限额的损失，应在商业三者险限额项下按照被保险人的过错比例承担赔偿责任。

【裁判观点】

一审法院经审理后认为，根据事故责任认定，张某承担事故次要责任，确认张某对朱某的合理损失应承担30%的赔偿责任。张某驾驶的事故车辆在人民财保上海分公司处投保了机动车交通事故责任强制保险及商业三者险。人民财保上海分公司未提供证据证明在张某投保商业三者险时已告知其饮酒后驾车属于保险合同免责条款的免责事由，故对人民财保上海分公司免除其商业三者险赔偿责任的意见不予采纳。根据相关规定，应由人民财保上海分公司在强制保险责任限额及商业三者险责任限额内承担赔付责任，超出部分由张某承担相应的赔偿责任。

二审法院经审理后认为，本案二审期间主要争议焦点为人民财保上海分公司作为事故车辆交强险和商业三者险的承保人，是否应当在保险范围内向受害人承担相应赔偿责任。关于交强险，根据相关法律规定，被保险机动车发生道路交通事故造成本车人员、被保险人以外的受害人人身伤亡、财产损失的，由保险公司依法在机动车交通事故责任强制保险责任限额范围内予以赔偿。本案中，张某驾驶事故车辆造成受害人朱某人身及财产损失，人民财保上海分公司主张其不承担交强险赔偿责任，但其并未举证证明本案存在交强险承保人对受害人不承担赔偿责任的法定情形，故对其该项主张，法院难以采纳。关于商业三者险，人民财保上海分公司援引其所提供的《机动车综合商业保险条款》中的约定主张免予赔偿。订立保险合同，采用保险人提供的格式条款的，保险人应当向投保人说明合同的内容。对保险合同中免除保险人责任的条款，保险人在订立合同时应当在投保单、保险单或者其他保险凭证上作出足以引起投保人注意的提示，并对该条款的内容以书面或者口头形式向投保人作出明确说明，即便是对于将法律禁止性规定作为保险合同免责条款的免责事由，保险人亦需向投保人对该条款作出提示,方才发生效力。然而本案中,投保人张某否认其收到过上述保险条款,人民财保上海分公司亦未提供证据证明其已向张某交付了相应的保险条款,因此,法院难以认定人民财保上海分公司就相关免责条款尽到了提示义务,故人民财保上海分公司援引该免责条款要求在商业三者险范围内予以免赔的主张,亦缺乏相应的事实和法律依据,法院难以支持。人民财保上海分公司要求免除其交强险和商业三者险赔偿责任的上诉请求不能成立,二审予以维持。

法官评析

本案涉及被保险人醉酒驾车发生交通事故致人损害,承保交强险和商业三者险的保险公司是否应承担保险责任,以及如何承担保险责任的问题。《道路交通事故司法解释》第 18 条[1]规定"醉酒驾车"致人损害的,保险公司应在交强险责任限额内承担赔偿责任。该司法解释第 16 条[2]规定,对于超出交强险责任限额的损失,根据"由承保商业三者险的保险公司根据保险合同予以赔偿"。实践中,有不少商业三者险保险合同,将被保险人"酒后驾车""无证驾车"等法律禁止行为作为免责事由,约定在免责条款中。此种"违反禁止性规定"免责条款的效力认定,决定着商业三者险是否承担赔偿责任。本案的争议焦点之一在于商业三者险中"酒后驾车"免责条款的效力认定。

《保险法》第 17 条第 2 款规定,对保险合同中免除保险人责任的条款,保险人在订立合同时应当在投保单、保险单或者其他保险凭证上作出足以

〔1〕《最高人民法院关于审理道路交通事故损害赔偿案件适用法律若干问题的解释》第 18 条规定:"有下列情形之一导致第三人人身损害,当事人请求保险公司在交强险责任限额范围内予以赔偿,人民法院应予支持:(一)驾驶人未取得驾驶资格或者未取得相应驾驶资格的;(二)醉酒、服用国家管制的精神药品或者麻醉药品后驾驶机动车发生交通事故的;(三)驾驶人故意制造交通事故的。保险公司在赔偿范围内向侵权人主张追偿权的,人民法院应予支持。追偿权的诉讼时效期间自保险公司实际赔偿之日起计算。"

〔2〕《最高人民法院关于审理道路交通事故损害赔偿案件适用法律若干问题的解释》第 16 条规定:"同时投保机动车第三者责任强制保险(以下简称'交强险')和第三者责任商业保险(以下简称'商业三者险')的机动车发生交通事故造成损害,当事人同时起诉侵权人和保险公司的,人民法院应当按照下列规则确定赔偿责任:(一)先由承保交强险的保险公司在责任限额范围内予以赔偿;(二)不足部分,由承保商业三者险的保险公司根据保险合同予以赔偿;(三)仍有不足的,依照道路交通安全法和侵权责任法的相关规定由侵权人予以赔偿。被侵权人或者其近亲属请求承保交强险的保险公司优先赔偿精神损害的,人民法院应予支持。"

引起投保人注意的提示，并对该条款的内容以书面或者口头形式向投保人作出明确说明；未作提示或者明确说明的，该条款不产生效力。该条款明确了保险人对免责条款的提示、说明义务。由于保险合同多为格式合同，合同条款多由保险人单方拟定。加上保险活动具有高度专业性和技术性，投保人往往不熟悉保险业务和知识，可能无法全面、准确理解保险合同内容。因此，在订立保险合同过程中，投保人处于信息不对称的劣势地位。这就需要保险人对合同条款，尤其是免责条款作出提示和说明。

"酒后驾车"虽然属于法律禁止性规定，但其并不等同于法定免责条款或约定免责条款。禁止性规定是"规定不得为或不准为一定行为的法律规范"。[1] 法定免责条款是法律、行政法规明确规定的不承担责任的情形。[2] 约定免责条款，是指保险合同中载明的保险人不负赔偿责任或者给付保险金责任的条款。法定免责条款和约定免责条款中，行为人违反法律规定的法律后果是保险人不承担保险责任，而在禁止性规定中，行为人违反法律规定，应根据该规定的立法目的受到相应的行政处罚或者刑事处罚，并不当然对私法上的民事合同产生影响，如保险人并未将禁止性规定情形作为免责事由，则禁止性规定的违反不会直接导致免除保险责任的法律效果。如果保险人将禁止性规定纳入免责条款，但未尽提示及说明义务，那么即使投保人知晓"酒后驾车"系违法行为，其也无法知悉"酒后驾车"将导致保险人免责。因此，禁止性规定作为保险合同免责条款的免责事由时，保险人必须对以禁止性规定情形作为免责事由的格式条款进行提示和说明。

提示义务是保险人通过特定的方式提醒投保人注意免除保险人责任条款存在的义务，说明义务则是保险人对免除保险人责任条款进行解释，以使投保人理解免责条款的义务，二者具有不同的功能。[3] 审判实践中，保险人是否履行提示或者说明义务实际上是举证证明问题，即保险人能够提供何种证据来证明其已经履行了提示和说明义务。禁止性规定属于常识性法律知识，较其他免责条款，普通人更容易理解，投保人在订立保险合同时很

---

〔1〕 舒国滢主编：《法理学导论》，北京大学出版社2006年版，第107页。
〔2〕 参见最高人民法院民事审判第二庭编著：《最高人民法院关于保险法司法解释（二）理解与适用》（第2版），人民法院出版社2015年版，第249页。
〔3〕 参见最高人民法院民事审判第二庭编著：《最高人民法院关于保险法司法解释（二）理解与适用》（第2版），人民法院出版社2015年版，第274页。

可能已经知道该免责条款的存在,在保险事故后,如允许投保人以保险人对该条款未明确说明为由主张该条款未产生效力,并要求保险人承担保险责任,显然不利于遏制被保险人的违法行为。由于禁止性规定是任何人知道或应当知道的行为准则,因此投保人在订立保险合同时,只是不知道违反禁止性规定系保险人免责的事由。这就需要保险人充分提示这一事实。因此,《保险法解释(二)》第10条规定,[1]对于商业三者险将法律禁止性规定作为免责事由的,减轻保险人对此类条款说明义务的举证责任。

关于保险人对"违反禁止性规定"免责条款的提示方式,可以参照《保险法解释(二)》第11条规定的方式进行提示,即保险人可以采用足以引起投保人注意的文字、字体、符号或者其他明显标志作出提示。实践中,投保人往往还会以保险人未提供合同条款作为抗辩理由,因此,保险人除了在保险条款部分做出足以引起投保人注意的提示外,还需证明其向投保人出示了合同条款,否则不能认定保险人已履行提示义务。如果投保人在保险单或投保单上签字或盖章确认其已阅读保险条款,则可以认定保险人已出示保险条款。但另有证据证明保险人未出示保险合同条款的除外。

本案中,人民财保上海分公司败诉的原因在于无法举证证明其已对商业三者险中的"酒驾免责"条款向投保人履行了提示义务。此外,"无证驾驶"也属于法律禁止性规定,以其作为免责条款的效力认定与本案"酒后驾驶"免责条款的认定思路一致。

【裁判依据】

《保险法》第17条

《道路交通事故司法解释》第16条、第18条

《保险法解释(二)》第10条、第11条

---

[1] 参见《最高人民法院关于适用〈中华人民共和国保险法〉若干问题的解释(二)》第10条规定,保险人将法律、行政法规中的禁止性规定情形作为保险合同免责条款的免责事由,保险人对该条款作出提示后,投保人、被保险人或者受益人以保险人未履行明确说明义务为由主张该条款不生效的,人民法院不予支持。

04

驾驶人员是否属于职务行为的认定

——郭某与陈某、某出租汽车公司、某保险公司机动车交通事故责任纠纷再审案

裁判规则

用人单位并非对其工作人员的所有侵权行为都承担赔偿责任，只有工作人员因执行工作任务对他人造成损害的，用人单位才承担侵权责任。而工作人员是否系执行工作任务，应根据工作人员的行为是否以用人单位名义、其行为是否在外观上足以被认为属于执行职务、其行为是否依社会共同经验足以认为与用人单位职务有相当关联性的标准进行判断。

案　情[1]

2015 年 3 月 29 日 15 时，郭某驾驶小客车与陈某驾驶的小客车发生交通事故，致郭某受伤，两车损坏。经公安机关认定，陈某负此事故全部责任。司法鉴定认定，被鉴定人郭某伤残等级为×级，伤残赔偿指数为 10%。陈某驾驶的车辆在保险公司投保了交强险，此次事故发生在保险期间内。陈某为甲公司的出租司机，双方签订了承包运营合同，陈某驾驶的车辆归甲公司所有，陈某每月缴纳承包金。

二审期间甲公司提交了北京市政交通一卡通有限公司出具的证明、肇事车辆的运营数据打印件，以证明肇事车辆在事故当天没有运营。二审期间，在庭前

〔1〕 北京市高级人民法院(2017)京民再 9 号。

的询问中，陈某表示不知道公司会有运营数据的记录，在出事故前刚下去一个客人。在后来的庭审中，陈某又表示其在事发前没有拉客人。

二审法院另查，本市出租车在正常运营情况下，均会有相关的数据记录保留在相关部门。

一审判决作出后，甲公司不服提起上诉，以陈某在事故发生时，并不是在运营中，而是在处理私人事情，陈某应作为实际侵权人承担赔偿责任，请求改判甲公司不承担赔偿责任。

【裁判结论】

一审法院判决保险公司承担交强险及商业险赔付责任并返还陈某先行垫付的部分费用，甲公司赔偿原告在保险责任之外的赔偿责任。二审法院认定陈某于事故发生之时非职务行为，判令由陈某替代甲公司赔偿原告在保险责任之外的赔偿责任。再审法院撤销了二审判决，维持一审判决。

【裁判观点】

一审法院经审理后认为，经交通队认定，陈某负此事故全部责任，陈某系甲公司的出租司机，双方签订了承包运营合同，故陈某驾车系职务行为，其驾驶的车辆在保险公司投保了交强险，故应当先由保险公司在交强险限额内赔偿郭某合理合法的经济损失，不足的部分和不属于保险赔偿范围的由甲公司承担赔偿责任。陈某为郭某垫付的费用均应由保险公司予以返还。保险公司经法院依法传票传唤，无正当理由未到庭应诉，视为对答辩权和质证权的放弃。

二审法院经审理后认为：本案争议焦点在于陈某在发生交通事故时是否属于履行职务过程中，进而确定民事赔偿责任的承担。二审审理期间，陈某在事先不知道其运营情况会被记录的情况下，自称在事故发生前刚刚下去一个客人，而在甲公司提供了其运营数据后，在第二次陈述时陈某又否认刚下去一个客人，称当天出来的晚，还没有拉到客人。对于其自相矛盾的陈述，结合甲公司二审提交的证据，法院作如下评判：首先，出租车行业有其自身的行业特点，是否运营，主要取决于司机的主观意愿，灵活性和随意性较强，没有强制性的对工作时间的规定。因而就本案而言，陈某的车辆在事故发生前没有运营数据，存在多种可能，陈某可能在运营中，但没有拉到客人；也可能陈某没有运营，而是去办理个人私事。具体的真实情况,只有陈某自己清楚。其次,正常情况下,出租车司机理应知晓在运营期间发生交通事故,应由公司承担赔偿责任,没有不如实陈述客观事实的必要,除非其认为如果如实陈述客观事实会对其不利。在庭前的询问中,陈某在不知道会有运营数据记录的情况下称事故发生前刚下车一个客人,但没有任何可以佐证的运营记录。其在知晓有运营记录后,在开庭时又称事故前未拉客人,前后陈述矛盾,显然其只作对自己有利的陈述。故此法院认定陈某有关运营情况的陈述均为虚假,其没有如实陈述客观情况,导致本案真实情况无法查清。在此情况下,结合甲公司二审提交的证据及陈某的陈述,法院推定此事故发生时,陈某并没有处于运营期间,不属于在履行职务过程中,因而事故的赔偿责任不应由甲公司承担。陈某作为直接侵权责任人,应自行承担赔偿责任。

再审法院经审理后认为,本案再审争议焦点为事故发生当天陈某驾驶车辆的行为是否是职务行为。陈某系甲公司的出租司机,双方签订了承包运营合同。虽然甲公司向二审法院提供的运营数据显示,事故发生当天陈某驾驶的出租车没有载客的记录,陈某亦有未如实陈述有关事实的情况,但出租车行业有其自身行业特点,没有强制性的对工作时间、工作状态的规定,运营过程中载客与否具有不确定性,并不取决于司机的主观意愿,没有载客的记录并不等于没有运营。目前甲公司并没有提供充分证据证明事故发生当天陈某驾驶车辆是在处理私人事务,二审法院以运营记录推定事故发生当天陈某没有处于运营期间,不属于在履行职务过程中,因而事故的赔偿责任不应由甲公司承担欠妥,本院再审予以纠正。陈某驾车系职务行为,其驾驶的车辆在保险公司投保了交强险,故应当先由保险公司在交强险限额内赔偿郭某合理合法的经济损失,不足的部分和不属于保险赔偿范围的损失由甲公司承担赔偿责任。一审法院认定事实、适用法律、判决结果并无不当,本院予以维持。

法官评析

驾驶人员是否属于职务行为这一问题常见于出租车等运营车辆肇事的情形下。本案主要涉及对出租车司机在肇事之时是否属于职务行为的认定,对于营运性车辆驾驶人的行为性质的分析认定具有一定典型意义。

《侵权责任法》第 34 条第 1 款规定:“用人单位的工作人员因执行工作任务造成他人损害的,由用人单位承担侵权责任。”根据上述法律规定,用人单位并非对其工作人员的所有侵权行为都承担赔偿责任,只有工作人员因执行工作任务对他人造成损害的,用人单位才承担侵权责任。而工作人员是否系执行工作任务,应根据工作人员的行为是否以用人单位名义、是否为用人单位的利益、行为是否在外观上足以被认为属于执行职务、行为是否依社会共同经验足以认为与用人单位职务有相当关联性的标准进行判断,具体可以从以下几个方面予以考量:

第一,驾驶人员是否具有用人单位雇员的身份。职务行为的身份要件是认定职务行为的前提和基础。在用人单位对该驾驶人雇员身份不予认可的情况下,应由该驾驶人举证证明其为该用人单位的雇员。该驾驶人可以提交其与用人单位签订的劳动合同、劳务合同、劳务派遣合同等书面合同,也可以提交社会保险参保凭证、工资发放的银行流水明细、其他方式支付工资的支付凭证等证据,在驾驶人员已完成初步举证义务的情况下,为了进一步对待证事实予以认定,法院也可经驾驶人员申请责令组织提交员工花名册等方式来确定驾驶人员的身份。本案中,驾驶人员就能够提供相关书面合同,能够反映出双方之间是出租车承包合同关系,对外经营中,驾驶人员系代表该出租车公司进行承运。

第二,驾驶人员的行为是否为履行工作职责。判断上述问题时主要可以从以下几个方面判断:一是驾驶人所直接提供的劳务为工作职责的目的,比如驾驶、搬运等;二是驾驶人是否接受用人单位的控制、支配,是否从属于用人单位,比如是否接受公司指挥调配、是否接受路线监控、是否接受用人单位统一的着装以及行为规范的制度约束等;三是报酬的给付方式和周期,雇佣关系中多为定期多次给付报酬,当然在共享经济模式蓬勃发展的时代背景下,即使按件记取提成和报酬也可以认定驾驶人员的收入来自于用人单位;四是驾驶人员是否具有相关从业资质,该从业范围是否属于用人单位的经营范围。

第三,驾驶人员的行为是否为用人单位的利益。判断是否为组织的利益,首先可以审查是否以组织名义。倘若法律行为并非以法人组织名义所为,相对人原则上不能要求组织承受权利义务关系。这一判断标准有助于从实质公平角度对为职务行为作出准确认定。对个人而言,其不能因为履行职务行为而承受法律上的负担;对组织而言,其不能因为工作人员的个人行为致其利益受到侵害。其次主要是查看驾驶人员的具体行为是否与工作性质有一致性、与工作内容有连贯性、与用人单位利益有关联性等内容。一般在考虑社会大众的利益的情况下,更多的情况还是倾向于将与工作相联系的行为判定为职务行为,除非侵权行为与职务行为有明显的割裂。

例如在本案中,出租车司机这一岗位有着其特殊的自身行业特点,即使有承包合同载明"双班"或"单班"承包,但并没有强制性的对工作时间、工作状态的规定,运营过程中载客与否具有不确定性,并不取决于司机的主观意愿,没有载客的记录并不等于没有运营。法院认为,作出出租车运营主体的甲公司并没有提供充分证据证明事故发生当天陈某驾驶车辆是在处理私人事务,仅以运营记录推定事故发生当天陈某没有处于运营期间且不属于在履行职务是依据不足的。《北京市出租汽车管理条例》《北京市出租汽车治安管理规定》等地方规范性文件中虽然对出租车运用的具体行为规范进行了规定,但在实践当中,很多驾驶人员在具体运营过程中因规范意识的欠缺并不能做到严格符合规范的标准,所以还是需要结合具体证据和实际案情,既考虑主观意识又考虑客观行为的具体要素来综合判断。当驾驶人的行为处于工作环境之中时,要考虑雇员的行为是否与其工作性质、内容有明显的裂痕与不一致,是否在实施行为的时候考虑用人单位的意志和利益。而驾驶人员的行为处于工作环境以外的时候,应该以驾驶人员行为与用人单位利益之间的联系程度来进行判断,需要兼顾到社会稳定和受害人利益之间的平衡。

【裁判依据】

《侵权责任法》第 16 条、第 22 条、第 34 条

《道路交通安全法》第 76 条

《民事诉讼法》第 207 条第 1 款、第 170 条第 1 款第 2 项

05

三者险中的“第三者”转化问题的认定

——郭某等与王某、某旅游客运公司、某国际旅行社公司、某保险公司等机动车交通事故责任纠纷案

裁判规则

认定“本车车上人员”与“第三者”之间身份是否可以转化，需要查明以下事实：一是交通事故发生的过程；二是交通事故各方空间、时间中有无身份的转变。界定“本车人员”以及“第三者”的范围时应对本车人员作出区分，即将“本车人员”分为驾驶人和乘客具体加以判断。驾驶人作为被保险人均无法转化为本车的第三者，在特定情况下除驾驶人的其他车上人员可以转化为第三者，获得交强险的赔偿。商业三者险中，仅有车上的乘客不属于投保人以及被保险人的家庭成员、本车驾驶人的家庭成员的情况下，该乘客在发生交通事故时位于保险车辆之外才发生与第三者的转化，可以获得商业三者险的赔偿。而其他包括驾驶人、投保人、被保险人的家庭成员、本车驾驶人的家庭成员在内的人员均无法转化为“第三者”，从而获得商业三者险的赔偿。

案　情[1]

2015 年 10 月 23 日，郭甲参加 A 旅游公司组织的旅游团到黄山旅游。2015 年 10 月 25 日 13 时 58 分许，郭甲乘坐 B 公司司机江某驾驶的大型普通客车（以下简称旅游客车）与王某驾驶的小轿车相撞，旅游客车发生侧翻，车

〔1〕 北京市第三中级人民法院(2017)京 03 民终 14075 号。

辆左侧着地向前滑行，滑行中郭甲摔出车窗外，被旅游客车碾压受伤，经抢救无效后死亡。

事故认定书认定江某和王某负同等责任。旅游客车系B公司所有，江某系B公司司机，事故发生时江某的驾驶行为属于职务行为。旅游客车在C保险公司投保交强险、商业三者险100万元（含不计免赔），旅游客车在C保险公司另投保承运人责任险，每位乘客责任限额为60万元，事故发生在保险期间内。王某驾驶的小轿车在D保险公司投保交强险、商业三者险10万元（含不计免赔），事故发生在保险期间内。

一审法院依当事人申请调取了事故调查笔录和事发路口的监控录像、死者的照片，各方当事人对上述材料均认可。

【裁判结论】

一审法院判决D保险公司应在交强险分项限额内赔偿原告合理损失；超出交强险分项限额的部分，由B公司、王某按照50%责任比例赔偿，其中应由王某赔偿的部分，D保险公司应在商业三者险限额内按相应责任比例赔偿原告合理损失。二审法院判决C保险公司在交强险分项限额内赔偿原告合理损失；D保险公司应在交强险分项限额内赔偿原告合理损失；超出交强险分项限额的部分，由B公司、王某按照50%责任比例赔偿，其中应由B公司赔偿的部分，C保险公司应在商业三者险限额内按相应责任比例赔偿；其中应由王某承担的部分，D保险公司应在商业三者险限额内按相应责任比例赔偿；超出商业险限额部分由王某向原告赔偿。

【裁判观点】

一审法院经审理后认为，郭甲参加A旅游公司黄山旅游团旅游中，乘坐B公司所有，由其公司司机江某驾驶的旅游客车与王某驾驶的小轿车发生交通事故致死，经交管部门认定，江某和王某负同等责任。事故发生时，江某属履行职务行为，故四原告因此次事故所生合理合法损失，应由B公司、王某在各自的责任比例范围内承担赔偿责任。因郭甲系旅游客车被小轿车撞翻，车体左侧着地向前滑行期间从车窗中跌出并被本车碾压死亡，故郭甲在发生交通事故时仍属车上成员，故旅游客车不应适用交强险和商业三者险条款；王某驾驶的小轿车在

D保险公司投保交强险和商业三者险,故原告的合理合法损失应由D保险公司首先在交强险分项限额内予以赔偿;超过交强险分项限额的部分,由王某、B公司分别按50%的责任比例赔偿,其中应由王某赔偿的部分,首先由D保险公司在商业三者险限额内赔偿,不足部分由王某自担。

二审法院经审理后认为:C保险公司是否应当在B公司投保的交强险、商业三者险及承运人责任险范围内承担赔偿责任一项。《交强险条例》第21条第1款规定:"被保险机动车发生道路交通事故造成本车人员、被保险人以外的受害人人身伤亡、财产损失的,由保险公司依法在机动车交通事故责任强制保险责任限额范围内予以赔偿。"本案中,王某、B公司主张郭甲在事故发生时为旅游客车的第三人而非本车人员,C保险公司应当在B公司投保的交强险、商业三者险限额内承担赔偿责任。C保险公司对此不予认可,其主张郭甲为旅游客车的车上人员,属于交强险、商业三者险的免赔范围,其提交的《中国人民财产保险股份有限公司机动车第三者责任保险条款》第3条约定:"本保险合同中的第三者是指因被保险机动车发生意外事故遭受人身伤亡或者财产损失的人,但不包括投保人、被保险人、保险人和保险事故发生时被保险机动车本车上的人员。"故,争议焦点在于在事故发生时,郭甲是否属于"第三者"。一审认定郭甲系旅游客车被小轿车撞翻,车体左侧着地向前滑行期间从车窗中跌出并被本车碾压死亡,结合事故发生时的视频影像,本院对一审认定该事实不持异议。因车辆撞击乘客被甩出车外被本车二次碾压受伤、死亡等情况,因为乘客在事故发生当时身处保险车辆之外,此时位于车下的乘客与其他普通的第三者对机动车危险的控制力并无实质差别,相较于机动车来说均处于弱势地位,对风险的发生几乎没有任何控制能力,而且乘客并非保险合同关系中的被保险人范畴,因此在特定情况下乘客位于保险车辆之外可以转化为第三者,可以获得交强险及商业三者险的赔偿。本案中,C保险公司主张郭甲的死亡非车辆碾压导致,但其未提交证据证明。故此次事故发生时,郭甲已经处于保险车辆之外,应当由车上人员转化为第三者,C保险公司应当承担交强险和商业三者险的赔偿责任。一审判决认定,郭甲仍属于车上人员,C保险公司不承担交强险和商业三者险的赔偿责任,属于认定事实错误,法院不予支持。王某和B公司主张因郭甲为第三者而C保险公司应当承担赔偿责任,法院予以采信。

法官评析

本案涉及对“本车车上人员”与“第三者”之间身份转化的问题，车上人员因第一次车辆碰撞被甩出车外，后被本车碾压导致死亡。就“本车车上人员”与“第三者”之间身份是否可以转化，什么条件下发生转化等问题，目前审判实践中存在不同观点。

第一，关于最高人民法院的观点。《道路交通事故司法解释》第 17 条规定，投保人允许的驾驶人驾驶机动车致使投保人遭受损害，当事人请求承保交强险的保险公司在责任限额范围内予以赔偿的，人民法院应予支持，但投保人为本车上人员的除外。这一条款主要解决投保人能否成为第三人从而获得交强险赔偿的问题。《最高人民法院关于道路交通损害赔偿司法解释的理解与适用》指出，“司法实践中，特殊的情形还有很多，比如车上人员下车休息时，被疏忽的驾驶人撞死等。虽然司法解释没有作出具体的规定，但我们倾向认为，应将上述人员纳入‘交强险’的赔偿范围，理由是：(1)从目的解释看，《交强险条例》的主要目的是保障受害人能够得到及时有效的补偿，因此，因交通事故受到损害的人员应尽量纳入‘第三者’范围；(2)从对危险的控制力看，上述人员与其他普通‘第三者’对机动车危险的控制力并无实质差别，均处于弱势地位。再比如，车上的司乘人员发生交通事故时先摔出车外，后被车碾压致死的情况，有人认为，交强险合同中所涉及的‘第三者’和‘车上人员’均为在特定时空条件下的临时性身份，即‘第三者’与‘车上人员’均不是永久的、固定不变的身份，二者可以因特定时空条件的变化而转化。因保险车辆发生意外事故而受害的人，如果在事故发生前是保险车辆的车上人员，事故发生时已经置身于保险车辆之下，则属于‘第三者’。至于何种原因导致该人员在事故发生时置身于保险车辆之下，不影响其‘第三者’的身份。此时，车上人员‘转化’为第三人，交强险应予赔偿。笔者认为，‘车上人员’与‘车外人员’的区别是比较固定的，因交通事故的撞击等原因导致车上人员脱离本车的，不存在‘转化’为第三人的问题，上述人员仍属于‘车上人员’，不应由交强险予以赔偿。至于驾驶人下车查看车辆状况时，被未熄火的车辆碾压致死的情形，争议更大。这种情况，驾驶人本人就是被保险人，且对机动车有实际的控制力，同时，因行为人自己行为造成自身受损害，对其赔偿不符合我国交强险的规定,故我们倾向认为,在现有法律规定下,这种情况下的驾驶人不属于'第三者'"。

第二,关于北京市高级人民法院的观点。[1] 认定"本车车上人员"与"第三者"之间身份是否可以转化,需要查明以下事实:一是交通事故发生的过程;二是交通事故各方空间、时间中有无身份的转变。

界定"本车人员"以及"第三者"的范围时应对本车人员作如下区分,即将"本车人员"分为驾驶人和乘客具体加以判断:(1)在交强险和商业三者险中,投保人允许的驾驶人,其法律地位相当于被保险人,原则上不能纳入第三者的范围。原因在于在我国的交强险和商业三者险的制度设计中第三人应为被保险人之外的受害人,而"被保险人"是需要特定化的概念,只有在交通事故发生时才能确定,被保险人除了投保人还包括投保人允许的合法驾驶人,也就是说投保人允许的驾驶人,在事故发生时属于被保险人的范畴。侵权法调整的是侵权人与受害人之间的法律关系。一般情况下,如果侵权人与受害人同属一人,即"自己对自己侵权",根据侵权法基本原理,不论行为人对自身之损害系故意为之还是放任发生,其损害结果均应由行为人自负。驾驶人作为车辆的操作者,因过错发生交通事故产生损害,其危险驾驶行为本身即损害产生的直接原因,这种因果关系不因驾驶人物理位置的变化而变化,即不论驾驶人于事故发生时是在车上还是车下,都无法改变其自身的危险驾驶行为是事故发生原因的事实。如果机动车驾驶人因本人的过错行为造成自身损害,此时驾驶人既是侵权人又是受害人,他不能成为自身过错行为的受害者并以此要求赔偿。因此对于驾驶人下车休息时或下车查看车辆状况时,被自己的过失驾驶操作行为(未熄火、未拉手刹或者车辆超载等)碾压受伤或致死以及因驾驶人本人过错发生交通事故被撞击,致其脱离本车又与本车接触受到二次伤害的情形,驾驶人作为被保险人均无法转化为本车的第三者,该驾驶人请求承保本车交强险和商业三者险的保险公司予以赔偿的,人民法院不予支持。

(2)对于因驾驶人过失致乘客从车上摔下受伤;乘客下车休息时或下车帮助指挥引导车辆行驶时,被驾驶员的过失驾驶操作行为致伤;因车辆撞

---

[1] 北京市高级人民法院于2018年3月3日发布《机动车交通事故责任纠纷审判规范》,本案于2017年12月29日作出二审判决。

击乘客被甩出车外被本车二次碾压受伤等情形，因为乘客在事故发生当时身处保险车辆之外，此时位于车下的乘客与其他普通的第三者对机动车危险的控制力并无实质差别，相较于机动车来说均处于弱势地位，对风险的发生几乎没有任何控制能力，而且乘客并非保险合同关系中的被保险人（投保人及其允许的合法驾驶人）范畴，因此在特定情况下乘客可以转化为第三者，可以获得交强险的赔偿。即使在事故发生当时身处保险车辆之外的乘客为投保人，该乘客因投保人允许的驾驶人致害的情况下亦可转化为第三者，获得交强险的赔偿。

应当注意的是，对于商业三者险来说，各保险公司制定的《机动车第三者责任保险条款》中均有将投保人、保险人、被保险人和车上人员以及被保险人的家庭成员、保险车辆驾驶人及其家庭成员排除在商业三者险的“第三者”范围之外的相关条款，在投保人和保险人就此达成合意的情况下，只要保险人履行了相应的提示和充分说明义务，该条款即为有效。因此，在商业三者险中，仅有车上的乘客不属于投保人以及被保险人的家庭成员、本车驾驶人的家庭成员的情况下，该乘客在发生交通事故时位于保险车辆之外才发生与第三者的转化，可以获得商业三者险的赔偿。而其他包括驾驶人、投保人、被保险人的家庭成员、本车驾驶人的家庭成员在内的人员均无法转化为“第三者”，从而获得商业三者险的赔偿。

第三，关于其他地区法院的观点。山东省高级人民法院、[1]湖北省高

〔1〕2011年11月30日，山东省高级人民法院《关于印发〈全省民事审判工作会议纪要〉的通知》（鲁高法〔2011〕297号）第六部分“关于侵权纠纷案件”第10条“关于机动车第三者责任强制保险中第三者的认定问题”规定：“机动车第三者责任强制保险中的‘第三者’的范围应严格按照国务院《机动车交通事故责任强制保险条例》第21条的规定确定，被保险机动车发生交通事故时，如本车人员因机动车倾覆、倾斜等脱离了被保险机动车造成损害的，不宜视为机动车第三者责任强制保险中的‘第三者’，受害人请求保险公司承担限额赔偿责任的，不予支持。”

级人民法院、[1]重庆市高级人民法院、[2]广西壮族自治区高级人民法院、[3]江西省高级人民法院[4]的观点基本与最高人民法院一致。还有第三种观点认为,[5]根据《交强险条例》第21条第1款的规定,交强险仅对被保险机动车本车人员、被保险人(投保人及其允许的驾驶人)以外的受害人予以赔偿。实践中,存在如何认定本车人员以及本车人员能否转化为第三人的问题,该两项问题与受害人能否在本车的交强险范围内获得赔偿密切相关。对该两项问题,应当以事故发生前受害人即已脱离本车作为认定本车人员和本车人员能否转化为第三人的标准,而不应以事故发生时瞬间或者损害发生时受害人已经脱离本车作为判定标准。这一观点的提出,主要是针对实践中"事故发生时"具体是指"首次碰撞发生之时"还是指"二次碾

〔1〕 2013年9月,湖北省高级人民法院《全省民事审判工作座谈会纪要》第一部分"关于侵权责任纠纷案件"第1条:"机动车第三者责任强制保险中的'第三者'的范围应严格按照国务院《机动车交通事故责任强制保险条例》第21条的规定确定,被保险机动车发生交通事故时,如本车人员因机动车颠覆、倾斜等脱离了被保险机动车辆造成损害的,不宜将受害人认定为机动车第三者责任强制保险中的'第三者',受害人请求保险公司承担限额赔偿责任的,不予支持。"

〔2〕 2014年4月3日,重庆市高级人民法院民一庭《关于当前民事审判疑难问题的解答》第2条:"'本车人员'转化为机动车第三者责任强制保险中的'第三者'如何认定?答:最高人民法院民一庭编辑的《民事审判指导与参考》(第43期)选登了由该庭撰写的《被保险车辆中的'车上人员'能否转化为机动车第三者责任强制保险中的'第三者'》一文。该文认为,本车人员在正常下车、下车休息、指引倒车等情形下因本车发生交通事故受到伤害的,由于其车上人员身份已经正常发生转换,应当认定为该机动车第三者责任强制保险中的第三者。对本车驾驶员下车后,由于驾驶员自身的过错发生溜车等交通事故受到伤害的,因自己不能成为自己权益的侵害者及责任承担主体,故驾驶员不能转换成为本车第三者责任强制保险中的第三者。对本车人员因交通事故脱离本车而受伤害的,包括又被本车碾压受到伤害的,因其在交通事故发生瞬间仍为车上人员,故也不能转换成为本车第三者责任强制保险中的第三者。我们赞同最高人民法院民一庭发表在《民事审判指导与参考》中的意见。"

〔3〕 2014年9月5日,广西壮族自治区高级人民法院《关于印发〈审理机动车交通事故责任纠纷案件有关问题解答〉的通知》(桂高法〔2014〕261号)第6条:"车上人员脱离本车后能否转化为'第三者'?答:车上人员能否转化为'第三者'作为本车交强险和商业三者险限额赔偿范围的理赔对象,应根据案情区别对待:(一)发生交通事故时,车上人员被抛出本车,一般不应认定其为本车的'第三者';(二)车上人员正常下车后,遭受本车碰撞、碾压等伤害,可以认定其身份已经转换为本车的'第三者'。"

〔4〕 2014年8月22日,《江西省高级人民法院(2014)赣民申字第213号民事裁定书》【本院认为】:"对'车上人员'与'第三人'的认定区分,是以交通事故发生当时,当事人所处位置为界点来划分,熊法根为赣CG5126号车辆副驾驶室的乘客,在发生交通事故追尾碰撞时,其所处位置尚在车上,后因碰撞被甩出车外,并非发生交通碰撞时已在车外,从时间、空间点来认定其不属'第三人'符合法律规定。"

〔5〕 浙江省杭州市中级人民法院。

压等造成损害后果之时”的争议问题，但此观点的前提还是认可“车上人员”存在向“第三者”转化的可能性。

第四，笔者对此问题的延伸思考与建议。不同的裁判观点能够充分体现法官对于不同社会利益保护的权衡倾向，第三者责任保险制度确实是对道路交通事故风险及时、充分、有效的弥补方式，原则上说不应因事故发生的具体人数、具体场景、是否涉及运营车辆等细节而在法律适用上有所不同。但同时应当考虑的是，目前车辆投保保险一般为投保第三者责任保险的保险金额要远高于投保车上人员险的保险金额，这一客观现状在法院考量权利保护价值取向时也起到了较为重要的作用。因此，为了解决上述实践中的理解争议，建议最高人民法院就相关具体问题可通过指导案例或规范性文件等方式予以进一步明确，以促进法律适用上的统一；相关保险监管机构亦可以修订合同范本，就相关免责条款予以进一步明确约定，保险机构亦可自行细化免责情形。

【裁判依据】

《道路交通安全法》第 76 条

《保险法》第 17 条

《交强险条例》第 21 条

《道路交通事故司法解释》第 16 条、第 17 条、第 19 条

《民事诉讼法》第 64 条第 1 款、第 170 条第 1 款第 2 项

06

驾驶人无运输从业资格证时商业险免责条款效力的审查

——汪某与张某、某保险公司机动车交通事故责任纠纷案

裁判规则

商业险责任免除条款效力须进行形式性以及实质性审查。形式性审查主要指保险人是否对投保人尽到了保险责任免除条款的提示和说明义务；实质性审查主要分为三步，一是要判断商业险免责条款是否存在违反法律、行政法规等法定无效的情形；二是判断是否存在提供格式条款一方免除己方责任义务、加重对方责任义务、排除对方应依法享有的主要权利的情形；三是在对格式条款的理解发生争议时，按照合同法的规定应作不利于提供格式条款一方解释的规则处理。其中在判断格式条款是否属于免除己方责任义务、加重对方责任义务的情形时，应考虑按照事故发生时法律以及行政法规的规定驾驶人欠缺运输从业资格是否会增加侵害风险发生的可能性，是否与损害发生具有因果关系。

案　情[1]

2017 年 7 月 9 日 17 时 54 分，汪某骑自行车通过路口遇红灯继续由北向东行驶时，适有陈某驾驶重型自卸货车由北向南通过路口遇红灯继续行驶，重型自卸货车前部与自行车左侧相撞，造成汪某受伤，车辆受损。此次事故经交通支队认定为，陈某为主要责任，汪某为次要责任。事故发生后汪某被送到抢救中心治

[1] 北京市第一中级人民法院(2018)京 01 民终 5221 号。

疗,经医院诊断为右侧硬膜外血肿合并脑疝、脑挫裂伤等,于2017年7月17日抢救无效死亡。

肇事司机陈某为甲公司员工,事故发生时其正在执行工作任务。肇事车辆系张某向乙公司购买,双方签订买卖合同,合同约定10个月付清全部车款,付清车款后卖方向买方移交车辆的所有手续,张某称已经付清全部车款。张某为甲公司法定代表人,该公司为自然人独资公司。

重型自卸货车在保险公司处投有交强险及商业三者险100万元不计免赔,事故发生在保险期内。

原告一审诉请:(1)判令甲公司与张某共同支付各项损失共计2,158,234.84元;(2)保险公司在交强险各分项限额内优先赔偿包括精神损害抚慰金在内的各项损失;(3)保险公司在肇事车辆承保的商业三者险范围内根据保险合同约定,在交强险赔偿以外的部分予以赔偿。

一审判决作出后,保险公司与张某均不服提出上诉。保险公司上诉请求:撤销一审法院判决第二项,依法改判。事实和理由:(1)被保险人甲公司缺少交管部门核发的道路运输经营许可证、被保险车辆缺少道路运输证、驾驶人缺少道路从业资格证,一审法院在未查明上述事实的情况下判决保险公司承担赔偿责任,缺少事实和法律依据;(2)一审法院仅依据村委会出具的证据即认定被上诉人汪乙需要扶养,缺乏证据支持。

上诉人张某上诉对营养费、误工费、被扶养人生活费的合理性及金额提出异议。

二审中,张某向法院提交甲公司道路运输经营许可证与北京市交通管理委员会查询信息,以证明该公司具备道路货物运输经营资格;提交北京市交通管理委员会运输管理局与北京市交通委员会关于陈某的查询信息、陈某货运资格证,以证明陈某具备道路货物运输从业资格;提供涉案货车的查询信息,以证明该货车具备道路货物运输资格;提供乙公司道路运输证、二级维护车辆备案卡及该公司在北京市交通管理委员会查询信息,以证明该公司具备道路货物运输经营资质。保险公司向本院提交陈某从业资格查询信息与中国保险行业协会机动车综合商业保险示范条款,以证明在涉案车辆司机不具有相应驾驶资质的情况下,保险公司对于商业第三者险应当免赔。保险公司对于张某提交的新证据真实性予以认可,对证明目的不予认可,认为该证据已经过了提交证据的诉讼时效。甲公司认可张某的证明目的。张某与甲公司对保险公司提交的新证据的真实性与证明目的均不认可。被上诉人汪甲、汪乙对于保险公司提交的新证据的真实性与证明目的均不予认可,对于张某与甲公司提交的新证据的真实性与证明目的均予以认可。法院认证意见:张某提交的证据能够证实甲公司以及驾驶人陈某等具有相应的资质。保险公司提交的证据真实性无法审核,对其证明目的不予确认。一审法院查明的事实正确。

【裁判结论】

一审法院确定汪某承担30%赔偿责任,陈某承担70%责任,判决保险公司在机动车交通事故责任强制保险范围内赔付12万元,在商业三者险范围内赔付100万元,甲公司与张某共同支付原告404,616.39元,驳回原告其他诉讼请求。二审法院判决驳回上诉,维持原判。

【裁判观点】

一审法院经审理后认为,根据我国《道路交通安全法》及司法解释规定,投保交强险和商业三者险的机动车发生交通事故造成损害,当事人同时起诉侵权人和保险公司的,法院应当按照下列规则确定赔偿责任:(1)先由承保交强险的保险公司在责任限额范围内予以赔偿;(2)不足部分,由承保商业三者险的保险公司根据保险合同予以赔偿;(3)仍有不足的,依照《道路交通安全法》和《侵权责任法》的相关规定由侵权人予以赔偿。本案中,陈某驾驶的车辆在保险公司处投保交强险,依照法律规定,理应先由保险公司在交强险限额范围内承担赔偿责任;不足部分,再由保险公司根据保险合同予以赔偿。被侵权人对损害也有过错的,可以减轻侵权人的责任。昌平交通队认定汪某驾驶自行车与陈某驾驶的车辆相撞,汪某负事故次要责任、陈某负事故主要责任并无不当,法院予以认可。法院根据实际情况,确定汪某承担30%赔偿责任,陈某承担70%责任。

二审法院经审理后认为,本案的争议焦点之一是保险公司的商业三者险是否应予免赔。保险公司上诉认为因甲公司缺少道路运输经营者许可证,涉案车辆缺少道路运输证,驾驶人缺少道路运输从业资格,故违反了保险合同的约定,保险公司不应该承担商业三者险的赔偿责任。依据甲公司二审提交的证据均可证实甲公司以及驾驶人具备经营许可以及从业资格,涉案车辆也具备道路运输证，故保险公司的该项上诉理由，显然不能成立。一审法院酌情确定的营养费、误工费和家属处理事故、医疗等事宜必然产生的交通费数额合理，法院予以维持。

法官评析

本案涉及的主要问题是，驾驶人无运输从业资格证时商业险免责条款效力的审查与认定。对这种情形下商业险免责条款是否有效的认定与其他商业险免责条款效力的审查思路基本一致，但也有值得注意的特殊性问题，以下将结合不同的具体情形进行分析：

第一，商业险责任免除条款效力的形式性审查。此处的形式审查主要指保险人是否对投保人尽到了保险责任免除条款的提示和说明义务。《保险法》第 17 条规定，订立保险合同，采用保险人提供的格式条款的，保险人向投保人提供的投保单应当附格式条款，保险人应当向投保人说明合同的内容。对保险合同中免除保险人责任的条款，保险人在订立合同时应当在投保单、保险单或者其他保险凭证上作出足以引起投保人注意的提示，并对该条款的内容以书面或者口头形式向投保人作出明确说明；未作提示或者明确说明的，该条款不产生效力。《保险法解释（二）》第 11 条规定，保险合同订立时，保险人在投保单或者保险单等其他保险凭证上，对保险合同中免除保险人责任的条款，以足以引起投保人注意的文字、字体、符号或者其他明显标志作出提示的，人民法院应当认定其履行了《保险法》第 17 条第 2 款规定的提示义务。保险人对保险合同中有关免除保险人责任条款的概念、内容及其法律后果以书面或者口头形式向投保人作出常人能够理解的解释说明的，人民法院应当认定保险人履行了保险法第十七条第二款规定的明确说明义务。《保险法解释（二）》第 13 条规定，保险人对其履行了明确说明义务负举证责任。投保人对保险人履行了符合本解释第十一条第二款要求的明确说明义务在相关文书上签字、盖章或者以其他形式予以确认的，应当认定保险人履行了该项义务。但另有证据证明保险人未履行明确说明义务的除外。

一般来说，保险人首先应举证证明其向投保人就相关条款中的概念、意思、法律后果进行了提示注意、解释说明的义务，证明方式主要常见为投保人对保险人履行了符合《保险法解释(二)》第 11 条第 2 款要求的明确说明义务在相关文书上签字、盖章或者以其他形式予以确认。在这种情况下,一般予以认定保险人履行了该项义务。但如果投保人能够提交其他有效证据能够推翻上述事实的,法院也可以认定保险人未履行明确说明义务。

第二,商业险责任免除条款效力的实质性审查。在进行实质性审查的过程中,也基本分为三步:其一是要判断商业险免责条款是否存在违反法律、行政法规等法定无效的情形;其二是判断是否存在提供格式条款一方免除己方责任义务、加重对方责任义务、排除对方应依法享有的主要权利的情形;其三是在对格式条款的理解发生争议时,按照《合同法》的规定应作不利于提供格式条款一方解释的规则处理。实践中,保险公司多以驾驶人不具有运输从业资格证作为商业险免责的抗辩事由,具体商业险免责条款为"驾驶出租机动车或营业性机动车无交通运输管理部门核发的许可证书或其他必备证书",其中"交通运输管理部门核发的许可证书"指"运输从业资格证"。而上述资格证欠缺的具体抗辩事由常见有以下几种具体情形,其一是驾驶人自始不具有运输从业资格证,比如驾驶人在交通事故发生之时从未考取运输从业资格证、持有伪造的运输从业资格证等情况;其二是驾驶人曾经具有运输从业资格证,但事故发生之时该资格证已过期;其三是驾驶人按照《道路运输从业人员管理规定》参加并通过了当月由设区的市级道路运输管理机构组织实施的从业资格考试,但该驾驶人于考试成绩公布后、从业资格证正式颁发之前肇事。

目前各地法院在对上述情形下商业险是否免责的问题上裁判标准并不完全相同,具体裁判思路如下:

首先是认为免责抗辩事由不成立即免责条款无效的裁判理由。第一种思路认为免责条款中"核发的许可证书"不能当然解释为"运输从业资格证",在没有充分证据证明保险人对投保人针对"核发的许可证书"具体包括哪些的情况下,应视为未履行提示说明义务,故认定商业险免责抗辩事由不成立;第二种思路认为,从业资格证是对从事相关运输行业驾驶员职业素养的基本评价,无相关从业资格证从事运输行业活动受到的是运输管理部门的处罚,车辆驾驶证才是对驾驶机动车能力的认定,未获得驾驶证驾驶车辆上路行驶将受到公安机关交通管理部门的处罚,无从业资格证并不代表其失去了驾驶车辆的资格，也未有证据证实无从业资格证显著增加了承保车辆运行的危险程度，故保险公司依据驾驶员未取得从业资格而免责明显有违公平，属于“免除己方责任义务、加重被保险人责任义务、排除被保险人应依法享有理赔权利的情形”，故免责条款应认定为无效条款。

其次是认为免责抗辩事由成立即免责条款有效的裁判理由。第一种思路主要从条款文义解释，认为“其他必备证书”可以理解为驾驶证等驾驶车辆必备的证书，因此此处的“交通运输管理部门核发的许可证书”则可以理解为“运输从业资格证”，因为该条款的前提是“驾驶出租机动车或营业性机动车”；第二种思路主要从立法目的解释，认为根据《道路运输条例》的规定，从事货运经营须取得道路运输经营许可证，投入运输的车辆需取得车辆营运证。从事货运经营的驾驶人员应当经设区的市级道路运输管理机构对有关货运法律法规、机动车维修和货物装载保管基本知识考试合格，方能取得相应的从业资格。《道路运输从业人员管理规定》第 6 条第 1 款也规定了国家对经营性道路客货运输驾驶员、道路危险货物运输从业人员实行从业资格考试制度。在未取得道路运输从业资格的情况下，驾驶员驾驶被保险车辆，违反法律法规的相关规定，导致被保险车辆在发生交通事故时的危险程度显著增加，所以商业险免责抗辩事由成立。

最后是实质风险关联性因素的考量。笔者认为，在判断格式条款是否属于免除己方责任义务、加重对方责任义务的情形时，应考虑按照事故发生时法律以及行政法规的规定驾驶人欠缺运输从业资格是否会增加侵害风险发生的可能性，是否与损害发生具有因果关系。2018 年 12 月 24 日，我国交通运输部办公厅为深化交通运输“放管服”制度改革，促进物流业降本增效，在《道路运输条例》及相关部门规章修订前，发布了《关于取消总质量 4.5 吨及以下普通货运车辆道路运输证和驾驶员从业资格证的通知》，暂定自 2019 年 1 月 1 日起，各地交通运输管理部门不再为总质量 4.5 吨及以下普通货运车辆配发道路运输证，对于总质量 4.5 吨及以下普通货运车辆从事普通货物运输活动的，各地交通运输管理部门不得对该车辆、驾驶员以“无证经营”和“未取得相应从业资格证件驾驶道路客货运输车辆”为由实施行政处罚。这一暂行规定的通知，不仅能够反映出我国目前经济发展政策导向的转变，也能够从侧面反映出交通运输管理部门对于 4.5 吨及以下客货运车辆所可能导致风险的评价。

现行《道路运输条例》的制定，是为了维护道路运输市场秩序，保障道路运输安全，保护道路运输有关各方当事人的合法权益，促进道路运输业的健康发展。该条例规定，从事客运和货运经营的驾驶人员在取得相应的机动车驾驶证、年龄不超过 60 周岁、3 年内无重大以上交通责任事故记录的条件的基础上，从事客运经营的驾驶人员还须经设区的市级道路运输管理机构对有关客运法律法规、机动车维修和旅客急救基本知识考试合格，从事货运经营的驾驶人员须经设区的市级道路运输管理机构对有关货运法律法规、机动车维修和货物装载保管基本知识考试合格。由此可见，从事道路运输经营的驾驶人员除了具备驾驶技能之外，还需要具备法定的其他专业技能，因其他专业技能的欠缺可能会致使道路行驶过程中因货物装载瑕疵、车辆故障维修不力导致发生交通事故，造成人员伤亡。

根据我国交通运输部于 2016 年及 2019 年发布的部委规章《道路运输从业人员管理规定》的规定，国家对经营性道路客货运输驾驶员、道路危险货物运输从业人员实行从业资格考试制度。其他已实施国家职业资格制度的道路运输从业人员，按照国家职业资格的有关规定执行。从业资格是对道路运输从业人员所从事的特定岗位职业素质的基本评价。经营性道路客货运输驾驶员和道路危险货物运输从业人员必须取得相应从业资格，方可从事相应的道路运输活动。经营性道路货物运输驾驶员应当符合下列条件：(1)取得相应的机动车驾驶证；(2)年龄不超过 60 周岁；(3)掌握相关道路货物运输法规、机动车维修和货物装载保管基本知识；(4)经考试合格，取得相应的从业资格证件。即使上述规定系部委规章，不构成法律、行政法规的强制性规定，但也能够反映出我国对于具有一定危险性的道路运输行业从业人员及从业企业设置了行业准入标准，以有效降低交通风险。且上述行政法规及规范性文件对于运输危险物品以及 4.5 吨以上运输车辆仍实施从业资格许可制度。因此，道路运输行业准入所须具备的专业技能，对于高频次于道路上行驶的车辆来说，具有实质风险的关联性。保险公司依据监管部门制定的制式合同范本制定的商业险免责条款，并不能当然得认定为属于免除己方责任义务、加重对方责任义务的条款。因为对于合同以及相应条款的效力认定，既要尊重平等民事主体的意思自治和契约内容，又要严格依据相关法律规定。根据现行的暂行规定,可以理解为总质量在 4.5 吨及以下的经营性道路运输驾驶员不具有运输从业资格证的情况,不视为具有增加交通事故的实质性风险,在这种情况下的商业险免责条款可以视为排除对方主要权利的无效条款。当然,保险公司也应就商业险免责条款中的免责情形约定表述地更为明确,以实现免责抗辩事由的成立。

【裁判依据】

《侵权责任法》第 16 条、第 18 条、第 22 条、第 26 条、第 48 条

《道路交通安全法》第 76 条

《公司法》第 63 条

《最高人民法院关于审理人身损害赔偿案件适用法律若干问题的解释》第 9 条

《最高人民法院关于审理道路交通事故损害赔偿案件适用法律若干问题的解释》第 16 条

《民事诉讼法》第 64 条、第 170 条第 1 款第 1 项

【关联案例】

免责条款无效:

1. 北京市第二中级人民法院(2019)京 02 民终 2054 号民事判决
2. 湖南省高级人民法院(2017)湘民申 1514 号民事裁定
3. 江苏省盐城市中级人民法院(2011)盐民终字第 1627 号民事判决
4. 河北省石家庄市中级人民法院(2018)冀 01 民终 12279 民事判决

免责条款有效:

1. 江苏省高级人民法院(2017)苏民再 349 民事判决
2. 福建省厦门市中级人民法院(2019)闽 02 民终 1716 号民事判决
3. 湖北省高级人民法院(2018)鄂民申 3674 号民事裁定

07

商业三者险中有关事故主次责任的赔偿比例约定是否有效

——李某、李某某与人寿大同支公司机动车交通事故责任纠纷案

裁判规则

现阶段，国内机动车的保险险种主要有商业车险和交强险两大类。两种保险在交通事故发生后的赔付有着不同的规则。在契约自由的精神之下，商业保险的当事人对合同的权利义务有自由选择的权利。商业三者险适用过错责任原则，即当被保险人在侵权关系中有过错且应当负有赔付义务时，保险人才能够按保险合同给予赔偿。商业三者险中约定了主次责任赔偿比例条款的，该条款属于免责条款，法院在审查其效力时，应当依照《保险法》第 17 条的规定严格审查保险人是否履行提示加说明义务，如未尽到上述义务或未举证证明尽到上述义务的，法院不予支持。

案　情〔1〕

2014 年 10 月 1 日 21 时，在北京市密云县密云镇麦当劳灯岗，张某某雇佣的司机冯某某驾驶“欧曼”牌重型自卸货车（冀 HA57 × ×）由东向西行驶，适有马某某由南向北沿人行横道过公路，重型自卸货车前部与马某某身体接触，造成马某某受伤经抢救无效死亡。经北京市密云县公安局交通大队认定，冯某某负事故全部责任，马某某无责任。肇事车辆在人寿大同支公司投保了交强险和 100

〔1〕 北京市第三中级人民法院（2015）三中民终字第 06485 号。

万元的不计免赔商业三者险，事故发生在保险期间内。事故车辆核定载质量为11,805千克，事发时车辆所载货物总重为90,960千克，系超载。马某某之夫李某、马某某之子李某某起诉至法院，要求张某某、人寿大同支公司赔偿各项费用。一审法院认为人寿大同支公司应在保险限额范围内按保险合同对李某、李某某的损失予以赔付，但认可了人寿大同支公司关于承保车辆属超载运行，应在商业险范围内免责10%的辩解意见。

一审判决作出后，张某某不服提起上诉。一审认定人寿大同支公司在商业三者险项下免赔10%错误。张某某所有的车辆在人寿大同支公司投保有交强险和商业三者险，在投保时人寿大同支公司未将保险条款向张某某交付，亦未就保险合同中免除保险人责任的条款向张某某作出提示及明确的说明，该免责条款不产生效力，不应当因此免除人寿大同支公司10%的赔偿责任。据此请求依法改判人寿大同支公司在商业三者险责任范围内赔偿李某、李某某各项损失共计43,750.8元。

【裁判结论】

一审认定人寿大同支公司在商业三者险项下免赔10%错误，二审法院予以纠正，改判人寿大同支公司给付李某、李某某鉴定费、死亡赔偿金损失752,508元。

【裁判观点】

一审法院经审理后认为，本案中，张某某雇佣的司机冯某某驾驶车辆与马某某发生交通事故，造成马某某死亡。北京市密云县公安交通管理部门认定冯某某负事故全部责任，该院予以确认。个人之间形成劳务关系，提供劳务一方因劳务造成他人损害的，由接受劳务一方承担侵权责任，故张某某应承担赔偿责任。肇事车辆在人寿大同支公司投保了交强险和商业三者险，此次交通事故发生在保险期间内，人寿大同支公司应在保险限额范围内按保险合同对李某、李某某的损失予以赔付。人寿大同支公司关于承保车辆属超载运行，应免责10%的辩解意见，于法有据，该院予以采信。

二审法院经审理后认为，人寿大同支公司主张依据《商业三者险条款》第9条第2项之规定，在涉案事故中投保车辆存在超载情况下，其应在商业三者险项下免赔10%；张某某对此不予认可，主张应当由人寿大同支公司承担全部赔偿责任。本院认为，根据《保险法》第17条的规定，“订立保险合同，采用保险人提供的格式条款的，保险人向投保人提供的投保单应当附格式条款，保险人应当向投保人说明合同的内容。对保险合同中免除保险人责任的条款，保险人在订立合同时应当在投保单、保险单或者其他保险凭证上作出足以引起投保人注意的提示，并对该条款的内容以书面或者口头形式向投保人作出明确说明；未作提示或者明确说明的，该条款不产生效力”。人寿大同支公司引用的《商业三者险条款》第9条属于免责条款，该条款必须在其向投保人进行了足以引起投保人注意的提示并对该条款向投保人作出明确说明的前提下才具有效力，否则对投保人不产生效力。现张某某主张在投保时人寿大同支公司未将《商业三者险条款》交付，且未就保险合同中免除保险人责任的条款向张某某作出提示及明确说明，人寿大同支公司亦未能提交证据证明其已将《商业三者险条款》向张某某交付，并针对其中的免责条款尽到了提示义务及明确说明义务，因此，《商业三者险条款》第9条第2项在本案中对张某某不产生效力，人寿大同支公司以此为基础要求免除10%的赔偿责任，缺乏事实和法律依据，本院不予支持。一审法院对此认定有误，二审法院依法予以纠正。

法官评析

本案二审的焦点问题为人寿大同支公司对于涉案事故能否在商业三者险项下免赔10%。现阶段，国内机动车的保险险种主要有商业车险和交强险两大类。两种保险在交通事故发生后的赔付有着不同的规则。在契约自由的精神之下，商业保险的当事人对合同的权利义务有自由选择的权利。也正是基于此种意思自由，在商业三者险中往往会有“无责免赔”条款，即按责任比例赔付，保险车辆无事故责任，保险人不承担赔偿责任的相关内容。关于事故主次责任赔偿比例的约定属于免责条款的其中一种，此种约定的效力如何，为何在本案终审中没有支持，可以从以下几方面进行分析：

首先，关于商业三者险的赔偿原则。商业三者险基于侵权产生，适用过错归责原则。商业保险设立目的不同于交强险，其具有一定的商品属性，充分体现了保险合同当事人的意思自由，由于交强险的责任限额是预先设定且数额有限，而商业三者险的责任限额可由投保人自由选择，故投保机动车商业险,就意味着在交通事故发生后,被保险人能够得到更为全面的赔偿受害人人身及财产的各项损失,也可弥补被保险人的实际损失,是交强险的有益补充。商业三者险的主要目的是在代替投保人向受害人赔偿因发生保险事故中受到的实际损失,和交强险一样具有一定的公益性质,对于投保人和受害人而言,都具有保护意义。同时该险种适用过错原则,即当被保险人在侵权关系中有过错且应当负有赔付义务时,保险人才能够按保险合同给予赔偿。

其次,关于商业险中的免责条款。免责条款是合同的组成部分,它是对于未来合同责任的一种分配,旨在限制或免除合同一方的责任而设立,免责条款有其特殊性,与普通的合同条款要求不同,它在合同中必须进行明示,才能视为提出。在保险合同中,免责条款多为格式条款。尽管格式条款增进了效率、减少交易成本,但其事先拟定如果不利于对方,显然会将契约上的风险转嫁于合同相对方,因此免责条款需要拟定方有明示及说明义务,必须以明示的方式出现。我国《保险法》第 17 条规定,订立保险合同,采用保险人提供的格式条款的,保险人向投保人提供的投保单应当附格式条款,保险人应当向投保人说明合同的内容。对保险合同中免除保险人责任的条款,保险人在订立合同时应当在投保单、保险单或者其他保险凭证上作出足以引起投保人注意的提示,并对该条款的内容以书面或者口头形式向投保人作出明确说明;未作提示或者明确说明的,该条款不产生效力。申言之,在法院进行审查时,保险人应当尽到提示并且向投保人明确说明的义务,该条款才能发生效力。

最后,关于事故主次责任的赔偿比例约定的效力问题。要确定该条款的效力问题,首先要明确该条款是否属于上述免责条款,是否能够适用《保险法》第 17 条之规定。本案经二审法院查明,人寿大同支公司向一审法院提交了双方签订的《商业三者险条款》,其中第 9 条规定,"保险人在依据本保险合同约定计算赔款的基础上,在保险单载明的责任限额内,按下列免赔率免赔:(一)负次要事故责任的免赔率为 5%,负同等事故责任的免赔率为 10%,负主要事故责任的免赔率为 15%;(二)违反安全装载规定的,增加免赔率 10%;(三)投保时指定驾驶人,保险事故发生时为非指定驾驶人使用被保险机动车的,增加免赔率 10%;(四)投保时约定行驶区域,保险事故发生在约定行驶区域以外的，增加免赔率 10%”。人寿大同支公司主张依据上述条款第 2 项之规定，应当在商业三者险项下免除 10% 的赔偿责任。

通过双方保险合同该条款的具体内容可知，涉案争议条款为商业三者险中关于交通事故主次责任赔偿比例的具体约定，属于有关免赔率及比例赔付的内容。根据我国《保险法解释(二)》第 9 条第 1 款之规定，保险人提供的格式合同文本中的责任免除条款、免赔额、免赔率、比例赔付或者给付等免除或者减轻保险人责任的条款，可以认定为《保险法》第 17 条第 2 款规定的“免除保险人责任的条款”。因此，本案的诉争条款应属于《保险法》第 17 条第 2 款规定的“免除保险人责任的条款”，法院在认定其效力时，应当依照《保险法》第 17 条的规定严格审查保险人是否履行提示加说明义务。本案中人寿大同支公司向一审法院提交了双方签订的《商业三者险条款》，主张 10% 的免赔率，人寿大同支公司引用的《商业三者险条款》第 9 条属于免责条款，该条款必须在其向投保人进行了足以引起投保人注意的提示并对该条款向投保人作出明确说明的前提下才具有效力，否则对投保人不产生效力。现张某某主张在投保时人寿大同支公司未将《商业三者险条款》交付，且未就保险合同中免除保险人责任的条款向张某某作出提示及明确说明，人寿大同支公司亦未能提交证据证明其已将《商业三者险条款》向张某某交付，并针对其中的免责条款尽到了提示义务及明确说明义务，因此，《商业三者险条款》第 9 条第 2 项在本案中对张某某不产生效力，人寿大同支公司以此为基础要求免除 10% 的赔偿责任，缺乏事实和法律依据，法院不予支持。一审法院对此认定有误，二审法院依法予以纠正。

【裁判依据】

《侵权责任法》第 16 条、第 22 条、第 35 条、第 49 条

《保险法》第 17 条、第 65 条

《合同法》第 60 条

《人身损害赔偿解释》第 17 条、第 18 条、第 19 条、第 22 条、第 27 条、第 29 条

6

CHAPTER

第六章

特殊机动车的交通事故责任

01

军车未上交强险的应在交强险范围内承担赔偿责任

——何某与许某、解放军某电影制片厂机动车交通事故责任纠纷案

裁判规则

《机动车交通事故责任强制保险条例》第44条规定“中国人民解放军和中国人民武装警察部队在编机动车参加机动车交通事故责任强制保险的办法,由中国人民解放军和中国人民武装警察部队另行规定”。此条款并未免除军车投保交强险的义务,更不意味着免除军用车辆作为交通事故责任方的赔偿义务。军车未上交强险,发生交通事故的,应当在交强险范围内承担赔偿责任。

案 情[1]

2017年9月10日15时39分,邵甲驾驶越野车由西向东行驶,适有邵乙驾驶三轮摩托车(后乘赵某)由东向西行驶中驶入道路南侧,越野车前部左侧与三轮摩托车前部左侧接触,邵乙、赵某连人带车倒地,造成邵乙、赵某受伤,两车损坏。邵乙经医院抢救无效,于2017年12月19日死亡。经交通支队认定,邵乙未取得机动车驾驶证驾驶三轮摩托车违反右侧通行的违法行为,与本次交通事故的发生有因果关系,是交通事故发生的原因,邵甲驾驶越野车未安全驾驶的违法行为,与本起交通事故的发生有因果关系,是交通事故发生的原因,邵乙承担

[1] 北京市第一中级人民法院(2019)京01民终4865号。

事故主要责任,邵甲承担事故次要责任,赵某为无责任。后邵甲提出复议,交通管理局作出复核结论,维持上述责任认定。

另查,医学中心为邵甲驾驶的车辆的所有人,该车辆未投保交强险。邵甲系医学中心的现役士兵,是在履行职务过程中发生的交通事故。

一审判决作出后,医学中心上诉请求撤销一审判决,依法改判医学中心不承担责任或发回重审。认为邵乙驾驶无号牌机动车逆行,且无驾驶资格上路行驶,应负事故全部责任。本起交通事故,交通支队撤销了简易程序处理交通事故认定书,将事故的责任认定为由"邵乙负全部责任,邵甲无责任"改为"邵乙负主要责任,邵甲负次要责任",对于认定结果的改变,医学中心不认可。本起交通事故应由有过错的一方即邵乙承担事故全部赔偿责任,邵甲一方应无责,医学中心无赔偿责任。一审法院未考虑赵某自身过错对本起交通事故赔偿责任的影响。从一定程度上说,赵某缺乏安全意识,乘坐没有取得机动车驾驶证的人员驾驶的无机动车牌的车辆上路本身也存在一定过错。对于自身损害的结果,也应承担一定的责任。一审法院适用法律错误,仅以交通事故责任认定书作为主要定案证据。《道路交通安全法》第76条规定,机动车之间发生交通事故的,由有过错的一方承担赔偿责任,因邵乙驾驶的是机动车,故应由邵乙承担赔偿责任。《道路交通安全法》和《交强险条例》没有规定军车必须在机动车强制保险范围内先行赔付。

【裁判结论】

一审法院判决医学中心在交强险赔偿限额内全额赔偿原告赵某医疗费、住院伙食补助费、营养费、护理费、交通费、精神损害抚慰金共计16,035.46元。二审法院判决驳回了医学中心的上诉,维持原判。

【裁判观点】

一审法院经审理后认为,根据《道路交通安全法》第76条的规定,机动车发生交通事故造成人身伤亡、财产损失的,由保险公司在机动车第三者责任强制保险责任限额范围内予以赔偿;不足的部分,按照下列规定承担赔偿责任:机动车间发生交通事故的,由有过错的一方承担赔偿责任;双方都有过错的,按照各自过错的比例分担责任。机动车与非机动车驾驶人、行人之间发生交通事故,非机动车驾驶人、行人没有过错的,由机动车一方承担赔偿责任;有证据证明非机动车驾驶人、行人有过错的,根据过错程度适当减轻机动车一方的赔偿责任;机动车一方没有过错的,承担不超过10%的赔偿责任。交通事故的损失是由非机动车驾驶人、行人故意碰撞机动车造成的,机动车一方不承担赔偿责任。本次交通事故中,邵甲负事故次要责任,邵甲驾驶的车辆虽为军车,但《机动车交通事故责任强制保险条例》并未免除中国人民解放军和中国人民武装警察部队在编机动车投保交强险的义务,故当中国人民解放军和中国人民武装警察部队在编机动车发生交通事故后,仍应在交强险限额内先行承担赔偿责任。医学中心作为邵甲驾驶车辆的投保义务人,应当在相当于交强险责任限额范围内先行赔偿赵某的损失。超出交强险的部分,法院结合事故发生过程及双方过错程度,依法确定由邵甲一方承担30%的赔偿责任。因邵甲系在为医学中心工作期间发生的交通事故,故应当由医学中心按照上述责任比例承担赔偿责任。赵某要求超出交强险应当赔付的范围,由邵甲与医学中心承担连带赔偿责任缺乏法律依据,法院不予支持。赵某主张的各项损失经核算均在交强险赔偿限额内,故应当由医学中心全额赔偿,并直接扣除邵甲已经垫付的734.53元。

二审法院经审理后认为,本案二审争议的焦点问题主要在于以下方面,分别予以评析。

第一,关于责任比例的问题。医学中心上诉的主要主张是认为在邵乙无证驾驶且违反右侧通行的情况下,应认定邵乙负全部责任。根据《民诉法解释》第90条的规定,当事人对自己提出的诉讼请求所依据的事实或者反驳对方诉讼请求所依据的事实,应当提供证据加以证明,但法律另有规定的除外。在作出判决前,当事人未能提供证据或者证据不足以证明其事实主张的,由负有举证证明责任的当事人承担不利的后果。实践中,交通事故责任认定要综合考虑是否逆行、是否超速、是否系安全带、是否及时采取制动措施等多种因素。本案中,交通支队在撤销依照简易程序作出的事故责任认定后,综合考虑本案各种因素对本次交通事故最终的责任认定是邵乙负主要责任,邵甲负次要责任。经过复核之后仍然维持该认定。而涉案地点的现场监控中并没有显示交通事故发生当时的具体情况。在没有当时的监控视频作为直接证据的情况下,交通支队的责任认定是本案的重要证据。医学中心虽然对该认定不予认可,但并未提交有效证据予以推翻。故一审法院根据交通支队事故责任认定书作出的责任比例划分并无不当,本院予以维持。

第二,军车发生交通事故后,投保义务人是否需要在交强险责任限额内先行赔付。医学中心上诉主张,涉案车辆是军车,法律并未强制要求军车投保,更未要求军车在未投保的情况下全额承担交强险责任限额内的赔偿责任。本院认为,《道路交通事故司法解释》第19条第1款规定,未依法投保交强险的机动车发生交通事故造成损害,当事人请求投保义务人在交强险责任限额范围内予以赔偿的,人民法院应予支持。本案中的涉案车辆属于医学中心,其作为投保义务人,在当事人提出请求的情况下,应当依照上述规定在交强险责任限额范围内予以赔偿。同时,由于交强险的赔偿在确定了医学中心有责的情况下,直接在有责限额内赔偿。在交强险有责限额内赔偿之后才考虑双方的责任比例,并按照责任比例赔偿,故一审判决并未违反公平原则。

法官评析

军车不投保交强险甚至交强险及商业险均未投保而肇事造成损害的情况屡见不鲜。在军车未投保交强险肇事时,军车所有人是否应就交强险责任限额内的赔偿义务自行全额赔付的问题一直是审判实践中的争议问题。

《道路交通安全法》规定,在我国境内道路上行驶的机动车的所有人或者管理人,应当投保机动车交通事故责任强制保险,但国务院《机动车交通事故责任强制保险条例》规定,军车参加交通事故责任强制保险的办法由军队另行规定。民用车辆在未投保交强险的情况下无法通过车辆每年需要例行的年检,继而无法合法上路行驶。而军用车辆则不受此限,因此军用车辆在未投保交强险的情况下仍可以上路合法行驶。这就造成了军车未投保交强险发生肇事赔偿责任承担的争议产生。

实践中,军车一方一般均认为其不应在交强险范围内承担赔偿责任,理由是军车具有一定特殊性,一是经《交强险条例》第44条规定,中国人民解放军和中国人民武装警察部队在编机动车参加机动车交通事故责任强制保险的办法,由中国人民解放军和中国人民武装警察部队另行规定。军车的投保保险、赔偿责任因其自身的特殊性而不与其他民用车辆同样适用相关法律及行政法规的规制;二是因为中国保险监督管理委员会的相关规定所限,军车在客观上无法投保交强险,而部分保险公司允许军车投保商业三者险，因此保险公司对军车发生事故时可能出现的承担交强险保险责任的风险也是可预期的，故应该由承保商业险的保险公司在交强险限额范围内先行承担全部赔偿责任。

部分承保商业险的保险公司认为军车所有人应在交强险限额范围内先自行承担全部责任，超出交强险限额部分，再由承保商业险的保险公司按责任比例承担商业险的保险责任。

因此，实践中，对于军车是否需要投保交强险，未投保交强险时责任如何承担的问题亟需明确。

第一，关于军车是否需要投保交强险的问题。《道路交通安全法》立法宗旨是保护受害人的人身安全，使受害人在遭遇交通事故后得到及时救助。该法第 76 条第 2 款规定：机动车发生交通事故造成人身伤亡、财产损失的，由保险公司在机动车第三者责任强制保险责任限额范围内予以赔偿；不足的部分，按照下列规定承担赔偿责任：（二）机动车与非机动车驾驶人、行人之间发生交通事故，非机动车驾驶人、行人没有过错的，由机动车一方承担赔偿责任；有证据证明非机动车驾驶人、行人有过错的，根据过错程度适当减轻机动车一方的赔偿责任；机动车一方没有过错的，承担不超过 10% 的赔偿责任。《机动车交通事故责任强制保险条例》第 1 条规定，为了保障机动车道路交通事故受害人依法得到赔偿，促进道路交通安全，根据《道路交通安全法》《保险法》，制定本条例；第 2 条规定，在中华人民共和国境内道路上行驶的机动车的所有人或者管理人，应当依照《道路交通安全法》的规定投保机动车交通事故责任强制保险。机动车交通事故责任强制保险的投保、赔偿和监督管理，适用本条例；第 44 条规定，中国人民解放军和中国人民武装警察部队在编机动车参加机动车交通事故责任强制保险的办法，由中国人民解放军和中国人民武装警察部队另行规定。根据上述法律及行政法规的规定，第三者责任强制保险是国家依法充分、及时保护交通事故当事人合法权益的途径和方式，不仅具有强制性，更具有公益性的特征。在中华人民共和国境内道路上行驶的机动车的所有人或者管理人，都应当依法投保交强险。在军事法律法规对军用车辆保险问题尚未有规定的情况下，《机动车交通事故责任强制保险条例》第 45 条并未规定军车不需要投保交强险，而是其参保的具体办法由部队另行规定，将军用车辆如何投保保险、军费计算等问题赋予军队一定自主权,但并未因此而免除军车投保的法定义务,更未免除军用车辆作为交通事故责任方的赔偿义务。

如果确实因相关部门欠缺对军车投保交强险的明确操作规范而导致军车实际投保困难,则应建议相关军事机构出台关于军用车辆投保交强险的具体规范,由军队主管部门在每年的军费预算中保留载明该项开支,并由中国保险监督管理委员会出台相关规则及合同范本,通知各商业保险公司将军车纳入到交强险普通投保主体的范围。有效避免军费浪费,进一步保障群众权益得到及时赔偿,促进军民团结。

第二,未投保交强险时责任如何承担的问题。没有投保强制保险的车辆,应在相当于第三者责任强制保险的责任限额内先行赔偿,而非论责赔偿。军车与民用车辆在道路上行驶时,发生交通肇事的风险概率并无明显不同,均会对不特定社会主体产生致害危险,因此不能因军车未投保交强险或者客观上无法投保交强险就当然免除交强险部分的优先、不限次数的强制赔付责任。如果因机动车所有人没有投保强制险,以致受害人不能获得充分赔偿或者同等赔偿,有违法治的公平原则,亦不符合《道路交通安全法》的立法本意。因此,在军车未投保交强险时,军车所有人或管理人应自行承担交强险限额范围的赔偿责任。

【裁判依据】

《侵权责任法》第16条、第22条、第34条、第48条

《道路交通安全法》第76条

《道路交通事故司法解释》第19条第1款

《民事诉讼法》第64条、第170条第2款

7

CHAPTER

第七章

交通事故责任纠纷中的其他问题

01

当事人可以提出相反证据推翻交通事故认定书

——张某与于某等机动车交通事故责任纠纷案

裁判规则

在道路交通事故损害赔偿案件的审理中，公安机关交通管理部门制作的交通事故认定书在性质上属于公文书证的一种，人民法院应在综合分析交通事故认定书、现场照片、影像资料、勘查笔录、鉴定意见及其他证据的基础上，根据各方的过错及原因力等因素认定各自的损害赔偿责任。当事人提供充分的相反证据足以推翻交通事故认定书的，人民法院应当对相反的事实予以确认。

案　情[1]

2015年9月6日22时，王某驾驶登记在张某名下的小客车与于某驾驶的小客车分别发生交通事故。北京市公安局怀柔分局交通支队就双方事故出具了简易程序处理交通事故认定书，认定于某驾驶车辆前部与王某驾驶车辆尾部相撞，于某负担事故的全部责任。王某驾驶车辆的实际登记人张某依据交通管理部门出具的交通事故认定书起诉要求于某及保险公司赔偿相应损失。于某及保险公司辩称，经调取事发时录像可见，王某驾驶的车辆在急转弯时未减速导致其掉入河里，整个过程中于某驾驶的车辆并未与王某驾驶的车辆接触，交通事故认定书认定的责任错误，于某及保险公司不应承担责任。该案在审理过程中，因保险公

〔1〕 北京市第三中级人民法院(2016)京03民终11164号。

司不认可交通事故认定书，申请鉴定机构对于某驾驶的车辆是否与王某驾驶的车辆发生碰撞进行鉴定。鉴定机构的鉴定意见为：王某驾驶的车辆于于某驾驶的车辆不是因为碰撞发生的交通事故，这是两起先后独立发生的交通事故。一审法院认定，王某驾驶的车辆与于某驾驶的车辆并未发生碰撞，系两起先后独立发生的交通事故，因此王某驾驶的登记在张某名下的车辆系单方事故，驳回了张某的诉讼请求。

一审判决作出后，张某、于某及保险公司均对一审查明的事故成因无异议。但于某对鉴定费用的承担不服提出上诉，于某在一审中对鉴定的意见为在无须承担鉴定费用的情况下则对鉴定不持异议，请求改判于某不承担鉴定费用。

【裁判结论】

根据鉴定意见书载明的情况，王某驾驶的车辆与于某驾驶的车辆并未发生碰撞，交通管理部门出具的交通事故认定书有误，一审认定于某及保险公司不承担赔偿责任正确，但对于鉴定费用的承担判决错误，法院予以纠正。

【裁判观点】

一审法院经审理后认为，交通管理部门虽然根据相关规定已对本次交通事故作出责任认定，认定于某驾驶车辆前部与王某驾驶车辆尾部相撞，于某负担事故的全部责任。但现通过鉴定意见书载明的情况可以得出，王某驾驶的车辆与于某驾驶的车辆并未发生碰撞，这是两起先后独立发生的交通事故，其原因是王某驾驶的车辆与于某驾驶的车辆通过弯道时车速过快，驾驶人员处置不当造成的。故根据该鉴定意见可以证明交通管理部门出具的交通事故认定书有误，法院对该交通事故认定书不予采信，根据证据重新划分事故责任，因王某驾驶的车辆与于某驾驶的车辆并未发生碰撞，系两起先后独立发生的交通事故，因此王某驾驶的登记在张某名下的车辆系单方事故，于某驾驶的车辆也系单方事故。在张某车辆和于某车辆没有发生碰撞分别掉入水沟后，于某车辆对张某车辆后部的部分接触相关损失，因张某提供的证据无法确定具体数额，张某可以另案解决。故对张某的其他诉讼请求，法院均不予支持。

二审法院经审理后认为，各方均对一审中经审理查明的事故成因无异议。于某的请求系针对鉴定费用的分担问题。本案中，张某根据交通管理部门出具的交通事故认定书诉至法院，要求于某和保险公司承担赔偿责任，保险公司不认可事故责任认定并申请进行事故成因鉴定，于某的意见为在无须承担鉴定费用的情况下则对鉴定不持异议。根据《诉讼费用交纳办法》第12条第1款的规定，诉讼过程中因鉴定、公告、勘验、翻译、评估、拍卖、变卖、仓储、保管、运输、船舶监管等发生的依法应当由当事人负担的费用，人民法院根据谁主张、谁负担的原则，决定由当事人直接支付给有关机构或者单位，而本案鉴定费用系保险公司为举证证明其不应承担赔偿责任发生，根据上述规定鉴定费用应由保险公司负担为宜。因各方均对本案实体处理结果认可，故仍应维持一审判决结果。

法官评析

本案涉及的核心问题是，在机动车交通事故损害赔偿纠纷案件的审理中，当事人是否可以推翻公安机关交通管理部门制作的交通事故认定书。针对该问题，我们可以从以下几个方面进行分析：

一、交通事故认定书的性质

根据《道路交通安全法》第73条的规定，“公安机关交通管理部门应当根据交通事故现场勘验、检查、调查情况和有关的检验、鉴定结论，及时制作交通事故认定书，作为处理交通事故的证据。交通事故认定书应当载明交通事故的基本事实、成因和当事人的责任，并送达当事人”。由此可见，在机动车交通事故损害赔偿纠纷案件的审理中，公安机关交通管理部门制作的交通事故认定书属于证据的一种，双方当事人都可以以之作为支持自己主张的证据。既然作为证据的一种，交通事故认定书就应当适用《民事诉讼法》第68条“证据应当在法庭上出示，并由当事人互相质证”及《民事诉讼证据规定》第47条“证据应当在法庭上出示，由当事人质证。未经质证的证据，不能作为认定案件事实的依据”的规定。也就是说，交通事故认定书并非当然作为机动车交通事故损害赔偿纠纷案件中认定案件事实的依据。人民法院对于交通事故认定书的证据能力和证明力，应当通过上述规则进行审查后，方能确认。

二、交通事故认定书的证据属性

在机动车交通事故责任纠纷中，虽然交通事故认定书是最常见也是最重要的一种证据形式，但其证据属性一直存在争议。交通事故认定书的证据属性大致分为书证说、鉴定结论说、勘验笔录说三种意见。“书证是指用文字、符号、图像或表格表达人的思想、意图并具有证据特征的证据材料”。[1] 书证的特征是以其文字、符号、图像等所表达的思想内容来证明案件事实。根据《民事诉讼法》第76条的规定,“当事人可以就查明事实的专门性问题向人民法院申请鉴定。当事人申请鉴定的,由双方当事人协商确定具备资格的鉴定人;协商不成的,由人民法院指定。当事人未申请鉴定,人民法院对专门性问题认为需要鉴定的,应当委托具备资格的鉴定人进行鉴定”。故民事诉讼中的鉴定结论系由具有相应鉴定资格的鉴定人出具的专业性意见,而公安机关交通管理部门并不属于鉴定机构,交通事故认定书的形成没有人民司法权的介入,不符合鉴定结论的基本要求。根据《民事诉讼法》第80条第3款的规定,“勘验人应当将勘验情况和结果制作笔录,由勘验人、当事人和被邀参加人签名或者盖章”。故,勘验笔录仅是对物证本身或者现场等形成的客观记录,并无相应的意见。而交通事故认定书还包含了交通管理部门出具的责任划分等结论性意见,二者亦不相同。综上可知,交通事故认定书的特点符合书证的特点,其证据属性应为书证。

三、交通事故认定书的证明力

在审判实践中,交通事故认定书的证明力度很大,法院通常直接以交通事故认定书中确认的责任比例来判决各方当事人的民事赔偿责任比例。根据《道路交通事故司法解释》第27条“公安机关交通管理部门制作的交通事故认定书,人民法院应依法审查并确认其相应的证明力,但有相反证据推翻的除外”。从该解释也可以看出,交通事故认定书应为公文书证。公文书证的制作主体是具有公共信用的公共管理机关,其制作主体的共同特点是依法设置,获得了相应的法律授权,其从事的社会公共事务,履行的是国家事务的管理职能,具有权威性及较高的社会公信度。交通事故认定书的制作部门,即公安机关交通管理部门符合公文书证的制作主体特点,其依据《道路交通安全法》第73条的规定,负有道路交通安全管理的法定职责,依据该法出具的交通事故认定书应该属于公文书证。而公文书证具有实质真实的法律推定这一特性,即公文书证实质真实的推定,性质上属于法律推

[1] 参见田平安:《民事诉讼证据初论》,中国检察出版社2002年版,第213页。

定,即立法者对于法官的命令,援引公文书的一方当事人实际上因此而免除了举证责任。[1] 因此,在审判事务中,只要当事人向法院提交了由公安机关交通管理部门出具的交通事故认定书,人民法院会推定该认定书的内容为真实的,援引交通事故认定书一方不负有对其真实性的举证责任。即便交通事故认定书的证明力很大,法律亦赋予了当事人推翻交通事故认定书的权利,但必须有充足的相反证据予以证明。这一点在上述案例中亦有体现,保险公司经调取事发时录像,发现王某驾驶的车辆在急转弯时未减速导致其掉入河里,整个过程中于某驾驶的车辆并未与王某驾驶的车辆接触,主张交通事故认定书认定的责任错误,但因录像的清晰度不足等原因,法院无法完全还原事实进而判定交通事故认定书是否错误,后又通过当事人提起鉴定,经鉴定机构出具相应的鉴定意见确定了交通事故认定书的认定与事实不符,进而推翻了交通事故认定书。所以,在司法实践中,当事人若仅仅提供证据证明交通事故认定书真伪不明的状态,并未完成相应的证明义务,不能推翻交通事故认定书。当事人只有在提供了充足的相反证据,才能推翻由公安机关交通管理部门出具的交通事故认定书。

四、司法实践中交通事故认定书常见的程序性瑕疵

在审理机动车交通事故责任纠纷案件时发现,公安机关交通管理部门出具的交通事故认定书中往往存在一些程序性瑕疵,虽然不一定会导致交通事故认定书被推翻,但也值得引起注意。(1)在程序适用上的问题。《道路交通事故处理程序规定》第23条规定,公安机关交通管理部门可以适用简易程序处理以下道路交通事故,但有交通肇事、危险驾驶犯罪嫌疑的除外:①财产损失事故;②受伤当事人伤势轻微,各方当事人一致同意适用简易程序处理的伤人事故。适用简易程序的,可以由一名交通警察处理。有一些交通事故并不属于可以适用简易程序处理,但我们发现交通事故认定书是以简易程序出具的。(2)在事故事实记载上所记载内容与事实明显不符。(3)当事人信息,特别是保险信息记载不全。(4)交通事故认定书的送达程序上的问题,根据《道路交通事故处理程序规定》第24条第3款的规定,道路交通事故认定书应当由当事人签名,并现场送达当事人。当事人拒

[1] 参见肖建国:《书证真实性及其举证责任》,载《中国审判》2010年第7期。

绝签名或者接收的,交通警察应当在道路交通事故认定书上注明情况。司法实践中发现,有一些交通事故认定书不但无当事人的签字,亦无情况说明。上述程序性瑕疵虽然不一定能直接推翻交通事故认定书的证明效力,但综合实体上的一些事实问题,亦能对交通事故认定书的证明力产生影响。

【裁判依据】

《民事诉讼法》第 68 条

《道路交通安全法》第 73 条

《道路交通事故司法解释》第 27 条

02

发生交通事故构成刑事责任的可以请求民事赔偿

——田某1、田某2、田某3与郑某某、中国人民财产保险股份有限公司北京市分公司机动车交通事故责任纠纷案

裁判规则

侵权人因同一行为应当承担行政责任或者刑事责任的，不影响依法承担侵权责任。因交通事故致害产生刑事责任和民事责任的聚合时，刑事责任的承担不影响民事责任的承担。针对已经承担了刑事责任的当事人，受害人又提起民事诉讼单独要求精神损害赔偿的情况下，不应支持当事人的诉讼请求。

案　情[1]

2017年9月2日5时许，在北京市朝阳区孙河乡康营南路T20030号灯杆处，郑某某饮酒后驾驶京QZ31××号车辆和田某某发生交通事故，田某某受伤，北京市公安局公安交通管理局朝阳交通支队认定郑某某负事故的全部责任。郑某某因犯交通肇事罪，被判处有期徒刑一年。事发当日田某某到北京市红十字会急诊抢救中心住院到2017年12月7日共计96天，经救治无效死亡，住院费524,098.31元，其中有郑某某支付的130,200元，中国人民财产保险股份有限公司北京市分公司（以下简称人保北分）支付的10,000元。田某某是北京市农业家庭户口，田某1、田某2、田某3是田某某之子，田某1、田某2、田某3提交北京

〔1〕 北京市第三中级人民法院(2018)京03民终11932号。

市朝阳区孙河乡人民政府出具的房屋使用权证,证明其所在的孙河乡后苇沟地区已拆迁上楼。田某1、田某2、田某3提交50元门诊医疗费票据,提交北京精诚博爱康复医院有限公司出具的384.24元票据,内容为肠内营养粉剂,提交陈某出具的收据,证明其购买400毫升血液发生2000元,据此主张医疗费。田某1、田某2、田某3提交食品、保健品发票若干张,据此主张营养费。田某1、田某2、田某3提交9600元(48天)护理费发票,据此按照每天180元计算96天的护理费,提交护理用品收据、发票若干张,也据此主张护理费。田某1、田某2、田某3提交北京观一商贸有限公司出具的证明,证明田某某工资7900元,为处理丧事请假30日,扣发工资7900元,据此主张误工费。田某1、田某2、田某3提交出租车票、一卡通充值票、加油费票据若干张,据此主张交通费。田某1、田某2、田某3按照每天100元计算96天的住院伙食补助费,估算了精神损害抚慰金。

郑某某提交医疗费票据若干张,证明其给田某某垫付的医疗费;提交血液证,证明其以每400毫升2000元的价格为田某某购买血液。郑某某提交护理费收据若干张,证明其给田某某请护工33天。人保北分提交三者险保险条款,证明驾驶人饮酒后驾驶机动车,保险人不负赔偿责任。

【裁判结论】

人保北分给付田某1、田某2、田某3护理等共计110,000元;郑某某给付田某1、田某2、田某3医疗费等共计916,838.31元。精神损害抚慰金因郑某某已承担刑事责任,法院不再支持。

【裁判观点】

一审法院经审理后认为,肇事车辆在人保北分投保了交强险和商业三者险,因郑某某酒后驾车,符合商业三者险免赔条件,商业三者险部分人保北分不负赔偿责任,保险责任外由肇事者郑某某赔偿。医疗费,田某某购买肠内营养粉剂的费用属于营养费范畴,其外购血液产生的费用和郑某某的陈述可以对应,法院支持,根据田某1、田某2、田某3提交的票据,扣除其中郑某某、人保北分已支付的费用,法院支持385,948.31元。住院伙食补助费,符合法律规定,法院支持。营养费,法院根据田某某的伤情酌定。护理费,田某1、田某2、田某3认可郑某某支付了部分护理费用,根据田某1、田某2、田某3提交的票据和郑某某关于护理时间的陈述,法院支持按照每天 180 元计算 63 天的该项费用,另产生的护垫等护理用品费法院酌定。误工费,金额合理,法院支持。死亡赔偿金,田某某所在地区已拆迁上楼,法院支持按照城镇标准计算。精神损害抚慰金,郑某某已承担刑事责任,法院不再支持。丧葬费,符合法律规定,法院支持。交通费,法院酌定。

二审法院经审理后认为,本案二审期间的争议焦点为:(1)护理费损失的认定;(2)精神损害抚慰金是否应当支持。当事人对自己提出的诉讼请求所依据的事实或者反驳对方诉讼请求所依据的事实,应当提供证据加以证明,但法律另有规定的除外。在作出判决前,当事人未能提供证据或者证据不足以证明其事实主张的,由负有举证证明责任的当事人承担不利的后果。

针对争议焦点一。《人身损害赔偿解释》第 21 条第 1 款、第 2 款规定:“护理费根据护理人员的收入状况和护理人数、护理期限确定。护理人员有收入的,参照误工费的规定计算;护理人员没有收入或者雇佣护工的,参照当地护工从事同等级别护理的劳务报酬标准结算。护理人员原则上为一人,但医疗机构或者鉴定机构有明确意见的,可以参照确定护理人员人数。护理期限应计算至受害人恢复生活自理能力时止。”本案,田某 1、田某 2、田某 3 上诉主张田某某在住院期间由家属及护工两名护理人员进行护理,其中关于护工护理,田某 1、田某 2、田某 3 在一审阶段提交了护理费发票及聘用护工协议,关于家属护理,首先,护理人员原则上为一人,但医疗机构或者鉴定机构有明确意见的,可以参照确定护理人员人数,本案中,田某 1、田某 2、田某 3 未能提交相应医疗机构或者鉴定机构关于田某某需要一人以上护理的明确意见;其次,田某 1、田某 2、田某 3 未能提交相应证据证明其主张的护理家属确实存在因误工导致的收入减少情形,故一审法院根据田某 1、田某 2、田某 3 提交的票据和郑某某关于护理时间的陈述,结合田某某实际主张 96 天,酌情支持 63 天每天 180 元的护理费及相应护理用品费用并无不当。田某 1、田某 2、田某 3 因未能就其该项上诉主张提交证据证明,故本院对田某 1、田某 2、田某 3 的该项上诉主张不予支持。

针对争议焦点二。《刑诉法解释》第 138 条第 2 款规定:“因受到犯罪侵犯,提起附带民事诉讼或者单独提起民事诉讼要求赔偿精神损失的,人民法院不予受理。”本案,郑某某已因本次交通事故构成刑事犯罪被判处相应刑罚,故精神损害抚慰金一项本院难以支持,故对田某 1、田某 2、田某 3 的该项上诉主张,法院不予支持。

法官评析

本案因交通事故发生后肇事司机逃逸并且构成交通肇事罪被判处有期徒刑四年所引发的机动车交通事故责任纠纷的民事赔偿纠纷。虽然案情并不复杂,但其中所涉刑民交叉案件中民事赔偿纠纷案件处理的诸多难点问题,值得深入探讨。

一、民事责任与刑事责任的聚合

尽管在通常情况下,刑事责任与民事责任相互独立,分别发挥作用,但二者在保护民事主体合法权益方面具有一致性。如果同一行为同时满足不同领域内的法律规范之构成要件,且其法律后果互不排斥,我们通常称为责任的聚合。《侵权责任法》第4条规定,侵权人因同一行为应当承担行政责任或者刑事责任的,不影响依法承担侵权责任。因同一行为应当承担侵权责任和行政责任、刑事责任,侵权人的财产不足以支付的,先承担侵权责任。在实施不久的《民法总则》中延续了《侵权责任法》的上述规定即第187条,民事主体因同一行为应当承担民事责任、行政责任和刑事责任的,承担行政责任或者刑事责任不影响承担民事责任;民事主体的财产不足以支付的,优先用于承担民事责任。

由此不难看出,我国立法上表明了刑事责任不影响民事责任的承担,还采取民事责任优先的立法选择,体现了保护民事主体权益的当然要求。此外,刑事责任适用的主要目的在于惩罚犯罪人,作为刑事责任效果的刑罚的本质应当是对犯罪的规范的报应,同时具有教育或警示犯罪人以及社会上潜在的犯罪人,从而达到预防犯罪的目的。相较于刑事责任,侵权责任的适用更多地是为了补偿受害人所受的损害,通过赔偿的方法使以及遭受侵害的财产关系和人身关系得到回复和弥补。因此在责任聚合的场合,行为人承担刑事责任,不影响其承担民事责任,不能因为刑事责任的承担而豁免行为人的民事责任。所以,在交通事故发生后,侵权人构成刑事犯罪的,即使受到了刑事处罚也不妨碍受害人对其人身财产损害的民事赔偿请求权。具体到本案,郑某某因犯交通肇事罪,被判处有期徒刑一年。同时因交通事故导致田某某经救治无效死亡的严重后果,田某1、田某2、田某3作为田某某之子有权要求民事赔偿。

二、关于民事赔偿的相关问题

(一)关于交通肇事罪引发民事赔偿的诉讼类型

交通肇事罪民事赔偿是交通肇事罪引发的民事赔偿,对此存在两种不同的民事赔偿类型:其一是在刑事诉讼过程中提起的交通肇事罪的附带民事赔偿诉讼,只能在刑事诉讼的过程中提起;其二则是就民事损失这部分以机动车交通事故责任纠纷单独提起的民事诉讼。本案属于第二种类型,本文亦围绕就损失单独提起民事诉讼的情况进行讨论。

刑事犯罪行为的受害人由于被告人的犯罪行为而遭受物质损失,依法要求追究侵权责任的,原则上应当在刑事诉讼过程中提起附带民事诉讼。但如果有权提起附带民事诉讼的人在第一审判决宣告以前没有提起的,不得再提起行使附带民事诉讼,因此,被害人或其近亲属在刑事案件审理终结之后提起的民事赔偿诉讼,不属于附带民事诉讼,应当有民事审判庭直接受理。

(二)关于赔偿款项

首先,关于各项损失的赔偿。机动车交通事故责任纠纷中受害人通常会遭受多项财产损失,受害人或家属对已经承担了刑事责任的当事人,又单独提起民事诉讼要求赔偿各项损失,依据《民法总则》第 187 条、《侵权责任法》第 4 条,对符合损害赔偿条件的,应当予以支持。

其次,关于精神损害赔偿。关于精神抚慰金,《刑诉法解释》第 138 条第 2 款明确规定:"因受到犯罪侵犯,提起附带民事诉讼或者单独提起民事诉讼要求赔偿精神损失的,人民法院不予受理。"在精神损害抚慰金的赔偿问题上,刑民交叉案件中一直存在着争议。上述司法解释之所以不支持精神损害的赔偿,一方面是因为刑事被告人被法院判处了一定的刑罚,就已经实现了对刑事被害人及其家属的精神抚慰。没有再进行经济上赔偿的必要了。另一方面让很多客观上没有民事赔偿能力的刑事被告去承担精神损害的赔偿责任,司法机关会难以执行。此种意见尽管与民事赔偿中的法律精神有所冲突,但在立法部门及最高人民法院尚未出台新的法律规则和裁判精神的情况下,仍应按照上述司法解释的精神严格执行。申言之,针对已经承担了刑事责任的当事人,受害人又提起民事诉讼单独要求精神损害赔偿的情况下,不应支持当事人的诉讼请求。具体到本案,原告要求的精神损害赔偿金,因郑某某已承担相应的刑事责任,法院不予支持。

【裁判依据】

《民法总则》第187条

《侵权责任法》第4条

《道路交通安全法》第76条

《刑诉法解释》第138条

03

“闯黄灯”未尽到谨慎驾驶注意义务致人损害应承担相应赔偿责任

——李某与赵某、平安保险公司机动车交通事故责任纠纷案

裁判规则

本案的关键在于“闯黄灯”案件侵权责任如何认定，尤其是违法性应如何认定。“闯黄灯”本身不具有违法性，其违法性在于未尽到谨慎驾驶注意义务而致人损害。对于“闯黄灯”案件，应依据交通事故认定书等证据材料确定案件事实，在充分考虑闯黄灯违法性的基础上进行责任分配。当被侵权人对损害的发生也具有过错时，应结合双方注意义务尺度、通行路线是否违法、事故能否避免等情形综合判断能否减轻侵权人的责任。

案　情[1]

2016年6月18日17时56分，赵某驾驶小客车由西向东行驶至门头沟区石担路承泽苑路口处时，适有李某驾驶电动自行车由东向西驶来，赵某车辆左前部与李某车辆前部接触，造成李某受伤，两车部分损坏。经交管部门认定，赵某为全部责任，李某为无责任。事故发生的路口交通信号灯有计时器，事发时黄灯总共闪烁四秒。事故时，李某驾驶电动自行车在交通信号指示灯为绿灯时进入路口，赵某驾驶机动车在黄灯亮起的第二秒越过停止线。赵某通过路口时车速高于36.6公里/小时，低于42.8公里/小时。赵某前方同一车道的几辆机动车均

---

〔1〕 北京市第一中级人民法院(2017)京01民终8988号。

在路口向左转弯行驶,赵某系直行,李某前行时遇有对向向左转弯车辆,遂避让至对向最里侧的机动车道(赵某所在车道)延长线部分,在路口内与越过停止线继续直行的赵某车辆发生接触,事故发生。事发地点在十字路口中间。涉案车辆在中国平安财产保险股份有限公司北京分公司投保了交强险和商业三者险(限额20万元,不计免赔),事故发生在保险期间内。

李某向法院起诉请求判令赵某、中国平安财产保险股份有限公司北京分公司赔偿李某各项损失共计735,853元。一审法院作出判决后,赵某不服,提起上诉,认为道路交通事故认定书分配责任不合理,李某避让行为不合理,其在明知逆向车道有车行驶的情况下,加速冲入逆向机动车道,对事故的发生有过错,一审法院将闯黄灯等同于闯红灯,进而认定赵某承担交通事故的全部责任,实属认定事实不清和适用法律错误,闯黄灯和闯红灯不同,设置黄灯的意义在于警告而不是处罚,“未越过停止线的车辆不得继续通行”并非法律明文规定,不宜作为处罚的法定依据。

【裁判结论】

中国平安财产保险股份有限公司北京分公司于本判决生效之日起七日内赔偿李某医疗费、精神损害抚慰金、残疾赔偿金等损失共计320,000元;赵某于本判决生效之日起七日内赔偿李某医疗费、住院伙食补助费、营养费、护理费、误工费、交通费、残疾辅助器具费等各项损失共计198,403元;驳回李某的其他诉讼请求。

【裁判观点】

法院生效裁判认为:根据《道路交通事故司法解释》第27条的规定,公安机关交通管理部门制作的交通事故认定书,人民法院应依法审查并确认其相应的证明力,但有相反证据推翻的除外。公安机关交通管理部门出具的交通事故认定书是人民法院处理交通事故损害赔偿案件的重要证据之一,如当事人一方或者双方无相反的证据或者足以推翻其结论的理由,交通事故认定书应当成为人民法院认定案件事实的依据。当事人一方或者双方在民事诉讼中对交通事故认定书提出异议的,应当提供相反的证据或理由,并承担结果意义上的举证责任。

本案交通事故认定书载明,公安机关交通管理部门经现场勘查、调查取证后查证,赵某驾驶车辆违反交通信号灯通行规定,此违法行为"与本起道路交通事故的发生有直接因果关系,是事故发生的全部原因。李某没有造成事故发生的违法行为"。公安机关交通管理部门认定,赵某负事故的全部责任,李某无责任。赵某虽对公安机关交通管理部门出具的交通事故认定书不服,并申请一审法院调取了事故现场的监控视频和公安机关交通管理部门的卷宗材料,但上述资料显示的内容与公安机关交通管理部门查明的事实一致,即在赵某通过有计时器的十字路口,交通信号灯由绿灯变为黄灯时,其驾驶的车辆未越过停止线,此时赵某依然继续前行,越过停止线驶入路口,与行驶至路口中间的李某相撞。

《道路交通安全法》第 26 条规定,交通信号灯由红灯、绿灯、黄灯组成。红灯表示禁止通行,绿灯表示准许通行,黄灯表示警示。《道路交通安全法实施条例》第 38 条第 1 款规定,机动车信号灯和非机动车信号灯表示:(1)绿灯亮时,准许车辆通行,但转弯的车辆不得妨碍被放行的直行车辆、行人通行;(2)黄灯亮时,已越过停止线的车辆可以继续通行;(3)红灯亮时,禁止车辆通行。黄灯的警示意义在于提醒准许通行的绿灯已经结束,禁止通行的红灯即将到来。此时通过路口的车辆行人负有谨慎的注意义务。根据本案查明的事实,赵某驾车进入路口前完全能够根据交通信号灯计时器显示的时间作出是否可以继续通行的判断。赵某无视计时器的提示,在明知黄灯亮起尚未通过停止线的情况下仍快速驶入路口将李某撞伤,赵某存在过错,其行为是事故发生的直接原因,应承担责任。根据监控视频显示,事发时李某驾驶电动自行车由东向西行驶,在交通信号灯为绿灯时正常通行进入路口,因对向有左转弯车辆,李某向左斜前方骑行。事发地点位于十字路口中间,未施划道路标线,李某的行驶路线不被禁止,不存在驶入逆向车道的情形。赵某称李某在明知逆向车道有车辆行驶的情况下加速冲入逆向机动车道,无事实依据,本院不予采信。

综上,公安机关交通管理部门制作的交通事故认定书所依据的事实是清楚的,赵某并未提供相反证据或者足以推翻其结论的理由,一审法院依据交通事故认定书,并结合现场监控视频、公安机关交通管理部门的卷宗材料、法院调查情况等确定由赵某负本次事故的全部责任并无不当,应予维持。

法官评析

本案的关键在于"闯黄灯"案件侵权责任如何认定。本案是一起机动车交通事故责任纠纷,交通管理部门出具的交通事故认定书是处理这类案件的重要证据,在当事人一方或者双方无相反的证据或者足以推翻其结论的理由时,人民法院依据交通事故认定书作出裁判并无不当。所要考虑的是,本案中民事责任的划分能否有非证据法上的依据,"闯黄灯"致人伤残应如何承担责任。在讨论这个问题前,需要强调的是,这里讨论的是民事责任,并非行政责任,应在《侵权责任法》的框架下进行分析。

一、本案违法性源自未尽注意义务

违反规范或未尽到注意义务均有可能产生违法性,所要讨论的是,本案的违法性来自何处? 笔者认为,本案中,"闯黄灯"本身不具有违法性,其违法性在于未尽到谨慎驾驶注意义务而致人损害。

闯黄灯是指在黄灯亮时,未越过停止线的车辆越过停止线继续通行。黄灯是交通信号的一种,黄灯的作用在于警示。[1] 明确本案的违法性来源需先明确黄灯的警示意义,其警示意义有两种理解:

第一种理解是警示未越过停止线的车辆停车等候通行,这种理解似有不妥,若认为黄灯的警示意义在于警示未越过停止线的车辆停车等候通行,实是认为"闯黄灯"本身具有违法性。法律并未禁止黄灯亮时未越过停止线的车辆禁止通行,若作此理解,有过度解释之嫌。[2] 若未发生交通事故时,自然无须进行民事赔偿,此时认定闯黄灯者违反警示义务既无意义又不必要;若发生交通事故时,通过认定闯黄灯者未尽到谨慎驾驶义务可以对其进行克责,已足以保护被侵权人。

第二种理解是警示通行者有谨慎驾驶的注意义务。黄灯的警示意义在于提醒准许通行的绿灯已经结束,禁止通行的红灯即将到来。此时通过路口的车辆行人负有较高的注意义务,应审慎通行。对于这种理解可进一步细化,黄灯所警示的谨慎驾驶注意义务可分不同层次理解。对于绿灯时越

〔1〕《道路交通安全法》第26条:"交通信号灯由红灯、绿灯、黄灯组成。红灯表示禁止通行,绿灯表示准许通行,黄灯表示警示。"

〔2〕参见《道路交通安全法实施条例》第38条第1款规定:"机动车信号灯和非机动车信号灯表示:(一)绿灯亮时,准许车辆通行,但转弯的车辆不得妨碍被放行的直行车辆、行人通行;(二)黄灯亮时,已越过停止线的车辆可以继续通行;(三)红灯亮时,禁止车辆通行。"可知,法律并未对"未越过停止线的车辆继续通行"这一行为赋予违法性。该规定仅是划定了黄灯亮时通过路口者的注意义务之尺度。对于黄灯亮时,未越过停止线的车辆,若继续通行,则负有更高的注意义务。

过停止线、黄灯亮后仍未通过路口者，黄灯更多的是警示红灯即将到来；对于黄灯亮后才越过停止线的通行者，黄灯的警示意义在于对注意义务的提醒，告知通行者若选择越过停止线继续通行，则需保障安全，谨慎驾驶。

因此，仅仅闯黄灯并不具有违法性，当未尽到注意义务时，其行为才可能产生违法性。本案中，赵某应尽到注意义务，也能尽到注意义务，而其却在黄灯亮时以超过 36km/h 的速度越过停止线通过路口，并且未能注意到对向驶来的李某，显然是未尽到此注意义务，故赵某存在过失。

二、本案不存在过失相抵原则的适用余地

《侵权责任法》第 26 条规定，被侵权人对损害的发生也有过错的，可以减轻侵权人的责任。这就是所谓的过失相抵原则。所谓过失相抵，是指当受害人对于损害的发生或者损害结果的扩大具有过错时，依法减轻或者免除赔偿义务人的损害赔偿责任，从而公平合理地分配损害的一种制度。本案中，被侵权人对损害的发生是否也有过错存在争议。一种观点认为李某的避让行为不合理，其不应避让到对向车道，应减速停车等待；另一种观点认为李某避让行为并无不当，其不能直行、右转，若停车则有红灯亮时滞留路口之虞，而此时李某并无预见对向有车辆以超过 36km/h 的速度驶之义务，因此其左转行为不能被苛责。此争论见仁见智，难有定论。然而就本案而言，关键在于能否减轻侵权人的责任。

若认为李某的避让行为合理，其对损害的发生不具有过错，则自无减轻赵某责任之余地。所要讨论的是，若认定被侵权人对损害的发生也具有过错时，应否减轻侵权人的责任？

笔者认为，就本案而言，即使李某存在过错，也不宜减轻赵某的责任。原因在于，虽然事发时是黄灯，但李某绿灯时越过停止线，李某的注意义务要远比赵某低；其避让路线不被法律所禁止，事发地点在于左转弯的必经区域内。换言之，若李某左转弯同样不能避免此次事故的发生，赵某在此时刻以此速度通过此地点即造成了法律所不容的危险，此危险导致损害产生的责任不能因被侵权人的主观不同而被减少。因此不宜减轻赵某的责任。就此结果再做实体上的审视，检阅其他类似案件，可以发现只有一起案件闯黄灯者负次要责任，因对方闯红灯并且超速；对于闯黄灯者，若对方是闯红灯等严重违法行为，则按同等责任处理；若对方无违法行为，则应承担全责；尤其值得一提的是，有一个案件，对方系自行车闯红灯，闯黄灯一方承担了60%的责任。此检索结果也能增加对此案的信心。

综上，笔者认为，对于“闯黄灯”案件，应依据交通事故认定书等证据材料确定案件事实，在充分考虑闯黄灯违法性的基础上进行责任分配。

【裁判依据】

《道路交通安全法》第26条

《道路交通安全法实施条例》第38条

《道路交通事故司法解释》第27条

04

交通事故发生后保险公司不能对顺风车主张商业险免赔

——曹某与徐某、人保金华公司等机动车交通事故责任纠纷案

裁判规则

作为现代共享经济的产物,网约车的迅速发展既给人们的出行带来了极大便利,又充分利用了闲置的机动车资源,缓解了交通压力。作为新型经济形式,社会在感受网约车给生活所带来的改变的同时,在现行制度层面和原始行业领域也迎来了冲击。作为人们关注的焦点,顺风车由于其自身的特殊性,发生交通事故后案件处理是否应当转变思路亦对裁判者提出了新的难题。出于成本与收益的考量,保险公司往往不同意用私家车的保费去给营运车辆分担赔偿损失的风险。在顺风车发生交通事故的案件中,保险公司基本上均使用投保车辆属于营运车辆为由主张免赔。法院作为案件审理者,应当根据涉案车辆运行的实际情况,对顺风车是否具有营运性质作出认定。

案　情[1]

2016年11月2日19时15分许,在G1512甬金高速往金华方向164公里800米处,徐某驾驶浙G×号小型汽车时因转向不当碰撞边护栏,导致该车车前部受损,路产受损,乘车人曹某受伤的交通事故。交警部门的责任认定结果为徐某因未按操作规范安全驾驶(转向不当),负事故全部责任;曹某无责任。在本

〔1〕 浙江省金华市中级人民法院(2017)浙07民终1315号。

案交通事故发生时，中国人民财产保险股份有限公司金华市分公司（以下简称人保金华公司）承保了浙G×号小型汽车的车上人员险（乘客）1万元。应某系该车登记车主。事故发生时，曹某系顺风车合乘者，徐某系合乘提供者，上述合乘系通过北京小桔科技有限公司提供的顺风车服务信息平台。因赔偿事宜协商不成，曹某将徐某、应某、北京小桔科技有限公司与人保金华公司一同诉至法院，请求法院判决上述四方赔偿其医疗费37,000元。经审理，法院判决人保金华公司在车上人员险（乘客）的限额内赔偿曹某10,000元，徐某赔偿曹某剩余的27,000元。

【裁判结论】

一审判决生效后，人保金华公司不服，向上级法院提出上诉。人保金华公司认为，案涉汽车在投保时按家庭自用类型投保，但事故发生时，该车被用于获利为目的的“网约车”，使被保险车辆的用途变为营业用车，因“网约车”行驶路径不确定，致使车辆发生事故的概率显著增加。根据双方保险合同约定，因非营业用汽车从事营运运输，导致被保险机动车危险程度显著增加的，应当及时书面通知保险人。因被保险机动车危险程度显著增加而发生的保险事故，保险人不承担赔偿责任。徐某、应某并未将被保险车辆用于商业营运一事告知保险公司，故人保金华公司无须承担责任。

【裁判观点】

一审法院认为，被告徐某（合乘提供者）驾驶浙G×号小型汽车时因未按操作规范安全驾驶（转向不当）碰撞边护栏，导致原告（合乘者）受伤，被告徐某应对原告的损失承担赔偿责任。被告人保金华公司承保了浙G×号小型汽车的车上人员险（乘客）1万元，故其应在保险限额内承担保险责任。原告要求应某、小桔科技公司承担连带责任，于法无据，不予支持。被告徐某认为“原告自身具有一定过错，可以减轻侵害人的民事责任”，证据不足，不予采纳。被告人保金华公司关于“该车为家庭自用车辆，但车主却将该车用于滴滴打车，系营业车辆，车辆使用性质变更，保险公司对商业险范围拒赔”的抗辩，证据不足，不予采纳。

二审法院认为，《保险法》第52条规定，在合同有效期内，保险标的的危险程度显著增加的，被保险人应当按照合同约定及时通知保险人，保险人可以按照合同约定增加保险费或者解除合同。被保险人未履行前款规定的通知义务的，因保险标的的危险程度显著增加而发生的保险事故，保险人不承担赔偿保险金的责任。本案中，保险条款也对上述情形作了明确约定，可见，危险程度显著增加，被保险人才有履行告知义务。所谓"危险程度显著增加"，必须是当事人订约之初未曾预料到，未在保险人估算危险之内，如果危险的加重程度轻微，并未动摇当事人之间的对价平衡关系，则被保险人无须履行通知义务。本案中，徐某通过顺风车信息平台，按其预设路线，与合乘者达成合乘出行意向，即在其顺路的情况下捎带同路线的乘客一起出行，可见其对行驶路线较为熟悉的，与"网约车"行驶路径不确定有本质区别。结合徐某行驶顺风车的路线以及其在22个月内共接单60单的实际情况，其行为不属于导致被保险机动车危险程度显著增加的情形。人保金华公司提出，被保险车辆用途变更，因"网约车"行驶路径不确定，致使车辆发生事故的概率显著增加，被保险人未履行告知义务，故其无须承担责任的理由不成立，法院不予采纳，遂判决驳回上诉，维持原判。

法官评析

本案争议焦点与核心在于顺风车运行过程中出现交通事故，保险公司是否可以主张商业险免赔。现实中，根据平台与服务类型的不同，社会中目前存在的可以用网络平台约车、用车的种类及其繁多且名称不一。为了便于区分与理解，本文将涉案车辆的类型成为"网约顺风车"。出于网约顺风车收费的特征，保险公司主张商业险免赔似乎有其自身的道理，但法院在个案审理时不仅需要围绕案件事实本身，还应当结合网约车的特征，对涉案车辆的性质作出清晰判断。

第一，网约顺风车的性质及其特殊性。根据2016年7月27日发布的《网络预约出租汽车经营服务管理暂行办法》(以下简称《暂行办法》)，[1]网约车经营服务是指以联网技术为依托构建服务平台，整合供需信息，使用符合条件的车辆和驾驶员，提供非巡游的预约出租汽车服务的经营活动。通过构建网络服务平台来从事网约车经营服务的企业属于《暂行办法》规定的网络预约出租汽车经营者。《暂行办法》第38条亦规定，私人小客车

〔1〕 2019年12月28日进行修正。

合乘，也称为拼车、顺风车，按城市人民政府有关规定执行。根据国务院办公厅《关于深化改革推进出租汽车行业健康发展的指导意见》(以下简称《指导意见》)，私人小客车合乘，也称为拼车、顺风车，是由合乘服务者事先发布出行信息，出行线路相同的人选择乘坐合乘服务提供者的小客车、分摊部分出行成本或免费互助的共享出行方式。《暂行办法》作为促进出租汽车行业和互联网融合发展，规范网络预约出租汽车经营服务行为的部门规章，天然地将网约顺风车排除在外。根据现实中的情况，网约车的类型大体可以分为"网约出租车""网约私家车""网约专车""网约顺风车"根据其自身的特性，顺风车以友好互助、节约成本为出发点，具有顺便、非营利性。能否搭车、如何搭车，都是以私家车驾驶者的主观为前提。即使付费，仅用于补贴行车成本，并不是期望获得超出正常损耗以外的经济利益。另外，即使将付费认定为"有偿"，网约顺风车仍不具有"营运性质"。这是因为营运行为的界定，需行为人主观目的具有营利性和客观行为具备持续性。而网约顺风车即使被认定为"有偿"，也仅能说明"获利"，但"获利"并非一定为"经营"行为所致。因此，在此情形下，网约顺风车仍不具有"营运性质"。

第二，从归责原则上来说，我国侵权责任法是以过错原则为原则，无过错原则为例外。根据机动车交通事故责任侵权的特征，在法律无特别规定时，应当按照一般侵权以过错原则对侵权行为的责任进行认定。机动车运行中造成车内人员损伤的，如果是车外第三方的原因，则应当按照《道路交通安全法》第76条[1]及相关法律所确定的原则处理。但如果事故发生的原因是事故车辆驾驶员不遵守交通规则、操作不当等，则应当以过错原则对驾驶员的责任进行认定。在由于网约顺风车所用车辆多为私家车，为转嫁风险，车主一般都会有投保交强险及商业险，这就将车主需要承担的责任转于保险公司承担。但是《保险法》第52条明文规定了保险标的的危险程度

---

〔1〕《道路交通安全法》第76条：机动车发生交通事故造成人身伤亡、财产损失的，由保险公司在机动车第三者责任强制保险责任限额范围内予以赔偿；不足的部分，按照下列规定承担赔偿责任：(1)机动车之间发生交通事故的，由有过错的一方承担赔偿责任；双方都有过错的，按照各自过错的比例分担责任。(2)机动车与非机动车驾驶人、行人之间发生交通事故，非机动车驾驶人、行人没有过错的，由机动车一方承担赔偿责任；有证据证明非机动车驾驶人、行人有过错的，根据过错程度适当减轻机动车一方的赔偿责任；机动车一方没有过错的，承担不超过10%的赔偿责任。交通事故的损失是由非机动车驾驶人、行人故意碰撞机动车造成的，机动车一方不承担赔偿责任。

显著增加的，被保险人应当按照合同约定及时通知保险人，如被保险人没有履行通知义务，保险公司可以对因保险标的的危险程度显著增加而发生的保险事故，不承担赔偿保险金的责任。本案中，涉案保险公司的免责条款亦将此条法律收纳并引用。在众多涉网约顺风车案件中，保险公司也多会以此条免责条款作为自己的抗辩理由。从立法目的上看，用于营利的车辆较之私家车在普遍的利用率、持续的行驶时间、对司机的要求程度均较高，对应车辆所面临的风险对应较高，故保险公司要求对车辆用途进行区分而设定保险金具有一定的正当性。由于顺风车与利益具有一定的关联性，保险公司会以顺风车属于营利车辆进行免责抗辩。本案中，法院认为徐某通过顺风车信息平台，按其预设路线，与合乘者达成合乘出行意向，即在其顺路的情况下捎带同路线的乘客一起出行，可见其行驶路线较为确定，与“网约车”行驶路径不确定有本质区别。结合徐某行驶顺风车的路线以及其在22个月内共接单60单的实际，其行为不属于导致被保险机动车危险程度显著增加的情形。顺风车实际使用情况的不同，法院也会有不同的处理方式。[1] 在四川省眉山市中级人民法院(2017)川14民终698号判决书中，法院认为涉案事故车辆在事故当日至少接了其他三单顺风车业务，在行为已经超越了车辆出行以自用为目的，顺路搭乘他人的范畴，不符合网约顺风车的典型特征，性质上属于营运车辆的载客服务，客观上增加了私家车发生交通事故的风险，故支持了保险公司的抗辩理由。

第三，商业险是否免赔的认定，应当以车主使用车辆是否真正导致危险程度显著增加为条件。从商业险免赔条款的约定来看，非营运车从事运营，导致车辆危险程度显著增加的，保险人不承担赔偿责任。判断保险标的的危险程度显著增加应主要考虑三方面因素：(1)危险程度的增加对保险人是否重要，是否可能影响保险人同意承保或提高保费；(2)危险程度的增加是否是合同订立时无法预料的，对于合同订立时双方都可以预料到的风险，应当属于保险责任范围；(3)危险程度的增加是否是持续的，对于暂时增加随后又恢复的，不应认定为危险程度增加。此外，法院对营利性质的认定应综合多方面因素进行考量。综合考虑网约顺风车收费标准、某一合理时间

---

[1] 详见四川省眉山市中级人民法院(2017)川14民终698号民事判决书。

段内车主提供网约顺风车搭乘服务的频率、行驶路线是否固定、网约顺风车车主在事故发生前后的其他行为，尤其是是否同时从事网约车营运等因素，来综合认定网约顺风车是否属于营利性质，是否实质改变了车辆使用性质。综上，网约顺风车虽然作为依托互联网平台，对私家车加以利用的出行方式，在本质上属于乘车人选择车主习惯路线搭乘并与车主分担车辆运行支出，应当与运营性质的网约车严格区别。对应的，法院应对"真假顺风车"予以分辨，从而决定是否支持保险公司拒赔商业险的主张。

【裁判依据】

《侵权责任法》第48条、第49条

《道路交通安全法》第76条

《保险法》第52条

图书在版编目(CIP)数据

道路交通案件裁判规则与法律适用 / 吴在存主编
-- 北京 : 法律出版社, 2020
ISBN 978 -7 -5197 -4314 -7

Ⅰ. ①道… Ⅱ. ①吴… Ⅲ. ①道路交通安全法-审判-案例-中国②道路交通安全法-法律适用-中国 Ⅳ. ①D922.145

中国版本图书馆 CIP 数据核字(2020)第 037897 号

道路交通案件裁判规则与法律适用
DAOLU JIAOTONG ANJIAN CAIPAN GUIZE YU FALÜ SHIYONG

吴在存 主编

策划编辑 蒋 橙
责任编辑 蒋 橙
装帧设计 李 瞻

出版 法律出版社
总发行 中国法律图书有限公司
经销 新华书店
印刷 中煤(北京)印务有限公司
责任校对 马 丽
责任印制 吕亚莉

编辑统筹 法律应用出版分社
开本 710 毫米×1000 毫米 1/16
印张 28.25
字数 460 千
版本 2020 年 6 月第 1 版
印次 2020 年 6 月第 1 次印刷

法律出版社/北京市丰台区莲花池西里 7 号(100073)
网址/www. lawpress. com. cn
投稿邮箱/info@ lawpress. com. cn
举报维权邮箱/jbwq@ lawpress. com. cn
销售热线/400 -660 -8393
咨询电话/010 -63939796

中国法律图书有限公司/北京市丰台区莲花池西里 7 号(100073)
全国各地中法图分、子公司销售电话:
统一销售客服/400 -660 -8393/6393
第一法律书店/010 -83938432/8433
西安分公司/029 -85330678
重庆分公司/023 -67453036
上海分公司/021 -62071639/1636
深圳分公司/0755 -83072995

书号:ISBN 978 -7 -5197 -4314 -7
定价:98.00 元